Günter Born

WLAN, DSL & Co. – Das eigene Netzwerk mit Windows Vista einrichten

Günter Born

WLAN, DSL & Co. – Das eigene Netzwerk mit Windows Vista einrichten

Günter Born: WLAN, DSL & Co. - Das eigene Netzwerk mit Windows Vista einrichten
Microsoft Press Deutschland, Konrad-Zuse-Str. 1, 85716 Unterschleißheim
Copyright © 2008 by Microsoft Press Deutschland

Das in diesem Buch enthaltene Programmmaterial ist mit keiner Verpflichtung oder Garantie irgendeiner Art verbunden. Autor, Übersetzer und der Verlag übernehmen folglich keine Verantwortung und werden keine daraus folgende oder sonstige Haftung übernehmen, die auf irgendeine Art aus der Benutzung dieses Programmmaterials oder Teilen davon entsteht.

Das Werk einschließlich aller Teile ist urheberrechtlich geschützt. Jede Verwertung außerhalb der engen Grenzen des Urheberrechtsgesetzes ist ohne Zustimmung des Verlags unzulässig und strafbar. Das gilt insbesondere für Vervielfältigungen, Übersetzungen, Mikroverfilmungen und die Einspeicherung und Verarbeitung in elektronischen Systemen.

Die in den Beispielen verwendeten Namen von Firmen, Organisationen, Produkten, Domänen, Personen, Orten, Ereignissen sowie E-Mail-Adressen und Logos sind frei erfunden, soweit nichts anderes angegeben ist. Jede Ähnlichkeit mit tatsächlichen Firmen, Organisationen, Produkten, Domänen, Personen, Orten, Ereignissen, E-Mail-Adressen und Logos ist rein zufällig.

15 14 13 12 11 10 9 8 7 6 5 4 3 2 1
10 09 08

ISBN 978-3-86645-5-582-5

© Microsoft Press Deutschland
(ein Unternehmensbereich der Microsoft Deutschland GmbH)
Konrad-Zuse-Str. 1, D-85716 Unterschleißheim
Alle Rechte vorbehalten

Fachlektorat: Georg Weiherer, Münzenberg
Korrektorat: Dorothee Klein, Siegen
Layout und Satz: Gerhard Alfes, mediaService, Siegen (www.media-service.tv)
Umschlaggestaltung: Hommer Design GmbH, Haar (www.HommerDesign.com),
Foto: AVM Computersysteme Vertriebs GmbH, Berlin)
Gesamtherstellung: Kösel, Krugzell (www.KoeselBuch.de)

Inhaltsverzeichnis

Vorwort 11
    Zur Benutzung dieses Buches 13

1 Netzwerkgrundlagen 15
Was bringt mir ein Heimnetzwerk? 16
    Gemeinsamer Internetzugang 16
    Geräte gemeinsam nutzen 16
    Dateien austauschen 17
    Medieninhalte verteilen 18
Überblick über Netzwerkvarianten 18
    Arbeitsgruppennetzwerke 18
    Client/Server-Netzwerke 19
    LAN, PowerLAN oder WLAN? 20
    Anschlüsse und Datenkabel für die Netzwerkverbindung 22
    Hub, Router, Switch, was steckt dahinter? 23
    Geschwindigkeitsstandards und -anforderungen im LAN 25
    Grundwissen zu WLAN-Standards 26
Hardware für LAN- und WLAN-Netzwerke 27
    LAN-Anschlusstechnik 27
    PCI-Netzwerkkarte für ein LAN nachrüsten 28
    Hardware für WLAN-Netzwerke 29
    WLAN-Router für gemischten Netzwerkbetrieb 30
Planungshinweise für Ihr Netzwerk 31
    Was wird für ein Heimnetzwerk gebraucht? 31
    Was ist besser: LAN oder WLAN? 31
    Was wird an Software gebraucht? 33

2 Vorbereitung zur Netzwerkinbetriebnahme 35
Installation der Netzwerkkomponenten 36
    Netzwerkkarte installieren 36
    Verkabelung vornehmen und Router vorbereiten 37
    Treiberinstallation unter Windows Vista 38
    Die Treiber in Windows XP installieren 49
Netzwerkeinstellungen konfigurieren 57
    Netzwerkeinstellungen in Vista konfigurieren 57
    Netzwerkeinstellungen in Windows XP festlegen 63
    Benutzerkonten richtig konfigurieren 64

3 WLAN-Router und DSL einrichten ... 71

DSL-Zugang installieren ... 72
    Grundwissen rund um den Breitband-DSL-Anschluss ... 72
    DSL-Anschluss verkabeln ... 73
    Eine DSL-Verbindung für DSL-Modems einrichten ... 74
DSL-Zugang am (W)LAN-Router einrichten ... 77
    Wie lässt sich der Router konfigurieren? ... 77
    Die Konfigurationsseiten mit einem Kennwort schützen ... 81
    Den DSL-Zugang im Router konfigurieren ... 83
    Firewall-Konfiguration am Router ... 86
    Routerkonfigurierung per UPnP ... 88
WLAN-Zugang des Routers einrichten ... 90
    WLAN-Router einschalten und konfigurieren ... 90
    Die WLAN-Verbindung richtig absichern ... 94
    MAC-Filterung konfigurieren ... 97
    IP-Adressen der FRITZ!Box und des DHCP-Servers anpassen ... 100

4 Das Netzwerk einrichten ... 103

Rechner in das WLAN einfügen ... 104
    WLAN-Zugang zu Windows Vista-Netzwerken nutzen ... 104
    Ein WLAN-Profil manuell einrichten ... 109
    Anpassen der WLAN-Verbindungsoptionen ... 111
    WLAN-Verbindung aufbauen und trennen ... 113
    WLAN-Nutzung in Windows XP ... 115
    Funknetzwerk im Ad-hoc-Modus einrichten ... 118
    Analyse der WLAN-Verbindung ... 124
Netzwerkeinstellungen verwalten ... 125
    Einsehen der Netzwerkkonfiguration ... 125
    Anpassen der Netzwerkeinstellungen ... 128
    Ein Netzwerk in Windows XP einrichten ... 135
Spezialfragen zur Vernetzung ... 139
    Zwei oder drei Rechner mit LAN-Kabeln vernetzen ... 140
    Arbeiten mit der Netzwerkbrücke ... 140
    Netzwerkstandorte zusammenführen ... 142
    Feste IP-Adressen im Netzwerk vergeben ... 143
    Alternative private IP-Adressen verwenden ... 145
    Internetverbindungsfreigabe ... 147
Internetverbindung per Modem/ISDN ... 149
    Internet-Einwählverbindung manuell einrichten ... 149
    Einwahlverbindung anpassen ... 152
    Internet-Einwählverbindung aufbauen und trennen ... 153

5 Freigaben verwalten und nutzen 157

Netzwerkfreigaben in Windows Vista 158
    Freigabe über den Ordner *Öffentlich* 158
    Ordnerfreigaben mit dem Freigabe-Assistent erteilen 158
    Freigaben des Computer kontrollieren 162
    Freigabe anpassen oder aufheben 163
    Einschränkungen und Probleme mit der Ordnerfreigabe 167
    Erweiterter Freigabemodus in Windows Vista verwenden 169
    Drucker im Netzwerk freigeben 175
Freigaben unter Windows XP vornehmen 176
    Laufwerke und Ordner im Netzwerk freigeben 176
    Drucker im Netzwerk freigeben 177
Zugriff auf Netzwerkfreigaben 178
    Zugriff auf Freigaben in Windows XP 180
    Nach Computern in Windows XP suchen 181
    Einblenden von UPnP-Netzwerkgeräten in Windows XP 182
    Scannen im Netzwerk – geht das? 183
Netzlaufwerke verwalten 184
    Netzlaufwerke in Windows Vista einrichten 184
    Netzwerkfreigabe in Windows XP einrichten 186
    Zugriff auf Netzlaufwerke 187
    Netzlaufwerke trennen 188
Netzwerkdrucker einrichten und verwalten 189
    Netzwerkdrucker in Windows Vista installieren 189
    Netzwerkdrucker in Windows XP einrichten 191
    Drucker an FRITZ!Box nutzen 193
    Problembehebung bei der Netzwerkdruckerinstallation 195
    Drucker und Treiber löschen 198
    Druckereigenschaften verwalten 199

6 Sicherheit im Netzwerk 203

Systemsicherheit überwachen 204
    Mit welchen Risiken muss ich rechnen? 204
    So hilft das Windows-Sicherheitscenter 206
    Systemüberprüfung durch MBSA 208
Systemaktualisierung mit Updates 209
    Windows Update in Windows Vista 210
    Updates in Windows XP 215
Systemabschottung durch eine Firewall 217
    Warum braucht man eine Firewall? 217
    Konfigurieren der Windows Vista-Firewall 218
    Die Windows XP Firewall aktivieren und konfigurieren 230
    Firewalls von Microsoft und Drittherstellern 233
    Firewall von Windows Live OneCare 233
    Firewall von Drittherstellern 237

Schutz vor Viren und Schädlingen 238
    Virenschutz, das ist zu beachten 238
    Windows-Defender als Schutz vor Malware 238
Weitere Sicherheitseinstellungen 241
    Sicherheitseinstellungen im Internet Explorer 241
    E-Mail-Sicherheitseinstellungen 242

7 Internet- und Netzwerkfunktionen verwenden 245

Virtual Private Network (VPN) einrichten 246
    Einrichten des VPN-Servers 246
    VPN-Client unter Windows Vista nutzen 258
FTP-/WebDAV-Verbindungen unter Vista nutzen 269
    Den Internet Explorer als FTP-Client einsetzen 269
    Eine FTP-Verbindung einrichten 270
    Wenn eine Anmeldung am FTP-Server erforderlich ist 272
    FTP-Verbindungen fest einrichten 272
    WebDAV unter Windows Vista 275
Offlinedateien im Kurzüberblick 277
    Was steckt hinter der Funktion *Offlinedateien*? 277
    Offlinedateien auf der Freigabe zulassen 277
    Offlinedateien im Client ein- oder ausschalten 278
    Offlinedateien für Netzfreigaben verfügbar machen 279
    Offlinedateien gezielt synchronisieren 281
    Offlinekopien löschen 283
Medienfreigabe und -streaming im Netzwerk 284
    Medienbibliothek einrichten 284
    Die Medienfreigabe auf dem Server einrichten 285
    Zugriff auf die Medienwiedergabe im Client 288
Der Windows-Kalender im Netzwerk 290
    Einen Kalender veröffentlichen 291
    Veröffentlichung des Kalenders beenden 292
    Veröffentlichte Kalender abonnieren 292
Remotefunktionen nutzen 294
    Remotezugriffe im System freigeben 294
    Die Remotedesktopverbindung einsetzen 296
    Nutzen der Windows-Remoteunterstützung 298
    Arbeiten mit der Windows-Teamarbeit 302

8 Netzwerkdoktor: Fehlersuche und Netzwerkanalyse 305

Troubleshooting bei Netzwerkproblemen 306
    Problemdiagnose bei LAN-Netzwerken 306
    Das WLAN funktioniert nicht 309
    Das Netzwerk lässt sich nicht einrichten 310
    Netzwerkdrucker kann nicht installiert werden 312

Ein Netzwerksegment kann nicht erreicht werden	312
WLAN-Verbindung bricht ab	312
Netzwerkverbindung bricht im Ruhezustand ab	313
Verbindungstest mit Ping	314
Ermitteln der IP-Adressen	315
Netzwerkfreigaben mit dem *net*-Befehl testen	316
Netzwerküberwachung und -verwaltung	317
Die Netzwerkauslastung überwachen	317
Netzwerkdaten im Systemmonitor aufzeichnen	319
Netzwerkfehler mit der Zuverlässigkeitsüberwachung aufdecken	320
Die Netzwerkgeschwindigkeit optimieren	321
Die Netzwerkfunktionen der Computerverwaltung nutzen	322
Arbeiten mit festen IP-Adressen	326

A Telefonieren über das Internet 331
Einführung in die Internettelefonie 332
    Was steckt hinter dem Begriff IP-Telefonie? 332
    Was braucht man für die IP-Telefonie? 334

B Media Center Extender 339
Media Center Extender, was ist das? 340
Xbox 360 als Media Center Extender einbinden 340

C Windows Home Server 345
Windows Home Server im Überblick 346
    Was steckt hinter dem Windows Home Server? 346
    Hardware- und Softwareanforderungen für Windows Home Server 348
Windows Home Server-Installation 349
    Installation des Server-Teils 349
    Installation des Windows Home Server-Connector 350
Windows Home Server verwalten und nutzen 352
    Anmeldung am Windows Home Server 352
    Zugriff auf die Freigaben 354

Stichwortverzeichnis 357

Vorwort

In vielen Haushalten und kleinen Büros sollen Computer mit Windows Vista und gegebenenfalls Windows XP miteinander vernetzt werden. Auch wenn die Vernetzung zwischenzeitlich sehr einfach geworden ist, kommen Sie nicht um ein gewisses Grundwissen herum. Fragen Sie sich, was Sie alles zur Vernetzung mehrerer Rechner benötigen oder welche Möglichkeiten ein solches Netzwerk bietet? Oder haben Sie die Netzwerkkomponenten vorliegen, schaffen es aber nicht, das Netzwerk betriebsbereit einzurichten?

Hilferufe in den technischen Newsgroups zu Windows Vista zeigen, dass sich manche Nutzer mit dem Einrichten des Netzwerks schwer tun. Da hapert es beim Zugriff auf die Rechner des Netzwerks, ein WLAN-Zugang lässt sich nicht einbinden oder der Zugriff auf das Internet über DSL klappt nicht. Auch langsame Netzwerkverbindungen oder andere Fehler gehören zum Unbill, mit dem sich mancher Netzwerknutzer herumschlagen muss.

Nach über einem Jahr im Umgang mit Windows Vista war es an der Zeit, das vorliegende Buch für genau diese Zielgruppe der Heimanwender, Freiberufler und Kleinunternehmer zu schreiben. In verschiedenen Kapiteln wird Ihnen gezeigt, wie sich zwei oder mehr Rechner zu einem einfachen Arbeitsgruppennetzwerk (Heimnetzwerk) verbinden lassen. Dabei werden sowohl drahtgebundene als auch funkgestützte Lösungen angesprochen. Auch das Einbinden von DSL-Zugängen wird gezeigt. Die Anleitungen sollten von jedem halbwegs erfahrenen Windows-Anwender verstanden und nachvollzogen werden können. Dann ist das Einrichten des Netzwerks eine Sache von wenigen Minuten, denn Windows Vista übernimmt selbst viele Schritte zur Inbetriebnahme eines Netzwerks.

Allerdings gibt es auch die Fälle, wo es zu Problemen kommt und die Einrichtung des Netzwerks einfach nicht klappen will. Ein weiterer Themenblock befasst sich daher mit der Fehlersuche und -behebung im Netzwerk. Mit den Hinweisen in den betreffenden Kapiteln sowie im Abschnitt zur Fehlersuche sollten Sie die meisten Netzwerkprobleme sehr schnell in den Griff bekommen.

Die allumfassende Behandlung aller Windows-Netzwerkfunktionen ist mit dem vorgegebenen Seitenumfang allerdings unmöglich. Ich hoffe, Ihnen trotzdem mit der Themenauswahl die wichtigsten Informationen an die Hand gegeben zu haben. Zum Abschluss bleibt mir nur der Dank an alle Personen, die mich bei der Arbeit an diesem Buch unterstützten. Ihnen, liebe Leserin und lieber Leser wünsche ich viel Spaß und Erfolg mit diesem Buch und natürlich beim Einrichten und Arbeiten mit den Windows-Netzwerkfunktionen.

Günter Born
www.borncity.de

Zur Benutzung dieses Buches

Moderne Rechner sind bereits mit Netzwerkausgängen ausgestattet. Mit ein paar Netzwerkkabeln und eventuell weiteren Komponenten lässt sich sehr schnell ein Netzwerk einrichten. Die benötigten Netzwerkfunktionen sind in Windows Vista und Windows XP bereits enthalten. Das vorliegende Buch beschreibt in den jeweiligen Kapiteln, was für ein Netzwerk gebraucht wird, wie es eingerichtet und wie es in Betrieb gehalten wird. Zudem lernen Sie, wie sich ein Netzwerk nutzen lässt.

Vermutlich haben Sie weder Zeit noch Lust, das gesamte Buch von der ersten bis zur letzten Seite zu lesen. Vielleicht arbeiten Sie ausschließlich mit Funknetzwerken. Oder Sie haben noch keinen Breitband-DSL-Internetzugang. Die Gliederung in mehrere Kapitel nimmt darauf Rücksicht. Die einzelnen Kapitel behandeln dann die zu dem jeweiligen Themengebiet zugehörenden Funktionen in einem oder mehreren Abschnitten. Neben dem globalen Inhaltsverzeichnis finden Sie in jedem Kapitelanfang ein Teilinhaltsverzeichnis mit einem Abriss über den Inhalt. Zudem können Sie über das Stichwortverzeichnis auf die Inhalte zugreifen.

Befehle und Datei- bzw. Ordnernamen sind im Buch in kursiver Schrift hervorgehoben. Der Text enthält zudem verschiedene Absätze, die Sie auf Besonderheiten hinweisen sollen.

HINWEIS In den betreffenden Absätzen finden Sie zusätzliche Hinweise zu bestimmten, seltener genutzten Optionen oder besondere Techniken.

TIPP Arbeitstechniken, die eine besonders elegante Vorgehensweise darstellen, oder Tricks, die zu kennen sich lohnt, sind als »Tipp« gekennzeichnet.

ACHTUNG Einige Funktionen (wie z.B. das Formatieren einer Festplatte) bergen Risiken. Um Sie auf diese Gefahren hinzuweisen, werden Sie auf diese Weise besonders darauf aufmerksam gemacht.

Kapitel 1

Netzwerkgrundlagen

In diesem Kapitel:

Was bringt mir ein Heimnetzwerk?	16
Überblick über Netzwerkvarianten	18
Hardware für LAN- und WLAN-Netzwerke	27
Planungshinweise für Ihr Netzwerk	31

Dieses Kapitel führt Sie in die Netzwerkgrundlagen ein und zeigt Ihnen, wozu ein Netzwerk im Heimbereich (oder in kleinen Firmen) gut sein kann. Und Sie können nachlesen, welche Hard- und Software Sie zum Einrichten eines Netzwerks benötigen. Zudem wird erläutert, welche Technologien bei Funknetzwerken oder bei der Netzwerkverkabelung eingesetzt werden können.

Was bringt mir ein Heimnetzwerk?

Netzwerke sind nicht nur im Firmenumfeld, sondern auch im privaten Bereich eine sinnvolle Sache. Besitzen Sie mehr als einen Computer in Ihrem Haushalt, können Sie diese zu einem Netzwerk verbinden. Nachfolgend möchte ich Ihnen kurz erläutern, wie Sie ein solches Netzwerk nutzen können.

Gemeinsamer Internetzugang

Besitzen Sie einen Breitband-Internetzugang (DSL)? Dann ist es sicherlich erwünscht, dass nicht nur ein Rechner, sondern alle Computer im Haushalt Zugriff auf dieses Medium erhalten. Mit einem Netzwerk und der richtigen Hardwareausstattung ist dies sehr einfach möglich.

Selbst bei Verwendung eines Modems oder einer ISDN-Leitung für den Internetzugang kann es sinnvoll sein, diesen Zugang gemeinsam innerhalb eines Netzwerks zu nutzen. Wer beispielsweise nur eine Telefonanschlussdose für diesen Zweck zur Verfügung hat, wird diese Möglichkeit sicher zu schätzen wissen. Zudem lässt sich die Einwahlverbindung komfortabel auf einem Rechner konfigurieren und Sie benötigen nur ein Modem oder eine ISDN-Karte bzw. eine ISDN-Box, um die Verbindung zum Telefonnetz herzustellen. Die restlichen Rechner nutzen dann einfach diesen eingerichteten Internetzugang über das Netwerk mit.

Geräte gemeinsam nutzen

Eine sehr komfortable Sache ist das gemeinsame Nutzen verschiedener Geräte innerhalb eines Netzwerks. Nehmen wir an, Sie haben einen Drucker, der von mehreren Rechnern oder Notebooks gemeinsam genutzt werden soll. Anstatt jetzt das Gerät ständig zwischen den Rechnern umzutöpseln oder einen so genannten Druckerswitch zur Druckerumschaltung zu kaufen, richten Sie das Gerät an einem Rechner ein. Anschließend geben Sie den Drucker zur gemeinsamen Benutzung im Netzwerk frei. Dann können andere Nutzer von ihren Rechnern direkt über das Netzwerk auf dem freigegebenen Drucker Dokumente ausgeben. Der Verwalter des betreffenden Computers kann dabei sogar festlegen, welche Benutzer den Drucker verwenden dürfen. Dies ist ggf. in kleinen Firmen hilfreich, wenn verschiedene Drucker im Netzwerk freigegeben werden, diese aber nicht allen Mitarbeitern zur Verfügung stehen sollen. Auch im Heimnetzwerk kann es gegebenenfalls hilfreich sein, wenn der besonders teure Farbdrucker nicht durch die Kids verwendet werden soll.

Neben Druckern lassen sich aber auch noch andere Geräte wie Festplatten oder CD-/DVD-Laufwerke, Brenner und Speicherkartenlesegeräte gemeinsam nutzen. Nehmen wir an, Sie besitzen einen Rechner, der über eine Festplatte mit großer Kapazität verfügt. Dann ist es nahe liegend, Teile dieser Festplatte im Netzwerk zur gemeinsamen Verwendung freizugeben. Andere Benutzer können dann die freigegebene Festplatte zur Datensicherung und Datenarchivierung verwenden. Und auch Fotos, Videos oder andere Dokumente lassen sich problemlos auf diese Festplatte in entsprechende Ordner kopieren.

Verwenden Sie die Windows Vista-Funktion zur Datensicherung? Die Sicherung von Benutzerdaten oder kompletten Festplatteninhalten auf CDs oder DVDs ist recht mühsam. Mit einer größeren Festplatte innerhalb des Netzwerks ist auch dies kein Problem. Sie können im Sicherungsprogramm von Windows Vista durchaus ein Netzlaufwerk als Sicherungsziel angeben.

Haben Sie ein Speicherkartenlesegerät oder Rechner bzw. Geräte wie Drucker, die mit entsprechenden Einschüben ausgestattet sind? Sie könnten natürlich die Speicherkarten aus Digitalkameras, Handys, PDAs oder Navigationsgeräten in den betreffenden Rechnern einlegen, sich unter einem Benutzerkonto an diesem Rechner anmelden und dann die gewünschten Daten auf die Festplatte oder einen freigegebenen Netzwerkordner kopieren. Es geht aber auch einfacher: Geben Sie einfach die betreffenden Speicherkartenleseeinheiten an den Rechnern im Netzwerk zur gemeinsamen Nutzung frei. Schon kann jeder Benutzer innerhalb des Netzwerks die Speicherkarten in das Lesegerät einstecken und dann direkt am eigenen Rechner über die freigegebenen Netzwerklaufwerke auf den Inhalt der Speicherkarte zugreifen. Einfacher kann man es kaum noch haben.

> **HINWEIS** An dieser Stelle möchte ich aber darauf hinweisen, dass bestimmte Geräte wie Scanner nicht so einfach im Netzwerk gemeinsam genutzt werden können. Windows Vista besitzt keine Treiber, um Scanner über ein Netzwerk anzusprechen. Sie sind auf spezielle Software der Scanner-Hersteller oder von Drittanbietern angewiesen, um solche Geräte im Netzwerk anzusprechen. Ähnliches gilt für Brenner, die sich auch nicht so einfach im Netzwerk nutzen lassen. Sie können den Brenner zwar im Netzwerk als CD- bzw. DVD-Laufwerk freigeben und lesend darauf zugreifen. Beim Versuch, Dateien über das Netzwerk auf einen freigegebenen Brenner zu schreiben, erhalten Sie jedoch eine Fehlermeldung, dass dieses Gerät nicht bereit ist (wenn kein Medium im Laufwerk eingelegt ist). Legen Sie einen CD- oder DVD-Rohling in das freigegebene Laufwerk, meldet Windows, dass kein Speicherplatz mehr vorhanden ist. Der Grund: Die Brennfunktion kann nicht über das Netzwerk auf den Brenner zugreifen. Sie müssen sich am Rechner, an dem der Brenner eingebaut ist, anmelden. Dort können Sie auf die im Netzwerk freigegebenen Dateien zugreifen und auf eine CD oder DVD brennen.

Dateien austauschen

Eine andere, sehr komfortable Netzwerkoption besteht darin, mehreren Benutzern den Zugriff auf die gleichen Dateien zu ermöglichen. Bei kleinen Firmen ist es häufig so, dass ein Benutzer Dokumente verwaltet, auf die andere ebenfalls zugreifen müssen (z.B. Handbücher, Budgetpläne, Rechnungen, Lieferscheine etc.). Aber auch im Heimbereich sind solche Szenarien denkbar. Da sind Fotos, Musik oder Videos, die von anderen Benutzern im Netzwerk mit benutzt werden sollen. Oder es gibt Dokumente, die mehrere Familienmitglieder ansehen oder verändern sollen (Briefe, Diashows, Kalkulationstabelle etc.). Mit der Möglichkeit, den Inhalt eines Ordners im Netzwerk für die gemeinsame Nutzung freizugeben, steht den anderen Netzwerkteilnehmern der Zugriff auf diese Dateien zur Verfügung. Dies ist zum Beispiel auch ganz hilfreich, wenn Terminkalender für mehrere Familienmitglieder untereinander abgeglichen werden sollen.

Medieninhalte verteilen

Einen noch weitergehenden Ansatz, den Windows Vista in einem Netzwerk bereitstellt, ist die Möglichkeit, Medieninhalte zur Verfügung zu stellen. Hat ein Benutzer seine Fotosammlung in der Windows-Fotogalerie erfasst und möchte anderen Benutzern im Netzwerk den Zugriff auf diese Fotos gestatten? Oder sollen Musik- und Videosammlungen oder eine TV-Aufzeichnung im Netzwerk durch andere Teilnehmer abrufbar sein? Mit den in Windows Vista eingebauten Funktionen ist so etwas im Netzwerk problemlos möglich.

Überblick über Netzwerkvarianten

Bei Netzwerken können die Rechner auf verschiedene Arten zusammengeschaltet werden. Man spricht auch von Netzwerktopologien. Nachfolgend wird kurz dargestellt, wo der Unterschied zwischen Arbeitsgruppenetzwerken und Client/Server-Netzwerken liegt.

Arbeitsgruppennetzwerke

In Windows Vista Basic und Home Premium kommt das Konzept der Arbeitsgruppen zum Einsatz. Bei diesem Ansatz werden einige wenige Rechner durch Netzwerkkabel miteinander verbunden (Abbildung 1.1). Alle Rechner im Netzwerk sind gleichberechtigte Teilnehmer. Ein Benutzer kann Ressourcen seines Rechners wie Festplatten, Verzeichnisse oder Drucker für andere Anwender im Netzwerk freigeben und andere im Netzwerk freigegebene Ressourcen selbst nutzen.

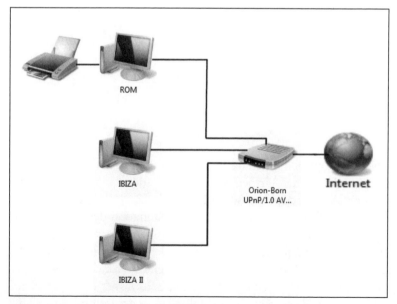

Abbildung 1.1 Konzept eines Arbeitsgruppennetzwerks

Da Windows Vista in allen Varianten (also auch Business oder Ultimate) die Funktionen zur Verwaltung eines Arbeitsgruppennetzwerks (Workgroup-Netzwerk) bereits enthält, lässt sich auf sehr einfache und preiswerte Weise eine Vernetzung vornehmen. Es ist dabei egal, ob die Rechner über ein WLAN oder per Kabel untereinander verbunden werden.

Client/Server-Netzwerke

Der Vorteil der Arbeitsgruppennetzwerke, dass diese sehr einfach zu realisieren sind, wirft aber auch Probleme auf. Wird ein Rechner im Arbeitsgruppennetzwerk zur gemeinsamen Nutzung von Dateien verwandt, muss dieser eine entsprechende Leistung bereitstellen. Andernfalls sind nur sehr langsame Zugriffe auf die freigegebenen Laufwerke oder Ordner möglich. Auch die Verwaltung umfangreicherer Netzwerke mit mehr als zehn Rechnern wird bei Arbeitsgruppen recht kompliziert. Bei größeren Netzwerken mit sehr vielen Rechnern und Benutzern ist es erforderlich, die Ressourcen sowie die Zugangskontrolle zentral zu verwalten. In diesen Fällen kommen auf Servern basierende Netzwerklösungen zum Einsatz (Abbildung 1.2).

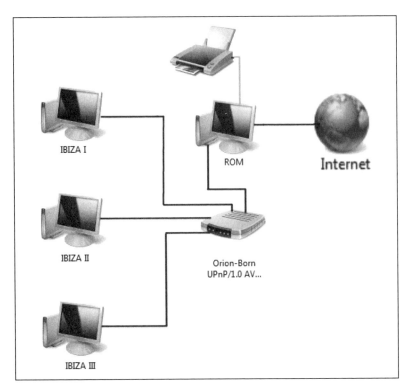

Abbildung 1.2 Konzept eines Client/Server-Netzwerks

Ein selbstständiger Rechner, der so genannte »Server« (in Abbildung 1.2 mit dem Namen »ROM« versehen), stellt den anderen Teilnehmern die zentralen Ressourcen wie Festplatten, CD-/DVD-Laufwerke, Drucker etc. bereit. Der Server sowie die im Netzwerk enthaltenen Rechner (auch als Clients bezeichnet) sind über Netzwerkkabel oder WLAN mit dem Server verbunden. In diesen Netzwerken können die Benutzer lokal auf dem eigenen Rechner arbeiten oder auf die freigegebenen Ressourcen des Servers zugreifen. Alle von mehreren Benutzern zu nutzenden Ressourcen (zum Beispiel Laufwerke und Ordner zur Speicherung von Dateien) müssen auf dem Server bereitliegen. Dieses Netzwerk ist nur so lange funktionsbereit, wie der Server arbeitet. Weiterhin erhalten nur solche Teilnehmer Zugriff auf den Server, die dort als berechtigte Nutzer aufgeführt sind. Durch eine Benutzer- oder Teilnehmerliste lässt sich also sehr elegant steuern, wer mit den Daten auf dem Server arbeiten darf.

Drucker oder Internetzugang können, wie in Abbildung 1.2 dargestellt, direkt über den Server bereitgestellt werden. Es gibt aber auch die Möglichkeit, solche Geräte direkt im Netzwerk einzubinden. Dann sind die betreffenden Geräte oder Funktionen direkt über das Netzwerk bzw. die Verteilstation (im Bild als »Orion-Born« bezeichnet) erreichbar.

Auf dem als Server fungierenden Rechner muss ein spezielles Server-Betriebssystem wie Windows Server 2003 oder Windows Server 2008 laufen. Die Client-Computer können zwar mit Windows Vista betrieben werden. Um aber den vom Windows-Server verwalteten so genannten Domänen beizutreten, benötigen Sie Windows Vista Business, Ultimate oder Enterprise. Die Home-Versionen von Windows Vista (z.B. Windows Vista Home Premium) unterstützen die Einbindung in eine Netzwerkdomäne nicht.

HINWEIS Auf Windows Server 2003 oder Ähnlichem basierende Netzwerke sowie die Einbindung von Rechnern in Domänen wird in diesem Buch nicht eingegangen. Trotzdem können Server-Netzwerke auch im Heimbereich Sinn machen. Mit Microsoft Home Server steht zum Beispiel eine spezielle Lösung von Microsoft zur Verfügung, um auf einem Rechner Multimediainhalte wie Musik, Bilder oder Videos bereitzustellen. Diese Inhalte lassen sich dann über ein Netzwerk von anderen Rechnern im Haushalt abrufen und nutzen.

LAN, PowerLAN oder WLAN?

Rechner können über spezielle Netzwerkkabel, über Stromleitungen oder mittels Funkstrecken untereinander vernetzt werden. Die Kürzel LAN, PowerLAN oder WLAN stehen für die bei der Vernetzung benutzten Technologien.

Abbildung 1.3 dLAN- Adapter (Quelle: devolo)

- *Local Area Network (LAN):* Der Begriff LAN steht für ein lokales Netzwerk, bei dem die Rechner über kurze Entfernungen (z.B. innerhalb eines Gebäudes) lokal vernetzt werden. Bei LANs werden dabei die einzelnen Rechner durch spezielle Netzwerkkabel untereinander oder mit Verteilerstationen verbunden. Solange sich die Rechner in einem Raum oder in benachbarten Räumen befinden, ist diese Verkabelung sehr einfach zu realisieren. Die Technik kommt beispielsweise auch bei Veranstaltungen wie Technikkongressen, Messen oder LAN-Parties zum Einsatz, wo Computer temporär zu einem Netzwerk verbunden werden. In Büros oder beim Neubau eines Hauses kann eine entsprechende Verkabelung für ein solches Netzwerk gleich mit vorgesehen werden. Dann genügt es, die Rechner über kurze Verbindungskabel mit den Netzwerksteckdosen zu verbinden, um einen Netzwerkanschluss herzustellen.
- *PowerLAN:* Auch hierbei handelt es sich um ein lokales Netzwerk. Statt aber Netzwerkkabel zum Verbinden der Rechner zu verwenden, kommen spezielle PowerLAN-Adapter (z.B. die PowerLine-Technologie der Firma devolo) zum Einsatz, die eine Netzwerkverbindung über normale Stromleitungen herstellen. Der Stromzähler ist dann in der Regel die Grenze für ein solches Netzwerk, d.h., Rechner innerhalb der eigenen Wohnung oder des Hauses lassen sich ohne zusätzlichen Verkabelungsaufwand vernetzen. Sie benötigen für jeden Rechner einen solchen Adapter (Abbildung 1.3), der in eine Steckdose eingesteckt und über ein kurzes Netzwerkkabel mit dem Rechner verbunden wird. Anbieter solcher Lösungen mit dem derzeit umfangreichsten Angebot ist z.B. die Firma devolo (*www.devolo.de*).
- *Wireless-LAN:* WLAN ist das Kürzel für Wireless Local Area Network, also ein kabelloses, auf Funkwellen basierendes lokales Netzwerk. Die Übertragung erfolgt dabei nach dem so genannten IEEE 802.11-Standard mit verschiedenen Geschwindigkeiten (siehe auch die folgenden Abschnitte). Für jeden Rechner ist dann eine geeignete WLAN-Komponente erforderlich. Die Rechner lassen sich dabei direkt untereinander oder mit einem WLAN-Zugriffspunkt (WLAN-Access-Point) verbinden. Übertragungsleistung und Reichweite hängen dabei ab vom verwendeten WLAN-Standard, der Antennenleistung und ggf. der Umgebung, in der das Netzwerk betrieben wird.

In diesem Buch wird der Aufbau von kabelgebundenen Netzwerken (LAN) oder Funknetzwerken (WLAN) behandelt. PowerLANs (z.B. auf der PowerLine-Technik der Firma devolo basierend) können quasi als Speziallösung eines LANs betrachtet werden, da sie ja lediglich statt einer Netzwerkverkabelung Stromleitungen verwendet.

HINWEIS Neben den hier aufgeführten Verbindungen gibt es noch weitere Techniken, um Geräte wie Computer zu einem Netzwerk zusammenzuschalten. Bluetooth ist beispielsweise ein Funkstandard, der Geräte mit einer Datenrate von 1 MBit/s miteinander verbindet. Bluetooth-Geräte wie Handys zeichnen sich durch eine besonders geringe Leistungsaufnahme aus. Die Geräte werden dabei, abhängig von der Leistung, in drei Klassen unterteilt: Klasse 1 (100 mW Leistung, 100 m Reichweite), Klasse 2 (2,5 mW Leistung, 10 m Reichweite) und Klasse 3 (1 mW Leistung, 1 m Reichweite). Im Netzwerkbereich ist Bluetooth keine Alternative zu WLAN-Verbindungen, da Reichweiten und Datenraten zu gering sind. Eine andere Spielart ist die Vernetzung von Rechnern über spezielle USB-Kabel, die aber herstellerspezifische Software benötigt. Da eine Verbindung zweier Rechner über ein so genanntes Cat-5-Netzwerkkabel problemlos möglich ist, macht eine Vernetzung über USB-Kabel aus meiner Sicht in der Regel keinen Sinn. Ähnliches gilt für die früher gebräuchlichen Direktverbindungen mittels paralleler oder serieller Schnittstellen sowie über die IEEE 1394-Firewire-Schnittstelle – weshalb die Funktionen in Windows Vista entfallen sind bzw. in diesem Buch unberücksichtigt bleiben.

Anschlüsse und Datenkabel für die Netzwerkverbindung

Die Vernetzung von Rechnern erfolgt überwiegend über die als Ethernet beschriebene Technik, die seit vielen Jahren in der IEEE 802.3-Norm definiert ist. Diese Norm legt die Anschlusstechnik, die Übertragungsmedien, die Kabeltypen, die Mindestabstände zwischen zwei Zugängen sowie die maximale Leitungslänge innerhalb eines Netzwerks fest. So definiert die Norm bei Ethernet-Verbindungen drei verschiedene Kabeltypen, um die Verbindung zwischen den Rechnern herzustellen.

- *Thickwire:* Die Technik sieht ein dickes abgeschirmtes (meist gelbes) Koaxialkabel (10Base5) vor, dessen Leitungslänge für ein Segment bis zu 500 m umfassen kann. Wegen des Aufwands beim Anschluss der Rechner wird diese Technik nur in umfangreichen Netzen mit vielen hundert Computern und bei entsprechend großer Segmentlänge verwendet. Aus praktischer Sicht besitzt diese Verkabelungstechnik heute kaum noch eine Bedeutung.

- *Thinwire:* Diese als 10Base2 bezeichnete Verkabelung setzt auf Standard-Koaxialkabel (RG-58) gemäß der IEEE 802.3-Norm auf. Bei dieser Art der Verkabelung ist die Segmentlänge auf 185 m begrenzt, und es lassen sich maximal 30 Computer pro Segment anschließen. Diese Art der Verkabelung war zeitweise recht populär, da die im Handel erhältlichen vorkonfektionierten Kabel sich über BNC-Stecker (BNC steht für Bayonet-Neil-Connector) mit T-Steckern an die Netzwerkkarten anschließen ließen. Es wurden keine zusätzlichen Verteilerstationen (Hub, Switch oder Router) benötigt. Auf die beiden freien T-Anschlüsse an den jeweils letzten Computern eines Segments waren speziellen Abschlusswiderstände aufzustecken (Abbildung 1.4). Thinwire-Ethernet ist zwischenzeitlich praktisch nicht mehr in Verwendung, da der schnellere Übertragungsstandard (100 MBit/s) nicht unterstützt wird. Neuere Netzwerkkarten besitzen daher auch keinen BNC-Anschluss mehr.

Abbildung 1.4 BNC-Netzwerk-T-Stecker und Abschlusswiderstand

- *Twisted Pair:* Die dritte als 10BaseT bezeichnete Variante zur Netzwerkverkabelung gemäß dem 802.3-Ethernet-Standard benutzt verdrillte, aber ungeschirmte Telefonkabel (Cat-5-UTP-Kabel, Cat-5 steht dabei für die Leitungsgüte und UTP ist das Kürzel für Unshielded Twisted Pair). Die maximale Leitungslänge bei Twisted-Pair-Verkabelung beträgt gemäß der Norm ca. 90 m. Die Rechner werden dabei über eine Verteilerstation (Hub, Switch oder Router) mit Kabeln untereinander verbunden.

Abbildung 1.5 Cat-5-UTP-Netzwerkkabel mit Stecker

Im Heimbereich wird zwischenzeitlich fast ausschließlich die Twisted Pair-Netzwerkverkabelung auf Basis von Cat-5-Kabeln verwendet. Im Handel gibt es vorkonfektionierte Kabel (Abbildung 1.5) verschiedener Länge. Moderne Rechner bzw. Notebooks sind bereits mit einer entsprechenden RJ-45-Netzwerkbuchse ausgestattet. Auch aktuelle Netzwerkkarten sowie andere Geräte (Hubs, Switches, Router) besitzen solche RJ-45-Anschlussbuchsen für die Cat-5-UTP-Kabel.

TIPP Um zwei Rechner untereinander zu vernetzen, benötigen Sie dann ein so genanntes Crossover-Netzwerkkabel, bei dem die Sende- und Empfangs-Leitungen in einem RJ-45-Stecker gedreht sind. Die Verbindung zwischen der RJ-45-Netzwerkbuchse des Rechners und einem PowerLAN-Adapter oder einem Netzwerkgerät (Hub, Switch, Router) erfordert ein so genanntes Patchkabel. Es handelt sich dabei um ein 1:1 durchgeschaltetes Cat-5-UTP-Netzwerkkabel. Da beide Varianten vorkonfektioniert im Handel angeboten werden, sollten Sie beim Kauf von Netzwerkkabeln auf diesen kleinen, aber feinen Unterschied achten. Bei manchen Geräten (z.B. die den 1 Gigabit-Ethernet-Standard unterstützen) kann meist auf ein Crossover-Kabel verzichtet werden. Diese Geräte erkennen die Belegung der Netzwerkanschlussbuchse und schalten bei Bedarf automatisch um. Weitere Hinweise zum Thema finden Sie unter *de.wikipedia.org/wiki/Crossover_Kabel* bzw. in den dort angegebenen Links. Eine gute Übersicht über die Ethernet-Verkabelungsvarianten finden Sie unter *de.wikipedia.org/wiki/Ethernet*.

Hub, Router, Switch, was steckt dahinter?

Zur Verbindung von mehr als zwei Netzwerkteilnehmern über Cat-5-UTP-Kabel benötigen Sie eine Verteilerstation. Dabei werden verschiedene Technologien eingesetzt. Da es erfahrungsgemäß häufig Unklarheiten über die benötigten Komponenten gibt, möchte ich hier kurz die Unterschiede beleuchten.

- *Hub:* Dies ist nichts anderes als eine passive Verteilstation, die die elektrische Verbindung zwischen den Netzwerkleitungen herstellt und so für die Übertragung der Daten zwischen den Rechnern sorgt. Die Daten eines Netzwerkteilnehmers werden an alle anderen, am Hub angeschlossenen, Netzwerkteilnehmer weitergeleitet. Bei Bedarf lassen sich mehrere Hubs kaskadieren, um die Zahl der anzuschließenden Geräte zu vergrößern. Hubs haben das Problem, dass bei steigender Anzahl an Netzwerkteilnehmern die Datenlast auf den Anschlüssen zunimmt. Zudem können an einem Hub nur Netzwerkkomponenten gleicher Netzwerkgeschwindigkeit (10 oder 100 MBit/s) betrieben werden. Daher sind solche Geräte technisch überholt und werden kaum noch angeboten.

- *Switch:* Bei einem Switch handelt es sich um eine intelligente Verteilstation, an der sich ebenfalls mehrere Rechner über Cat-5-UTP-Kabel anschließen lassen. Der Switch kennt aber die Netzwerkadressen der einzelnen Teilnehmer und kann so von einer Station eintreffende Datenpakete direkt zum Ausgang des Zielrechners umleiten. Dies führt bei größeren Netzwerken zu einer Reduktion des Datenverkehrs auf den einzelnen Anschlüssen. Zudem unterstützen Switches unterschiedliche Übertragungsgeschwindigkeiten (10, 100 oder 1.000 MBit/s) auf den jeweiligen Eingängen.

- *Router:* Ein Router ist eine intelligente Koppelstation, die eine Verbindung zwischen Netzwerksegmenten herstellt. Datenpakete, die an Rechner des internen Netzwerks gehen, werden direkt an die betreffenden Stationen geleitet. Empfängt der Router ein Datenpaket, dessen Empfängeradresse außerhalb des internen Netzwerks liegt, wird dieses Paket in ein weiteres Teilnetz weitergereicht.

Router (Abbildung 1.6) kommen in Heimnetzwerken in der Regel zum Einsatz, um mehrere Rechner zu vernetzen und gleichzeitig allen Rechnern eine DSL-Internetverbindung bereitzustellen. Hierzu ist der Router typischerweise mit vier RJ-45-Buchsen für die Anbindung der lokalen Rechner ausgestattet. Besitzt der Router kein integriertes DSL-Modem, findet sich eine zusätzliche RJ-45-Buchse für den DSL-Anschluss. Interne Datenpakete werden direkt zwischen den Rechnern des lokalen Netzwerks transportiert (geroutet). Erkennt der Router eine Anfrage an das Internet, leitet er das Datenpaket über die DSL-Leitung bzw. das DSL-Modem weiter. Aus dem Internet eintreffende Antworten werden ebenfalls an den betreffenden Rechner zurückgeleitet (geroutet). Je nach Gerätevariante kann ein solcher Router auch noch einen Funkanschluss (WLAN-DSL-Router) aufweisen, so dass auch Funknetzwerke damit aufgebaut werden können. Im privaten Bereich werden die meisten Netzwerke mit DSL-Routern oder WLAN-DSL-Routern aufgebaut. Diese Technik wird in den folgenden Kapiteln zum Betrieb eines Heimnetzwerks mit DSL-Anschluss benutzt.

Überblick über Netzwerkvarianten

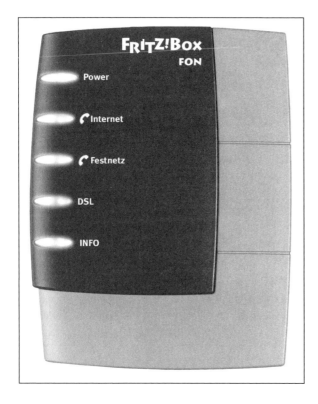

Abbildung 1.6 DSL-Router mit Telefonanlage-Funktion (Quelle: AVM)

HINWEIS Um unbefugte Zugriffe aus dem Internet auf das lokale Netzwerk zu unterbinden, können solche Router die Funktion einer externen Firewall bereitstellen. Diese Firewall blockiert alle unautorisierten Zugriffe aus dem Internet auf das Netzwerk (und ggf. auch nicht freigegebene Verbindungen von internen Netzwerkrechnern auf das Internet).

Geschwindigkeitsstandards und -anforderungen im LAN

Wenn Sie Hardware für LAN-Netzwerke auf Twisted-Pair-Basis beschaffen, werden Sie auf verschiedene Geschwindigkeitsangaben stoßen. Bei LAN-Netzwerken auf Basis von Twisted-Pair gibt es zur Zeit drei Standards für die Übertragungsgeschwindigkeit: 10 MBit/s, 100 MBit/s (Fast-Ethernet) und 1 GBit/s.

Aktuelle Rechner sind häufig mit einem Ethernet 10/100-Anschluss auf der Hauptplatine ausgestattet und weisen eine entsprechende RJ-45-Buchse auf. Auch Netzwerkkarten stellen in der Regel einen 10/100-Anschluss bereit. Es gibt aber auch Netzwerkkarten, die die Übertragungsmodi 10/100/1000 unterstützen.

Die Kürzel 10/100 oder 10/100/1000 bedeuten, dass sich der Netzwerkanschluss automatisch auf die Geschwindigkeit der Gegenstelle einstellt. Die Zahlen stehen dabei für die Übertragungsgeschwindigkeit in Megabit. Eine 10/100-Karte unterstützt also wahlweise 10 oder 100 MBit/s als Übertragungsgeschwindigkeit.

An dieser Stelle werfen Sie vielleicht die Frage auf, welchen Geschwindigkeitsstandard Sie für die Planung Ihres Heimnetzwerks verwenden sollen? Tut es ein 10-MBit/s-Netzwerk oder muss man statt 100 MBit/s gleich auf 1 GBit/s Übertragungsrate gehen, um zukunftsfähig zu bleiben? Aus praktischer Sicht reicht eine Übertragungsgeschwindigkeit von 10 MBit/s aus, um bis zu acht Computer zu vernetzen. Allerdings macht es keinen Sinn mehr, auf diese Technik zu setzen, da gängige Netzwerkkarten und -anschlüsse an Computern mindestens den 10/100 MBit/s-Standard unterstützen. Zudem gibt es noch einen zweiten Grund, warum 100 MBit/s Übertragungsrate sinnvoll ist. Falls Sie Videos oder Musik über das Netzwerk übertragen, reicht die Datenrate eines 10 MBit/s-Netzwerks nicht aus. Mit 100 MBit/s Übertragungsrate sollte es auch bei der Videoübertragung keine Kapazitätsengpässe durch das Netzwerk geben.

HINWEIS Die Verwendung einer Übertragungsrate von 1 GBit/s ist dagegen im privaten Bereich selten sinnvoll, da die mögliche Übertragungskapazität bei weitem nicht ausgenutzt wird. Neben den höheren Kosten für 1 GBit/s-Netzwerkkomponenten steigt auch deren Energieverbrauch gegenüber 100 MBit/s-Komponenten. Aus umweltpolitischen Gründen sollten Sie dies daher vermeiden.

Achten Sie beim Kauf von Netzwerkkomponenten (Hubs, Switches oder Routern) und der Kabel darauf, dass diese möglichst die gleiche Übertragungsgeschwindigkeit (10 MBit/s oder 100 MBit/s) aufweisen. Oder Sie müssen Komponenten wählen, die automatisch die Geschwindigkeit der Gegenstelle erkennen und sich auf 10 oder 100 MBit einstellen.

Grundwissen zu WLAN-Standards

Auch beim Aufbau von Funknetzwerken (WLAN) gibt es verschiedene Standards.

- *IEEE 802.11b:* Dieser ältere Standard verwendet eine maximale Datenübertragungsrate von 11 MBit/s, was zwar für den Transfer von Daten ausreicht. Probleme gibt es aber, falls Sie Musik oder Videos über diese Funkstrecke übertragen möchten. In diesen Fällen reicht selbst bei optimalen Übertragungsverhältnissen die Übertragungskapazität nicht aus.
- *IEEE 802.11g:* Dieser Standard ermöglicht die Übertragung der Daten mit einer Geschwindigkeit von bis zu 54 MBit/s. Dies ist ausreichend, um auch Videos in hoher Auflösung über eine Funkstrecke im Netzwerk zu übertragen.

Beachten Sie aber, dass die in den obigen Standards angegebenen Datenraten den Idealfall bzw. die Brutto-Übertragungskapazität beschreiben. Die Netto-Übertragungskapazität beträgt beim IEEE 802.11g-Standard ca. 40 Prozent und beim IEEE 802.11b-Standard ca. 50 Prozent der Bruttodatenrate. In der Praxis wird diese Nettodatenrate aber durch Störungen der Funkstrecke, Interferenzen mit anderen WLAN-Stationen oder Signalabschwächung weiter reduziert. Zudem müssen sich alle WLAN-Teilnehmer (auch als Stationen bezeichnet) die Bandbreite des Wireless-LAN-Zugangspunkts teilen. Erreichen Sie eine Nettoverbindungsdatenrate von 11 MBit/s am Zugangspunkt und möchten zehn Rechner gleichzeitig zugreifen, sinkt die Bandbreite pro Gerät im ungünstigsten Fall (wenn zwischen allen Rechnern Daten kopiert werden) die theoretisch verfügbare Bandbreite auf 1,1 MBit/s. Wireless-LANs auf Funkbasis eignen sich daher nur für kleine Netze und bergen zudem gewisse Sicherheitsrisiken (siehe unten).

> **HINWEIS** Weitere Informationen zu diesen Standards finden Sie unter *de.wikipedia.org/wiki/IEEE_802.11*. Zwischenzeitlich steht ein neuer Standard *IEEE 802.11n* mit einer Brutto-Übertragungsgeschwindigkeit von 540 MBit/s vor der Einführung. Entsprechende Geräte unterstützen auch die beiden Standards *IEEE 802.11b* und *IEEE 802.11g*. Zum Zeitpunkt, als dieses Buch geschrieben wurde, befand sich *IEEE 802.11n* nach wie vor im Status eines Entwurf. Eine endgültige Verabschiedung wurde von 2006 erst auf 2007 und nun auf 2008 verschoben. Es gibt bereits Geräte im Handel, die auf dem als »Draft 2« bezeichneten Entwurf dieses Standards basieren. Daher sind entsprechende Kompatibilitätsprobleme vorprogrammiert, da sich bis zur endgültigen Verabschiedung des Standards noch Änderungen ergeben können. Es ist daher die gleiche Entwicklung zu befürchten, die es bei der Einführung von Geräten nach dem *IEEE 802.11g*-Standard gab: Die Funknetzwerkkomponenten verschiedener Hersteller waren untereinander nicht kompatibel. Aus dieser Erfahrung wurde die WiFi-Allianz (das Kürzel WiFi steht für Wireless Fidelity) von verschiedenen Herstellern (*www.wifi.org*) zur Zertifizierung von Wireless-LAN-Netzwerkprodukten entsprechend dem IEEE 802.11-Standard gegründet.

Neben *IEEE 802.11b* und *IEEE 802.11g* gibt es auch noch die in Deutschland weniger gebräuchlichen Standards *IEEE 802.11a* und *IEEE 802.11h*, die ebenfalls eine maximale Übertragungsrate von 54 Mbit/Sekunde erreichen, aber im Frequenzband von 5 GHz arbeitet. Die Übertragung in diesem Frequenzband ist deutlich weniger störanfällig als bei dem unter *802.11b* bzw. *802.11g* verwendeten 2,4 GHz-Frequenzband, welches durch Mikrowellen, DECT-Telefone, Bluetooth-Geräte Funkfernsteuerungen etc. beeinflusst werden kann (siehe *de.wikipedia.org/wiki/IEEE_802.11a*).

Hardware für LAN- und WLAN-Netzwerke

Zum Aufbau eines drahtgebundenen Netzwerks muss neben der Cat-5-UTP-Verkabelung auch die betreffende Hardware vorhanden sein. Ähnliches gilt für WLANs, wo Sie entsprechende Komponenten benötigen. In diesem Abschnitt erhalten Sie eine Übersicht über Anschlusstechniken und Komponenten für WLAN-Netzwerke.

LAN-Anschlusstechnik

Bei aktuellen Rechnern oder Notebooks ist meist ein 10/100-LAN-Anschluss nach dem 802.3-Ethernet-Standard vorhanden. Die Geräte verfügen dann über die in Abbildung 1.7 gezeigte RJ-45-Netzwerkbuchse.

Abbildung 1.7 RJ-45-Netzwerkbuchse

Über diese RJ-45-Buchse ist der Rechner mittels eines Cat-5-UTP-Netzwerkkabels (Patchkabel, Abbildung 1.8) mit dem Netzwerk-Hub, dem Switch oder dem LAN- bzw. WLAN-Router zu verbinden.

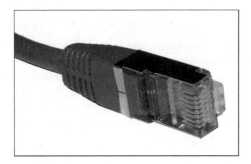

Abbildung 1.8   RJ-45-Netzwerkstecker

ACHTUNG   Besitzt der Rechner sowohl einen LAN-Netzwerkanschluss als auch einen ISDN-Ausgang? Dann müssen Sie über die Beschriftung der Buchsen den richtigen Anschluss für das Netzwerk herausfinden.

Sind nur zwei Rechner vorhanden, verwenden Sie das bereits auf den vorherigen Seiten erwähnte Crossover-Cat-5-UTP-Netzwerkkabel, um die beiden Geräte miteinander zu vernetzen.

PCI-Netzwerkkarte für ein LAN nachrüsten

Weist Ihr Rechner keinen Onboard-Netzwerkanschluss auf, können Sie PCI-Netzwerkkarten nachrüsten. Solche Netzwerkkarten (Abbildung 1.9) werden für den Geschwindigkeitsbereich 10/100 MBit/s für einige wenige Euro und für 10/100/1000 MBit/s für ca. 20 Euro angeboten. Jeder Rechner, der nicht bereits über eine RJ-45-LAN-Anschlussbuchse verfügt, muss mit einer solchen Netzwerkkarte nachgerüstet werden.

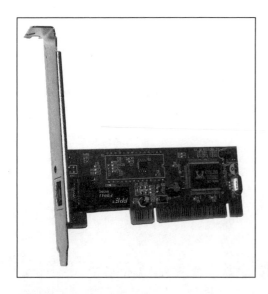

Abbildung 1.9   10/100-PCI-Netzwerkkarte

WICHTIG   Achten Sie beim Kauf solcher Netzwerkkarten darauf, dass der Hersteller Treiber für Windows Vista bereitstellt. Verwenden Sie eine 64-Bit-Version von Windows Vista, müssen diese Treiber sogar signiert sein.

Hardware für WLAN-Netzwerke

Möchten Sie Rechner über eine Funkstrecke miteinander vernetzen, muss in den jeweiligen Geräten ein WLAN-Adapter vorhanden sein oder nachgerüstet werden. Bei Notebooks sind solche WLAN-Adapter in der Regel bereits im Gehäuse eingebaut. Bei Computern lassen sich solche WLAN-Adapter als PCI-Steckkarten nachrüsten (Abbildung 1.10). Für diesen Fall empfiehlt es sich, auf WLAN-Karten zu setzen, die den 802.11g-Standard mit einer Brutto-Übertragungsrate von 54 MBit/s unterstützt.

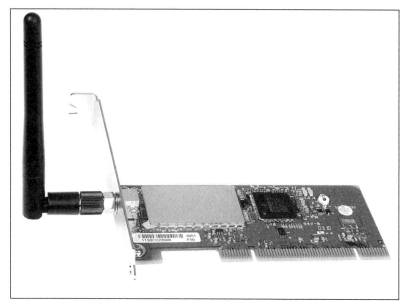

Abbildung 1.10 WLAN-PCI-Adapter (Quelle: Pearl)

Bei Notebooks, die keinen WLAN-Adapter besitzen, können Sie beispielsweise zu einem WLAN-USB-Stick (z.B. der Firma AVM) greifen (Abbildung 1.11). Diese lassen sich mit einer USB 2.0-Buchse des Notebooks oder eines Rechners verbinden und stellen dann eine Verbindung mit bis zu 54 MBit/s zu einer entsprechenden Gegenstelle her.

Abbildung 1.11 WLAN-USB-Stick der Firma AVM

HINWEIS Bei Notebooks kommen auch PC-Card-Adapter zum Einsatz, d.h., Sie können auch einen PC-Card-WLAN-Adapter verwenden. Allerdings sind diese Adapter häufig teuerer als WLAN-USB-Sticks. Achten Sie beim Kauf von WLAN-Netzwerkkarten bzw. –adaptern neben der Verfügbarkeit von Vista-Treibern darauf, dass die Komponenten mindestens eine Verschlüsselung nach dem WPA- oder besser nach dem WPA2-Standard unterstützen (siehe auch Kapitel 3, Abschnitt »Die WLAN-Verbindung richtig absichern«). Zudem ist es vorteilhaft, wenn die Geräte eine WiFi-Zertifizierung besitzen, so dass die Kompatibilität mit WLAN-Komponenten anderer Hersteller gewährleistet ist.

WLAN-Router für gemischten Netzwerkbetrieb

Möchten Sie mehrere Rechner untereinander vernetzen und einen gemeinsamen DSL-Breitband-Internetzugang bereitstellen? Soll eventuell auch eine Anbindung von Notebooks oder Rechnern über ein Funknetzwerk möglich sein, ohne dass auf die Vernetzung per Cat-5-UTP-Kabel verzichtet wird? Dann sind WLAN-Router mit integriertem DSL-Modem und RJ-45-Netzwerkanschlüssen eine interessante Wahl. Die Abbildung 1.12 zeigt die FRITZ!Box Fon WLAN, die einerseits vier RJ-45-Netzwerkbuchsen für ein LAN zur Verfügung stellt. Über diese Netzwerkbuchsen können Sie bis zu vier Rechner über Cat-5-Kabel anbinden.

Abbildung 1.12 DSL-WLAN-Router FRITZ!Box Fon WLAN (Quelle: AVM)

Ein integriertes DSL-Modem ermöglicht über einen separaten DSL-Eingang den vernetzten Rechnern eine Breitband-Internetverbindung bereitzustellen. Zusätzlich verfügt das Gerät über einen WLAN-Adapter nach dem 802.11g-Standard, der mit 54 MBit/s senden kann. In der Variante FRITZ!Box Fon WLAN stellt das Gerät noch Telefonfunktionen bereit. Sie können die Box mit einem vorhandenen ISDN-Anschluss verbinden und bis zu drei Telefone anschließen. Dann ermöglicht die FRITZ!Box das Telefonieren über das Internet (IP-Telefonie) oder über den ISDN-Anschluss.

Planungshinweise für Ihr Netzwerk

Bevor Sie das Netzwerk in Betrieb nehmen, muss die benötigte Hardware ausgewählt und beschafft werden. Auf den folgenden Seiten finden Sie noch eine kurze Übersicht über diese Punkte sowie Hinweise, was bei der Netzwerkplanung zu beachten ist.

Was wird für ein Heimnetzwerk gebraucht?

Für ein Heimnetzwerk benötigen Sie mindestens zwei Rechner, die mit geeigneter Hard- und Software ausgestattet sind. Um lediglich diese zwei Rechner zu vernetzen, haben Sie folgende Möglichkeiten:

- Sie verwenden ein Crossover-Cat-5-Netzwerkkabel. Solche Kabel sind für wenige Euro im Fachhandel erhältlich. Sie brauchen lediglich die RJ-45-Stecker des Crossover-Kabels in die jeweiligen RJ-45-Netzwerkbuchsen der Geräte zu stecken, fertig ist die Netzwerkinstallation.
- Möchten Sie lieber ein drahtloses Netzwerk über Funk betreiben, müssen beide Rechner mit WLAN-Adaptern oder WLAN-USB-Sticks ausgestattet sein. Sie können dann ein Funknetz über eine Direktverbindung (ein so genanntes Ad-hoc-Netzwerk) aufbauen.

Sobald diese Infrastruktur des Netzwerks hergestellt wurde, können Sie mit der Inbetriebnahme beginnen.

Sind mehr als zwei Rechner zu vernetzen und ist eventuell zusätzlich eine Internetverbindung herzustellen, empfiehlt sich der Einsatz eines drahtgebundenen Netzwerks mit einem DSL-LAN-Router. Sollen auch Notebooks oder Rechner über Funkstrecken in das Netzwerk eingebunden werden, können Sie einen WLAN-DSL-Router, wie die oben beschriebenen FRITZ!Box Fon WLAN, verwenden. Dieses Gerät wird von vielen Providern beim Abschluss eines DSL-Vertrags kostenlos oder zumindest stark vergünstigt angeboten.

HINWEIS Falls Sie lediglich über ein Modem oder eine ISDN-Verbindung ins Internet gehen und zufällig drei Rechner zu einem Netzwerk zusammenschalten möchten, können Sie auch auf eine Art »Sparlösung« ausweichen, um sich die Kosten für einen Netzwerk-Hub, -Switch oder -Router zu sparen. Rüsten Sie den Rechner, der die Internetverbindung herstellt, mit zwei Netzwerkkarten aus. Über die RJ-45-Buchsen dieses Rechners lässt sich mittels eines Crossover-Cat-5-Netzwerkkabels eine Punkt-zu-Punkt-Verbindung zu den beiden anderen Rechnern herstellen. Anschließend können Sie unter Windows Vista eine Netzwerkbrücke am Rechner mit den beiden Netzwerkkarten einrichten und den Internetzugang zur gemeinsamen Nutzung freigeben (siehe auch Kapitel 4, Abschnitt »Spezialfragen zur Vernetzung«). Dann ist es allerdings Voraussetzung, dass dieser Rechner als Erstes hochgefahren wird, damit die beiden anderen Rechner das Netzwerk und die Internetverbindung nutzen können.

Was ist besser: LAN oder WLAN?

Wenn Sie vor der Beschaffung der Komponenten für ein kleines Firmen- oder Heimnetzwerk stehen, stellt sich die Frage, ob ein drahtgebundenes LAN oder gleich ein »komfortables« drahtloses WLAN-Netzwerk aufgebaut werden soll. Viele Nutzer entscheiden sich gleich für die vermeintlich modernere WLAN-Lösung. Die Entscheidung für oder gegen eine bestimmte Technik sollte aber nach den Anforderungen und Wünschen getroffen werden. Nachfolgend sind einige Vor- und Nachteile von WLAN- bzw. LAN-Netzwerken aufgeführt:

- *WLAN-Vorteile:* Der größte Vorteil eines drahtlosen Netzwerks besteht darin, dass Sie keine Verkabelung benötigen. Innerhalb eines Hauses sind keine baulichen Veränderungen wie Verlegung von Kabelkanälen oder Netzwerkleitungen erforderlich. Zudem bietet Ihnen der WLAN-Betrieb die Möglichkeit, Geräte mobil zu nutzen und trotzdem einen Zugang zum Netzwerk oder eine Internetverbindung zu haben. So könnten Sie beispielsweise ein Notebook auch im Garten oder auf der Terrasse betreiben, ohne auf den Netzwerk- und Internetzugriff verzichten zu müssen.

- *WLAN-Nachteile:* Allerdings besitzen WLAN-Netzwerke auch einige gravierende Nachteile, die jeder Nutzer kennen sollte. WLAN-Netzwerke sind in der Regel langsamer und störanfälliger als drahtgebundene LAN-Verbindungen. Ein WLAN des Nachbars, welches auf dem gleichen Kanal sendet, Störsender (Mikrowelle, DECT-Telefone etc.) können die Datenübertragung beeinträchtigen. Weiterhin muss (im Vergleich zu LANs) mit höheren Kosten für den Aufbau des Funknetzwerks gerechnet werden. WLANs bergen zudem potentielle Sicherheitsrisiken, d.h., bei Fehlern in der Absicherung ist das Netzwerk für Dritte zugänglich. Diese können ggf. die Internetverbindung mitnutzen oder auf freigegebene Daten der Festplatte zugreifen. Was auf den ersten Blick lediglich als unangenehm erscheint, kann sich u.U. zu einem gravierenden Problem auswachsen. Benutzen Dritte eine nicht abgesicherte WLAN-Verbindung für kriminelle Handlungen, unterliegt der Betreiber des WLANs gemäß der neuesten Rechtsprechung der so genannten Störerhaftung und kann vor Gericht für die Folgen belangt werden. Der Anwender muss sich also Gedanken um die richtige Absicherung seines Funknetzwerks machen und benötigt entsprechendes Wissen sowie Erfahrung.

- *LAN-Vorteile:* Der größte Vorteil eines drahtgebundenen Netzwerks liegt in dessen Sicherheit. Ohne einen direkten Zugang zum Netzwerk ist es Dritten nicht (oder nur mit immensem technischen Aufwand) möglich, die auf dem Netzwerk übertragenen Daten abzuhören. Zudem weisen LAN-Netzwerke (bei Verwendung gleichwertiger Technologie) eine höhere Übertragungsrate als WLAN-Netzwerke auf. Eine 100 MBit/s-LAN-Verbindung besitzt bereits rechnerisch die doppelte Übertragungsbandbreite einer 54 MBit/s WLAN-Strecke. Drahtgebundene Netzwerkverbindungen sind auch unempfindlich gegen Störungen. Nur in ganz extremen Fällen kommt es zu Störungen durch Einstrahlungen in die betreffenden Cat-5-Netzwerkkabel. Ein weiterer Punkt, der für LAN-Verbindungen spricht, sind die geringen Kosten. Einen Netzwerkausgang weist zwischenzeitlich jeder aktuelle Rechner auf, Netzwerkkabel gibt es für wenige Euro zu kaufen.

- *LAN-Nachteile:* Der Nachteil eines drahtgebundenen Netzwerks besteht allerdings darin, dass die Geräte nicht mobil betreibbar und Leitungen zur Verbindung der LAN-Geräte erforderlich sind. Solange die Geräte sich in einem Zimmer befinden oder räumlich benachbart aufgestellt sind, ist die Verkabelung kein wirkliches Problem. Sollen aber verschiedene Rechner in einem Haushalt zu einem LAN verbunden werden, und liegen weitere Strecken dazwischen, wird nicht jeder entsprechende Kabel ziehen wollen. Eine elegante Lösung kann dann die Verwendung von PowerLAN-Adaptern sein. Allerdings ist dies mit höheren Kosten und ggf. reduzierter Datenrate verbunden.

Aus praktischen Erwägungen heraus sollten Sie bei der Planung eines Netzwerks die obigen Vor- und Nachteile gegeneinander abwägen und sich dann für die nach Ihren Anforderungen optimale Lösung entscheiden. Manchmal besteht die Möglichkeit, beim Neuabschluss eines DSL-Vertrags eine subventionierte DSL-Hardware in Form eines WLAN-Routers mit integriertem DSL-Modem zu erwerben. Handelt es sich beispielsweise um eine FRITZ!Box Fon WLAN, kann man kaum etwas falsch machen. Das Gerät besitzt vier RJ-45-Buchsen für 10/100 MBit/s LAN-Anschlüsse und einen zusätzlichen WLAN-Adapter, der mit 54 MBit/s senden kann. Sie haben dann die Möglichkeit zum Aufbau eines gemischten Netzwerks. Rechner, die in Nähe des DSL-Zugangs bzw. des WLAN-Routers betrieben werden, lassen sich über LAN vernetzen. Ist ein Rechner weiter entfernt oder soll ein Notebook mobil mit Netzwerkzugang betrieben werden, können Sie die WLAN-Funktionalität zuschalten und nutzen.

HINWEIS Falls Sie ein WLAN betreiben und sich über schlechte Übertragungsqualität und geringe Datenraten wundern, sollten Sie auch die möglichen Hintergründe kennen. Auch wenn der 802.11g-Standard mit einer Übertragungsrate von 54 MBit/s knapp die Hälfte der Bandbreite einer 100 MBit/s-LAN-Übertragung verspricht, handelt es sich um die Brutto-Kapazität. Netto lassen sich bei optimalen Verhältnissen 40 Prozent der Bruttokapazität, also ca. 20 MBit/s für die Datenübertragung nutzen. Stahlbetondecken, Gipswände oder feuchtes Holz dämpfen u.U. die Übertragungssignale erheblich und bewirken eine verminderte Übertragungsrate. Müssen sich dann noch mehrere Rechner den WLAN-Zugangspunkt am WLAN-Router teilen, sinkt die nutzbare Datenübertragungskapazität innerhalb des Netzwerks nochmals. Dies kann dazu führen, dass eine Übertragung von Videos über ein WLAN-Netzwerk trotz rechnerisch ausreichender Bandbreite nicht möglich ist. In der Konsequenz bewirkt dies eine stockende Wiedergabe von Audio- und Videodateien auf dem entsprechenden Netzwerkrechner.

Persönlich bin ich aus den oben aufgeführten Gründen dazu übergegangen, zur Vernetzung von Rechnern in benachbarten Räumen ausschließlich drahtgebundene Verbindungen einzusetzen. Nur wenn mobile Geräte einzubinden sind, wird der WLAN-Zugang des DSL-Routers verwendet. Aus Sicherheitsgründen und um die Belastung durch Strahlung der WLAN-Sendestationen zu reduzieren, empfehlen Fachleute übrigens, die WLAN-Funktion bei Nichtgebrauch abzuschalten. Bei der FRITZ!Box Fon WLAN oder ähnlichen Geräten steht hierzu ein Schalter am Gerät oder eine Option in den Konfigurationsseiten des Routers zur Verfügung. An Notebooks findet sich meist ein Schalter oder eine Tastenkombination zum Ein-/Ausschalten des WLAN-Adapters. Bei Notebooks kommt neben der Abschaltung eines unbenutzten WLAN-Adapters zur Reduzierung der Strahlenbelastung noch ein weiterer Aspekt hinzu. Eine abgeschaltete WLAN-Funktion senkt meist die Leistungsaufnahme des Geräts, was sich u.U. positiv auf die Akkulaufzeit auswirkt.

Was wird an Software gebraucht?

Um ein Netzwerk mit mehreren Rechnern zu betreiben, wird eine entsprechende Software benötigt. Windows benutzt für die Netzwerkfunktionen das ISO-Ebenenmodell, welches verschiedene Schichten zur Realisierung der Funktionen verwendet:

- Die Ansteuerung der eigentlichen Netzwerkhardware (sprich: der im Rechner eingebauten WLAN- oder LAN-Komponenten) erfolgt durch einen entsprechenden Treiber. Sie benötigen für den Netzwerkbetrieb also für Windows Vista freigegebene Treiber. Achten Sie beim Kauf von Komponenten daher darauf, dass der Hersteller solche Treiber für die von Ihnen verwendete Vista-Version bereitstellt. Verwenden Sie die 64-Bit-Variante des Betriebssystems, sollten die Treiber sogar mit einer Signatur versehen und für die 64-Bit-Vista-Variante freigegeben sein. Andernfalls kann die Treiberunterstützung zum Problem werden.

- Netzwerkprotokolle kontrollieren die Übertragungssteuerung und Codierung der eigentlichen Daten zwischen dem Netzwerk bzw. der Netzwerkhardware und dem Betriebssystem. Während Windows 2000 und Windows XP noch das TCP/IPv4-Protokoll verwenden, ist in Windows Vista zusätzlich das IPv6-Protokoll hinzugekommen. Dies braucht Sie als Anwender im ersten Schritt wenig zu interessieren. Nur wenn es Probleme mit Netzwerkfunktionen gibt, z.B. weil der Router kein IPv6 unterstützt oder damit nicht klar kommt, muss dieses Protokoll gegebenenfalls abgeschaltet werden. Weitere Protokolle sind ggf. für die Topologieerkennung innerhalb des Netzwerks zuständig.

- Die Netzwerkdienste stellen die Funktionen zur Verwaltung des Rechners im Netzwerk zur Verfügung. Der »Client für Microsoft-Netzwerke« stellt Ihnen z.B. in Windows die Funktionen der Netzwerkumgebung zum Zugriff auf andere Rechner des Netzwerks zur Verfügung. Der Dienst »Datei- und Druckerfreigabe für Microsoft-Netzwerke« wird zur Freigabe von Dateien und Druckern innerhalb des Netzwerks benötigt. Zusätzlich lassen sich weitere Dienste für Zusatzfunktionen einrichten – was aber bei Heimnetzwerken nicht zutrifft.

Allerdings ist es glücklicherweise so, dass Sie sich mit Ausnahme der ggf. erforderlichen Treiber für die im Rechner eingebauten WLAN- oder LAN-Komponenten nicht um weitere Software kümmern müssen. Die benötigten Netzwerkfunktionen zum Aufbau eines Arbeitsgruppennetzwerks sind bereits in Microsoft Windows 2000, Windows XP sowie in Windows Vista enthalten. Windows Vista richtet automatisch die für den Netzwerkbetrieb benötigten Dienste, Clients und Protokolle ein. Lediglich bestimmte Zusatzfunktionen (z.B. Einbindung von Windows XP-Rechnern in der Netzwerkübersicht von Windows Vista) erfordern die Installation zusätzlicher Dienste auf den älteren Betriebssystemversionen. Sofern eine solche Zusatzsoftware für bestimmte Funktionen benötigt wird, ist dies in den nachfolgenden Abschnitten erwähnt.

HINWEIS Sofern Sie noch Rechner mit Windows 98 Windows NT oder Windows Millennium betreiben, stoßen Sie bei der Inbetriebnahme des Netzwerks auf ein Problem. Sie können zwar von Windows Vista auf die Windows-9.x/NT-Freigaben zugreifen. Von einem Windows-9.x- oder Windows NT-Rechner ist aber kein Zugriff auf einen Vista-Rechner möglich. Beim Zugriffsversuch auf eine freigegebene Netzwerkressource erscheint zwar ein Dialogfeld mit der Abfrage des Benutzernamen und des Benutzerkennworts. Die Eingaben werden aber immer als ungültig zurückgewiesen und Sie erhalten keinen Zugriff auf die Freigabe. Der Grund für dieses Verhalten liegt in der abweichenden NTLM 2-Authentifizierung in Windows NT und Windows-9.x. Der NT LAN Manager 2 sorgt für die Authentifizierung des anfragenden Client-Rechners gegenüber dem als Server fungierenden Rechner. Microsoft hat auf der Internetseite *support.microsoft.com/kb/239869* einen Knowledge Base-Artikel zu dieser Thematik veröffentlicht. Da aber sowohl Windows NT als auch Windows 98 und Windows Millennium am Ende ihres Lebenszyklus angelangt sind und nicht mehr von Microsoft unterstützt werden, wird die Einbindung solcher Rechner in diesem Buch nicht behandelt.

Kapitel 2

Vorbereitung zur Netzwerkinbetriebnahme

In diesem Kapitel:

Installation der Netzwerkkomponenten	36
Netzwerkeinstellungen konfigurieren	57

Dieses Kapitel zeigt die vorbereitenden Schritte zum Aufbau eines Netzwerks. Sie finden Hinweise zur Installation der Netzwerkhardware und es wird erläutert, was bei der Treiberinstallation unter Windows zu beachten ist. In einem zweiten Abschnitt erhalten Sie zudem Hinweise, wie Sie das Betriebssystem selbst für den Betrieb im Netzwerk vorbereiten sollten. Dies reicht von der Festlegung des Arbeitsgruppen- und Rechnernamens bis hin zur korrekten Konfigurierung der Benutzerkonten. Die eigentlichen Schritte zum Einrichten der Netzwerkfunktionen werden in den nachfolgenden Kapiteln besprochen.

Installation der Netzwerkkomponenten

Bevor Sie das Netzwerk in Betrieb nehmen, muss die beschaffte Hardware installiert werden. Zudem sind die Rechner bei drahtgebundenen Rechnern zu verkabeln. Auf den folgenden Seiten finden Sie eine Übersicht über diese Punkte sowie Hinweise, was bei der Treiberinstallation zu beachten ist.

Netzwerkkarte installieren

Sind die Rechner bereits mit einem LAN-Anschluss für ein 10/100 MBit/s Ethernet ausgestattet, brauchen Sie nur noch die Netzwerkverkabelung herzustellen. Bei einem Notebook mit integriertem WLAN-Adapter sind ebenfalls keine weiteren Installationsschritte mehr erforderlich. Müssen Sie einen Rechner aber mit einer WLAN-Karte oder einer Netzwerkkarte nachrüsten, gehen Sie in folgenden Schritten vor:

1. Legen Sie sich die Treiber-CD für die im Rechner zu installierenden Netzwerkkomponenten bereit und prüfen Sie, ob dort auch Treiber für Windows Vista, und, sofern erforderlich, auch für Windows XP enthalten sind. Fehlen Treiber, sollten Sie sich diese (ggf. über einen anderen Rechner mit Internetanschluss) von der Website des Herstellers der Komponente auf die Festplatte herunterladen.
2. Überprüfen Sie in den Handbüchern der Netzwerkkomponenten, ob etwas Besonderes bei der Installation zu beachten ist. Beispielsweise muss bei einigen Komponenten zunächst die Treibersoftware installiert werden, bevor die Komponente eingebaut oder angeschlossen wird. Lesen Sie also unbedingt die Dokumentation zu der Komponente und befolgen Sie die in der Installationsanleitung angegebene Schrittfolge.
3. Fahren Sie Windows herunter und schalten Sie den Rechner aus. Aus Sicherheitsgründen sollten Sie das Gerät komplett vom Stromanschluss trennen.
4. Öffnen Sie das Gehäuse und bauen Sie die Netzwerkkarte gemäß den Vorgaben des Herstellers in einem freien PCI-Steckplatz ein.

Die PCI-Steckkarte muss mit leichtem Druck in die Anschlussleiste des PCI-Steckplatzes eingeschoben werden (Abbildung 2.1), bis die Kontakte der Steckkarte richtig in der PCI-Steckbuchse einrasten. Falls es Probleme gibt, überprüfen Sie, ob die Karte mit der Steckerleiste richtig in die PCI-Buchse eingesetzt wurde. Achten Sie darauf, dass die Karte weder schief noch verkantet im Steckplatz sitzt oder andere Steckkarten berührt (dies kann eventuell zu Kurzschlüssen führen). Fixieren Sie die eingebaute Netzwerkkarte mechanisch. Bei älteren Rechnergehäusen sind dazu oft Schrauben vorgesehen (Abbildung 2.1). Moderne Rechnergehäuse besitzen teilweise ein Fixierblech oder eine Kunststoff-Vorrichtung, um alle PCI-Steckkarten mechanisch in den Steckplätzen zu fixieren. Nach dem mechanischen Einbau der Komponente können Sie das Gehäuse des Geräts wieder schließen und den Stromanschluss herstellen.

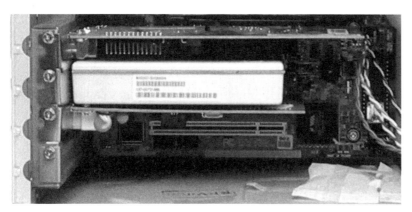

Abbildung 2.1 Einbau einer Steckkarte

TIPP Verwenden Sie USB-Komponenten, brauchen Sie diese nur mit einer USB-Buchse des Rechners zu verbinden. Um allerdings Probleme zu vermeiden, sollten Sie einige Grundregeln beherzigen. Sofern der Rechner an der Vorder- und Rückseite mit USB-Buchsen versehen ist, benutzen Sie die USB-Anschlüsse an der Geräterückseite. Einmal bleiben dann die USB-Buchsen an der Frontseite des Rechners zum Anschluss von anderen Geräten (z.B. Digitalkameras, Speicherkartenlesegeräte etc.) frei. Zudem gibt es immer mal wieder Probleme mit Rechnern, die bestimmte Geräte, die an den USB-Buchsen an der Vorderseite des Rechners angeschlossen sind, nicht erkennen. Sofern Sie die USB-Verbindungen häufiger abziehen und wieder anschließen, achten Sie darauf, immer die gleiche Anschlussbuchse für ein Gerät zu verwenden. Dies verhindert, dass Windows das Gerät neu erkennt und versucht, einen Treiber zu installieren. Andernfalls wird der Gerätetreiber u.U. mehrfach neu installiert und Sie finden später im Geräte-Manager Einträge mit einer in Klammern angehängten Nummer (z.B. »DSL-Modem (2)«).

Verkabelung vornehmen und Router vorbereiten

Bevor Sie Windows erneut zur Installation der Treiber starten, sollten Sie bei drahtgebundenen Netzwerken die Verkabelung herstellen und die zusätzlich benötigten Netzwerkkomponenten (z.B. Router) in Betrieb nehmen. Verwenden Sie lediglich ein Crossover-Kabel zur Vernetzung zweier Rechner, können Sie das Kabel an die betreffenden Buchsen anschließen.

- Verwenden Sie einen (W)LAN-Router, schließen das Gerät an die Stromversorgung an. Lesen Sie im Gerätehandbuch nach, ob Besonderheiten bei der Inbetriebnahme zu beachten sind und schalten Sie danach das Gerät ein.
- Benutzen Sie ein drahtgebundenes Netzwerk, stellen Sie die Netzwerkverkabelung zwischen dem einzurichtenden Rechner und der Verbindungsstation (z.B. dem Router) her.

Falls Sie einen WLAN-Router zum Aufbau eines Funknetzwerks verwenden, kann die Verkabelung natürlich entfallen. Zur Erstkonfiguration des WLAN-Routers empfehle ich aber, den

Rechner über ein Netzwerkkabel anzuschließen. Das Netzwerkkabel macht die Arbeit beim Einrichten der WLAN-Strecke sehr viel einfacher.

Treiberinstallation unter Windows Vista

Zum Betrieb einer Hardwarekomponente benötigt Windows geeignete Treiber (kleine Softwareprogramme zur Steuerung des Geräts). Sobald die Geräte im Rechner eingebaut bzw. damit verbunden wurden, sind daher noch die passenden Treiber zu installieren. Hierzu reicht es, den Rechner einzuschalten, Windows starten zu lassen und sich an einem Benutzerkonto anzumelden. Nachfolgend finden Sie noch einige Hinweise, was es bei der Treiberinstallation zu beachten gibt.

Ablauf bei der automatischen Treiberinstallation

Sobald Windows ein neues Gerät findet, startet ein Hardware-Assistent zur Geräteinstallation. Dieser Assistent informiert Sie über eine QuickInfo-Anzeige im Infobereich der Taskleiste, dass eine neue Hardware gefunden wurde und die Treiberinstallation durchgeführt wird (Abbildung 2.2). Verfügt Windows Vista über eigene Treiber (Build-In-Treiber) erfolgt die Installation der passenden Treiber automatisch.

Abbildung 2.2 QuickInfo während der Treiberinstallation

Möchten Sie wissen, für welches Geräte gerade Treiber installiert werden, klicken Sie das der QuickInfo zugeordnete Symbol im Infobereich an. Windows öffnet den in Abbildung 2.2 im

Vordergrund eingeblendeten Fortschrittsdialog. Dort wird die Gerätekennung der erkannten Komponente eingeblendet. Windows Vista durchsucht dabei zuerst den eigenen Treiberpool nach geeigneten Komponenten. Wird ein passender Build-In-Treiber gefunden, installiert der Hardware-Assistent diesen automatisch und meldet anschließend, dass die Komponente verwendet werden kann (Abbildung 2.2, oberes Dialogfeld im Hintergrund).

HINWEIS Standardmäßig kann Windows Vista auch online auf bestimmten Microsoft-Webseiten nach aktualisierten Treibern suchen. Bei der Netzwerkinstallation gibt es aber häufig das Problem, dass die Internetverbindung noch nicht verfügbar ist. Besitzt Windows keine Build-In-Treiber für die eingebaute Netzwerkkomponente, benötigen Sie entweder eine Treiber-CD des Herstellers. Oder Sie müssen versuchen, die benötigten Treiber über einen anderen Rechner mit Internetzugang von den Herstellerseiten herunterzuladen und per USB-Stick oder CD auf den Zielrechner zu übertragen.

Der Treiber wird nicht gefunden

Kann der Hardware-Assistent den benötigten Treiber nicht automatisch ermitteln bzw. im Treibercache oder online nicht finden, meldet er sich mit dem in Abbildung 2.3, oben links, gezeigten Dialogfeld. Der Assistent bietet Ihnen dann zwei Optionen zur Suche nach den erforderlichen Treibern an.

- *Automatisch nach aktueller Treibersoftware suchen:* Diese Option sieht zwar auf den ersten Blick komfortabel aus. Ist die automatische Treiberinstallation aber fehlgeschlagen, wird Sie dieser Befehl nicht zum Ziel führen. Die automatische Suche nach Treibern endet ebenfalls mit dem Hinweis, dass keine Treiber gefunden wurden – und eine Onlinesuche ist vermutlich wegen einer fehlenden Internetverbindung auch nicht durchführbar.

- *Auf dem Computer nach Treibersoftware suchen:* Verwenden Sie diese Option, sofern Sie über eine Treiber-CD verfügen oder den Treiber manuell in einen Ordner der Festplatte kopiert haben. Der Assistent ermöglicht Ihnen im Folgedialog (Abbildung 2.3, unten), den Pfad zum Treiberordner im Textfeld *An diesem Ort nach Treibersoftware suchen* einzutragen. Eine Markierung des Kontrollkästchens *Unterordner einbeziehen* bewirkt, dass der Assistent auch die Unterordner nach passenden Treibern durchsucht.

Statt im Dialogfeld *Auf dem Computer nach Treibersoftware suchen* (Abbildung 2.3, unten) den Pfad manuell im Textfeld einzugeben, können Sie auch die *Durchsuchen*-Schaltfläche des Dialogfelds anklicken. Dann öffnet Windows Vista das Dialogfeld *Ordner suchen* (Abbildung 2.3, oben rechts), in dem Sie selbst den gewünschten Ordner festlegen und über die *OK*-Schaltfläche bestätigen können. Über die *Weiter*-Schaltfläche veranlassen Sie den Hardware-Assistenten, nach einem passenden Treiber zu suchen. Wird dieser Treiber gefunden, installiert der Assistent diesen und meldet anschließend, dass die Komponente betriebsbereit ist.

Wird kein passender Treiber für die Netzwerkkomponente gefunden? Möglicherweise haben Sie einen falschen Pfad zum Treiberordner angegeben. Der Assistent gibt Ihnen jederzeit die Möglichkeit, über die am linken oberen Dialogfeldrand sichtbare Schaltfläche *Wechselt zur vorherigen Seite zurück* zu den Vorgängerseiten zurückzugehen und neue Pfade vorzugeben oder andere Optionen auszuwählen.

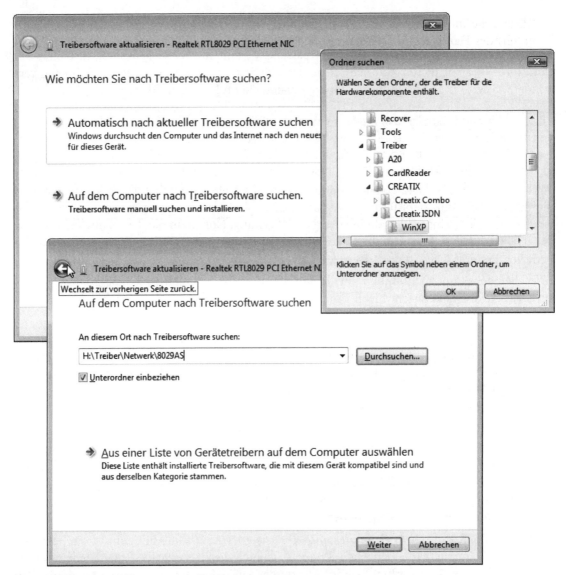

Abbildung 2.3 Dialogfelder zur manuellen Treiberinstallation

Nach kompatiblen Treibern suchen lassen

Findet der Hardware-Assistent keine Build-In-Treiber und besitzen Sie keine Vista-Treiber-CD? Oder verfügen Sie zwar über eine Treiber-CD, der Hardware-Assistent findet jedoch keine für das Gerät passenden Treiber auf diesem Medium? Ohne passenden Treiber lässt sich das betreffende Gerät nicht unter Windows nutzen. Die einzige Chance ist dann, nach kompatiblen Treibern suchen zu lassen und diese versuchsweise zu installieren. Hierzu führen Sie folgende Schritte aus:

Installation der Netzwerkkomponenten

1. Klicken Sie im Dialogfeld *Auf dem Computer nach Treibersoftware suchen* (Abbildung 2.3, unten) des Hardware-Assistenten auf den Befehl *Aus einer Liste von Gerätetreibern auf dem Computer auswählen*.
2. Sobald das Dialogfeld *Wählen Sie den Gerätetyp aus der Liste aus* (Abbildung 2.4, Hintergrund) erscheint, müssen Sie in der Geräteliste die Hardwarekategorie (hier *Netzwerkadapter*) markieren und anschließend auf die *Weiter*-Schaltfläche klicken.
3. Anschließend können Sie versuchsweise im eingeblendeten Dialogfeld *Netzwerkadapter auswählen* einen Hersteller und einen Gerätetyp aus den angebotenen Listen auswählen (Abbildung 2.4, Vordergrund).

Wird ein kompatibler Gerätetyp gefunden, starten Sie anschließend über die *Weiter*-Schaltfläche die Installation. Stuft der Hardware-Assistent den vorhandenen Treiber als unpassend für das betreffende Gerät ein, erscheint eine deutliche Warnung. Nur wenn Sie das Dialogfeld über die *Ja*-Schaltfläche schließen, installiert der Hardware-Assistent den Treiber zwangsweise für das betreffende Gerät. Dies ist nur sinnvoll, wenn Sie definitiv wissen, dass die verwendete Komponente bezüglich der Treiber mit einem der in der Geräteliste gezeigten Geräte identisch ist. Oft ist es die bessere Lösung, sich Treiber für das Gerät oder ähnliche Geräte von der Webseite des Herstellers herunterzuladen.

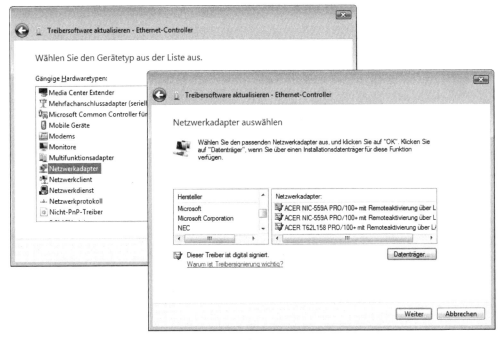

Abbildung 2.4 Manuelle Treiberinstallation über den Gerätetyp

1. Klicken Sie in diesem Fall im Dialogfeld aus Abbildung 2.4, Vordergrund, auf die Schaltfläche *Datenträger*.
2. Sobald das Dialogfeld *Installation von Datenträger* (Abbildung 2.5, Vordergrund, rechts) erscheint, klicken Sie auf die Schaltfläche *Durchsuchen*.

3. Anschließend navigieren Sie im Dialogfeld *Datei suchen* (Abbildung 2.5, Hintergrund, oben) zum gewünschten Treiberordner, markieren die *INF*-Datei zur Treiberinstallation und schließen das Dialogfeld über die *Öffnen*-Schaltfläche.
4. Sobald Sie das Dialogfeld *Installation von Datenträger* (Abbildung 2.5, Vordergrund, rechts) über die *OK*-Schaltfläche schließen, erscheint das Dialogfeld aus Abbildung 2.5, unten. Dort wird das durch die *INF*-Datei unterstützte Gerät aufgeführt.
5. Markieren Sie das Kontrollkästchen *Kompatible Hardware anzeigen* und klicken Sie (bei mehreren angezeigten Gerätetypen) auf den Eintrag für das gewünschte Gerät. Wählen Sie anschließend die *Weiter*-Schaltfläche.

Abbildung 2.5 Gezielte Auswahl eines Gerätetreibers

Der Hardware-Assistent versucht nun, die für das ausgewählte Gerät benötigten Treiber zu installieren. Aus Sicherheitsgründen sollten die zu installierenden Treiber aus vertrauenswürdigen Quellen stammen und durch eine Signatur gekennzeichnet sein. Allerdings signieren längst nicht alle Hersteller ihre Gerätetreiber. Bei unsignierten Gerätetreibern zeigt Windows Vista in der Standardeinstellung bereits im Dialogfeld zur Geräteauswahl (Abbildung 2.5, unten) eine entsprechende Information an. In den 64-Bit-Versionen des Betriebssystems sollten Sie dann die Installation des Treibers abbrechen, da diese Vista-Versionen eine Signatur erfordern. Bei einer 32-Bit-Version von Windows Vista können Sie auch unsignierte Treiber installieren. Starten Sie die Installation eines solchen Treibers, erfolgt eine Warnung über das in Abbildung 2.6 gezeigte Dialogfeld.

Nur wenn Sie den Befehl *Diese Treibersoftware trotzdem installieren* wählen, kann der Hardware-Assistent die Installation fortsetzen. Sie sollten der Installation nur dann zustimmen, wenn Sie die Treiberquelle als vertrauenswürdig einstufen. Sobald die Installation abgeschlossen ist, wird dies in einem Dialogfeld angezeigt. Sie müssen dieses Dialogfeld über die *Schließen*-Schaltfläche beenden.

Je nach Treiber ist ggf. ein Neustart des Systems erforderlich. Ist der Treiber zum Gerät und zu Windows Vista kompatibel, wird das betreffende Gerät funktionieren. Im ungünstigsten Fall treten die berüchtigten Bluescreens und Systemabstürze auf, wenn der Treiber im Betrieb zu Instabilitäten und Fehlfunktionen führt. Passt der Treiber nicht zu Windows Vista oder zum Gerät, wird dieses auch nicht funktionieren. Sie müssen dann die folgenden Schritte durchführen, um die Treiber zu aktualisieren oder zu entfernen.

Abbildung 2.6 Warnhinweis bei unsignierten Gerätetreibern

> **TIPP** Ist die genaue Gerätebezeichnung bekannt, lohnt es sich in vielen Fällen durchaus, auf den Herstellerseiten nach Gerätetreibern zu suchen. Gibt es keine Treiber für Windows Vista, können Sie nach Treibern für Windows XP oder Windows 2000 Ausschau halten. So sind in Windows Vista z.B. keine Build-In-Treiber mehr für die älteren Realtek RTL8029AS-Netzwerkkarten vorhanden. Ich habe solche Netzwerkkarten jedoch problemlos mit Windows 2000-Treibern in Windows Vista eingebunden. Verwenden Sie eine der gängigen Suchmaschinen, um weitere Informationen bezüglich der benötigten Treiber aufzufinden. Bei älteren Treibern ist es allerdings ein Glücksspiel, ob das Gerät richtig funktioniert und Windows Vista anschließend noch stabil läuft. Insbesondere bei den Energiesparfunktionen weisen ältere Treiber gelegentlich Defizite auf.

Treiberinstallation für USB-Geräte in Windows Vista

Bei Geräten, die über die USB-Schnittstelle an den Rechner angeschlossen werden, kann Windows Vista ebenfalls auf Build-In-Treiber zurückgreifen. Werden keine Treiber gefunden, erscheint nach dem Anschließen des neuen (USB-)Geräts das Dialogfeld aus Abbildung 2.7, oben links. Dann fragt Windows Vista nach, wie Sie bei der Treiberinstallation verfahren möchten:

- Verfügen Sie über eine Treiber-CD oder liegen die Treiber in einem Ordner der Festplatte, klicken Sie auf den Befehl *Treibersoftware suchen und installieren (empfohlen)*. Die Anwahl des Befehls bewirkt, dass das Dialogfeld der Benutzerkontensteuerung erscheint. Sie müssen dieses beim Arbeiten unter einem Administratorenkonto mittels der *Fortsetzen*-Schaltfläche bestätigen. Arbeiten Sie unter einem Standardkonto, geben Sie im Dialogfeld das Kennwort zum Administratorenkonto an und klicken Sie auf die *OK*-Schaltfläche. Sie werden anschließend durch die nachfolgend beschriebenen Schritte der Installation geführt.

- Bei mehreren neuen Geräten kann es erwünscht sein, die Treiberinstallation zurückzustellen. Wählen Sie in diesem Fall den Befehl *Später nachfragen*. Sie werden dann bei jedem erneuten Anschließen des Geräts über das in Abbildung 2.7, oben links gezeigte Dialogfeld an die Treiberinstallation erinnert.

- Falls Sie über keinen Gerätetreiber verfügen oder diesen über ein Setup-Programm installieren müssen, wählen Sie im Dialogfeld (Abbildung 2.7, oben links) den Befehl *Diese Meldung nicht noch einmal für dieses Gerät zeigen*. Da künftig Nachfragen unterbleiben, erfolgt hier ebenfalls eine Sicherheitsnachfrage der Benutzerkontensteuerung, die Sie entsprechend bestätigen müssen. Sie können bei Bedarf die Treiberinstallation über den Geräte-Manager (siehe unten) erneut starten.

Haben Sie den Befehl zur Treiberinstallation gewählt und die Sicherheitsabfrage der Benutzerkontensteuerung entsprechend bestätigt? Dann werden Sie in weiteren Dialogfeldern von einem Hardware-Assistenten durch die Treiberinstallation geführt.

Installation der Netzwerkkomponenten

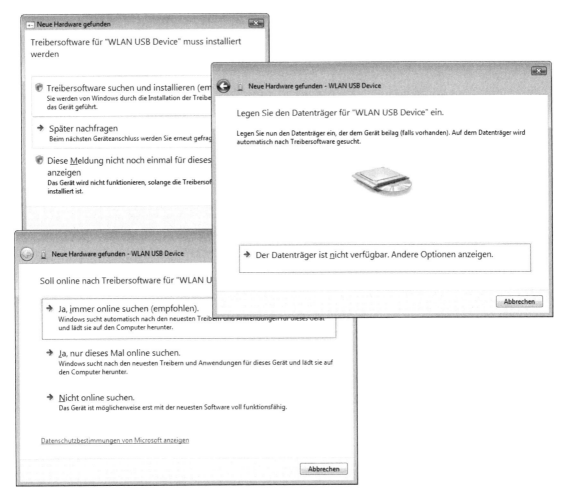

Abbildung 2.7 Dialogfelder zur Treiberinstallation bei USB-Geräten

Im Dialogfeld aus Abbildung 2.7, unten links, erhalten Sie die Möglichkeit, vorzugeben, wie Windows Vista weiter vorgehen soll. Das Betriebssystem kann bei einer bestehenden Internetverbindung online auf Microsoft-Webseiten nach Treibern für das betreffende Gerät suchen.

- Die Option *Ja, immer online suchen (empfohlen)* bewirkt eine Suche auf den Microsoft-Treiberseiten nach aktuellen Gerätetreibern. Diese Variante ist z.B. hilfreich, wenn Sie sicherstellen möchten, dass immer der aktuellste Treiber für das Gerät benutzt wird. Stellt der Hersteller des Geräts Microsoft aktualisierte Treiber bereit, werden diese bei der nächsten Onlinesuche gefunden und installiert.

- Möchten Sie lediglich prüfen, ob eventuell ein Treiber online von Microsoft angeboten wird und soll dieser Treiber einmalig installiert werden? Dann wählen Sie den Befehl *Ja, nur dieses Mal online suchen*. Dies hat den Vorteil, dass Sie einen aktuellen Treiber aus dem Internet herunterladen können, ohne sich der Gefahr auszusetzen, zukünftig aktuellere, aber noch mit Fehlern behaftete Treiber ungewollt zu installieren. Sie können bei Bedarf zu jeder Zeit den Treiber über den Geräte-Manager aktualisieren (siehe die folgenden Seiten).

- Wird online kein Treiber gefunden oder besteht keine Internetverbindung, sollten Sie die Option *Nicht online suchen* wählen. Dann erscheint das Dialogfeld aus Abbildung 2.7, oben rechts, und Sie können einen Datenträger mit den Vista-Treibern in ein CD- oder DVD-Laufwerk einlegen. Windows erkennt den eingelegten Datenträger automatisch und durchsucht diesen nach passenden Treibern.

Liegen die Treiber in einem Ordner der Festplatte oder wird nichts auf der eingelegten Treiber-CD gefunden? Wählen Sie im Dialogfeld aus Abbildung 2.7, oben rechts, den Befehl *Der Datenträger ist nicht verfügbar. Andere Optionen anzeigen.*

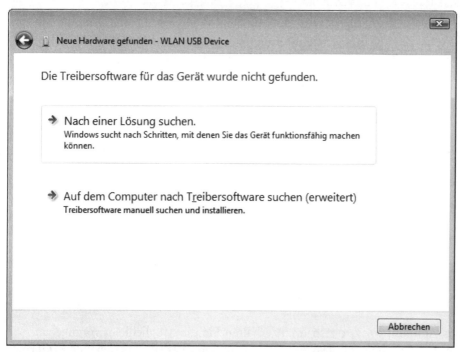

Abbildung 2.8 Dialogfeld zur Lösung eines Treiberinstallationsproblems

Dann erscheint das in Abbildung 2.8 gezeigte Dialogfeld. Über den Befehl *Nach einer Lösung suchen* überlassen Sie Windows Vista, über eine geeignete Strategie nach einem Treiber zu suchen. In der Regel werden Sie aber über den Befehl nicht weiterkommen. Windows zeigt dann in einem Dialogfeld, dass die Treibersuche fehlgeschlagen ist. Über die in der linken oberen Dialogfeldecke sichtbare Schaltfläche *Wechselt zur vorherigen Seite zurück* können Sie zum vorherigen Dialogschritt zurückgehen.

Ist Ihnen bekannt, wo der Treiber für das Gerät abgelegt ist? Dann empfiehlt sich, die auf den vorhergehenden Seiten beschriebenen Strategien zur Treiberinstallation zu versuchen. Klicken Sie in diesem Fall in dem in Abbildung 2.8 gezeigten Dialogfeld auf den Befehl *Auf dem Computer nach Treibersoftware suchen (erweitert)*. Sie gelangen dann zu dem bereits weiter oben in

Abbildung 2.3, links unten gezeigten Dialogfeld und können dort ggf. den Pfad zu den Treiberdateien in einem Textfeld bzw. über die Schaltfläche *Durchsuchen* vorgeben. Zudem steht Ihnen der weiter vorne in diesem Kapitel im Abschnitt »Nach kompatiblen Treibern suchen lassen« beschriebene Ansatz zur Verfügung.

HINWEIS Sofern also irgendein Treiber vorhanden ist, können Sie diesen auch installieren. Fraglich ist allerdings, ob das USB-Gerät mit diesem Treiber auch tatsächlich funktioniert. Ältere und nicht zu Windows Vista kompatible Treiber bergen zudem die Gefahr, dass sie Instabilitäten unter Windows Vista verursachen. Sie sollten daher beim Neukauf von Geräten und Hardware darauf achten, dass vom Hersteller Vista-Treiber zur Verfügung stehen. Bei Verwendung einer 64-Bit-Vista-Variante ist es zudem wichtig, dass die Treiber vom Hersteller signiert sind.

Treiber überprüfen, aktualisieren und entfernen

Funktioniert ein Gerät oder der Netzwerkanschluss nicht, müssen Sie die Gerätekonfiguration überprüfen und die Treiber für die nicht funktionierenden Geräte ggf. aktualisieren. Bei gravierenden Fehlfunktionen heißt es, den Gerätetreiber zu entfernen und das Gerät zu deaktivieren. Um zu überprüfen, ob Geräte korrekt installiert wurden oder ob Treiber fehlen, gehen Sie folgendermaßen vor:

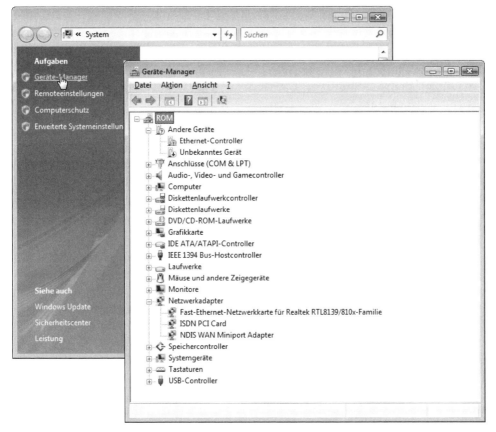

Abbildung 2.9 Gerätestatus im Geräte-Manager überprüfen

1. Öffnen Sie das Startmenü, klicken Sie mit der rechten Maustaste auf das Symbol *Computer* und wählen Sie im daraufhin geöffneten Kontextmenü den Eintrag *Eigenschaften* aus.
2. Klicken Sie auf der angezeigten Seite *System* (Abbildung 2.9, Hintergrund) in der Aufgabenspalte auf den Hyperlink *Geräte-Manager*.
3. Bestätigen Sie die Sicherheitsabfrage der Benutzerkontensteuerung, indem Sie entweder die im Dialogfeld angezeigte *Fortsetzen*-Schaltflächen anklicken oder indem Sie das Benutzerkennwort für das angezeigte Administratorenkonto eingeben und dann über die *OK*-Schaltfläche bestätigen.

Im Fenster des Geräte-Managers (Abbildung 2.9, Vordergrund) werden nun alle bekannten Geräte mit ihrem aktuellen Status aufgeführt. Der Geräte-Manager fasst dabei die Geräte in Kategorien zu einer Geräteliste zusammen. Über das Pluszeichen vor einer Gerätekategorie lässt sich der betreffende Zweig expandieren und es werden die installierten Geräte angezeigt. Tritt ein Problem mit einem Gerät auf, erweitert der Geräte-Manager den betreffenden Zweig beim Aufruf automatisch.

- Ein mit einem gelben Dreieck und einem Ausrufezeichen überlagertes Gerätesymbol signalisiert, dass es Probleme mit dem Gerät gibt. Meist ist kein oder kein funktionsfähiger Treiber installiert.
- Ein Gerätesymbol, welches von einem grauen Kreis und einem nach unten weisenden Pfeil überlagert ist, zeigt an, dass das betreffende Gerät deaktiviert wurde. Dies ist in Abbildung 2.9 bei dem als unbekannt ausgewiesenen Gerät der Fall.
- Geräte lassen sich aktivieren oder deaktivieren, indem Sie das Gerätesymbol mit der rechten Maustaste im Geräte-Manager anklicken und dann im Kontextmenü den Befehl *Deaktivieren* bzw. *Aktivieren* wählen (Abbildung 2.10, Hintergrund, oben).
- Verursacht ein Gerätetreiber Probleme, wählen Sie dessen Geräteeintrag im Geräte-Manager mit der rechten Maustaste an und klicken im Kontextmenü auf den Befehl *Deinstallieren*. Das Dialogfeld *Deinstallation des Geräts bestätigen* (Abbildung 2.10, Vordergrund, oben) gibt Ihnen die Gelegenheit, diesen Vorgang abzubrechen oder mittels der *OK*-Schaltfläche fortzuführen. Bei Geräten, die keinen Build-In-Treiber besitzen, enthält das Dialogfeld übrigens das Kontrollkästchen *Die Treibersoftware für dieses Gerät löschen* (Abbildung 2.10, Vordergrund, unten).

Möchten Sie den Status eines Treibers genauer überprüfen oder den Treiber aktualisieren, wählen Sie den Geräteeintrag im Geräte-Manager per Doppelklick an. Windows zeigt dann das Eigenschaftenfenster des Geräts (Abbildung 2.10, Hintergrund, unten links). Auf der Registerkarte *Treiber* finden Sie dann ebenfalls Schaltflächen, um den Treiber zu aktualisieren oder zu deinstallieren. Weiterhin lässt sich ein Gerät aktivieren bzw. deaktivieren. Wurde ein Treiber auf eine neuere Version aktualisiert und gibt es Probleme mit dieser Variante? Dann können Sie ein Rollback, also ein Zurücksetzen auf den vorher installierten Treiber, über die Schaltfläche *Vorheriger Treiber* durchführen.

Installation der Netzwerkkomponenten

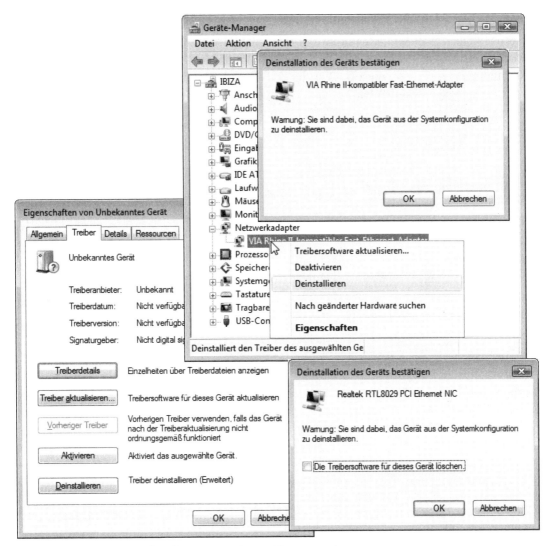

Abbildung 2.10 Geräte- und Treiberstatus im Geräte-Manager ändern

> **HINWEIS** Auf den Registerkarten *Details* und *Ressourcen* des Eigenschaftenfensters können Sie zusätzliche Informationen (z.B. Geräteklasse oder Gerätekennung) zum betreffenden Treiber abrufen. Diese Informationen können beim Kontaktieren des Herstellersupports hilfreich sein.

Die Treiber in Windows XP installieren

Auch unter Windows XP müssen Sie nach dem Einbau der Steckkarten oder nach dem Anschließen von USB-Geräten die für dieses Betriebssystem geeigneten Gerätetreiber installieren. Der Ablauf ist ähnlich wie bei Windows Vista und wird in den nachfolgenden Abschnitten in groben Zügen erläutert.

Geräte per Hardware-Assistent installieren

Sobald Sie ein Gerät im Rechner eingebaut oder über die USB-Schnittstelle (z.B. einen WLAN-Stick) am Computer angeschlossen haben, erkennt Windows XP dies beim nächsten Systemstart. Bei Plug&Play-Geräten, die z.B. über die USB-Schnittstelle angeschlossen werden, erfolgt die Erkennung sogar im laufenden Betrieb. Windows signalisiert dies über eine kurzzeitig im Infobereich der Taskleiste eingeblendete QuickInfo (Abbildung 2.11).

Abbildung 2.11 Meldung über neu gefundene Hardware

Windows XP startet einen Hardware-Assistenten, der Sie durch die Schritte der Treiberinstallation führt. Die genaue Abfolge der angezeigten Dialogfelder hängt von der verwendeten Zusatzkomponente bzw. den gefundenen Treibern ab:

- Im ersten Dialogschritt informiert Sie der Assistent über die neu gefundene Komponente (Abbildung 2.12, oben). Gleichzeitig fragt der Assistent nach der gewünschten Vorgehensweise bei der Treiberinstallation. Die Empfehlung lautet, dem Assistenten die Installation zu überlassen (das Optionsfeld *Software automatisch installieren* ist markiert). Wird das Gerät durch direkt in Windows XP integrierte Treiber (Build-In-Treiber) unterstützt, wird der Assistent diese beim Anklicken der *Weiter*-Schaltfläche installieren.

- Verfügen Sie über eine Treiber-CD des Geräteherstellers, legen Sie diese in das Laufwerk ein. Klicken Sie ebenfalls auf die Schaltfläche *Weiter*, um die Treiberinstallation anzustoßen. Der Assistent durchsucht die Windows-Archive sowie die CD-Laufwerke nach einem passenden Treiber. Werden mehrere passende Treiber gefunden (z.B. weil der Herstellen Versionen für mehrere Sprachen auf der CD anbietet), öffnet der Assistent ein Dialogfeld zur Auswahl des betreffenden Treibers. Nach Auswahl des Treibers und Anklicken der *Weiter*-Schaltfläche kopiert der Assistent die betreffenden Treiberdateien auf das Windows-Laufwerk und richtet den Treiber ein. Sie werden über solche Schritte durch Fortschrittsanzeigen informiert. Bei erfolgreichem Abschluss der Installation wird dies durch den Assistenten signalisiert. Sie müssen dann nur noch das Dialogfeld über die Schaltfläche *Fertig stellen* schließen.

- Auch unter Windows XP gibt es häufiger Fälle, wo der Assistent keinen passenden Treiber findet. Oder Sie möchten einen ganz bestimmten Treiber verwenden. Dann müssen Sie die Lage des Gerätetreibers bei der Installation angeben. Markieren Sie im Startdialogfeld das Optionsfeld *Software von einer Liste oder bestimmten Quelle installieren* (Abbildung 2.12, oben) und klicken Sie auf die *Weiter*-Schaltfläche. Im folgenden Dialogfeld (Abbildung 2.12, unten) sind die gewünschten Optionen festzulegen. Ist das Optionsfeld *Diese Quellen nach dem zutreffendsten Treiber durchsuchen* markiert, können Sie durch Aktivieren der zugehörigen Kontrollkästchen Wechselmedien und definierte Quellen in die Suche einbeziehen. Markieren Sie *Folgende Quelle ebenfalls durchsuchen*, lässt sich ein Pfad zu einem beliebigen Verzeichnis wählen. Dies empfiehlt sich, falls Sie die Lage der Treiberdatei kennen oder gezielt Treiberdateien in die Installation einbeziehen möchten.

Installation der Netzwerkkomponenten

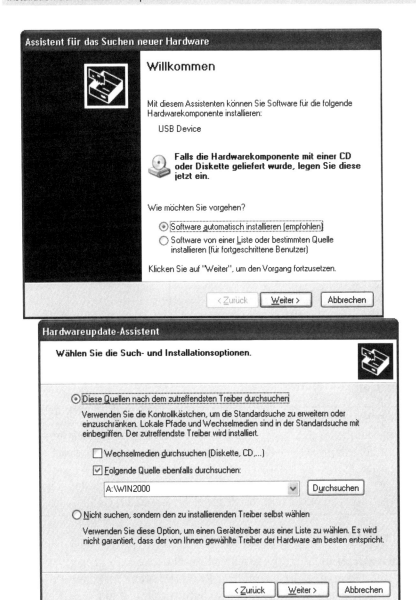

Abbildung 2.12 Meldung über neu gefundene Hardware

- Gibt es Probleme, den richtigen Treiber zu finden, können Sie im Dialogfeld des Assistenten (Abbildung 2.12, unten) das Optionsfeld *Nicht suchen, sondern den zu installierenden Treiber selbst wählen* markieren und auf die *Weiter*-Schaltfläche klicken. Der Assistent blendet dann eine Liste der kompatiblen Geräte ein (Abbildung 2.13). Werden mehrere Geräte angezeigt, markieren Sie den gewünschten Eintrag. Über die Schaltfläche *Datenträger* lässt sich ein Dialogfeld zur Auswahl der Treiberinstallationsdatei (diese besitzt die Dateinamenerweiterung *.inf*) in einem beliebigen Ordner wählen. Über die Schaltfläche *Weiter* leiten Sie die Installation des Treibers ein.

Abbildung 2.13 Auswahl der zu installierenden Hardware

Die Abläufe zur Treiberinstallation entsprechen in Windows XP weitgehend der weiter oben beschriebenen Vorgehensweise unter Windows Vista.

HINWEIS Auch Windows XP prüft standardmäßig bei der Treiberinstallation, ob diese eine digitale Signatur von Microsoft aufweisen. Diese Signatur bestätigt, dass der Treiber den Windows XP-Kompatibilitätstest bestanden hat und aus einer vertrauenswürdigen Quelle stammt. Bei unsignierten Treibern zeigt der Installationsassistent eine deutliche Warnung an und Sie müssen die Installation der unsignierten Komponente über die Schaltfläche *Installation fortsetzen* bestätigen. Brechen Sie die Installation ab oder gibt es keine geeigneten Treiber, wird das Gerät anschließend im Geräte-Manager als nicht betriebsbereit aufgeführt (siehe auch die folgenden Seiten).

Wenn das Gerät nicht erkannt wird oder Fehler zeigt

Erkennt Windows XP das neue Gerät nicht automatisch (z.B. weil dieses kein Plug&Play unterstützt)? Oder funktioniert das Gerät mit dem vom Hardware-Assistent installierten Treiber nicht? Dann können Sie den Assistenten zur Hardwareinstallation manuell aktivieren und den Treiber für das Gerät direkt auswählen.

- Klicken Sie unter Windows XP mit der rechten Maustaste auf das Symbol *Arbeitsplatz* und wählen Sie im Kontextmenü den Eintrag *Eigenschaften* aus. Anschließend betätigen Sie auf der Registerkarte *Hardware* der Systemeigenschaften die Schaltfläche *Hardware-Assistent*.

- Sie können auch das Fenster der Systemsteuerung öffnen und das gezeigte Symbol *Hardware* per Doppelklick anwählen.

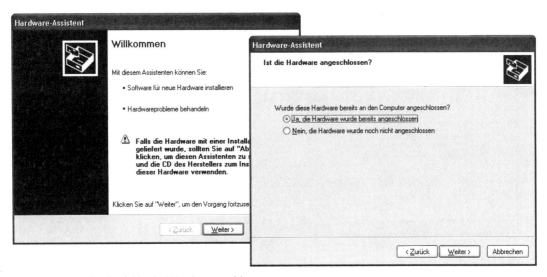

Abbildung 2.14 Dialogfelder bei Hardwareproblemen

Windows startet die Suche nach geänderter Plug&Play-Hardware. Wird ein Gerät gefunden, führen Sie die Installation wie oben beschrieben durch. Der Geräte-Manager bricht die Suche ab, wenn kein neues Plug&Play-Gerät gefunden wird. Beim Hardware-Assistent erhalten Sie bei fehlenden neuen Geräten ein Dialogfeld zur Behebung von Hardwareproblemen und zur Installation von Treibern angezeigt (Abbildung 2.14, links). Klicken Sie auf die *Weiter*-Schaltfläche und wählen Sie im Folgedialogfeld die gewünschte Installationsvariante aus:

- Ist die Hardware noch nicht installiert bzw. noch nicht angeschlossen, markieren Sie das Optionsfeld *Nein, die Hardware wurde noch nicht angeschlossen*. Über die Schaltfläche *Weiter* führt Sie der Assistent zum Abschlussdialogfeld. Sie müssen erst die Hardware einbauen bzw. anschließen und dann erneut den Assistenten aufrufen.

- Bei älterer Hardware bzw. bei vorhandenen Geräten markieren Sie das Optionsfeld *Ja, die Hardware wurde bereits angeschlossen* und klicken dann auf die Schaltfläche *Weiter*. Der Assistent zeigt Ihnen anschließend die bereits installierte Hardware (Abbildung 2.15, links oben). Liegt ein Problem mit einem installierten Gerät vor, markieren Sie dieses in der Geräteliste. In diesem Fall geht es mit dem in Abbildung 2.15 (rechts unten) gezeigten Dialogfeld weiter.

- Wird das Gerät nicht aufgeführt, klicken Sie unten in der Liste auf den Eintrag »Neue Hardware hinzufügen« (Abbildung 2.15, links oben). In diesem Fall öffnet der Assistent das Dialogfeld aus Abbildung 2.15 (rechts oben). Markieren Sie das Optionsfeld *Hardware manuell aus einer Liste wählen und installieren*. Im darauf folgenden Dialogfeld (Abbildung 2.15, links unten) wählen Sie in der Liste der Hardwaretypen einen Eintrag aus. Anschließend öffnet der Installations-Assistent eine Liste der Hersteller und Geräte, die standardmäßig von Windows XP unterstützt werden (Abbildung 2.15, rechts unten). Wählen Sie einen Hersteller und einen Gerätetyp aus oder verwenden Sie die Schaltfläche *Datenträger* zur direkten Auswahl der Treiber. Anschließend führt der Assistent die weiter oben beschriebenen Schritte zur Geräteinstallation aus.

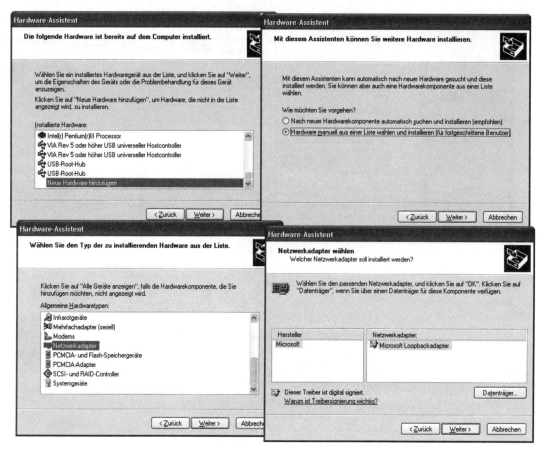

Abbildung 2.15 Schritte zur manuellen Geräteauswahl

Verwenden Sie die Schaltflächen *Weiter* und *Zurück*, um zwischen den Installationsdialogfeldern des Hardware-Assistenten zu navigieren. Manchmal legen die Hersteller der Komponenten ein Installationsprogramm auf der Treiber-CD bei. Dann verzichten Sie auf die obigen Schritte und starten das Setup-Programm direkt von der CD. Dies ist vor allen bei nicht Plug&Play-kompatiblen Komponenten hilfreich. Weitere Hinweise sollten Sie in der Gerätebeschreibung des Herstellers finden.

Gerätestatus im Geräte-Manager überprüfen

Bei der Installation neuer Hardwarekomponenten bzw. nach dem Entfernen von Geräten kann es zu Konflikten und Fehlfunktionen in der Windows XP-Gerätesteuerung kommen. Gelegentlich ist auch die Aktualisierung eines Treibers erforderlich oder ein Gerät muss deaktiviert werden. Windows XP bietet (ähnlich wie Windows Vista) für solche Fälle den Geräte-Manager als zentrales Diagnose- und Fehlerbehebungswerkzeug. Allerdings gibt es geringfügige Abweichungen zu Windows Vista, was den Aufruf des Geräte-Managers und die Statusanzeigen betrifft:

1. Um den Geräte-Manager aufzurufen, öffnen Sie das Fenster der Systemsteuerung (z.B. über das Startmenü) und doppelklicken dann auf das Symbol *System*.

Installation der Netzwerkkomponenten

2. Windows öffnet das Fenster *Systemeigenschaften*, auf dessen Registerkarte *Hardware* Sie die Schaltfläche *Geräte-Manager* anklicken.

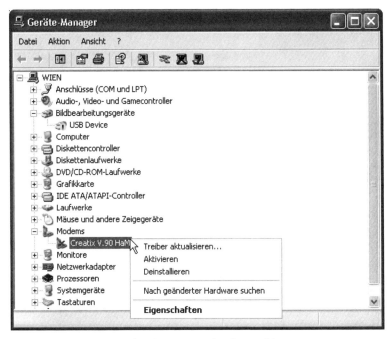

Abbildung 2.16 Anzeige des Gerätestatus im Geräte-Manager

TIPP Das Dialogfeld *Systemeigenschaften* lässt sich auch öffnen, indem Sie mit der rechten Maustaste auf das Symbol *Arbeitsplatz* klicken und im Kontextmenü den Befehl *Eigenschaften* wählen. Alternativ können Sie die Tastenkombination ⊞ + Untbr verwenden, um die Systemeigenschaften aufzurufen.

Der Geräte-Manager listet alle im System installierten Geräte samt deren jeweiligem Status in einem Hardwarebaum nach Kategorien geordnet (z.B. Computer, Datenträger, Grafikkarte etc.) auf. Ähnlich wie bei Windows Vista lassen sich die Zweige mit den angezeigten Geräten per Doppelklick ein- bzw. ausblenden. Ein expandierter Zweig zeigt die installierten Geräte an (Abbildung 2.16). In der Symbolleiste des Fensters finden Sie Schaltflächen, um nach geänderter Hardware zu suchen, Hilfe abzurufen oder Geräte zu deaktivieren bzw. zu deinstallieren. Bei Problemen mit einem Gerät expandiert Windows beim Öffnen des Geräte-Managers die betreffenden Zweige automatisch.

- Ein gelb gekennzeichnetes Ausrufezeichen im Symbol des betreffenden Geräts (z.B. die USB-Einheit in Abbildung 2.16) weist auf eine Fehlfunktion hin, die die Funktion des Gerätes zumindest beeinträchtigt.

- Ein rot durchgestrichenes Gerätesymbol (z.B. das Modem in Abbildung 2.16) signalisiert, dass das Gerät nicht funktioniert und deaktiviert wurde.

Klicken Sie mit der rechten Maustaste auf ein Gerätesymbol, finden Sie im Kontextmenü Befehle, um die Eigenschaften des Geräts anzusehen, das Gerät zu deaktivieren oder zu deinstallieren. Beim Deinstallieren werden die Gerätetreiber aus dem System entfernt.

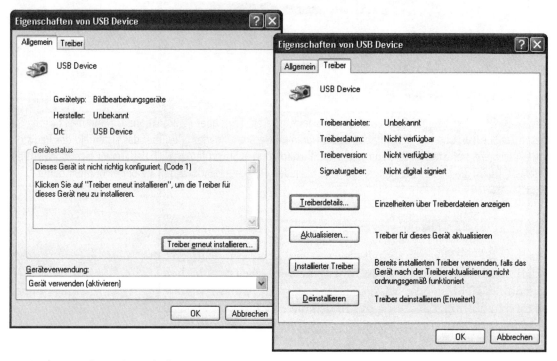

Abbildung 2.17 Geräteeigenschaften

Ein Doppelklick auf einen Geräteeintrag öffnet dessen Eigenschaftenfenster (Abbildung 2.17), welches Ihnen weitere Hinweise zu den Einstellungen des Geräts bzw. zu den Ursachen eines Gerätekonflikts liefert.

- Der aktuelle Gerätestatus wird auf der Registerkarte *Allgemein* des Eigenschaftenfensters der Komponente dargestellt (Abbildung 2.17, links). Über die Schaltfläche *Treiber erneut installieren* lässt sich ein noch nicht funktionsfähig installierter Gerätetreiber neu einrichten. Bei Geräten mit installiertem Treiber erscheint dagegen die Schaltfläche *Problembehandlung*, über die Sie das Hilfe- und Supportcenter zur Problemdiagnose aufrufen können. Ein Assistent führt Sie dann durch die Diagnoseschritte.

- Das Listenfeld *Geräteverwendung* der Registerkarte *Allgemein* ermöglicht Ihnen, das Gerät zu deaktivieren (z.B. wenn es Probleme mit dem Treiber gibt oder Konflikte mit anderen Geräten auftreten). Wählen Sie im Listenfeld den Wert »Gerät nicht verwenden (deaktivieren)«, wird der Treiber deaktiviert. Im Geräte-Manager wird das Gerätesymbol mit einem roten durchgestrichenen Kreuz angezeigt, das Gerät lässt sich nicht mehr verwenden.

- Auf der Registerkarte *Treiber* (Abbildung 2.17, rechts) sehen Sie die Schaltflächen, mit denen sich ein Gerätetreiber aktualisieren oder deaktivieren lässt. Über die Schaltfläche *Treiberdetails* öffnen Sie ein Dialogfeld, in dem Windows die Treiberdateien samt zugehörigem Pfad anzeigt. War bereits ein Treiber installiert, der aber zu Schwierigkeiten führt? Klicken Sie auf die Schaltfläche *Installierter Treiber*. Windows setzt das System auf den Zustand vor der Treiberinstallation zurück (dies ist möglich, wenn Windows vor der Installation unsignierter Treiber einen Systemwiederherstellungspunkt setzt).

Falls Sie ein Gerät nicht mehr benötigen oder falls der Treiber doch nicht funktioniert, können Sie das Gerät mit der entsprechenden Schaltfläche der Registerkarte *Treiber* deinstallieren. Um zu verhindern, dass Windows das Gerät beim nächsten Systemstart erneut erkennt und die Treiber anfordert, sollten Sie das Gerät aus dem Rechner entfernen. Bei USB-Geräten genügt es, die Verbindung zum Gerät zu unterbrechen.

TIPP   Lässt sich ein Gerätetreiber nicht deinstallieren, zeigt aber Fehlfunktionen? Dann deaktivieren Sie diesen Treiber (z.B. über die Schaltfläche *Deaktivieren* im Geräte-Manager oder über das Listenfeld der Registerkarte *Allgemein*, siehe oben). Beim nächsten Systemstart können Sie prüfen, ob sich der Treiber nicht doch entfernen lässt. Durch die Deaktivierung erreichen Sie auf jeden Fall, dass Windows den Treiber nicht mehr benutzt.

Netzwerkeinstellungen konfigurieren

Die Rechner benötigen innerhalb des Netzwerks einen eindeutigen Computernamen zur Identifizierung. Zudem können die Rechner einer als Arbeitsgruppe bezeichneten logischen Einheit zugeordnet werden – die Mitglieder einer solchen Arbeitsgruppe werden schneller im Ordner *Netzwerk* aufgeführt. Nachfolgend finden Sie eine kurze Übersicht, wie Sie diese Einstellungen in Windows Vista und Windows XP überprüfen und anpassen können.

Netzwerkeinstellungen in Vista konfigurieren

Die folgenden Abschnitte zeigen, wie Sie die Netzwerkkonfiguration (Netzwerkname, Computername und Arbeitsgruppe) in Windows Vista anpassen können und wie das Netzwerk- und Freigabecenter aufgerufen wird.

Einstellungen im Netzwerk- und Freigabecenter überprüfen

Die Verwaltung der Netzwerkeinstellungen erfolgt in Windows Vista über das Netzwerk- und Freigabecenter. Um sich über die aktuellen Einstellungen zu informieren, gehen Sie in folgenden Schritten vor:

1. Öffnen Sie das Ordnerfenster *Netzwerk* (indem Sie z.B. im Startmenü auf den betreffenden Befehl klicken).
2. In der Symbolleiste des Ordnerfensters *Netzwerk* klicken Sie auf die in der Symbolleiste eingeblendete Schaltfläche *Netzwerk- und Freigabecenter* (Abbildung 2.18, oben).

Daraufhin wird das Fenster des Netzwerk- und Freigabecenters eingeblendet (Abbildung 2.18, Vordergrund). Dieses Netzwerk- und Freigabecenter ist die zentrale Instanz, wenn es um die Kontrolle und Verwaltung der Netzwerkeinstellungen geht. Die linke Spalte des Fensters zeigt in der Aufgabenleiste verschiedene Befehle zur Verwaltung des Netzwerks.

Im rechten oberen Teil des Fensters wird Ihnen die Topologie des bereits erkannten Netzwerks angezeigt. Bei einem neuen Rechner, der noch nicht in ein Netzwerk eingebunden ist und über keinen Internetzugang verfügt, wird lediglich das betreffende Gerät auftauchen. Das Netzwerk sowie der Internetzugang erscheinen als nicht identifiziert bzw. nicht verbunden (Abbildung 2.18, Vordergrund).

Abbildung 2.18 Aufruf des Netzwerk- und Freigabecenters

Im unteren Teil der rechten Spalte werden verschiedene Einstellungen im Netzwerk aufgelistet. Sie sehen für jedes Netzwerk mindestens den Netzwerknamen, die Art der Verbindung (z.B. LAN) und den Status. In Abbildung 2.18, Vordergrund, ist der Rechner Teil eines privaten Netzwerks mit dem Namen »Born-Orion«. Der Rechner besitzt im Netzwerk den eindeutigen Namen »ROM«, über den er von anderen Netzwerkteilnehmern identifiziert werden kann. In der Rubrik *Freigabe und Erkennung* in der rechten Spalte des Netzwerk- und Freigabecenters finden Sie eine Übersicht über den jeweiligen Status verschiedener Einstellungen wie die Freigabe von Dateien und Druckern, die Netzwerkerkennung etc. Diese Funktionen werden in Kapitel 4 behandelt.

HINWEIS Zum Verändern von Netzwerkeinstellungen sind Administratorrechte erforderlich. Arbeiten Sie unter einem Standardbenutzerkonto, fragt die Benutzerkontensteuerung den Namen und das Kennwort eines Administratorkontos ab. Beim Arbeiten unter einem Administratorkonto müssen Sie die Nachfrage der Benutzerkontensteuerung über die Schaltfläche *Fortsetzen* bestätigen, um die Änderungen durchzuführen. Zudem erfordern einige Änderungen, dass der Rechner anschließend neu gestartet wird.

Netzwerkname und Standort anpassen

Das Netzwerk- und Freigabecenter listet das Netzwerk mit einem Namen auf, den Sie frei vergeben können. Zudem lässt sich vorgeben, ob das Netzwerk öffentlich oder privat ist:

1. Öffnen Sie das Netzwerk- und Freigabecenter (siehe die vorherigen Seiten) und klicken Sie auf den am rechten Rand eingeblendeten Hyperlink *Anpassen* (Abbildung 2.18, Vordergrund).
2. Sobald das Dialogfeld *Netzwerkstandort festlegen* (Abbildung 2.19, links unten) erscheint, klicken Sie in das Feld *Netzwerkname* und geben den gewünschten Namen (z.B. »FamilienNetz«) ein.
3. Anschließend markieren Sie das Optionsfeld *Privat*, um den Standorttyp festzulegen, und klicken dann auf die *Weiter*-Schaltfläche.
4. Den letzten Dialogschritt (Abbildung 2.19, Hintergrund) beenden Sie über die *Schließen*-Schaltfläche.

HINWEIS Weist das Netzwerk in der Zeile *Zugriff* des Netzwerk- und Freigabecenters den Hinweis »Eingeschränkte Konnektivität« auf? Dann besteht keine Verbindung zum Netzwerk und der Netzwerkname lässt sich nicht ändern.

Mit diesen Schritten werden der von Ihnen gewählte Netzwerkname als auch der Standorttyp festgelegt und im Netzwerk- und Freigabecenter angezeigt. Der von Ihnen gewählte Netzwerkname wird zur Identifizierung im Netzwerk- und Freigabecenter benutzt und hat nichts mit dem Arbeitsgruppennamen innerhalb eines Netzwerks zu tun. Der Netzwerkname ist hilfreich, wenn Sie mehrere Netzwerkverbindungen unter Windows Vista verwenden. Denken Sie beispielsweise daran, dass ein Notebook zeitweise lokal in einem Arbeitsgruppennetzwerk eingebunden ist, aber auch mobil genutzt wird. Im mobilen Betrieb kann z.B. über WLAN eine Verbindung zu einem Hotspot hergestellt werden, um auf Reisen einen Internetzugang zu nutzen. In Abbildung 2.18, Vordergrund, ist ein zweites LAN-Netzwerk zu sehen, welches als öffentlich deklariert wurde. Dieses gehört im konkreten Fall zu einem zweiten Netzwerkadapter, der im Rechner eingebaut ist.

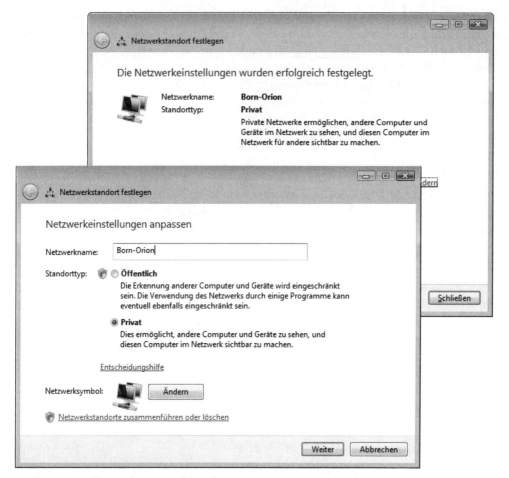

Abbildung 2.19 Netzwerkname und Standorttyp anpassen

TIPP Sind mehrere Netzwerke (LAN, WLAN) auf Ihrem Computer vorhanden? Dann können Sie diesen nicht nur separate Netzwerknamen zuweisen. Über die Schaltfläche *Ändern* der Gruppe *Netzwerksymbol* (Abbildung 2.18, Vordergrund) lässt sich ein weiteres Dialogfeld öffnen, in dem Sie ein Symbol für das angezeigte Netzwerk auswählen und über die *OK*-Schaltfläche übernehmen können. Dies erleichtert Ihnen die Erkennung der unterschiedlichen Netzwerke.

Wichtig ist, dass Sie für jedes Netzwerk den richtigen Standorttyp wählen, da dies die Konfiguration der Firewall und damit die Netzwerkerkennung und letztlich auch die Netzwerksicherheit beeinflusst:

- *Privat:* Wenn Sie das Netzwerk im privaten Umfeld oder in einem kleinen Büro betreiben, sind die zugriffsberechtigten Personen sowie die verfügbaren Rechner und Geräte bekannt. Wählen Sie diesen Standorttyp, setzt Windows Vista die Firewalleinstellungen so, dass die Netzwerkerkennung ermöglicht wird. Dann werden die im Netzwerk vorhandenen Computer und Geräte im Ordnerfenster *Netzwerk* angezeigt.

- *Öffentlich:* Dieser Standorttyp veranlasst Windows Vista, die Firewalleinstellungen restriktiver zu setzen, so dass die Netzwerkerkennung abgeschaltet wird. Dann taucht der betreffende Rechner nicht mehr im Ordnerfenster *Netzwerk* anderer, im Netzwerk befindlicher, Computer auf. Das ist hilfreich, wenn der Rechner über ein WLAN in einem öffentlichen Netz betrieben wird. Dies ist beispielsweise der Fall, wenn Sie in Internetcafés oder Flughäfen eine Internetverbindung über einen Hotspot herstellen.

Sofern Sie als Standort ein privates Netzwerk angeben, müssen Sie dieses bei einer bestehenden Internetanbindung über weitere Maßnahmen wie die Windows-Firewall absichern. Bei Drahtlos-Netzwerken ist die Verbindung über geeignete Methoden abzusichern und zu verschlüsseln. Auf diese Details gehe ich in den betreffenden Kapiteln (z.B. das Kapitel zur Firewall-Einrichtung) noch gezielter ein.

Arbeitsgruppen- und Netzwerkname anpassen

Um den Rechner im Netzwerk einzufügen, muss dieser einen eindeutigen Netzwerknamen aufweisen. Zudem empfiehlt es sich, die Rechner einer benannten Arbeitsgruppe zuzuweisen, damit deren Mitglieder schneller im Ordnerfenster *Netzwerk* angezeigt werden. Bei der ersten Inbetriebnahme verwendet Windows Vista Standardeinstellungen für das Netzwerk (z.B. den Arbeitsgruppennamen »WORKGROUP«). Der Rechnername wird dagegen direkt bei der Installation abgefragt. Um die Einstellungen zu überprüfen oder nachträglich anzupassen (z.B. um einen Vista-Rechner zu einem bereits vorhandenen Netzwerk hinzuzufügen), gehen Sie folgendermaßen vor:

1. Rufen Sie das Fenster des Netzwerk- und Freigabecenters gemäß den Ausführungen auf den vorherigen Seiten auf.
2. Gehen Sie in der rechten Spalte zur Rubrik *Freigabe und Erkennung* und expandieren Sie die Kategorie *Netzwerkerkennung*, indem Sie am rechten Rand auf die Schaltfläche zur Anzeige der Detailansicht klicken (Abbildung 2.20).
3. In der Zeile *Arbeitsgruppe* sehen Sie den aktuell eingestellten Arbeitsgruppennamen. Klicken Sie auf den Hyperlink *Einstellungen ändern* (Abbildung 2.20).
4. Bestätigen Sie die Sicherheitsabfrage der Benutzerkontensteuerung über die *Fortsetzen*-Schaltfläche. Sind Sie unter einem Standardkonto angemeldet, müssen Sie das Kennwort zum angezeigten Administratorkonto eingeben und auf die *OK*-Schaltfläche klicken.
5. Sobald das Eigenschaftenfenster *Systemeigenschaften* erscheint, können Sie auf der Registerkarte *Computername* im Textfeld *Computerbeschreibung* einen kurzen Hinweis auf die Art des Computers eintragen (Abbildung 2.21, links).
6. Klicken Sie anschließend auf die Schaltfläche *Ändern*, und geben Sie im eingeblendeten Dialogfeld (Abbildung 2.21, rechts) im Feld *Computername* den Namen des gewünschten Computers ein.
7. Passen Sie bei Bedarf im Feld *Arbeitsgruppe* den Namen für die Arbeitsgruppe an und schließen Sie das Dialogfeld sowie das Eigenschaftenfenster jeweils über die *OK*-Schaltflächen.

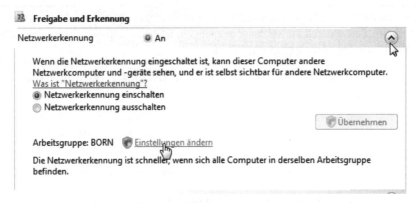

Abbildung 2.20 Optionen der Netzwerkerkennung

Nach einem Klick auf die *OK*-Schaltfläche werden die Einstellungen an der Netzwerkkonfiguration übernommen. Haben Sie den Namen der Arbeitsgruppe geändert, begrüßt Sie ein Willkommendialog als Mitglied der Arbeitsgruppe. Damit die Änderungen wirksam werden, müssen Sie den Rechner neu starten.

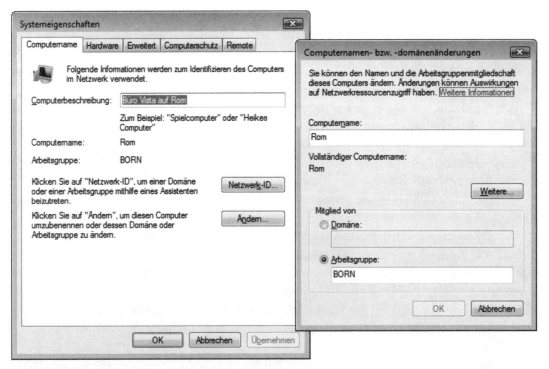

Abbildung 2.21 Arbeitsgruppe und Computername anpassen

WICHTIG Falls Sie den von Windows vorgegebenen Namen der Arbeitsgruppe »WORKGROUP« ändern, sollten Sie diese Änderung auch an allen anderen im Netzwerk eingefügten Rechnern anpassen. Dies stellt sicher, dass alle Netzwerkteilnehmer zur gleichen Arbeitsgruppe gehören.

Der Computername muss im Netzwerk eindeutig sein und darf keine Leerzeichen oder Umlaute enthalten. Sie können die Namen von Familienmitgliedern verwenden oder auf Städte oder Ländernamen, die keine Umlaute enthalten, zurückgreifen.

Die in Abbildung 2.21 gezeigten Dialogfelder stammen aus Windows Vista Ultimate. Bei Windows Vista Home Basic oder Vista Home Premium stehen die Optionen zur Aufnahme eines Rechners in eine Domäne nicht zur Verfügung.

Netzwerkeinstellungen in Windows XP festlegen

Windows XP verfügt über einen Assistenten zur Netzwerkkonfiguration. Dieser Assistent fragt bei der Netzwerkkonfiguration des Rechners dessen Netzwerkname und die Arbeitsgruppe ab. Möchten Sie auf einem Rechner mit Windows XP den Netzwerknamen sowie die Arbeitsgruppe kontrollieren bzw. direkt ändern? Voraussetzung ist lediglich, dass Sie an einem Konto mit Administratorenrechten angemeldet sind. Dann gehen Sie in folgenden Schritten vor:

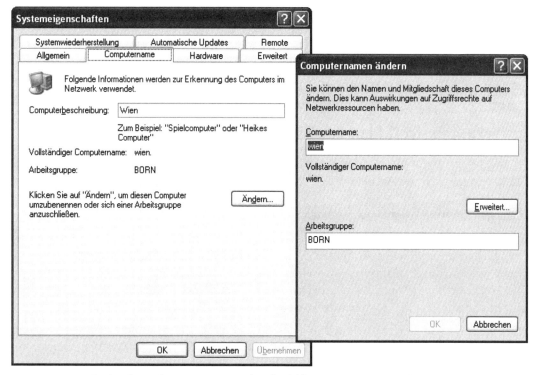

Abbildung 2.22 Registerkarte *Computername* und Dialogfeld *Computernamen ändern*

1. Klicken Sie mit der rechten Maustaste auf das Symbol *Arbeitsplatz* (z.B. im Startmenü) und wählen im Kontextmenü den Eintrag *Eigenschaften* aus. Oder doppelklicken Sie in der Systemsteuerung auf das Symbol *System*.
2. Tragen Sie auf der Registerkarte *Computername* des nun geöffneten Eigenschaftenfensters einen Computernamen im Feld *Computerbeschreibung* ein (Abbildung 2.22, links).
3. Klicken Sie anschließend auf die Schaltfläche *Ändern* und geben dann im angezeigten Dialogfeld *Computername ändern* den Namen der *Arbeitsgruppe* ein (Abbildung 2.22, rechts).
4. Passen Sie bei Bedarf den im Feld *Arbeitsgruppe* angezeigten Arbeitsgruppennamen an, und schließen Sie das Dialogfeld sowie das Eigenschaftenfenster über die jeweilige *OK*-Schaltfläche.

Der Text für das Feld *Computername* darf 15 Zeichen lang sein, wobei Buchstaben (A..Z), Ziffern (0..9) und der Bindestrich (-) zulässig sind. Ein Leerzeichen oder eine reine Ziffernfolge darf allerdings nicht im Namen vorkommen. Unter diesem eingegebenen Namen wird der Rechner später im Netzwerk angezeigt. Beim Schließen der Dialogfelder über die *OK*-Schaltfläche werden die Konfigurationsänderungen übernommen. Allerdings werden die Änderungen erst nach dem Neustart von Windows XP wirksam. Auch hier gleicht der Vorgang dem in Windows Vista genutzten Ablauf.

HINWEIS Über die Schaltfläche *Erweitert* (Abbildung 2.22, rechts) lässt sich das primäre DNS-Suffix eintragen. Dieses Suffix dürfte aber in Heimnetzwerken keine Rolle spielen. Sie können die Schaltfläche also ignorieren. Die Zuordnung zu einer Domäne wird bei Windows XP Home Edition ebenfalls nicht unterstützt. Sie können lediglich eine Netzwerkverbindung zu einem Domänenrechner im Ordnerfenster der Netzwerkumgebung definieren oder ein Netzlaufwerk mit einer freigegebenen Ressource der Domäne verbinden. Für ein Heimnetzwerk ist diese Einschränkung aber nicht relevant, da dort Arbeitsgruppennetzwerke verwendet werden.

Benutzerkonten richtig konfigurieren

In den folgenden Abschnitten finden Sie Informationen, was es bezüglich der Konfigurierung der Benutzerkonten für das Arbeiten im Netzwerk zu beachten gibt.

Anforderungen hinsichtlich der Benutzerkonten

Sowohl Windows XP als auch Windows Vista arbeiten mit Benutzerkonten. Diese Benutzerkonten ermöglichen unterschiedlichen Nutzern, mit getrennten Einstellungen zu arbeiten. Benutzerkonten werden durch Windows aber auch zur Authentifizierung und zur Erteilung von Zugriffsberechtigungen genutzt. Um innerhalb eines Netzwerks problemlos auf freigegebene Ressourcen anderer Rechner zugreifen zu können, sollten Sie Folgendes beachten:

- Legen Sie auf allen Rechnern innerhalb des Netzwerks Benutzerkonten mit den gleichen Namen für die Benutzer an, die auf die Freigaben zugreifen sollen. Die Benutzerkonten ermöglichen einem Benutzer, beim Erstellen einer Freigabe festzulegen, welche anderen Benutzer innerhalb des Netzwerks auf die Daten oder Geräte zugreifen dürfen und welche Zugriffsrechte (z.B. nur lesen oder auch ändern) sie erhalten. Andererseits identifiziert Windows einen Benutzer, der über das Netzwerk auf eine Freigabe zugreift, über dessen Benutzerkontennamen.

- Wichtig ist, dass Sie alle Benutzerkonten, die innerhalb des Netzwerks auf den verschiedenen Rechnern eingerichtet sind, Kennwörter zuweisen. Windows benutzt diese Kennwortabfrage zur Authentifizierung des jeweiligen Benutzers.

Gerade unter Windows XP-Anwendern ist die Praxis weit verbreitet, Benutzerkonten ohne Kennwort zu verwenden. Dies ist zwar komfortabel, hebelt aber die Möglichkeit zur Authentifizierung bei der Anmeldung aus. Denn bei einem kennwortlosen Benutzerkonto kann sich quasi jeder, der Zugang zum Rechner erhält, anmelden. In Windows XP ist dies zwar zulässig. Windows Vista benutzt jedoch einen verbesserten Sicherheitsansatz, der Netzwerkzugriffe nur nach einer Authentifizierung zulässt.

Bei Netzwerkzugriffen überträgt der Client sowohl den Namen des Benutzerkontos als auch das bei der Anmeldung verwendete Kennwort zum als »Server« fungierenden Netzwerkrechner. Dieser überprüft, ob das Benutzerkonto sowie das Kennwort bekannt ist. Dann gibt es verschiedene Szenarien:

- Ist das Benutzerkonto samt Kennwort auf dem Netzwerkrechner (»Server«) bekannt, erhält der Benutzer Zugriff auf dessen Freigaben.

- Ist kein Kennwort für das Benutzerkonto definiert oder wird auf dem Client ein anderes Benutzerkennwort als auf dem »Server« benutzt, kann keine Authentifizierung erfolgen. Das Gleiche gilt, falls das Benutzerkonto auf dem Server unbekannt ist.

Abbildung 2.23 Kennwortabfrage bei Netzwerkzugriffen

Im günstigsten Fall erscheint bei einer fehlgeschlagenen Authentifizierung das Dialogfeld aus Abbildung 2.23. Dann kann der Benutzer ein auf dem »Server« bekanntes Benutzerkonto im Feld *Benutzername* und das zugehörige Kennwort eingeben. Nach Bestätigung über die *OK*-Schaltfläche erfolgt eine erneute Authentifizierung am »Server«. Bei Erfolg erhält der Benutzer den Zugriff auf die Freigaben des betreffenden Rechners für die Dauer der Sitzung. Nach einer Abmeldung und erneuten Anmeldung muss jedoch wiederum eine Authentifizierung durchgeführt werden. Über das Kontrollkästchen *Kennwort speichern* (Abbildung 2.23) lassen sich die zuletzt eingegebenen Anmeldedaten unter dem betreffenden Benutzerkonto speichern. Diese

Daten gehen allerdings verloren, wenn das Benutzerkonto gelöscht oder das Kennwort von einem Administrator zurückgesetzt wird.

WICHTIG Die wegen eines kennwortlosen Benutzerkontos erscheinende Kennwortabfrage (Abbildung 2.23) bei Netzwerkzugriffen kann nicht nur nervend sein. Falls Sie ein Administratorenkonto ohne Kennwort unter Windows Vista einrichten, wird für diesen Benutzer bei der Anmeldung ein temporäres Benutzerprofil eingerichtet und Netzwerkfunktionen sind gesperrt. Aus Leseranfragen ist mir auch bekannt, dass wegen Benutzerkonten ohne Kennwort die Installation von Netzwerkdruckern in gemischten Netzwerken mit Windows XP und Windows Vista scheiterte.

Sie können im Netzwerk- und Freigabecenter allerdings einstellen, dass auch Benutzerkonten ohne Kennwort auf die Freigaben zugreifen dürfen (siehe Kapitel 4). Aus Sicherheitserwägungen empfiehlt es sich aber, auf diese Option zu verzichten.

Benutzerkonten pflegen

Das Anlegen von Benutzerkonten oder die Anpassung der Kennwörter erfolgt sowohl in Windows XP als auch in Windows Vista über das Symbol *Benutzerkonten* der Systemsteuerung. Nachfolgend finden Sie einige Hinweise, wie Sie Benutzerkonten in diesen Windows-Versionen anlegen und die Kennwörter anpassen.

Benutzerkonto in Windows Vista anlegen

Möchten Sie ein neues Benutzerkontos anlegen, benötigen Sie unter Windows Vista ebenfalls Administratorberechtigungen. Durch die Benutzerkontensteuerung ist es aber möglich, auch bei der Anmeldung unter einem Standardkonto die entsprechenden Befehle zu wählen. Sie können dann die Administratorenberechtigung über die Sicherheitsabfrage der Benutzerkontensteuerung nachweisen, indem Sie das zum angezeigten Administratorkonto passende Kennwort eingeben. Zum Anlegen eines Benutzerkontos gehen Sie folgendermaßen vor:

1. Öffnen Sie das Fenster der Systemsteuerung über das Startmenü und klicken Sie in der Rubrik *Benutzerkonten und Jugendschutz* auf den Befehl *Benutzerkonten hinzufügen/entfernen*.
2. Bestätigen Sie den Sicherheitsdialog der Benutzerkontensteuerung (wobei Sie das Kennwort des angezeigten Administratorkontos eingeben müssen).
3. Klicken Sie im Fenster *Zu änderndes Konto auswählen* auf den unterhalb der bestehenden Konten als Hyperlink eingeblendeten Befehl *Neues Konto erstellen* (Abbildung 2.24, unten).
4. Geben Sie im angezeigten Formular (Abbildung 2.24, oben) den Namen für das neue Konto ein, und markieren Sie eines der Optionsfelder (*Administrator* oder *Standardbenutzer*), um den Kontotyp des Benutzers festzulegen.
5. Über die Schaltfläche *Konto erstellen* schließen Sie das Formular, um das Konto unter dem eingegebenen Namen und mit dem Kontotyp anzulegen und zur vorherigen Seite zurückzukehren.

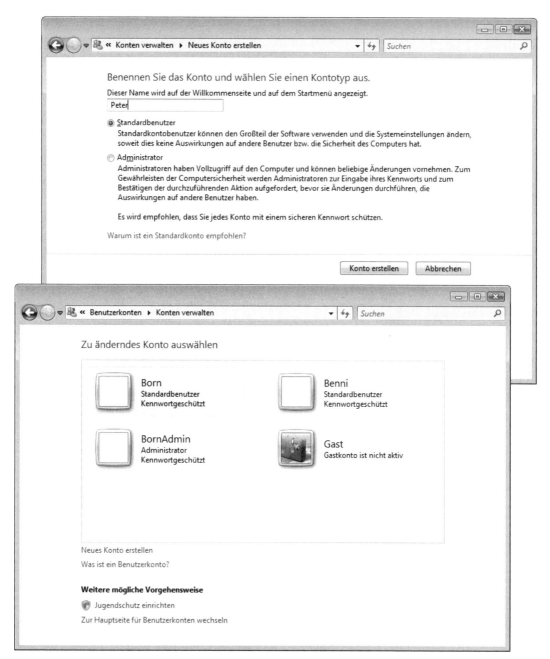

Abbildung 2.24 Anlegen eines neuen Benutzerkontos

Um ein Kennwort für das eigene Benutzerkonto festzulegen, sind folgende Schritte auszuführen:
1. Rufen Sie die Benutzerverwaltung gemäß den obigen Anweisungen über die Systemsteuerung auf und klicken Sie auf den nun eingeblendeten Befehl *Eigenes Kennwort ändern* (Abbildung 2.25, oben).
2. Tippen Sie in der Formularseite (Abbildung 2.25, unten) das alte Benutzerkennwort in das oberste Textfeld und das neue Kennwort zweimal in die darunter liegenden Textfelder ein.
3. Ergänzen Sie bei Bedarf noch das Textfeld um einen Kennworthinweis und klicken Sie danach auf die Schaltfläche *Kennwort ändern*.

Das Formular wird geschlossen und das Kennwort dem Benutzerkonto zugewiesen. Sie gelangen zur Seite *Änderungen am eigenen Konto durchführen*. Das neue Kennwort wird aber erst bei der nächsten Anmeldung am Benutzerkonto wirksam.

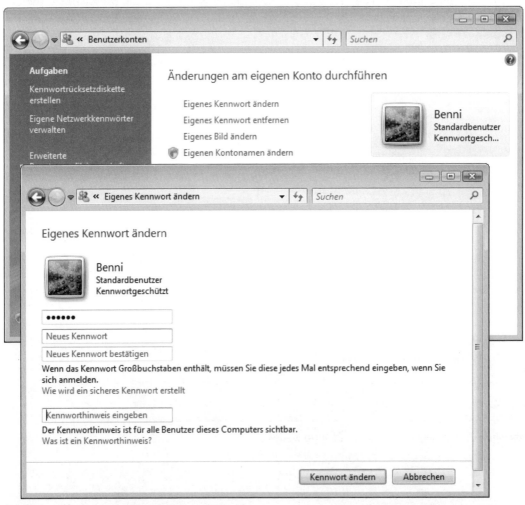

Abbildung 2.25 Eigenes Benutzerkennwort ändern

Benutzerkonto in Windows XP anlegen

Zum Einrichten eines neuen Benutzerkontos unter Windows XP müssen Sie an einem Administratorkonto angemeldet sein.

1. Starten Sie die Benutzerverwaltung über den betreffenden Befehl bzw. das betreffende Symbol der Systemsteuerung und klicken Sie im Fenster der Benutzerverwaltung auf den Befehl *Neues Konto erstellen*.
2. Geben Sie einen Namen für das Konto ein (dies kann der Vorname der Person sein) und klicken Sie auf die Schaltfläche *Weiter*, um zum nächsten Dialogschritt zu gelangen.
3. Markieren Sie im Folgedialog eines der Optionsfelder, um festzulegen, ob der Benutzer ein eingeschränktes Konto oder ein Administratorkonto erhält.

Sobald Sie im Dialogfeld auf die Schaltfläche *Konto erstellen* klicken, legt Windows das neue Konto mit den gewählten Berechtigungen an. Sie haben anschließend die Möglichkeit, diesem Konto ein Kennwort zuzuweisen.

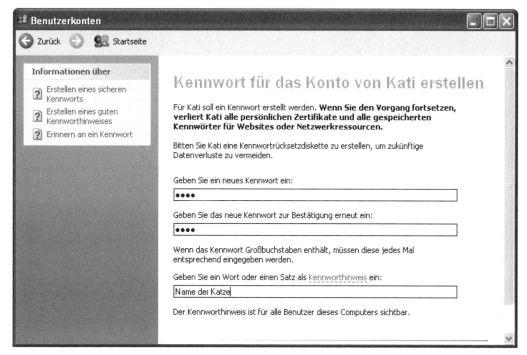

Abbildung 2.26 Formularseite zur Kennworteingabe

Um ein Kennwort für ein bestehendes Benutzerkonto festzulegen, führen Sie anschließend folgende Schritte aus:

1. Wählen Sie im Fenster *Benutzerkonten* das Symbol des Kontos aus, welches noch keinen Kennwortschutz besitzt. Benutzer der Gruppe der *Administratoren* können jedes Konto wählen, Benutzern eingeschränkter Konten ist nur der Zugriff auf das eigene Konto möglich.

2. Wählen Sie im folgenden Formularfenster den Befehl *Kennwort erstellen*. Windows wechselt dann zum Kennwortformular.
3. Im dann angezeigten Formular (Abbildung 2.26) sind das Kennwort, die Kennwortbestätigung und – falls gewünscht – ein Hinweis auf das Kennwort einzutippen.

Sobald Sie das Formular über die unten im Dialogfeld eingeblendete Schaltfläche *Kennwort erstellen* schließen, wird das Kennwort für das Konto eingetragen. Die Änderung wird aber erst nach der nächsten Anmeldung an diesem Benutzerkonto wirksam.

Kapitel 3

WLAN-Router und DSL einrichten

In diesem Kapitel:

DSL-Zugang installieren	72
DSL-Zugang am (W)LAN-Router einrichten	77
WLAN-Zugang des Routers einrichten	90

Zur Vernetzung mehrerer Rechner kommen meist LAN-Router oder bei Funknetzwerken WLAN-Router zum Einsatz. Der Router stellt auch den Breitband-DSL-Internetzugang im Netzwerk zur Verfügung. Die Abschnitte dieses Kapitels beschreiben, wie sich ein DSL-Anschluss installieren und ein DSL-Zugang einrichten lässt. Zudem wird am Beispiel der verbreiteten FRITZ!Box Fon WLAN dargestellt, wie Sie einen WLAN-DSL-Router für den Internetzugang sowie als Zugangspunkt für ein Funknetzwerk konfigurieren.

DSL-Zugang installieren

Die folgenden Abschnitte erläutern Ihnen, was es beim Installieren eines DSL-Zugangs zu wissen gibt. Sie lernen einige Grundbegriffe kennen und erfahren, wie ein DSL-Splitter und ein DSL-Modem anzuschließen sind.

Grundwissen rund um den Breitband-DSL-Anschluss

Für eine schnelle Datenübertragung zum Internet wird ein ADSL-Zugang (meist als DSL-Zugang bezeichnet) einer Telefongesellschaft benötigt. Das Kürzel ADSL (steht für Asymetric Digital Subscriber Line) und stellt einen Breitband-Internetzugang mit 1.000, 2.000, 6.000 oder 16.000 KBit/s über normale Telefonleitungen (analog oder ISDN) bereit. Für Datenraten von 16.000 KBit/s kommt dabei die Weiterentwicklung ADSL2+ (steht für Extended bandwidth Asymmetric Digital Subscriber Line 2) zum Einsatz.

Um einen solchen Breitbandanschluss nutzen zu können, müssen Sie zunächst einen DSL-Zugang beim zuständigen Telefonunternehmen beantragen. Dieses prüft, ob für Ihren Telefonanschluss DSL über die Telefonleitung verfügbar ist.

Neben dem physikalischen Anschluss benötigen Sie noch einen Provider, der Ihnen den DSL-Zugang bereitstellt. Je nach Provider können Sie dann Zeit- oder Volumentarife oder eine so genannte Flatrate buchen. Bei Zeittarifen wird nach der Online-Zeit abgerechnet, während bei Volumentarifen die Onlinezeit keine Rolle spielt. Hier stellt der Provider eine bestimmte Datenmenge zur Verfügung, die im Rahmen des Freivolumens aus dem Internet abgerufen werden kann. Bei Überschreiten des vereinbarten Volumens wird die zusätzliche Datenmenge separat abgerechnet. Mittlerweile werden aber überwiegend Flatrate-Tarife von den Providern angeboten, die keine zeitlichen oder volumenmäßigen Begrenzungen aufweisen. Oft beinhalten diese Pauschalverträge noch Zusatzleistungen wie IP-Telefonie, Pauschalen für Telefonate ins Festnetz oder in Mobilfunknetze sowie den Bezug von Internet-TV. Erkundigen Sie sich ggf. bei verschiedenen Providern über die für Ihre Region geltenden DSL-Angebote.

Vom DSL-Anbieter erhalten Sie in der Regel auch die für die Nutzung des Breitbandanschlusses erforderliche Hardware (ein DSL-Splitter sowie ein DSL-Modem oder einen DSL-Router). Bei Bedarf bieten die Provider häufig auch gegen Aufpreis an, einen Techniker mit der Einrichtung der DSL-Verbindung zu beauftragen.

DSL-Zugang installieren

> **HINWEIS** Eine tiefergehende Diskussion von DSL finden Sie unter *de.wikipedia.org/wiki/T-DSL* und zu ADSL2+ unter *de.wikipedia.org/wiki/Asymmetric_Digital_Subscriber_Line_2*. Die Verfügbarkeit von DSL-Anschlüssen lässt sich in Deutschland über die Webseiten der verschiedenen Provider prüfen. Die Webseite *www.dslweb.de/T-DSL-Verfuegbarkeit.html* fasst diese Verfügbarkeitsprüfung für mehrere Provider zusammen. Hinweise zu den, in Abhängigkeit vom Provider, auf DSL-Anschlüssen erreichbaren Geschwindigkeiten findet sich in einem Artikel der Zeitschrift c't unter der Adresse *www.heise.de/ct/07/08/086*. Um einen ersten, groben Eindruck von der Übertragungsrate der DSL-Verbindung zu erhalten, können Sie unter *www.wieistmeineip.de/speedtest/* einem Geschwindigkeitstest durchführen. Sie sollten sich aber klar darüber sein, dass dieser Test die Übertragungsgeschwindigkeit zwischen dem Server und Ihrem Rechner über DSL misst – Schwachstellen in dieser Kette können das Ergebnis daher verfälschen.

DSL-Anschluss verkabeln

Die Verkabelung eines DSL-Anschlusses und den Anschluss der erforderlichen Geräte können Sie normalerweise problemlos selbst vornehmen.

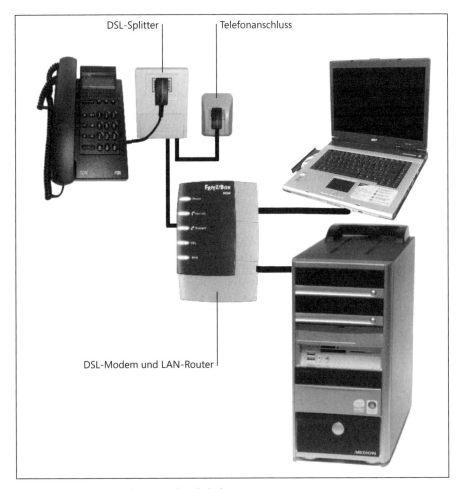

Abbildung 3.1 DSL- und Netzwerkverkabelung

Zum Abtrennen der DSL-Daten von den Telefonsignalen muss ein so genannter *DSL-Splitter* zwischen Telefonanschlussdose und Endgeräten (Telefon, Telefonanlage, Router) geschaltet werden (Abbildung 3.1). Der DSL-Splitter stellt eine N-F-N-Dreifachbuchse für die Endgeräte (Telefon) sowie einen DSL-Ausgang bereit. Der DSL-Ausgang des Splitters ist über ein mitgeliefertes Kabel mit dem DSL-Modem oder dem DSL-Router zu verbinden. Die Entfernung zwischen DSL-Splitter und DSL-Modem kann bis zu 30 m betragen. Ist das vom DSL-Anbieter mitgelieferte Verbindungskabel zu kurz, reicht eine zweiadrige Leitung eines Telefonkabels, um die Signale vom Splitter zum DSL-Modem zu führen. Am DSL-Splitter gibt es neben der RJ-11-Buchse noch eine Klemmleiste, an der die beiden Adern angeschlossen werden können. Das andere Ende der Leitung kann in eine ISDN-Anschlussdose geführt werden. Dann lässt sich das DSL-Modem durch das vom Hersteller gelieferte Verbindungskabel an diese Telefondose anschließen.

> **HINWEIS** Das Kürzel N-F-N bei Telefonanschlussdosen signalisiert, welche Geräte an den drei Buchsen anschließbar sind. Die mittlere F-Buchse ist zum Anschluss eines Fernsprechers vorgesehen. Die beiden N-Buchsen der N-F-N-Anschlussdose dienen zum Anschluss von Nebenstellengeräten wie Modems, Anrufbeantwortern, Telefaxgeräten etc.

DSL-Modems werden gelegentlich über USB, meist jedoch über ein Netzwerkkabel mit dem Computer verbunden. Bei Routern mit integriertem DSL-Modem wird ebenfalls ein Netzwerkkabel zur Anbindung benutzt. Alternativ lassen sich Rechner über eine Funkverbindung mit einem (W)LAN-Router verbinden.

> **HINWEIS** Auf der Internetseite *www.it-onlineinfo.de/tk_technik/dsl.htm* finden interessierte Leser einen guten Überblick über mögliche Verkabelungsvarianten eines DSL-Anschlusses. Die Deutsche Telekom stellt auf der Internetseite *www.t-home.de/dlp/eki/downloads/t/tdsl-hdb_07.05.pdf* eine Broschüre im PDF-Format zum Download bereit, in der auch die Steckerbelegung der DSL-Anschlüsse beschrieben ist. Unter *www.gschwarz.de/tdsl_2.htm* finden Sie ebenfalls noch einige Hinweise zum Einrichten von DSL unter verschiedenen älteren Windows-Versionen.

Eine DSL-Verbindung für DSL-Modems einrichten

Auch wenn der bevorzugte Weg zur DSL-Anbindung über Modems mit Netzwerkanschluss erfolgt, gibt es auch den Ansatz, das DSL-Modem über USB an den Rechner anzubinden. Besitzen Sie ein USB-Modem (Abbildung 3.2), für das ein DSL-Zugang einzurichten ist? Dann benötigen Sie einerseits einen Vista-Treiber für das USB-Modem. Zudem ist in der Regel eine spezielle Zugangssoftware des Providers, die auf das USB-Modem abgestimmt ist, erforderlich, um den Internetzugang einzurichten.

Abbildung 3.2 USB-DSL-Modem (Quelle: D-Link)

Ist ein DSL-Modem mit RJ-45-Buchse vorhanden, wird die Verbindung mit dem Rechner über ein Netzwerkkabel hergestellt. Auch bei dieser Konstellation können Sie prüfen, ob eine spezielle Zugangssoftware des Providers zum Einrichten des Breitband-Zugangs vorhanden ist. Konsultieren Sie die Unterlagen des Providers, um herauszufinden, wie der DSL-Zugang softwaremäßig zu konfigurieren ist. Verfügen Sie nur über die DSL-Zugangsdaten, können Sie diese auch manuell in Windows Vista eintragen und den DSL-Zugang einrichten.

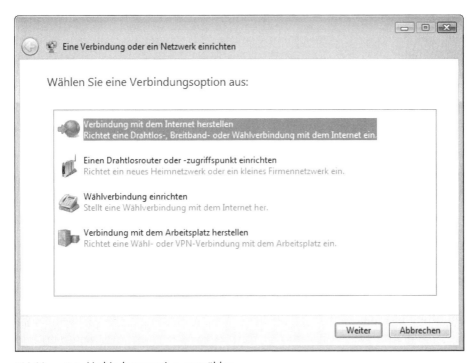

Abbildung 3.3 Verbindungsoption auswählen

1. Melden Sie sich unter einem Administratorkonto an und öffnen Sie das Netzwerk- und Freigabecenter (z.B. über das *Netzwerk*-Ordnerfenster).
2. Klicken Sie im Aufgabenbereich des Netzwerk- und Freigabecenters auf den Link *Eine Verbindung oder ein Netzwerk einrichten*.
3. Klicken Sie im daraufhin eingeblendeten Dialogfeld (Abbildung 3.3) auf den Eintrag *Verbindung mit dem Internet herstellen* und bestätigen Sie mit der *Weiter*-Schaltfläche.

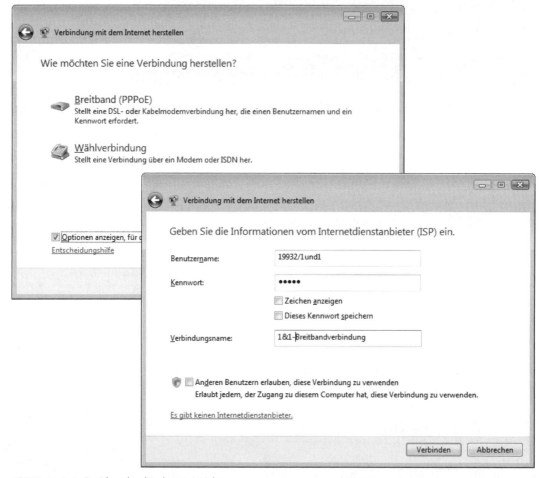

Abbildung 3.4 Breitbandverbindung einrichten

4. Bestehen bereits Verbindungen, aktivieren Sie im Folgedialog das Optionsfeld *Nein, eine neue Verbindung erstellen* und klicken auf die Schaltfläche *Weiter*.
5. Im Dialogfeld *Wie möchten Sie eine Verbindung herstellen?* (Abbildung 3.4, oben) wählen Sie die Option *Breitband (PPPoE)* (PPPoE steht für Point-to-Point Protocol over Ethernet) und klicken auf die *Weiter*-Schaltfläche.
6. Im Folgedialog (Abbildung 3.4, unten) geben Sie den Ihnen vom Provider des DSL-Zugangs zugewiesenen Benutzernamen sowie das zugehörige Kennwort ein. Bei Bedarf können Sie

über Kontrollkästchen die Nutzung der Verbindung für andere Konten des Rechners freigeben, die Anzeige des Kennworts im Klartext zulassen oder das Speichern des Kennworts ermöglichen.

Sobald Sie auf die Schaltfläche *Verbinden* klicken, baut Windows Vista eine Verbindung zum DSL-Zugang auf.

HINWEIS Um eine erfolgreich aufgebaute Verbindung zu trennen, wählen Sie im Startmenü den Befehl *Verbindung herstellen*. Markieren Sie im dann angezeigten Dialogfeld die aktive Verbindung und klicken Sie auf die am unteren Dialogfeldrand sichtbare Schaltfläche *Verbindung trennen*.

DSL-Zugang am (W)LAN-Router einrichten

Benutzen Sie einen LAN- oder WLAN-Router mit integriertem DSL-Modem zur Vernetzung der Rechner? Um über den Router auf das Internet zugreifen zu können, muss dieser entsprechend konfiguriert werden. In den nachfolgenden Abschnitten wird am Beispiel der gängigen FRITZ!Box Fon WLAN gezeigt, wie Sie einen DSL-Breitband-Internetzugang am WLAN-Router einrichten.

Wie lässt sich der Router konfigurieren?

Neben den vom Hersteller der (W)LAN-Router mitgelieferten Programme können Sie die Geräte oft auch über ein Webinterface konfigurieren. Dies hat den Vorteil, dass Sie keine Software installieren müssen und nicht auf aktualisierte Programme für die benutzte Betriebssystemversion angewiesen sind. Sie brauchen nur dem Rechner über ein Netzwerkkabel mit dem Router zu verbinden und den Browser (z.B. den Internet Explorer) aufzurufen. Anschließend können Sie in der Adressleiste des Browsers die IP-Adresse oder die URI (Uniform Recource Locator, also die Internetadresse) des Routers eingeben, um das Webinterface anzuzeigen. Anschließend kann die Konfiguration komfortabel im Browser über Formulare vorgenommen werden.

Die einzugebende IP-Adresse oder URI des Routers sollte in den Gerätehandbüchern des Routers aufgeführt sein. Bei Produkten der Firma AVM (z.B. FRITZ!Box Fon WLAN) lautet die Adresse zum Aufrufen des Webinterface zum Beispiel *http://fritz.box* (Abbildung 3.5). Sobald die Konfigurationsseiten im Browserfenster geöffnet werden, melden Sie sich mit einem Kennwort (und ggf. einem Benutzernamen) an und rufen die Konfigurationsformulare über die angebotenen Hyperlinks ab.

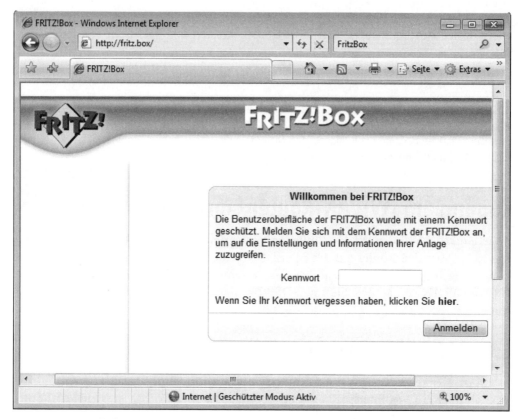

Abbildung 3.5 Aufruf der Konfigurationsseiten einer FRITZ!Box im Internet Explorer

Sind die URI des Routers oder dessen IP-Adresse nicht in den Herstellerunterlagen aufgeführt? Auf der Internetseite *www.router-faq.de/index.php?id=router_ip_pw* sind die herstellerseitigen Vorgaben für IP-Adressen, Benutzernamen und Kennwörter gängiger Router beschrieben. Wurden die Werkseinstellungen geändert, d.h. der Router benutzt eine andere IP-Adresse? Dann müssen Sie diese IP-Adresse des Routers manuell, gemäß den nachfolgenden Hinweisen, ermitteln.

IP-Adresse des Routers in Windows XP ermitteln

Sofern Sie Windows XP verwenden und der Router über ein Netzwerkkabel oder über ein Drahtlosnetzwerk mit dem Rechner verbunden ist, lässt sich die IP-Adresse des Routers mit folgenden Schritten ermitteln:

1. Stellen Sie sicher, dass eine Verbindung vom Rechner zum betreffenden Router besteht.
2. Wählen Sie im Infobereich der Taskleiste das Netzwerkverbindungssymbol der betreffenden LAN-Verbindung per Doppelklick an (Abbildung 3.6, unten).

DSL-Zugang am (W)LAN-Router einrichten

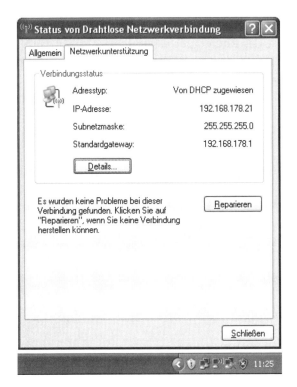

Abbildung 3.6 IP-Adresse des Routers ermitteln

Ist der Router über WLAN mit dem Rechner verbunden, verwenden Sie das Symbol des funkenden Computers. Wird eine LAN-Verbindung über ein Netzwerkkabel benutzt, verwenden Sie das Symbol, welches für die betreffende LAN-Verbindung steht. In Abbildung 3.6, unten, sind zwei Verbindungssymbole für LAN-Verbindungen zu sehen, weil der Rechner mit zwei Netzwerkkarten ausgestattet ist. Das mit einem roten X gekennzeichnete Symbol weist darauf hin, dass die betreffende Verbindung gestört ist.

Der Doppelklick auf das Verbindungssymbol bewirkt die Anzeige des Eigenschaftenfensters *Status von ... verbindung* der LAN- oder WLAN-Verbindung (Abbildung 3.6, unten). Auf der Registerkarte *Netzwerkunterstützung* werden Ihnen die innerhalb der Verbindung benutzten IP-Adressen angezeigt. Die IP-Adresse in der Zeile *IP-Adresse* ist dem betreffenden WLAN- bzw. LAN-Adapter zugewiesen. Die Adresse des Routers findet sich in der Zeile *Standardgateway*. Notieren Sie sich ggf. die in dieser Zeile angegebene IPv4-Adresse und beenden Sie das Eigenschaftenfenster über die *Schließen*-Schaltfläche. Anschließend können Sie die notierte IP-Adresse in der Adressleiste des Browsers eintippen, um Zugriff auf das Webinterface des Routers zu erhalten.

TIPP Fehlt bei Ihnen das Netzwerksymbol im Infobereich der Taskleiste? Öffnen Sie das Ordnerfenster *Netzwerkverbindung* (z.B. über das Startmenü oder die Systemsteuerung), klicken Sie mit der rechten Maustaste auf das Symbol der LAN-Verbindung. Der Kontextmenübefehl *Status* öffnet ebenfalls das Statusfenster der LAN-Verbindung. Wählen Sie dagegen den Kontextmenübefehl *Eigenschaften*, können Sie auf der Registerkarte *Allgemein* im Eigenschaftenfenster der LAN-Verbindung das Kontrollkästchen *Symbol bei Verbindung im Infobereich anzeigen* markieren. Sobald Sie die *OK*-Schaltfläche anklicken, sollte das Netzwerksymbol sichtbar werden.

IP-Adresse des Routers in Windows Vista ermitteln

In Windows Vista ist die Abfrage der IP-Adresse des Routers recht komfortabel über das Netzwerk- und Freigabecenter möglich. Stellen Sie sicher, dass eine Verbindung vom Rechner zum Router besteht und führen Sie die folgenden Schritte durch:

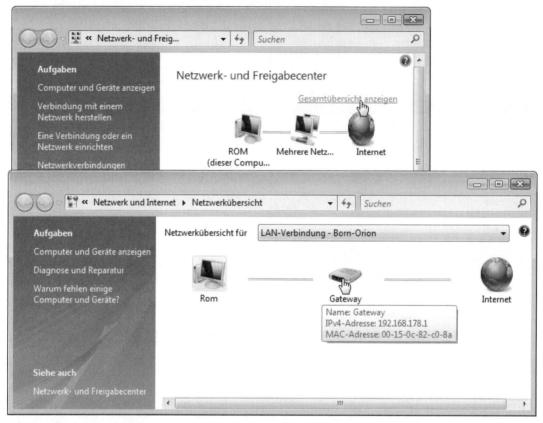

Abbildung 3.7 Abfragen der Routeradresse in Windows Vista

1. Öffnen Sie die Seite des Netzwerk- und Freigabecenters (z.B. indem Sie im Schnellsuchfeld des Startmenüs das Stichwort »Netzwerk« eintippen und dann auf den angezeigten Link *Netzwerk- und Freigabecenter* klicken).

2. Klicken Sie im Fenster *Netzwerk- und Freigabecenter* auf den in der Netzwerkdarstellung sichtbaren Hyperlink *Gesamtübersicht anzeigen* (Abbildung 3.7, Hintergrund, oben).

3. Ist ein Router im Netzwerk vorhanden, setzen Sie den Mauszeiger im Fenster *Netzwerkübersicht* auf dessen mit *Gateway* benanntes Symbol (Abbildung 3.7, Vordergrund, unten).

Die IPv4-Adresse des Routers wird dann als QuickInfo eingeblendet, lässt sich somit notieren und anschließend zum Abrufen der Konfigurationsseiten des Routers im Browser verwenden.

DSL-Zugang am (W)LAN-Router einrichten

TIPP Manchmal gibt es in Windows Vista noch einen einfacheren Weg zum Aufruf der Konfigurationsseiten des Routers. Sie können im Startmenü den Befehl *Netzwerk* anklicken. Wird im Ordnerfenster *Netzwerk* das Symbol des DSL-Routers als UPnP-Gerät (UPnP steht für Universal Plug and Play, eine Technik zur herstellerübergreifenden Ansteuerung von Geräten im Netzwerk) angezeigt? Dann können Sie das Symbol mit der rechten Maustaste anklicken und im Kontextmenü den Befehl *Gerätewebseite anzeigen* wählen (Abbildung 3.8). Windows Vista startet daraufhin den Internet Explorer und öffnet die Konfigurationsseite des Geräts.

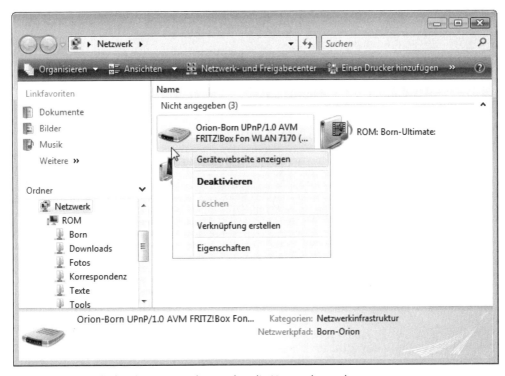

Abbildung 3.8 Aufrufen der Gerätewebseite über die Netzwerkumgebung

Die Konfigurationsseiten mit einem Kennwort schützen

Werksseitig werden die meisten DSL-Router so ausgeliefert, dass die Konfigurationsseiten direkt angesprochen werden können. Dies birgt natürlich die Gefahr, dass Dritte unbefugt in die Routerkonfiguration eingreifen und zu Ihrem Nachteil verändern. Sie sollten daher bei der Erstinbetriebnahme sofort den Zugriff auf die Konfiguration des Routers über ein Kennwort schützen. Bei der FRITZ!Box Fon WLAN (und ähnlichen Produkten) gehen Sie in folgenden Schritten vor:

1. Wählen Sie in der linken Spalte der im Browserfenster angezeigten Konfigurationsseite den Befehl *Einstellungen* (Abbildung 3.9, Hintergrund).
2. Wählen Sie in der Folgeseite (Abbildung 3.9, Vordergrund) den Hyperlink *System* und klicken Sie in der expandierten Darstellung auf den Hyperlink *FRITZ!Box-Kennwort*.

3. Markieren Sie im rechten Teil der Konfigurationsseite das Kontrollkästchen *Kennwortschutz für diese FRITZ!Box aktivieren*.
4. Anschließend geben Sie das gewünschte Kennwort in die beiden Textfelder *FRITZ!Box-Kennwort* und *Kennwortbestätigung* ein.

Abbildung 3.9 Kennwortschutz bei der FRITZ!Box setzen

Wählen Sie ein Kennwort, welches nicht zu trivial, aber auch nicht zu kompliziert einzugeben und zu merken ist. Eine Kombination aus Buchstaben und Ziffern (z.B. »Swud7Z«, steht für »Schneewittchen und die 7 Zwerge«) ist schwieriger zu erraten als ein geläufiges Alltagswort. Die Zeichen des Kennworts werden bei der Eingabe durch Punkte ersetzt. Rufen Sie die Kennwortseite später erneut auf, zeigt diese sogar nur vier Punkte an – es ist also nicht mehr möglich, die Kennwortlänge aus der Zahl der angezeigten Punkte zu bestimmen. Das neue Kennwort wird aktiv, sobald Sie die Seite mit der *Übernehmen*-Schaltfläche des Formulars verlassen. Anschließend ist ein Zugriff auf die Konfigurationsseiten nur noch nach Eingabe des Kennworts auf der Anmeldeseite (Abbildung 3.5) möglich. Zudem müssen Änderungen an der Konfiguration nach einer gewissen Zeit abgeschlossen sein, da der Router bei Inaktivität nach einer Wartezeit automatisch zur Anmeldeseite umschaltet.

> **TIPP** Es empfiehlt sich, zur Konfigurierung des Routers, eines WLANs und eines Netzwerks ggf. ein Konfigurationsblatt anzulegen. Dort sollten Sie das Zugangskennwort für den Router sowie dessen IP-Adresse notieren. Dies ist ganz hilfreich, wenn mal wieder ein Kennwort oder die Routeradresse vergessen wurde. Haben Sie das Kennwort verloren, lassen sich die Geräte üblicherweise in den Zustand nach der Werksauslieferung zurücksetzen. Manchmal ist eine Schalter- oder Tastenkombination zu drücken. Näheres sollte in der Bedienungsanleitung des Geräts zu finden sein. Bei der FRITZ!Box Fon WLAN finden Sie auf der Anmeldeseite einen mit *hier* bezeichneten Hyperlink. Klicken Sie diesen an, wird eine Hinweisseite eingeblendet. Die in der Seite sichtbare Schaltfläche *Wiederherstellen der Werkseinstellungen* setzt den Router zurück. Dabei gehen aber alle benutzerspezifischen Einstellungen verloren.

Den DSL-Zugang im Router konfigurieren

Der DSL-Router baut über das integrierte oder externe DSL-Modem eine Verbindung zum Internet auf und stellt diese Verbindung allen über die WLAN- oder die LAN-Eingänge des Routers verbundenen Rechnern zur Verfügung. Die meisten Router bieten dabei verschiedene Betriebsmodi. So kann der Router abgeschaltet und nur das DSL-Modem benutzt werden. Oder es wird ein externes DSL-Modem am Router betrieben. Sie können den Router veranlassen, eine gemeinsame Internetverbindung für alle Netzwerkteilnehmer bereitzustellen oder diese Verbindung einzelnen Nutzern nur nach Anforderung zu gewähren. Hierzu müssen Sie die Konfigurierung des Routers entsprechend anpassen und ggf. auch die Zugangsdaten Ihres DSL-Providers im Router eintragen. Details zum Einrichten solcher Konfigurationen liefert die Dokumentation des jeweiligen Providers. Für die FRITZ!Box der Firma AVM sind folgende Schritte durchzuführen:

1. Rufen Sie die Konfigurationsseite des Routers im Internet Explorer auf und melden Sie sich mit einem Kennwort an.

2. Klicken Sie in der linken Spalte der im Browserfenster angezeigten Konfigurationsseite (Abbildung 3.9, Hintergrund) auf den Befehl *Einstellungen*, dann auf *Internet* und abschließend auf den Hyperlink *Zugangsdaten* (Abbildung 3.10).

3. Passen Sie anschließend im rechten Teil der Konfigurationsseite die für den DSL-Zugang benötigten Optionen an und tragen Sie auch die vom des DSL-Anbieter für das DSL-Konto zugewiesenen Zugangsdaten ein.

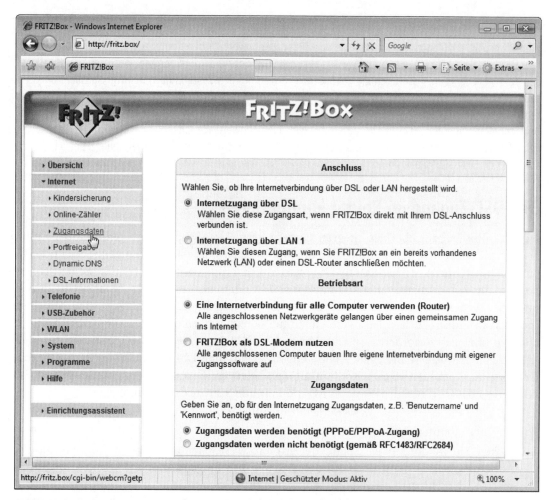

Abbildung 3.10 Internetzugang in der FRITZ!Box konfigurieren

Die Abbildung 3.11 zeigt einen Ausschnitt aus der Konfigurationsseite der FRITZ!Box Fon WLAN, in der Sie diese Zugangsdaten eintragen können. Die Übertragung der DSL-Daten erfolgt üblicherweise durch das von Windows Vista bereitgestellte PPPoE-Protokoll (steht für Point-to-Point-Protocol over Ethernet). Bei privaten DSL-Anschlüssen muss die Authentifizierung meist über einen Benutzernamen und ein Kennwort erfolgen.

DSL-Zugang am (W)LAN-Router einrichten

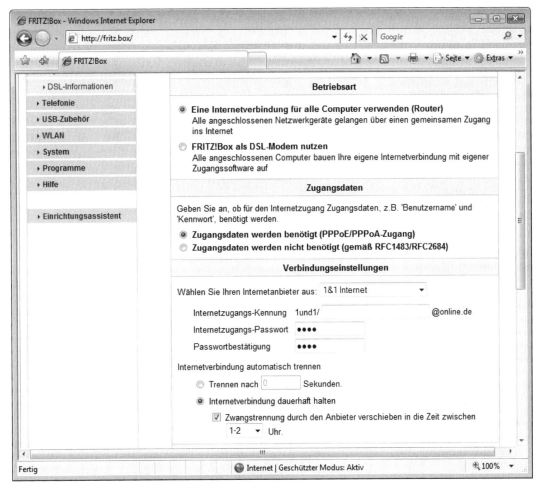

Abbildung 3.11 DSL-Zugangsdaten im Router festlegen

Sie müssen daher die Option *Zugangsdaten werden benötigt* markieren und dann in der Kategorie *Verbindungseinstellungen* den Internetanbieter auswählen. Danach können Sie die Internetzugangskennung und das benötigte Kennwort in den Textfeldern des Formulars eintragen.

ACHTUNG Sofern Sie einen volumen- oder verbindungszeitabhängigen DSL-Tarif gewählt haben, sollten Sie den Router so konfigurieren, dass dieser nur dann eine DSL-Verbindung aufbaut, wenn einer der angeschlossenen Rechner diese benötigt und über das PPPoE-Protokoll anfordert. Bei der FRITZ!Box ist die Option *Trennen nach ... Sekunden* zu wählen und die Wartezeit in Sekunden im Textfeld einzugeben. Dann trennt der Router die Verbindung bei Inaktivität nach der vorgegebenen Frist automatisch. Vergessen Sie dies und ist die Option *Internetverbindung dauerhaft halten* markiert, laufen Sie Gefahr, dass horrende Verbindungskosten anfallen. Die Provider trennen die DSL-Verbindung zudem im 24-Stunden-Takt zwangsweise. Um nicht bei einem Download oder beim Arbeiten von einer solchen Zwangstrennung unterbrochen zu werden, können Sie das Kontrollkästchen *Zwangstrennung durch den Anbieter verschieben in die Zeit zwischen* markieren und den Zeitraum über das zugehörige Listenfeld vorgeben.

Möchten Sie den DSL-Internetzugang Ihrer Kinder zeitlich einschränken? In der Rubrik *Internet/Kindersicherung* finden Sie eine Konfigurationsseite, in der Sie die Nutzungsdauer und Nutzungszeiten dieser Optionen festlegen können. Dabei lassen sich die IP-Adressen einzelner Rechner in die Kindersicherung einbeziehen. Um einzelne Benutzerkonten auf solchen Computern in die Kindersicherung einzubeziehen, bietet der Hersteller AVM eine Installationsdatei für Windows XP an. Einzelheiten zum Einrichten der Kindersicherung finden Sie auf der Hilfeseite des betreffenden Konfigurationsformulars.

In Windows Vista Home Premium und Ultimate können Sie dagegen die Jugendschutz-Funktion als Administrator nutzen, um den Zugriff der Sprösslinge auf Benutzerkonten oder das Internet zu begrenzen. Die Funktion zur Verwaltung der Jugendschutzeinstellungen lässt sich über die Systemsteuerung aufrufen. Anschließend können Sie eine Aktivitätsberichterstattung konfigurieren, den Zugriff auf Internetseiten filtern, den Zugriff auf den Computer oder auf Programme einschränken und die nutzbaren Spiele kontrollieren. Die Verwaltung erfolgt komfortabel über Formularseiten. Weitere Hinweise entnehmen Sie der Windows-Hilfe.

Wenn Sie auf der Konfigurationsseite bis zum Ende blättern, finden Sie eine Schaltfläche *Übernehmen*, um die Konfigurationsänderungen an den Router zu übertragen. Um sich über die einzelnen Optionen der Konfigurationsseite zu informieren, klicken Sie auf die in der Seite eingeblendete Schaltfläche *Hilfe*. Der Browser öffnet dann eine Hilfeseite mit Beschreibungen zu verschiedenen Optionen. Hinweise, die die spezielle Konfigurierung des Routers für den DSL-Zugang betreffen, sollten Sie auf den Webseiten des DSL-Anbieters finden.

TIPP Die FRITZ!Box unterstützt in den Konfigurationsseiten zwei Darstellungsmodi. Standardmäßig ist der Modus für normale Benutzer freigegeben, bei dem bestimmte Optionen nicht angezeigt werden. Um sich vor unangenehmen Überraschungen zu schützen und die Fehlerdiagnose zu erleichtern, sollten Sie allerdings den (auch hier im Buch bei der Beschreibung der Konfiguration benutzten) Expertenmodus einschalten. Dann stehen Ihnen alle Optionen der FRITZ!Box in den Konfigurationsseiten zur Verfügung. Hierzu wählen Sie in der linken Spalte der Konfigurationsseite den Befehl *Einstellungen*, klicken in der Folgeseite auf den Menübefehl *System* und wählen den Hyperlink *Ansicht*. Anschließend schalten Sie im rechten Teil der Konfigurationsseite das Kontrollkästchen *Expertenansicht aktivieren* ein und klicken auf die *Übernehmen*-Schaltfläche. Dies hat den Effekt, dass in den einzelnen Konfigurationsseiten weitere Optionen angezeigt werden.

Firewall-Konfiguration am Router

Eine Firewall schützt die Rechner eines Netzwerks vor unbefugten Zugriffen von außen. Verfügt der Router über eine integrierte Firewall, sorgt diese dafür, dass die Rechner und Geräte innerhalb des Netzewerks im Internet nicht sichtbar sind. Manche Programme erfordern aber, dass der betreffende Rechner über das Internet erreichbar ist. In diesem Fall müssen die vom Programm genutzten Ports (das sind Kommunikationskanäle, siehe auch Kapitel 6 im Firewall-Abschnitt) über die Firewall des Routers freigegeben werden:

- Sie können bei der FRITZ!Box die Anwendungen und Ports in der Firewall manuell konfigurieren, indem Sie in der Konfigurationsseite in der linken Spalte den Befehl *Einstellungen* wählen (Abbildung 3.9), dann auf *Internet* und abschließend auf den Hyperlink *Portfreigabe* klicken (Abbildung 3.12).

DSL-Zugang am (W)LAN-Router einrichten

- Die FRITZ!Box führt anschließend die bereits freigegebenen Ports samt deren Anwendungen in einer Liste auf (Abbildung 3.12, unten). Sie erkennen, welches Protokoll und welcher Port konfiguriert wurde. Zudem wird die IP-Adresse des Rechners, für den die Freigabe gilt, angezeigt. Der Eintrag ist aber nur dann aktiv, wenn das am linken Rand der Zeile angezeigte Kontrollkästchen markiert ist.

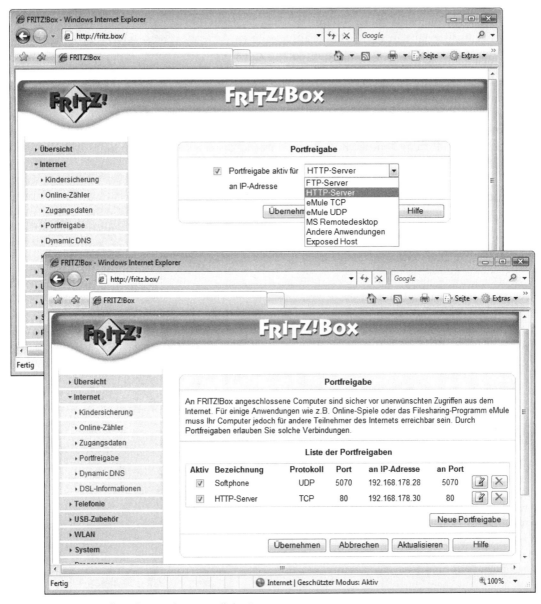

Abbildung 3.12 Portfreigaben in der Firewall des Routers

- Über die am rechten Rand der jeweiligen Zeile gezeigte Schaltfläche mit dem stilisierten Schreibblock können Sie die Seite zum Ändern der Konfiguration aufrufen. Die rechts daneben gezeigte Schaltfläche mit dem roten X ermöglicht Ihnen, den kompletten Eintrag mit der Portfreigabe aus der Filterliste zu löschen.
- Um eine neue Portfreigabe zu erteilen, wählen Sie die Schaltfläche *Neue Portfreigabe*. Die dann eingeblendete Seite (Abbildung 3.12, oben) ermöglicht Ihnen, zunächst das für die Freigabe gewünschte Protokoll auszuwählen. Je nach Auswahl werden dann unterschiedliche Felder für die Portfreigabe in der Konfigurationsseite eingeblendet. Beim HTTP-Protokoll setzt die Firewall automatisch den benötigten Port und Sie brauchen lediglich die IP-Adresse des Zielrechners anzugeben. Möchten Sie den Namen einer Anwendung und die freizugebenden Ports individuell vorgeben, wählen Sie im Listenfeld den Eintrag »Andere Anwendung«. Dann erweitert die FRITZ!Box die Konfigurationsseite um die betreffenden Textfelder.

Die Änderungen werden wirksam, sobald Sie die *Übernehmen*-Schaltfläche am unteren Rand der Formularseite anklicken. Sie können die Firewall also so konfigurieren, dass nur zugelassene Anwendungen direkt über das Internet erreichbar sind.

HINWEIS Die Firewall der FRITZ!Box filtert ein- und ausgehende Daten und entfernt alle Datenpakete, die nicht von einem Computer angefordert wurden. Anwendungen, die vom Rechner auf das Internet zugreifen möchten, werden von der Firewall also nicht blockiert, da die Firewall der FRITZ!Box ausgehende Datenanforderungen erkennt und die Rückantworten weiterleitet. Manche Anwender wünschen einen Schutz, der auch ausgehende Datenpakete durch die Firewall standardmäßig blockiert und nur freigegebene Anwendungen zulässt. Da dies einen erhöhten Konfigurationsaufwand erfordert, ist die Blockade ausgehender Verbindungen mit Bordmitteln der FRITZ!Box nicht möglich. Die Firma AVM stellt zwar mit FRITZ!DSL Protect eine entsprechende Software-Lösung bereit. Das Programm lässt sich auch per Startmenü über das FRITZ!DSL Startcenter aufrufen. Aber dieser Ansatz hat meiner Meinung nach gleich mehrere Haken. Zur Zeit, als dieses Manuskript verfasst wurde, stand das FRITZ!DSL Startcenter für Windows Vista noch nicht zur Verfügung. Zudem haben Schädlinge wie Trojaner, die bereits im System eingedrungen sind, auch die Möglichkeit, diesen Softwareschutz auszuhebeln. Der bessere Schutz besteht daher darin, eingehende Verbindungen per Firewall zu blockieren und ansonsten den Rechner durch geeignete Schutzprogramme vor einem Schädlingsbefall zu sichern.

Routerkonfigurierung per UPnP

Router, wie die FRITZ!Box, die sich als UPnP-Geräte im Netzwerk zu erkennen geben, können auch direkt über das Netzwerk durch entsprechende Anwendungen oder Geräte konfiguriert werden. Hierzu müssen Sie in der Menüleiste der FRITZ!Box-Konfigurationsseite zuerst den Befehl *Einstellungen* anklicken. Dann ist das Menü *System* zu wählen und anschließend der Hyperlink *Netzwerkeinstellungen* anzuklicken. Markieren Sie im rechten Teil der Konfigurationsseite das Kontrollkästchen *Änderungen der Sicherheitseinstellungen über UPnP gestatten* und klicken Sie auf die *Übernehmen*-Schaltfläche.

Windows Vista unterstützt den Zugriff auf die Firewall solcher Router über die UPnP-Schnittstelle. Sie müssen dazu im Ordnerfenster *Netzwerk* das UPnP-Gerät mit der rechten Maustaste anklicken und den Kontextmenübefehl *Eigenschaften* wählen (Abbildung 3.13, oben). Auf der Registerkarte *Allgemein* des Eigenschaftenfensters finden Sie die Schaltfläche *Einstellungen*, die

DSL-Zugang am (W)LAN-Router einrichten

das in Abbildung 3.13, links unten, gezeigte Dialogfeld öffnet. Über die Schaltfläche *Hinzufügen* gelangen Sie zum Dialogfeld aus Abbildung 3.13, unten rechts, in dem Sie die Portfreigaben eintragen können. Schließen Sie die Dialogfelder und Registerkarten, versucht Windows Vista die Konfigurationsänderung in der externen Firewall einzutragen.

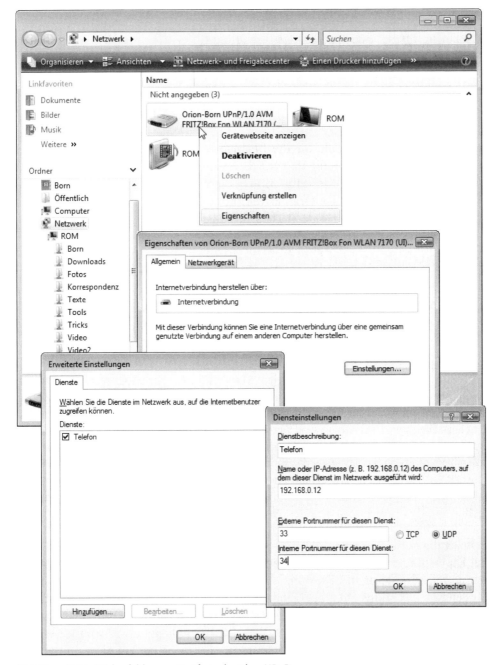

Abbildung 3.13 Dialogfelder zur Portfreigabe über UPnP

Bei Tests mit der FRITZ!Box Fon WLAN 7170 (UI), Firmware-Version 29.04.40, war aber festzustellen, dass die Firewall-Einstellungen auf diese Weise nicht geändert werden konnten. Auch hier bleibt, wegen der Vielzahl der möglichen Gerätevarianten, bei weiterführenden Fragen oder Problemen nur der Hinweis, die Herstellerdokumentation des Routers bzw. den Hersteller zu konsultieren.

WLAN-Zugang des Routers einrichten

Wenn Sie ein Funknetz nutzen, können Sie einen WLAN-Router verwenden, um den Internetzugang bereitzustellen und die Netzwerkkoordination zu übernehmen. Ein WLAN-Router mit integriertem DSL-Modem wie die FRITZ!Box Fon WLAN ermöglicht die Vernetzung der Rechner über LAN-Kabel und/oder Funkstrecken. Dabei wird das Funknetzwerk im so genannten Infrastructure Mode (siehe auch *de.wikipedia.org/wiki/WLAN*) betrieben. Diese Konfiguration erfordert aber, dass Sie den WLAN-Router als WLAN-Zugangspunkt einrichten. Nachfolgend wird diese Konfigurierung am Beispiel der FRITZ!Box Fon WLAN gezeigt. Zudem finden Sie Hinweise zur korrekten Absicherung der Drahtlosverbindung. Die Erläuterungen lassen sich daher sinngemäß auch auf die Produkte anderer Hersteller übertragen.

WLAN-Router einschalten und konfigurieren

Um mehr als zwei Rechner in einem Wireless-LAN zu verbinden, benötigen Sie einen WLAN-(DSL)-Router. Die Inbetriebnahme und Konfiguration des WLAN-Routers erfolgt dabei herstellerabhängig, meist über ein Webinterface, dessen Webseiten sich im Internet Explorer eines Netzwerkrechners aufrufen lassen (siehe die vorhergehenden Seiten).

TIPP Theoretisch können Sie einen Rechner mit einer WLAN-Karte bzw. einem –Adapter ausstatten und über die Funkstrecke den WLAN-Router ansprechen. In den Werkseinstellungen kommt ggf. eine Verbindung über eine ungesicherte Funkstrecke zu Stande, über die Sie auf die Konfigurationsseiten des Routers zugreifen können. Spätestens beim Einrichten der verschlüsselten Verbindung kommt aber der Zeitpunkt, wo Probleme auftreten. Rechner und WLAN-Router müssen mit den gleichen Sicherheitsschlüsseln versehen werden, damit die abgesicherte Funkverbindung wieder aufgebaut werden kann. Günstiger ist es daher, wenn der WLAN-Router zur Konfigurierung über ein Cat-5-UTP-Netzwerkkabel (oder einen USB-Anschluss) mit dem Rechner verbunden wird. Sie können den WLAN-Router in Ruhe einrichten und anschließend die WLAN-Verbindung an den Rechnern konfigurieren und testen.

Sofern der Hersteller die Konfigurierung des WLAN-Routers über Webseiten ermöglicht, müssen Sie den Internet Explorer aufrufen und die vom Hersteller vorgegebene URI- oder IP-Adresse des WLAN-Routers in der Adressleiste des Browsers eintippen (siehe die vorherigen Seiten). Dann gelangen Sie zu den Konfigurationsseiten des Geräts. Sind diese durch ein Kennwort abgesichert, ist dieses im angezeigten Konfigurationsformular (oder ggf. im eingeblendeten Windows-Dialogfeld zur Kennwortabfrage) einzugeben. Die genaue Vorgehensweise hängt etwas vom verwendeten Betriebssystem und vom verwendeten WLAN-Router ab. Bei manchen WLAN-Routern sind sogar Benutzername und das zugehörige Kennwort einzugeben. Anschließend sollte eine Webseite mit den Konfigurationsoptionen des WLAN-Routers erscheinen. Details zur Konfigurierung und zur Absicherung des WLAN-Routers gegen unbefugte Nutzung finden Sie in der Herstellerdokumentation sowie in den nachfolgenden Abschnitten.

Zur Konfigurierung einer FRITZ!Box Fon WLAN als WLAN-Zugangspunkt gehen Sie in folgenden Schritten vor:

1. Rufen Sie die Konfigurationsseiten des Geräts im Browser auf, authentifizieren Sie sich – falls erforderlich – über eine Kennworteingabe und wählen Sie in der linken Spalte der Konfigurationsseite den Hyperlink *Einstellungen*.
2. Klicken Sie in der linken Spalte der Folgeseite auf das Menü *WLAN* und wählen Sie den daraufhin eingeblendeten Hyperlink *Funkeinstellungen* (Abbildung 3.14).
3. Schalten Sie die WLAN-Funktionen des Routers durch Markieren des Kontrollkästchens *WLAN aktivieren* im rechten Teil der Konfigurationsseite ein.
4. Passen Sie danach die Konfigurationseinstellungen für das WLAN an und bestätigen Sie die Änderungen über die am unteren Rand der Konfigurationsseite angezeigte Schaltfläche *Übernehmen*.

Die in Abbildung 3.14 gezeigten Optionen stehen Ihnen nur in der Expertenansicht zur Verfügung. Die FRITZ!Box-Geräte haben, wie die meisten WLAN-Router, zudem einen Schalter, um das WLAN ein- oder auszuschalten. Es kann also sein, dass das Kontrollkästchen *WLAN aktivieren* bereits markiert ist. Über die Elemente des Formulars können Sie sehr detailliert festlegen, wie sich Ihr Funknetzwerk verhalten soll:

- *Name des Funknetzwerks (SSID):* Der in diesem Feld eingetragene Text definiert den Namen des Funknetzwerks (SSID steht für Service Set Identifier). Der Name kann beliebige Zeichen enthalten, ist frei wählbar, aber in der Länge auf 32 Zeichen beschränkt. Dieser Name taucht in der Verbindungsübersicht bei der Suche nach aktiven Funknetzen an den Clients auf. Sie sollten als Erstes die Herstellervorgabe (z.B. »default«, »devolo« etc.) für den Namen des Drahtlosnetzwerks ändern. Dies ermöglicht Ihnen später, das eigene Funknetzwerk sicher zu identifizieren. Dabei können Sie sich noch überlegen, einen eher unverfänglichen Namen zu vergeben, um Dritten nicht unbedingt Hinweise auf den Zweck des Funknetzwerks zu liefern.

- *Funkkanal auswählen:* Drahtlosnetzwerke können Daten auf verschiedenen Kanälen übertragen. Bei der FRITZ!Box haben Sie die Möglichkeit, einen Wert für den Übertragungskanal über ein Listenfeld zwischen 1 und 13 einzustellen. Jeder Kanal belegt ein Frequenzband mit einer Breite von 22 MHz und der Abstand zwischen zwei benachbarten Kanälen beträgt 5 MHz. Wird ein zweites Funknetzwerk in Ihrer Nachbarschaft betrieben, welches auf dem gleichen oder einem direkt benachbarten Kanal sendet, kann es zu Störungen kommen. In diesem Fall sollten Sie den Kanal über das Listenfeld wechseln – wobei ein Abstand von fünf Kanälen zum Fremdsender einzuhalten ist (bei Kanal 1 des Fremdnetzwerks können Sie also Kanal 6 belegen). Beachten Sie aber auch, dass »Störsender« wie handelsübliche Mikrowellengeräte mit Frequenzen arbeiten, die den Kanälen 9 und 10 entsprechen.

Abbildung 3.14 Konfigurationsseite für den WLAN-Zugriffspunkt (FRITZ!Box)

- *Name des Funknetzwerks (SSID) bekannt geben:* Zur Identifizierung eines Funknetzwerks sendet dieses über eine als Broadcasting (Rundruf) bezeichnete Funktion die SSID und weitere Daten zyklisch aus (siehe *de.wikipedia.org/wiki/WLAN*). Andere Stationen können diese Aussendungen zur Identifizierung des Funknetzwerks benutzen. Durch Löschen der Markierung des Kontrollkästchens *Name des Funknetzwerks (SSID) bekannt geben* können Sie das standardmäßig aktivierte Aussenden der SSID unterdrücken.

HINWEIS   Es wird häufig empfohlen, die Bekanntgabe der SSID abzuschalten. Dies soll verhindern, dass das WLAN durch unbefugte Dritte bei der Suche nach Drahtlosnetzwerken gefunden werden kann. Allerdings hat dieser Tipp durchaus auch Nachteile. Eine fehlende Aussendung der SSID bewirkt zwar, dass das Funknetzwerk bei normalen Benutzern nicht angezeigt wird. Kommt Ihr Nachbar auf die gleiche Idee und richtet er ein WLAN-Funknetz auf dem gleichen Kanal ein, kann es zur gegenseitigen Störung der WLAN-Strecken kommen. Durch die abgeschaltete SSID lässt sich dieses Problem kaum oder nur mit Schwierigkeiten aufdecken.

Betrachtet man das Ziel dieses Tipps, ist das Ergebnis höchst zweifelhaft. Der »Schutz« durch die abgeschaltete Aussendung der SSID ist nur bei einem unbenutzten WLAN wirksam. In diesem Fall ist es aber vorteilhafter, die WLAN-Funktion (oder den Router) gänzlich abzuschalten. Belauscht ein gewiefter »Angreifer« den Datenverkehr einer aktiven WLAN-Strecke, kann er die SSID mit entsprechenden Programmen problemlos herausfinden.

Wer die Aussendung der SSID unterdrückt, handelt sich noch ein zusätzliches Problem ein. Windows Vista erfordert zum Einrichten einer Drahtlos-Netzwerkverbindung in den Clients ein Funknetzwerk, welches sich durch die ausgesandte SSID identifiziert. Vista bietet zwar die Möglichkeit, Profile für nicht vorhandene WLANs festzulegen. Allerdings funktioniert das Speichern solcher Profile in der von mir getesteten Version von Windows Vista nicht einwandfrei. Sie benötigen einen Patch oder müssen zur Inbetriebnahme des Funknetzwerks das SSID-Broadcasting einschalten. Erst wenn das Profil korrekt gespeichert ist, kann der Client über die Profildaten die Funkverbindung auch ohne SSID-Broadcasting aufbauen. Wegen dieser Probleme verzichte ich mittlerweile auf das Abschalten des SSID-Broadcasting.

- *Sendeleistung:* Dieses Listenfeld ermöglicht Ihnen die Reduzierung der Sendeleistung, um die Reichweite des Funknetzwerks zu beeinflussen. Standardmäßig ist immer eine Sendeleistung von 100 Prozent vorgewählt. Betreiben Sie die WLAN-Clients im gleichen Raum oder auf kurze Entfernungen, können Sie versuchsweise die Sendeleistung reduzieren. Die verringerte Sendeleistung reduziert nicht nur die Strahlenexposition am Arbeitsplatz, sondern reduziert auch die Reichweite des WLANs und somit das Risiko für Angriffe durch Dritte außerhalb des Grundstücks (dort ist die Empfangsqualität vermutlich bereits so weit reduziert, dass kein Empfang mehr möglich ist). Ähnliches gilt, falls Interferenzen mit anderen Funkstrecken auftreten und eine Änderung des Kanals nicht möglich ist. Allerdings ist es dann erforderlich, die Leistung der störenden Sender ebenfalls zu reduzieren (was bei WLANs im Nachbarschaftsumfeld nicht immer gegeben ist).

- *Modus:* Das Listenfeld ermöglicht Ihnen die Wahl, welcher WLAN-Standard unterstützt werden soll. Standardmäßig ist »g+b« eingestellt, um beide Standards, IEEE 802.11g (54 MBit/s) und IEEE 802.11b (11 MBit/s), zu unterstützen. Sie können aber auch einen einzelnen Standard einstellen, wodurch der jeweils andere Standard nicht unterstützt wird. Dies ist dann sinnvoll, wenn ausschließlich Geräte eines bestimmten Standards auf das WLAN zugreifen.

- *802.11g++ aktivieren:* Diese Einstellung bewirkt eine erhöhe Übertragungsrate zwischen der FRITZ!Box und einem WLAN-Client. Der Netto-Datendurchsatz erhöht sich um 35%. Die Option erfordert aber, dass der WLAN-Adapter des Clients den Standard 802.11g++ unterstützt (ist z.B. beim FRITZ!WLAN USB Stick gegeben).

- *WLAN-Stationen dürfen untereinander kommunizieren:* Markieren Sie das Kontrollkästchen, können die WLAN-Clients direkt untereinander kommunizieren.

- *WMM aktivieren:* Diese Option (Wireless oder auch WiFi Multimedia) optimiert die Bandbreitenaufteilung zwischen gleichzeitig laufenden Programmen, was die Übertragung von Multimedia-Daten beschleunigt.

Das Kontrollkästchen *AVM Stick & Surf aktivieren:* ermöglicht die von AVM entwickelte Stick & Surf-Technologie zu verwenden und ist auf Produkte dieser Firma beschränkt. Bei aktivierter Optionen werden die WLAN-Sicherheitseinstellungen automatisch in den FRITZ!WLAN USB Stick übertragen, sobald dieser in die USB-Buchse der FRITZ!Box eingesteckt wird. Die Option sollte abgeschaltet werden, sobald Sie die automatische Übertragung abgeschlossen haben oder nicht mehr benötigen (andernfalls könnten Unbefugte durch Einstecken eines FRITZ!WLAN USB-Sticks an die WLAN-Sicherheitseinstellungen Ihrer FRITZ!Box gelangen).

TIPP Wie Sie die Signalstärke des WLAN-Funknetzes oder die von den Funknetzen in der Umgebung belegten Kanäle ermitteln, ist im folgenden Kapitel 4 beschrieben.

Die WLAN-Verbindung richtig absichern

Die Konfiguration der meisten WLAN-Router ist durch den Hersteller meist so eingestellt, dass eine einfache, aber ungesicherte Verbindungsaufnahme ermöglicht wird. Neben den vom Hersteller vergebenen SSID-Netzwerknamen wird grundsätzlich die Verschlüsselung der Übertragung abgeschaltet. Um den Missbrauch durch Dritte zu verhindern und auch den Datenverkehr über die Funkstrecke vor unbefugter Einsichtnahme zu schützen, müssen Sie die WLAN-Verbindung absichern.

Abbildung 3.15 Seite zur Konfiguration der WLAN-Sicherheit

> **ACHTUNG** Neben der Verletzung der Privatsphäre durch ungeschützte Funknetzwerke und Mitbenutzung eines irrtümlich offenen DSL-Internetzugangs, welcher gegebenenfalls auf Ihre Kosten geht, hat das Ganze auch noch einen juristischen Aspekt. Wer eine nicht abgesicherte WLAN-Strecke mit Internetzugang betreibt, verstößt gegen zumutbare Prüfungspflichten. Kommt es zu einer Rechtsverletzung über die nicht gesicherte WLAN-Verbindung, fällt der Betreiber der WLAN-Strecke in die Störerhaftung und kann für die Folgen belangt werden.

Um die WLAN-Verbindung entsprechend abzusichern, müssen Sie am WLAN-Zugangspunkt die Verschlüsselung einschalten und auch die Sicherungsschlüssel eingeben. Verwenden Sie die FRITZ!Box als WLAN-Zugangspunkt, sind folgende Schritte zur Absicherung der Verbindung durchzuführen:

1. Melden Sie sich über den Browser an der FRITZ!Box an und geben Sie das Kennwort zum Zugriff auf die Konfigurationsseiten ein.
2. Wählen Sie in der linken Spalte der Konfigurationsseite den Befehl *Einstellungen*, klicken Sie in der gleichen Spalte der Folgeseite auf das Menü *WLAN* und wählen Sie den Hyperlink *Sicherheit*.
3. Sobald die in Abbildung 3.15 gezeigte Konfigurationsseite erscheint, markieren Sie die Option *WPA-Verschlüsselung aktivieren* und legen Sie im Listenfeld *WPA-Modus* den von den WLAN-Clients unterstützten Wert (z.B. WPA+WPA2) fest.

Die FRITZ!Box vergibt dann automatisch den benötigten WPA-Netzwerkschlüssel und zeigt diesen im gleichnamigen Feld an. Bei Bedarf können Sie diesen Wert manuell im betreffenden Textfeld korrigieren. Diesen Schlüssel benötigen Sie später an den WLAN-Clients, um diese in das Drahtlosnetzwerk einzubinden. Sobald Sie die Sicherheitsseite über die *Übernehmen*-Schaltfläche verlassen, wird eine Seite mit den Kenndaten (Netzwerkname, WPA-Netzwerkschlüssel etc.) des WLAN-Zugangspunkts angezeigt (Abbildung 3.16). Sie sollten der in der Seite gegebenen Empfehlung folgen und den Inhalt über die Schaltfläche *Diese Seite drucken* auf dem Drucker ausgeben, zur Inbetriebnahme des Netzwerks verwenden und dann zusammen mit dem notierten Kennwort für den WLAN-Router an einem sicheren Ort aufbewahren.

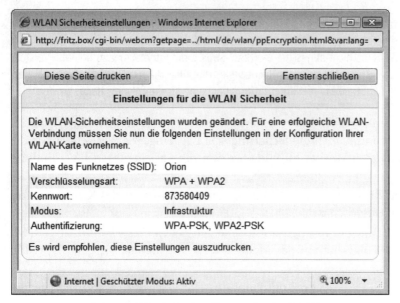

Abbildung 3.16 Seite mit Sicherheitseinstellungen für das WLAN

TIPP Da es beim Wechsel der Verbindungsmethode am Router zu einem Verbindungsabbruch mit den WLAN-Clients kommt, empfiehlt es sich (wie bereits oben erwähnt), ein Netzwerkkabel zwischen WLAN-Router und dem zur Konfigurierung benutzten Rechner einzusetzen. Dann bleiben Sie vom Wechsel der Verschlüsselung unberührt und können die Einrichtung in Ruhe durchführen.

An dieser Stelle noch ein paar Bemerkungen zur Verschlüsselung der WLAN-Verbindung. Ist die Option *unverschlüsselten Zugang aktivieren* markiert, erhält jeder, der die SSID des WLAN-Zugangspunkts kennt, Zugriff auf Ihr Netzwerk. Die Daten werden normalerweise im Klartext zwischen den WLAN-Stationen übertragen und lassen sich von Dritten mitlesen.

- *WEP-Verschlüsselung:* Das WEP-Verfahren (Wireless Equivalent Privacy) verschlüsselt die zu übertragenden Daten mit 64 oder 128 Bit (wobei aber ein 24-Bit-Header abzuziehen ist). WEP erfordert, dass ein Kennwort zur Verschlüsselung am Client und am WLAN-Router eingetragen wird. Das Problem beim WEP-Verfahren ist, dass dieses Mängel aufweist und sich die Verschlüsselung durch Profis knacken lässt. Diese benötigen nur eine gewisse Menge an Daten (bei 64-Bit-Verschlüsselung sind diese in wenigen Minuten erreicht, bei 128-Bit-Verschlüsselung werden ca. 24 Gbyte Daten benötigt), um den Schlüssel zu ermitteln.

- *WPA-Verschlüsselung*: Das Kürzel WPA steht für WiFi Protected Access und beschreibt eine Verschlüsselungsmethode für WLAN-Netzwerke. Im Gegensatz zu WEP wird der Schlüssel in WPA nur beim Verbindungsaufbau benutzt. Sobald die Verbindung steht, werden zur Datenübertragung ständig wechselnde, zufallsgenerierte Schlüssel verwendet und dann authentifiziert. Hierzu kommt das TKIP-Protokoll (Temporal Key Integrity Protocol) zum Einsatz.

- *WPA2-Verschlüsselung*: WPA2 ist der Nachfolger der WPA-Verschlüsselung und benutzt den Advanced Encryption Standard (AES) zur Verschlüsselung – was eine erhöhte Sicherheit im Vergleich zu WPA bietet.

Die Verschlüsselung einer Funkverbindung sollte mindestens über das WPA-Verfahren, besser noch über WPA2 erfolgen. Die WEP-Verschlüsselung sollten Sie nicht mehr zur WLAN-Absicherung verwenden und ggf. ältere Hardware gegen neuere, WPA2-fähige Geräte austauschen. Vorhandene WPA-fähige Endgeräte lassen sich leider nicht immer per Firmware-Upgrade auf eine WPA2-Verschlüsselung umrüsten, da gerade bei älterer Hardware die zur Verschlüsselung benötigte Rechenleistung oft nicht ausreicht.

HINWEIS Interessierte Leser, die weitere Informationen zu WEP, WPA, WPA-2, AES etc. benötigen, seien auf die Webseite *de.wikipedia.org* verwiesen. Wenn Sie dort eine der obigen Abkürzungen im Suchfeld eingeben, werden Ihnen Artikel mit Erläuterungen zum jeweiligen Begriff angezeigt.

TIPP Windows XP unterstützt standardmäßig ebenfalls keine WPA2-Verschlüsselung (auch wenn der WLAN-Adapter dies zulässt). Ist das Service Pack 2 unter Windows XP installiert, können Sie sich unter *support.microsoft.com/?kbid=893357* ein Update herunterladen. Wenn Sie dieses Update installieren, wird die WPA2-Unterstützung hinzugefügt.

MAC-Filterung konfigurieren

Jede Netzwerkkarte und jeder WLAN-Adapter besitzt eine so genannte MAC-Adresse (steht für Media Access Code). Bei einigen WLAN-Routern kann der Zugriff über diese MAC-Adressen gesteuert werden. In der FRITZ!Box können Sie die MAC-Adressen der WLAN-Verbindungen filtern. Dann erhalten nur WLAN-Clients Zugriff auf das Netzwerk, wenn deren MAC-Adresse in der Filterliste aufgeführt ist. Zur Verwaltung der Filterliste muss allerdings der Expertenmodus eingeschaltet sein (siehe die vorhergehenden Seiten).

Zur Kontrolle und zum Anpassen des MAC-Filters navigieren Sie in den Konfigurationsseiten der FRITZ!Box über den Befehl *Einstellungen* zum Menü *WLAN* und dann zum Hyperlink *Monitor*. Dann erscheint die Konfigurationsseite *WLAN-Monitor* (Abbildung 3.17) mit den MAC-Filtereinstellungen. Die zulässigen MAC-Adressen werden in der Konfigurationsseite *WLAN-Monitor* im oberen Bereich aufgeführt (Abbildung 3.17). Über die Optionen der Gruppe *WLAN-Zugang beschränken (MAC-Adress-Filter)* wird festgelegt, wie der MAC-Filter anzuwenden ist:

- *Neue WLAN-Netzwerkgeräte zulassen:* Bei dieser Einstellung können Sie jederzeit neue WLAN-Geräte zum WLAN hinzufügen. Die FRITZ!Box nimmt dann die MAC-Adressen automatisch in die Filterliste auf.

- *Keine neuen WLAN-Netzwerkgeräte zulassen:* Ist diese Option markiert, blockt der WLAN-Router alle Nachrichten von WLAN-Adaptern, die nicht in der Filterliste aufgeführt sind. Bei Bedarf können Sie die Schaltfläche *Neues WLAN-Netzwerkgerät* anklicken, um in einer Folgeseite die MAC-Adresse einzutragen.

Haben Sie Probleme, WLAN-Geräte in das Drahtlosnetzwerk einzubinden, obwohl die Verschlüsselung und die Übertragungsparameter korrekt eingestellt sind? Dann sollten Sie überprüfen, ob vielleicht die Verbindung im MAC-Filter geblockt wird. Generell empfiehlt es sich, bei der Aufnahme neuer Geräte in ein WLAN die Option *Neue WLAN-Netzwerkgeräte zulassen* zu markieren. Dann sorgt der WLAN-Router automatisch für die Pflege der MAC-Filterliste. Alternativ können Sie auch die bekannten MAC-Adressen der zum Drahtlosnetzwerk gehörenden Geräte über die Schaltfläche *Neues WLAN-Netzwerkgerät* zur Filterliste hinzufügen.

Abbildung 3.17 MAC-Adressen verwalten

HINWEIS Die MAC-Filterung ist auf den ersten Blick eine gute Methode, um die Absicherung des WLAN gegen eine unbefugte Benutzung abzusichern. Allerdings lassen sich MAC-Adressen fälschen und beim Austausch der Netzwerkkomponente ändert sich die MAC-Adresse ebenfalls. Unter dem Strich kann die MAC-Filterung und -Verwaltung bei häufig wechselnden Geräten einen hohen Aufwand darstellen und kann sich zudem zu einer tückischen Fehlerquelle entwickeln. In Zweifelsfällen ist es daher angeraten, die Filterung der MAC-Adressen im WLAN-Zugangspunkt abzuschalten. Die Absicherung eines WLAN gegen Missbrauch muss sowieso über eine WPA/WPA2-Verschlüsselung erfolgen.

WLAN-Zugang des Routers einrichten

Falls Sie doch die MAC-Filterung verwenden müssen und die betreffenden MAC-Adressen manuell zur Filterliste hinzufügen möchten, gilt es, diese MAC-Adressen zu ermitteln. Sie können sowohl in Windows XP als auch in Windows Vista das Fenster der Eingabeaufforderung über den Zweig *Alle Programme/Zubehör* des Startmenüs öffnen. Nachdem Sie im Fenster der Eingabeaufforderung den Befehl *ipconfig /all* eingetippt und mit der ⏎ -Taste bestätigt haben, werden Ihnen neben den IP-Adressen der Netzwerkkarten auch deren physikalische Adresse (MAC-Adresse) aufgelistet (Abbildung 3.18, oben). Die MAC-Adresses des WLAN-Adapters muss dann bei der Konfigurierung des WLAN-Routers in der MAC-Filterliste eingetragen werden.

In Windows Vista haben Sie noch eine zweite Möglichkeit, die MAC-Adresse eines Adapters abzufragen. Rufen Sie das Netzwerk- und Freigabecenter (z.B. über die betreffende Schaltfläche des Ordnerfensters *Netzwerk*) auf und klicken Sie in der Netzwerkübersicht auf den Hyperlink *Gesamtübersicht zeigen*. Im daraufhin angezeigten Fenster brauchen Sie nur mit der Maus auf den gewünschten Netzwerkadapter zu zeigen. Die nun erscheinende QuickInfo weist auch die MAC-Adresse aus (Abbildung 3.18, unten). Beachten Sie aber, dass WLAN-Adapter in der Gesamtübersicht nur auftauchen, wenn die WLAN-Verbindung aktiv ist.

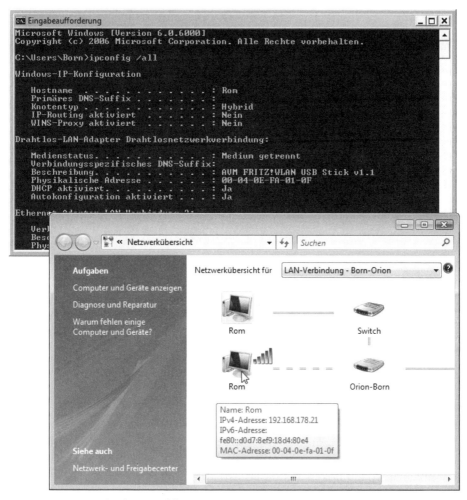

Abbildung 3.18 MAC-Adressen abfragen

IP-Adressen der FRITZ!Box und des DHCP-Servers anpassen

Zur Kommunikation im Netzwerk benötigt jede Netzwerkeinheit eine eindeutige IP-Adresse. Diese kann intern durch die Windows-Rechner durch das APIPA-Protokoll (APIPA steht für Automatic Private IP Addressing) zwischen den Netzwerkstationen ausgehandelt werden (siehe *support.microsoft.com/kb/220874/de*). Meist kommt aber ein sogenannter DHCP-Server (DHCP steht für Digital Host Communication Protocol) für diesen Zweck zum Einsatz. Dieser vergibt IP-Adressen, die Rechner beim Starten zur Kommunikation im LAN bzw. im WLAN anfordern, dynamisch aus einem IP-Adresspool und stellt so sicher, dass jeder Netzwerkteilnehmer eine eindeutige IP-Adresse erhält. Beim Einsatz eines WLAN-DSL-Routers kann dieser als DHCP-Server fungieren. Bei der FRITZ!Box Fon WLAN lässt sich die DHCP-Server-Funktion zu- oder abschalten oder der zu vergebende Adressblock festlegen. Zudem können Sie die IP-Adresse des Routers, über die dieser im Netzwerk erreichbar ist, ändern. Hierzu gehen Sie folgendermaßen vor.

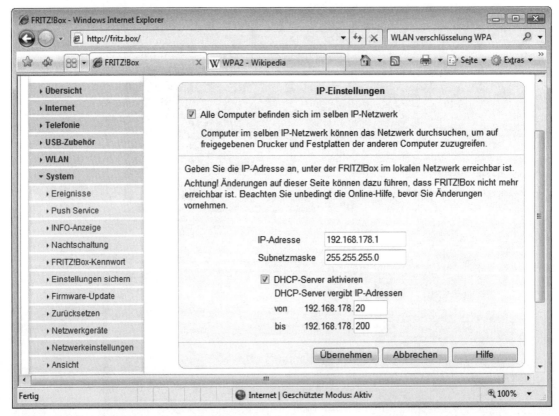

Abbildung 3.19   IP-Einstellungen der FRITZ!Box anpassen

1. Melden Sie sich an den Konfigurationsseiten der FRITZ!Box an, geben das Kennwort zum Zugriff ein und wählen Sie in der linken Spalte den Befehl *Einstellungen*.
2. Klicken Sie in der linken Spalte auf das Menü *System* und wählen Sie den Hyperlink *Netzwerkeinstellungen*.

3. Anschließend blättern Sie in der angezeigten Seite nach unten und klicken auf die dort eingeblendete Schaltfläche *IP-Adressen*.
4. Auf der nun geöffneten Seite *IP-Einstellungen* (Abbildung 3.19) passen Sie die Einstellungen des DHCP-Servers und ggf. die IP-Adresse der FRITZ!Box an.
5. Soll der DHCP-Server benutzt werden, markieren Sie das Kontrollkästchen *DHCP-Server aktivieren*.
6. Anschließend können Sie über die zugehörigen Textfelder den IP-Adressbereich festlegen, den der DHCP-Server verwenden soll.

Die Änderungen werden wirksam, sobald Sie die *Übernehmen*-Schaltfläche der Formularseite anklicken. Dabei werden auch alle Verbindungen zurückgesetzt.

ACHTUNG Über die IP-Adresse ist der WLAN-Router im Netzwerk erreichbar. Ändern Sie die IP-Adresse des Routers, geht die Verbindung zum Netzwerk verloren und Sie können auch nicht mehr auf die Konfiguration zugreifen. Trennen Sie den Router vorübergehend kurz vom Stromnetz und lassen Sie diesen neu starten. Anschließend warten Sie, bis die Rechner im Netzwerk wieder mit IP-Adressen vorsorgt worden sind. Dann können Sie mit den weiter oben beschriebenen Methoden erneut auf die Webseiten zur Konfigurierung zugreifen. Den DHCP-Server sollten Sie abschalten, wenn ein weiterer DHCP-Server im Netzwerk benutzt wird.

Kapitel 4

Das Netzwerk einrichten

In diesem Kapitel:

Rechner in das WLAN einfügen	104
Netzwerkeinstellungen verwalten	125
Spezialfragen zur Vernetzung	139
Internetverbindung per Modem/ISDN	149

Sobald die Verkabelung vorgenommen und der (W)LAN-Router eingerichtet wurde, können Sie das Netzwerk einrichten und die einzelnen Rechner zum Netzwerk hinzufügen. Dieses Kapitel befasst sich mit Fragen rund um die Netzwerkeinrichtung. Sie erfahren, wie Sie Rechner in ein Drahtlosnetzwerk mit WLAN-Router einfügen oder wie die Vernetzung zweier Computer über ein Funknetzwerk bzw. über ein Netzwerkkabel funktioniert. Zusätzliche Abschnitte enthalten Informationen zum Zugang zu öffentlichen WLANs über Hotspots oder erläutern, was es sonst noch unter Windows bei der Konfiguration des Netzwerks zu beachten gibt.

Rechner in das WLAN einfügen

In den folgenden Abschnitten geht es um die Frage, wie Sie einzelne Rechner mit WLAN-Adaptern in ein bestehendes Funknetzwerk einfügen und eine Verbindung zum WLAN-Router aufbauen bzw. später wieder trennen. Da es geringfügige Unterschiede zwischen Windows Vista und Windows XP gibt, werden nachfolgend beide Varianten behandelt.

WLAN-Zugang zu Windows Vista-Netzwerken nutzen

Ist der WLAN-Router betriebsbereit eingerichtet, lassen sich einzelne Rechner, die über einen WLAN-Adapter verfügen, in das Funknetzwerk einfügen. Nachfolgend erfahren Sie, welche Schritte dafür unter Windows Vista erforderlich sind. Zudem lernen Sie, wie sich bei einem eingerichteten Drahtlosnetzwerk eine Verbindung gezielt aufbauen und wieder trennen lässt.

Den WLAN-Zugang in Windows Vista einrichten

Windows benötigt zum Zugriff auf ein Funknetzwerk die entsprechenden Zugangsdaten (SSID, Schlüssel etc.). Befindet sich der Rechner in der Nähe eines WLAN-Zugangs, lässt sich diese Konfigurierung mit wenigen Schritten erledigen:

ACHTUNG Die nachfolgenden Schritte lassen sich nur durchführen, wenn Sie den WLAN-Zugangspunkt bereits konfiguriert haben. Ferner muss der WLAN-Router eingeschaltet sein und den Netzwerknamen (SSID) im Broadcasting-Modus senden (siehe Kapitel 3). Sind diese Voraussetzungen nicht gegeben, scheitert die Einrichtung des WLAN-Zugangs.

1. Sie müssen das Netzwerk- und Freigabecenter öffnen, indem Sie z.B. im Startmenü den Befehl *Netzwerk* anklicken und im Ordnerfenster *Netzwerk* in der Symbolleiste die Schaltfläche *Netzwerk- und Freigabecenter* anklicken (Abbildung 4.1, oben).
2. Im Fenster *Netzwerk- und Freigabecenters* klicken Sie in der linken Spalte der Aufgabenleiste auf den Link *Drahtlosnetzwerke verwalten* (Abbildung 4.1, unten).

Abbildung 4.1 Aufruf der Drahtlosnetzwerkverwaltung

Windows Vista öffnet daraufhin das Dialogfeld *Drahtlosnetzwerke verwalten* (Abbildung 4.2, oben). Sind bereits Verbindungen zu Drahtlosnetzwerken konfiguriert, werden diese in der Liste aufgeführt. In den einzelnen Spalten werden der Netzwerkname (SSID), die verwendete Absicherung, der benutzte Profiltyp und der Modus aufgeführt. Der Modus gibt an, ob die Verbindung manuell vom Benutzer aufzubauen und wieder zu trennen ist, oder ob Windows Vista die Verbindung automatisch aufbauen kann, sobald sich der Rechner in die Nähe des betreffenden WLAN-Zugangspunkts befindet.

Über die Schaltflächen *Hinzufügen* und *Entfernen* lassen sich diese Verbindungen neu anlegen oder auch wieder löschen. Die Schaltfläche *Adaptereigenschaften* ermöglicht Administratoren, das Eigenschaftenfenster zur Konfiguration des Drahtlosnetzwerk-Adapters aufzurufen und ggf. die Treibereigenschaften oder die Protokolle und Dienste der Verbindung einzusehen bzw. anzupassen.

Die Zugangsdaten, die für das Einbinden des Rechners in das WLAN erforderlich sind, werden von Windows Vista in so genannten Profilen abgelegt. Über die Schaltfläche *Profiltypen* können Sie ein Dialogfeld öffnen und darin bestimmen, ob die Profile für alle Benutzer zur Verfügung stehen und ob auch benutzerspezifische Einstellungen zulässig sind. Bei benutzerspezifischen Profilen besteht das Risiko von Verbindungsabbrüchen, wenn sich Nutzer abmelden oder zu einem anderen Benutzerkonto wechseln. Deshalb wird empfohlen, nur Profile anzulegen, die für alle Benutzer des Rechners gelten. Um ein neues Profil für die WLAN-Verbindung anzulegen, fahren Sie mit den folgenden Schritten fort:

1. Klicken Sie im Dialogfeld *Drahtlosnetzwerke verwalten* (Abbildung 4.2, oben) auf die Schaltfläche *Hinzufügen*.
2. Im nun angezeigten Dialogfeld *Wie möchten Sie ein Netzwerk hinzufügen?* (Abbildung 4.2, unten) klicken Sie auf den Eintrag *Ein Netzwerk hinzufügen, das sich in Reichweite dieses Computers befindet*.

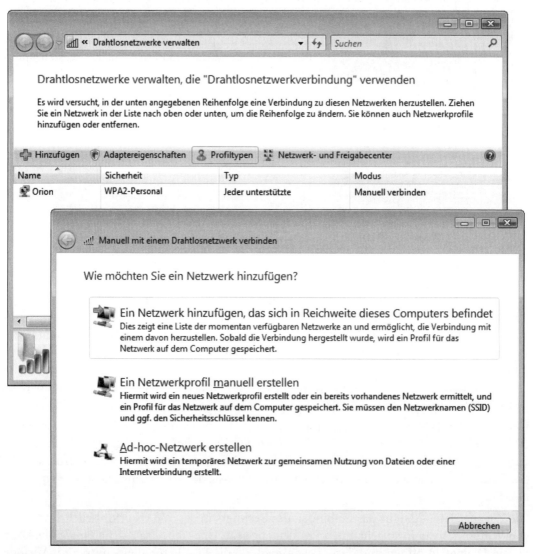

Abbildung 4.2 Dialogfelder zur Verwaltung und Konfiguration von Drahtlosnetzwerken

Windows sucht daraufhin über den WLAN-Adapter die Funknetzwerke der Umgebung ab und blendet diese in einem separaten Dialogfeld mit den Verbindungen ein (Abbildung 4.3, unten links).

3. Klicken Sie auf die gewünschte WLAN-Verbindung und wählen Sie im Dialogfeld die Schaltfläche *Verbindung herstellen*.
4. Geben Sie den Zugangsschlüssel im angezeigten Folgedialogfeld ein (Abbildung 4.3, oben rechts). Sofern das Kontrollkästchen *Zeichen anzeigen* aktiviert ist, wird der Schlüssel im Klartext angezeigt und Sie können eventuelle Tippfehler besser kontrollieren.

   Falls Sie über einen USB-Stick mit Zugangsdaten verfügen, können Sie diesen auch an den Computer anschließen und die Daten übernehmen lassen.
5. Klicken Sie im Dialogfeld auf die angezeigte Schaltfläche *Verbinden*. Anschließend warten Sie, bis Windows die Verbindung zum WLAN-Zugangspunkt erfolgreich hergestellt hat und dies meldet.
6. Im nun angezeigten Dialogfeld (Abbildung 4.3, oben links) können Sie noch die angezeigten Kontrollkästchen markieren und die *Schließen*-Schaltfläche wählen.

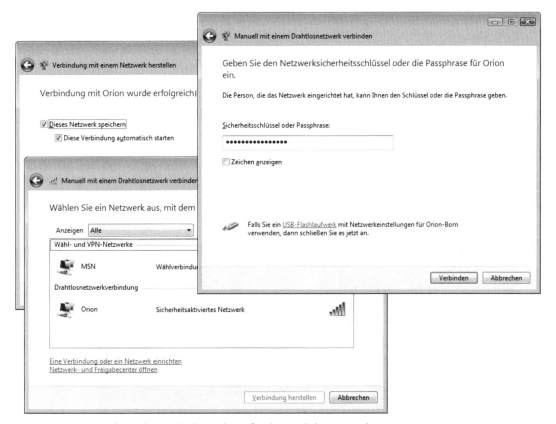

Abbildung 4.3 Einrichten der Verbindungsdaten für das Drahtlosnetzwerk

Wird das Kontrollkästchen *Dieses Netzwerk speichern* markiert, legt Windows Vista den Netzwerknamen (SSID) sowie den Zugriffschlüssel im Profil mit ab. Dann kann bei der nächsten Sitzung die Verbindung ohne erneute Eingabe des Zugriffschlüssels aufgebaut werden. Über das Kontrollkästchen *Diese Verbindung automatisch starten* lässt sich vorgeben, dass Windows Vista die Verbindung automatisch aufbauen darf, sobald sich der Rechner in Reichweite des Funknetzwerks befindet. Aus Sicherheitsgründen empfehle ich, diese Option zu deaktivieren. Sie können die WLAN-Verbindung dann bei Bedarf manuell aufbauen und später wieder trennen.

HINWEIS Windows Vista ermöglicht Ihnen, eine Drahtlosverbindung auf verschiedenen Wegen einzurichten. Die obigen Schritte stellen eine mögliche Variante dar. Ist bereits eine Drahtlosverbindung konfiguriert und besitzt diese einen gültigen Schlüssel, erscheinen die Dialogfelder zur Abfrage des Zugriffschlüssels nicht mehr. Haben Sie die Zugangssoftware des WLAN-Adapter-Herstellers installiert, werden Sie u.U. andere Dialogfelder zur Konfiguration und Verwaltung des Zugangs sehen. Sie können beispielsweise für einen FRITZ!WLAN-USB-Stick die vom Hersteller AVM bereitgestellte Treibersoftware für Windows Vista installieren. Dabei gelangt auch eine eigene AVM-FRITZ!Software zur WLAN-Verwaltung auf den Rechner. Meist wird dann der WLAN-Adapter für die automatische Konfiguration durch Windows Vista gesperrt.

Denken Sie bei Notebooks daran, dass sich der WLAN-Adapter über Funktionstasten oder eine besondere Taste ein- und wieder ausschalten lässt (Details sollte die Dokumentation zum Adapter enthalten). Beim Einrichten der WLAN-Verbindung muss natürlich der WLAN-Adapter zugeschaltet sein. Bei Nichtgebrauch der WLAN-Funktion sollten Sie den Adapter ausschalten, um Energie zu sparen.

Autokonfigurierung für einen WLAN-Adapter zurücksetzen

Gelegentlich kommt es vor, dass eine Herstellersoftware zur Verwaltung des WLAN-Zugangs die automatische Konfigurierung der Drahtlosnetzwerkkonfiguration durch Windows Vista deaktiviert. Deinstallieren Sie diese Herstellersoftware, bleibt der WLAN-Adapter u.U. weiterhin deaktiviert. In diesem Fall müssen Sie die Autokonfigurierung für den Adapter wieder einschalten:

1. Öffnen Sie das Startmenü, tippen Sie im Schnellsuchfeld den Befehl *cmd* ein und drücken Sie die Tastenkombination [Strg]+[⇧]+[↵].

Abbildung 4.4 Status der Autokonfiguration abfragen und ändern

2. Anschließend müssen Sie die Sicherheitsabfrage der Benutzerkontensteuerung (ggf. durch Eingabe des Administratorenkennworts) bestätigen.

Mit diesen zwei Schritten öffnen Sie das Fenster der Eingabeaufforderung mit administrativen Berechtigungen. Geben Sie im Fenster der Eingabeaufforderung den folgenden Befehl ein und schließen Sie diesen mit der ⏎-Taste ab:

netsh wlan show settings

Die Eingabeaufforderung zeigt Ihnen anschließend den Status der automatischen Drahtlosnetzwerkkonfiguration samt dem Namen des Drahtlosnetzwerkadapters (z.B. »Drahtlosnetzwerkverbindung«). Erscheint die Meldung *Automatische Konfigurationslogik ist deaktiviert auf Schnittstelle "Drahtlosnetzwerkverbindung"*, ist die Autokonfiguration abgeschaltet. Um diese wieder zu aktivieren, geben Sie den folgenden Befehl ein und drücken die ⏎-Taste:

netsh wlan set autoconfig enabled=yes interface="Drahtlosnetzwerkverbindung"

Mit diesem Befehl wird die Konfigurierung durch Windows Vista wieder zugelassen. Abbildung 4.4 zeigt die betreffenden Befehle samt den Ausgaben im Fenster der Eingabeaufforderung.

> **HINWEIS** Unter *www.home-network-help.com/export-wireless-network-profile.html* finden Sie übrigens einige Hinweise, wie Sie Drahtlosnetzwerkprofile über *netsh* exportieren und auch wieder importieren können.

Ein WLAN-Profil manuell einrichten

Bei einer abgeschalteten Netzwerkerkennung (SSID wird nicht gesendet) oder ist das WLAN-Netz momentan nicht erreichbar, funktioniert der obige Ansatz zum Einrichten der Verbindung nicht. Benötigen Sie einfach mehr Kontrolle über die Netzwerkkonfiguration des WLAN-Zugangs? Sie können alternativ die folgenden Schritte zum Einrichten des WLAN-Zugangs ausprobieren:

1. Öffnen Sie das Fenster des Netzwerk- und Freigabecenters und klicken Sie in dessen Aufgabenleiste auf den Link *Eine Verbindung oder ein Netzwerk einrichten* (Abbildung 4.5, oben links).
2. Klicken Sie im Dialogfeld *Wählen Sie eine Verbindungsoption aus* (Abbildung 4.5, oben rechts) die Option *Manuell mit einem Drahtlosnetzwerk verbinden* und klicken Sie danach auf die *Weiter*-Schaltfläche.
3. Sobald das Formular aus Abbildung 4.5, unten, erscheint, tragen Sie die Anmeldedaten für die WLAN-Verbindung ein und bestätigen dies über die *Weiter*-Schaltfläche.

    Sie können in den betreffenden Feldern den Netzwerknamen (SSID), den Sicherheitstyp, den Verschlüsselungstyp und den Sicherheitsschlüssel eingeben bzw. auswählen. Beim Sicherheitstyp können Sie zwischen »Keine Authentifizierung (offen)«, »WEP«, »WPA2-Personal«, »WPA-Personal«, »WPA2-Enterprise«, »WPA-Enterprise« und »802.1x« wählen. Wählen Sie hier den gleichen Wert für den Verschlüsselungstyp der Verbindung aus, wie er im WLAN-Router festgelegt ist.

    Über das Kontrollkästchen *Diese Verbindung automatisch starten* (Abbildung 4.5, unten) erlauben Sie Windows Vista den automatischen Verbindungsaufbau, sobald der WLAN-

Zugang erreichbar ist. Dies ist zwar komfortabel, aus Sicherheitsgründen will dies aber gut überlegt sein. Ist die Aussendung der SSID am WLAN-Zugangspunkt abgeschaltet, müssen Sie das Kontrollkästchen *Verbinden, selbst wenn das Netzwerk keine Kennung aussendet* markieren. Auch diese Option sollte aus Sicherheitserwägungen deaktiviert bleiben.

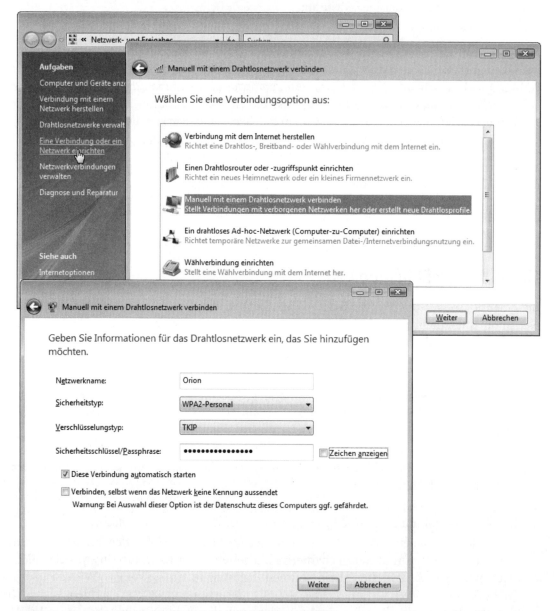

Abbildung 4.5 Dialogfelder zum Einrichten einer WLAN-Verbindung

> **HINWEIS** Im vorherigen Kapitel hatte ich empfohlen, im WLAN-Router mindestens WPA oder besser WPA2 als Verschlüsselung einzustellen. In der FRITZ!Box verwenden Sie den Eintrag »WPA+WPA2« und den automatisch generierten Schlüssel. Lässt der WLAN-Router WPA2 zu, stellen Sie im WLAN-Client den Sicherheitstyp »WPA2-Personal« ein, andernfalls wählen Sie »WPA-Personal«. Die von Vista angebotenen »Enterpise«-WPA-Varianten sind für den Heimbereich nicht einsetzbar, da diese eine entsprechende Infrastruktur (RADIUS-Server) zur Authentifizierung erfordern (siehe auch *www.microsoft.com/germany/technet/datenbank/articles/600761.mspx*). Auch die 802.1x-Authentifizierung erfordert die Unterstützung eines entsprechenden Authentifizierungsservers, der in kleinen Netzwerken fehlt. Beim Einbinden von Windows XP-Clients müssen Sie den unter *support.microsoft.com/?kbid=893357* angebotenen Patch installieren, um WPA2 nutzen zu können. Den Verschlüsselungstyp setzen Sie wie am WLAN-Router (z.B. »TKIP« bei der FRITZ!Box, siehe auch Kapitel 3, im Abschnitt »Die WLAN-Verbindung richtig absichern«).

Die *Weiter*-Schaltfläche bringt Sie zu weiteren Dialogfeldern, in denen die Verbindungsdaten überprüft werden. Existiert bereits ein Profil mit dem Netzwerknamen, wird in einem Dialogfeld nachgefragt, ob die bestehende Verbindung verwendet werden soll. Ist das Netzwerk noch unbekannt, werden die Daten als Profil für die Verbindung gespeichert. Anschließend erscheint das Dialogfeld zur Verbindungsaufnahme (Abbildung 4.3, unten).

4. Wählen Sie den neuen Eintrag für die WLAN-Verbindung aus und klicken Sie auf die Schaltfläche *Verbindung herstellen* wählen.
5. Bei der ersten Verbindungsaufnahme zum WLAN-Zugriffspunkt müssen Sie dann aber aus Sicherheitsgründen den Netzwerknamen sowie den Zugriffsschlüssel erneut im Dialogfeld (Abbildung 4.3, oben rechts) eingeben.

Die *Verbinden*-Schaltfläche bewirkt die Aufnahme der Verbindung mit dem WLAN-Zugangspunkt. Nach einer erfolgreichen Verbindungsaufnahme fragt Windows Vista erneut in dem in Abbildung 4.3, oben links, gezeigten Dialogfeld über Kontrollkästchen ab, ob diese Daten zur weiteren Verwendung zu speichern sind.

> **HINWEIS** Mit dem so gespeicherten Drahtlosnetzwerkprofil kann Windows Vista (bei entsprechender Konfiguration) auch eine Verbindung zu Drahtlosnetzwerken aufbauen, bei denen die Aussendung des Netzwerknamens (SSID) abgeschaltet ist. Windows zeigt dann das Drahtlosnetzwerk (sofern erreichbar) in der Liste der Drahtlosnetzwerke an.

Bei der Verwendung von Profilen gibt es in Windows Vista gelegentlich Probleme, dass Daten nicht korrekt gespeichert werden. Von Microsoft wurde ein Knowledge Base-Artikel unter *support.microsoft.com/kb/932063* veröffentlicht. Falls Sie von diesen Problemen betroffen sind, können Sie auf der Seite auch ein Update anfordern.

Anpassen der WLAN-Verbindungsoptionen

Haben Sie eine WLAN-Verbindung eingerichtet und möchten Sie deren Eigenschaften einsehen oder nachträglich anpassen? Dies ist mit den nachfolgenden Schritten möglich.

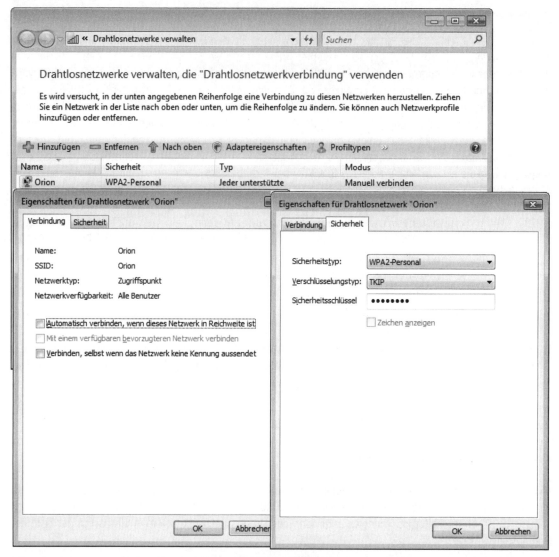

Abbildung 4.6 Anpassen der WLAN-Verbindungseigenschaften

1. Öffnen Sie das Fenster des Netzwerk- und Freigabecenters und klicken Sie in dessen Aufgabenleiste auf den Link *Drahtlosnetzwerke verwalten* (Abbildung 4.5, oben links).
2. Wählen Sie im Dialogfeld *Drahtlosnetzwerke verwalten, die "Drahtlosnetzwerkverbindung" verwenden* den gewünschten Verbindungseintrag (Abbildung 4.6, oben) per Doppelklick an.
3. Anschließend passen Sie im Eigenschaftenfenster der Netzwerkverbindung die Verbindungseigenschaften auf den Registerkarten *Verbindung* und *Sicherheit* an (Abbildung 4.6, unten).

Die Bedeutung der einzelnen Optionen können Sie in den vorhergehenden Abschnitten nachlesen. Das Kontrollkästchen *Zeichen anzeigen* auf der Registerkarte *Sicherheit* bleibt aus Sicherheitsgründen gesperrt, damit ein unbefugter Benutzer den Sicherheitsschlüssel nicht ausspähen kann. Das Kontrollkästchen wird erst freigegeben, sobald Sie eine Eingabe in dem Textfeld *Sicherheitsschlüssel* vornehmen.

WLAN-Verbindung aufbauen und trennen

Sofern Sie keine automatische Verbindungsaufnahme konfiguriert haben (siehe die vorherigen Seiten), müssen Sie die WLAN-Verbindung zum WLAN-Router bei Bedarf manuell aufbauen:

1. Öffnen Sie das Startmenü und wählen Sie den Befehl *Verbindung herstellen*. Der Link *Verbindung mit einem Netzwerk herstellen* im Netzwerk- und Freigabecenter besitzt die gleiche Funktion.
2. Sobald das Dialogfeld *Verbindung mit einem Netzwerk herstellen* geöffnet ist (Abbildung 4.7, unten), klicken Sie auf den gewünschten Verbindungseintrag und wählen dann die Schaltfläche *Verbindung herstellen*.

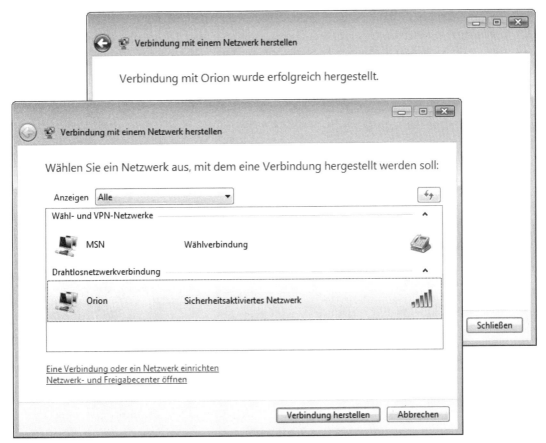

Abbildung 4.7 WLAN-Verbindung zum WLAN-Router aufbauen

Eine erfolgreiche Verbindungsaufnahme wird dann über das in Abbildung 4.7, oben, gezeigte Dialogfeld signalisiert. Diese Verbindungsaufnahme kann durchaus einige Sekunden dauern.

Sie müssen das Dialogfeld dann über die *Schließen*-Schaltfläche beenden. Die WLAN-Verbindung bleibt weiterhin bestehen.

HINWEIS Taucht die WLAN-Verbindung im Dialogfeld *Verbindung mit einem Netzwerk herstellen* nicht auf? Über die rechts, oberhalb der Verbindungsliste, sichtbare Schaltfläche mit den zwei blauen Pfeilen lässt sich die Anzeige aktualisieren. Zudem können Sie das Listenfeld *Anzeigen* des Dialogfeldes auf den Wert *Drahtlosnetzwerke* umstellen. Drahtlosnetzwerke, deren SSID-Aussendung unterbunden ist, werden nur dann in der Verbindungsliste (Abbildung 4.7, unten) auftauchen, wenn ein entsprechendes Netzwerkprofil mit der Option *Verbinden, selbst wenn das Netzwerk keine Kennung aussendet* eingerichtet ist.

Die obigen Schritte können Sie übrigens auch verwenden, um einen öffentlichen Hotspot zu finden. Diese sind in der Regel so konfiguriert, dass die SSID ausgesandt ist. Weiterhin verwenden Hotspots in der Regel eine offene Verbindung, d.h., Sie können den gefundenen Verbindungseintrag in der Liste anwählen und über die Schaltfläche *Verbindung herstellen* den Zugriff auf den Hotspot versuchen. Kommt die Verbindung zustande, können Sie den Browser aufrufen und eine Internetseite öffnen. Meist wird der Zugriff auf das Internet erst freigegeben, wenn Sie sich über ein vom Betreiber des Hotspot bereitgestelltes Zugangsformular authentifiziert haben. Erkundigen Sie sich beim Betreiber des Hotspots bezüglich der Zugangsdaten und der Zugriffskonditionen.

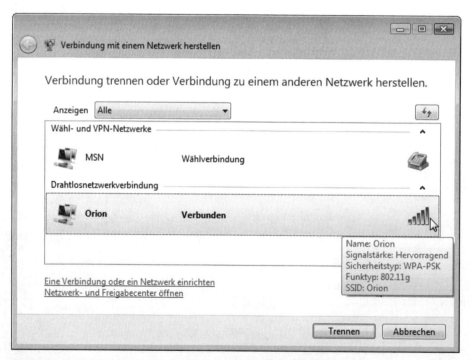

Abbildung 4.8 Verbindungsinformationen abrufen und Verbindung trennen

ACHTUNG Bei Zugriffen auf ein öffentliches Drahtlosnetzwerk werden Ihre Daten unverschlüsselt über die Funkstrecke übertragen und der Rechner bietet ggf. auch Angriffsmöglichkeiten über das Internet. Stellen Sie Ihren Netzwerkstandort im Netzwerk- und Freigabecenter auf »Öffentlich« um (siehe in Kapitel 2 den Abschnitt »Netzwerkname und Standort anpassen«). Müssen Sie auf bestimmten Internetseiten wichtige Daten eingeben (z.B. beim Kontenzugang für die Bank, E-Mail, eBay etc.)? Dann sollten Sie unbedingt darauf achten, dass in der Adresszeile des Browsers eine Verschlüsselung über das HTTPS-Protokoll angezeigt wird. Beim Zugriff auf E-Mail-Konten durch einen E-Mail-Client ist dieser so einzurichten, dass verschlüsselte Übertragungen zum Abrufen und Versenden von E-Mails benutzt werden.

Benötigen Sie eine WLAN-Verbindung nicht mehr, sollten Sie diese manuell trennen. Oder möchten Sie die aktuelle WLAN-Verbindung überprüfen? Hierzu rufen Sie erneut das Dialogfeld *Verbindung mit einem Netzwerk herstellen* über die obigen Schritte auf. Die aktive Verbindung wird dann mit dem Zusatz »Verbunden« in der Liste der Profile angezeigt (Abbildung 4.8). Zeigen Sie mit der Maus auf das am rechten Rand sichtbare Symbol der Signalstärke, erhalten Sie über eine QuickInfo zusätzliche Hinweise über die aktuelle Verbindung angezeigt. Das Kürzel PSK im Sicherheitstyp steht für »Preshared Key«, d.h., die über WPA/WPA2 abgesicherte Verbindung startet mit einem Anfangsschlüssel, der dann über TKIP im Betrieb ständig gewechselt wird. Diese ist die Verschlüsselungsmethode, die beim Verschlüsselungstyp TKIP in privaten Funknetzwerken verwendet wird (siehe auch Kapitel 3).

Möchten Sie die Verbindung trennen? Dann brauchen Sie nur noch den Eintrag der aktiven Verbindung anzuklicken und dann die *Trennen*-Schaltfläche zu wählen. Im Folgedialog mit der Sicherheitsabfrage müssen Sie den Befehl *Trennen* erneut anwählen. Den Statusdialog mit der Benachrichtigung über die erfolgreiche Trennung verlassen Sie über die *Schließen*-Schaltfläche.

WLAN-Nutzung in Windows XP

Sofern Sie noch Rechner mit Windows XP betreiben und in ein Drahtlosnetzwerk einbinden möchten, finden Sie nachfolgend einen kurzen Überblick, wie sich der WLAN-Adapter konfigurieren und in das Funknetzwerk einfügen lässt. Weiterhin erfahren Sie, wie sich die Verbindung auf- und wieder abbauen lässt.

ACHTUNG Denken Sie beim Einbinden von Windows XP-Systemen per WLAN daran, dass Sie bei Verwendung der WPA2-Verschlüsselung den in Kapitel 3 (Abschnitt »Die WLAN-Verbindung richtig absichern«) erwähnten Patch benötigen. Andernfalls werden sich die Windows XP-Rechner nicht über WLAN mit dem WLAN-Router verbinden lassen.

WLAN-Zugang am Rechner einrichten

Installieren Sie die WLAN-Karten und die benötigten Treiber (siehe Kapitel 2) und nehmen Sie den WLAN-Router in Betrieb (siehe Kapitel 3). Sobald die Wireless-LAN-Karte des Rechners funktioniert, sollte mit den folgenden Schritten eine Verbindung zwischen den beiden Komponenten aufgebaut werden:

1. Um die Verbindungseinstellungen abzurufen und ggf. anzupassen, wählen Sie das im Infobereich der Taskleiste eingeblendete Netzwerksymbol der WLAN-Verbindung per Doppelklick an.
2. Sobald das Dialogfeld *Drahtlose Netzwerkverbindung* mit den gefundenen Drahtlos-Netzwerken erscheint (Abbildung 4.9, Hintergrund), wählen Sie den Eintrag für die WLAN-Verbindung und klicken auf die *Verbinden*-Schaltfläche.
3. Im Dialogfeld *Drahtlosnetzwerkverbindung* (Abbildung 4.9, Vordergrund) geben Sie den Netzwerkschlüssel in das Kennwortfeld und das Bestätigungsfeld ein und klicken erneut auf die *Verbinden*-Schaltfläche.

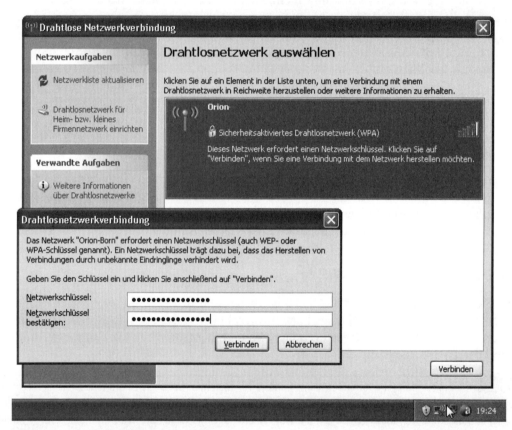

Abbildung 4.9 WLAN-Verbindung aufbauen

HINWEIS Je nach Konfiguration kann es sein, dass das WLAN-Verbindungssymbol nicht im Infobereich der Taskleiste eingeblendet wird. In diesem Fall öffnen Sie über den Startmenübefehl *Verbinden mit/Alle Verbindungen anzeigen* das Ordnerfenster *Netzwerkverbindungen*. Wählen Sie in diesem Fenster den Eintrag für die WLAN-Verbindung per Doppelklick an. Im angezeigten Eigenschaftenfenster wählen Sie auf der Registerkarte *Allgemein* die Schaltfläche *Eigenschaften*. Auf der Registerkarte *Allgemein* des dann angezeigten Eigenschaftenfensters markieren Sie das Kontrollkästchen *Symbol bei Verbindung im Infobereich der Taskleiste anzeigen*. Daraufhin wird das betreffende Symbol bei aktiver Verbindung im rechten Bereich der Taskleiste angezeigt.

Im Dialogfeld *Drahtlose Netzwerkverbindung* wird in der Aufgabenleiste noch der Link *Drahtlosnetzwerk für Heim- bzw. kleines Firmennetzwerk einrichten* gezeigt. Damit starten Sie einen Assistenten, der in verschiedenen Dialogfeldern die Verbindungsdaten für das Drahtlosnetzwerk abfragt. Diese Daten lassen sich auf einen USB-Stick speichern und bei der Inbetriebnahme eines zweiten Windows XP-Rechners mit WLAN-Adapter benutzen. Bei Verwendung eines WLAN-Zugriffspunkts ist dies aber in der Regel nicht erforderlich, da das Funknetzwerk im Dialogfeld *Drahtlose Netzwerkverbindung* erscheint und die Verbindung gemäß den obigen Erläuterungen aufgebaut werden kann. Haben Sie unter Windows Vista einen WLAN-Adapter im Ad-hoc-Modus konfiguriert und diese Verbindung gestartet (siehe die folgenden Seiten)? Dann sollte diese Ad-hoc-Verbindung ebenfalls auf dem Windows XP-Rechner im Dialogfeld *Drahtlose Netzwerkverbindung* auftauchen. Sie können dann die Ad-hoc-Verbindung genau wie beim Zugriff auf einen WLAN-Router aufbauen, müssen aber die Zugangsdaten für das Ad-hoc-Netzwerk eingeben.

Windows stellt über den WLAN-Adapter die Verbindung zum WLAN-Router her. Klappt dies, wird der Status in der Taskleiste eingeblendet. Zeigen Sie mit der Maus auf das betreffende Symbol, lässt sich die Verbindungsqualität ablesen (Abbildung 4.10). Haben Sie später die WLAN-Verbindung getrennt und möchten diese wieder aufbauen, gehen Sie erneut wie in den obigen Schritten beschrieben vor.

WLAN-Verbindung wieder trennen

Benötigen Sie die WLAN-Verbindung nicht mehr, sollten Sie diese am Windows XP-Rechner trennen. Gehen Sie dazu so vor:

1. Klicken Sie doppelt auf das im Infobereich der Taskleiste eingeblendete Netzwerksymbol der WLAN-Verbindung.
2. Im Dialogfeld *Drahtlose Netzwerkverbindung* (Abbildung 4.10, Hintergrund), wählen Sie den Eintrag für die aktive WLAN-Verbindung und klicken Sie auf die *Trennen*-Schaltfläche.
3. Im Dialogfeld *Drahtlose Netzwerkverbindung* (Abbildung 4.10, Vordergrund) bestätigen Sie die Trennung über die *Ja*-Schaltfläche.

Verwenden Sie ein Notebook, sollten Sie anschließend den WLAN-Adapter ausschalten, um ggf. Energie zu sparen und den Akku zu schonen.

HINWEIS Hier wurden lediglich die von Windows XP bereitgestellten Dialogfelder zur Verwaltung einer WLAN-Verbindung verwendet. Häufig stellen die Hersteller der WLAN-Komponenten eine eigene Software zur Verwaltung der WLAN-Verbindungen bereit. Bedingt durch die Vielzahl der Hersteller muss die Beschreibung aus Platzgründen entfallen. Konsultieren Sie ggf. die Gerätedokumentation, um entsprechende Details herauszufinden.

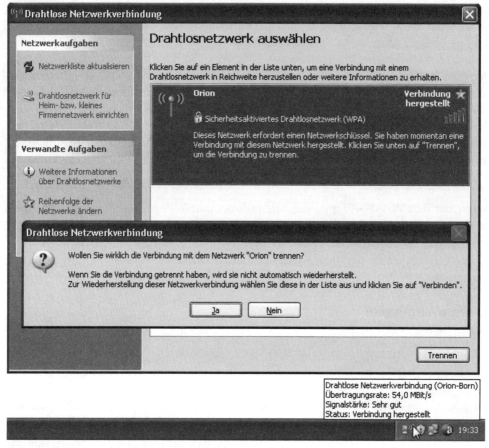

Abbildung 4.10 Trennen der WLAN-Verbindung

Funknetzwerk im Ad-hoc-Modus einrichten

Zur Vernetzung zweier Rechner per WLAN lassen sich die betreffenden Adapter im so genannten Ad-hoc-Modus betreiben. Die von den WLAN-Adapter-Herstellern bereitgestellte Software bietet meist auch die Auswahl dieses Verbindungsmodus. In Windows Vista können Sie Ad-hoc-Netzwerke ebenfalls sehr einfach auf Betriebssystemebene einrichten. Hierzu müssen Sie lediglich in beiden Rechnern einen WLAN-Adapter einbauen (bzw. einen WLAN-USB-Stick anschließen) und die benötigten Treiber installieren. Dann führen Sie am ersten Rechner folgende Schritte aus, um diesen als Ad-hoc-Netzwerkstation einzurichten:

Rechner in das WLAN einfügen

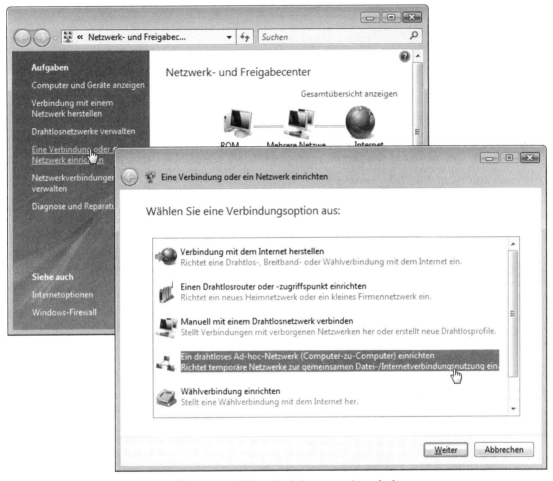

Abbildung 4.11 Funktion zum Einrichten eines Ad-hoc-Drahtlosnetzwerks aufrufen

1. Gehen Sie wie beim Einrichten einer WLAN-Verbindung vor und öffnen Sie das Netzwerk- und Freigabecenter. Anschließend klicken Sie in der Aufgabenleiste auf den Link *Eine Verbindung oder ein Netzwerk einrichten* (Abbildung 4.11, Hintergrund)
2. Im daraufhin eingeblendeten Dialogfeld *Wählen Sie eine Verbindungsoption aus* (Abbildung 4.11, unten) klicken Sie auf den Eintrag *Ein drahtloses Ad-hoc-Netzwerk (Computer-zu-Computer) einrichten* und wählen dann die *Weiter*-Schaltfläche.
3. Benutzen Sie die *Weiter*-Schaltfläche, um die restlichen Dialogfelder (Abbildung 4.12) des Assistenten zu durchlaufen und das Ad-hoc-Netzwerk auf dem Rechner einzurichten.

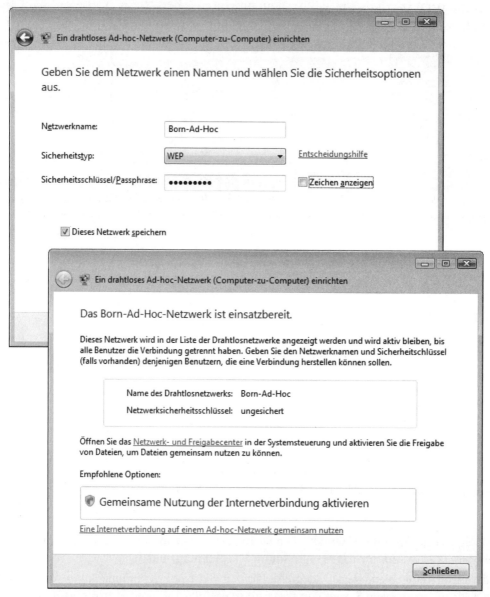

Abbildung 4.12 Konfigurierung des Ad-hoc-Drahtlosnetzwerks

Wie bei einer WLAN-Verbindung müssen Sie im Dialogfeld *Geben Sie dem Netzwerk einen Namen und wählen Sie die Sicherheitsoptionen aus* (Abbildung 4.12, oben) den Netzwerknamen, den Sicherheitstyp sowie den Sicherheitsschlüssel eintragen. Den Netzwerknamen können Sie frei vergeben. Als Sicherheitstyp lässt sich bei Ad-hoc-Netzwerken nur eine ungesicherte (offene Verbindung) oder die einfache WEP-Verschlüsselung verwenden. Dies ist akzeptabel, wenn man davon ausgeht, dass Ad-hoc-Netzwerke nicht permanent, sondern nur kurzzeitig in Gebrauch sind.

Haben Sie die WEP-Verschlüsselung eingestellt, müssen Sie einen Sicherheitsschlüssel, bestehend aus Ziffern und/oder Buchstaben im betreffenden Feld eintragen. Beachten Sie dabei, dass nach Groß- und Kleinschreibung unterschieden wird. Zudem muss der Schlüssel zwingend aus 5 oder 13 Zeichen bestehen. Ignorieren Sie dies, lässt sich über die *Weiter*-Schaltfläche nicht zum Folgedialogfeld weiterschalten.

TIPP Wählen Sie einen aus 13 Zeichen bestehenden Sicherheitsschlüssel und verwenden Sie eine Kombination aus Zeichen und Ziffern. Dies erhöht den Aufwand bzw. die benötigte Datenmenge für Unbefugte, die den Datenverkehr entschlüsseln möchten.

Möchten Sie das Ad-hoc-Netzwerk häufiger verwenden? Dann markieren Sie im Dialogfeld *Geben Sie dem Netzwerk einen Namen und wählen Sie die Sicherheitsoptionen aus* (Abbildung 4.12, oben) das Kontrollkästchen *Dieses Netzwerk speichern*. Sobald Sie das Dialogfeld über die *Weiter*-Schaltfläche verlassen, wird das Netzwerk eingerichtet und ggf. in der Drahtlosnetzwerkumgebung gespeichert. In dem in Abbildung 4.12, unten, gezeigten Dialogfeld werden der Netzwerkname und der Typ des Sicherheitsschlüssels angezeigt.

Besitzt einer der beiden Rechner eine Internetverbindung (z.B. über ein Modem, eine ISDN-Karte oder einen DSL-Anschluss)? Dann lässt sich diese Internetverbindung zur Nutzung auf dem zweiten Rechner freigeben:

Abbildung 4.13 Internetverbindung für die gemeinsame Nutzung freigeben

1. Sie müssen im Dialogfeld aus Abbildung 4.12, unten, auf den Befehl *Gemeinsame Nutzung der Internetverbindung aktivieren* klicken.
2. Sobald die Sicherheitsabfrage der Benutzerkontensteuerung erscheint, müssen Sie diese über die *Fortsetzen*-Schaltfläche oder über ein Administratorkennwort sowie die *Ja*-Schaltfläche bestätigen.
3. Im Dialogfeld aus Abbildung 4.13 können Sie im Listenfeld *Verfügbare Optionen* die Verbindung wählen, über die der Internetzugang erfolgt. Mit dem Wert »Automatisch« überlassen Sie Windows die Auswahl der betreffenden Verbindung.
4. Klicken Sie auf die Schaltfläche *Weiter*, warten Sie, bis die Internetverbindung zur gemeinsamen Nutzung freigegeben ist und verlassen Sie das letzte Dialogfeld über die *Schließen*-Schaltfläche.

Abbildung 4.14 Ad-hoc-Verbindung verwalten

Mit dem letzten Schritt geht die Ad-hoc-Verbindung in den Wartemodus und »lauscht«, ob eine zweite Station unter diesem Netzwerknamen sendet. Wenn Sie im Netzwerk- und Freigabecenter in der Aufgabenleiste am linken Rand auf den Link *Verbindung mit einem Netzwerk herstellen* klicken, erscheint das in Abbildung 4.14, oben, gezeigte Dialogfeld. Dort sollte die Ad-hoc-Netzwerkverbindung als »Warten auf Benutzerverbindungen« aufgeführt sein. Bei Bedarf können Sie diesen Eintrag anklicken und dann die Schaltfläche *Trennen* wählen. Dies beendet den Wartemodus der Ad-hoc-Verbindung.

Hatten Sie bei der Konfigurierung der Ad-hoc-Verbindung die Option zum Speichern gewählt? In diesem Fall klicken Sie in der Aufgabenleiste des Netzwerk- und Freigabecenters auf den Link *Drahtlosnetzwerk verwalten*, um das Dialogfeld aus Abbildung 4.14, unten links, zu öffnen. Dort sollte die eingerichtete Ad-hoc-Verbindung ebenfalls aufgeführt werden. Sie können den Eintrag für die Verbindung per Mausklick markieren und über die *Entfernen*-Schaltfläche löschen.

Nach den obigen Vorbereitungen müssen Sie nun die Ad-hoc-Verbindung auf dem zweiten Rechner konfigurieren und in Betrieb nehmen:

1. Gehen Sie wie oben beschrieben vor, und richten Sie auf dem zweiten Rechner eine Ad-hoc-Verbindung mit dem gleichen Netzwerknamen, der gleichen Verschlüsselungsmethode und bei WEP-Verschlüsselung mit dem gleichen Sicherheitsschlüssel ein.

2. Verwenden Sie die *Weiter*-Schaltfläche, um zwischen den Konfigurationsdialogen zu blättern. Sobald das Dialogfeld *Wählen Sie ein Netzwerk aus, mit dem eine Verbindung hergestellt werden soll* erscheint, wählen Sie das Ad-hoc-Netzwerk aus und klicken auf die Schaltfläche *Verbindung herstellen*.

Die beiden Netzwerke versuchen nun eine Verbindung aufzubauen. Sobald die beiden Rechner Kontakt erhalten, fragt Windows Vista in dem in Abbildung 4.14, rechts unten, gezeigten Dialogfeld den Standorttyp des Netzwerks ab. Wählen Sie die Option *Zu Hause* und klicken Sie im Folgedialogfeld, in dem der Netzwerkstandort bestätigt wird, auf die *Schließen*-Schaltfläche. Das Dialogfeld ist auf beiden Rechnern zu bestätigen, bevor die Netzwerkverbindung im Ad-hoc-Modus freigegeben wird.

Wenn Sie anschließend die Netzwerkfreigabe aktivieren (siehe die folgenden Abschnitte), sollte sich auf die Laufwerke, Drucker und ggf. die Internetfreigabe des jeweils anderen Rechners zugreifen lassen.

HINWEIS   Auf der vorherigen Seite wurde bereits beschrieben, wie Sie eine laufende Ad-hoc-Netzwerkverbindung trennen (das Trennen erfolgt auf die gleiche Weise wie bei einer Funkstrecke zu einem WLAN-Zugangspunkt). Falls Sie eine gespeicherte Ad-hoc-Netzwerkverbindung erneut aufbauen möchten, lässt sich dies über das in Abbildung 4.14, oben, gezeigte Dialogfeld erreichen. Dabei werden die gleichen Schritte, wie bereits weiter oben bei der Verbindungsaufnahme zu einem WLAN-Router beschrieben, ausgeführt. Bei Windows XP-Rechnern stellen Sie sicher, dass die Gegenstelle mit dem Ad-hoc-Netzwerk unter Windows Vista aktiviert ist. Dann taucht das Ad-hoc-Netzwerk im Dialogfeld *Drahtlose Netzwerkverbindung* auf. Die Verbindung lässt sich wie beim Zugang zu einem WLAN-Router bzw. -Router aufbauen und später auch wieder trennen.

Analyse der WLAN-Verbindung

Sofern Sie ein WLAN betreiben und Probleme mit der Übertragungsgeschwindigkeit oder der Stabilität der Verbindung haben, kann dies unterschiedliche Gründe haben:

- Ist die Übertragungsgeschwindigkeit sehr gering? Dann kann eine schlechte Signalqualität beim Empfänger die Ursache sein. Windows Vista zeigt die am WLAN-Empfänger ermittelte Signalqualität im Dialogfeld zur Verbindungsaufnahme als eine Reihe grüner Balken an. Je weniger grüne Balken zu sehen sind, umso schlechter ist die Signalqualität der Übertragung. Sie müssen dann ggf. den Standort des Clients oder des WLAN-Routers ändern, um herauszufinden, ob sich die Signalstärke dann ändert.

- Werden im Dialogfeld zur WLAN-Verbindungsaufnahme weitere Funknetzwerke angezeigt? Bricht die WLAN-Verbindung zwischen den Clients und der WLAN-Zugangsstation immer wieder ab? Dann kann ein auf dem gleichen Kanal betriebenes WLAN der Grund für die Störungen sein. Aber auch der Kanal wird nicht im Dialogfeld zur Verbindungsaufnahme angezeigt.

Zur Kontrolle, welche WLANs in der Nähe betrieben werden und welche Kanäle diese benutzen, oder zur genaueren Abfrage der Signalstärke lässt sich aber der Befehl *netsh* verwenden. Rufen Sie das Fenster der Eingabeaufforderung (z.B. im Startmenü über *Alle Programme/Zubehör*) auf und geben Sie den Befehl

netsh wlan show all ⏎

ein, um alle Informationen zum WLAN aufzulisten.

Mit der Anweisung

netsh wlan show networks interface="Drahtlosnetzwerkverbindung" ⏎

erhalten Sie eine Auflistung der gefundenen Drahtlosnetzwerke am Adapter mit dem Namen *Drahtlosnetzwerkverbindung* samt deren SSID-Namen, dem Netzwerktyp, der Authentifizierung und der Verschlüsselung. Möchten Sie die benutzten Kanäle und die Signalstärke am Empfänger sehen? Dann geben Sie an der Eingabeaufforderung den folgenden Befehl ein:

netsh wlan show networks mode=bssid ⏎

Der Befehl liefert die in Abbildung 4.15 gezeigte Ausgabe, in der Sie die Signalstärke, den Kanal und auch den Funktyp ablesen können.

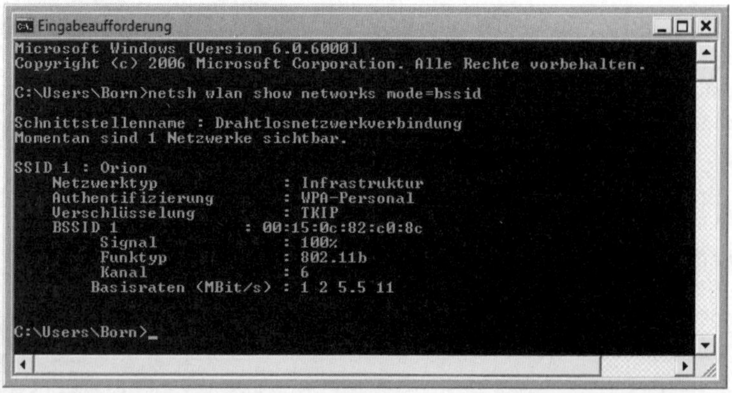

Abbildung 4.15 WLAN-Analyse mit *netsh*

> **HINWEIS** Eine Beschreibung der *netsh*-Optionen erhalten Sie, wenn Sie den Befehl mit /? abschließen. Die Internetseite *technet.microsoft.com/en-us/windowsvista/aa905085.aspx* beschreibt ebenfalls die verfügbaren Optionen. Im Internet finden sich Programme wie Netstumbler, die sich zur Analyse der WLAN-Daten nutzen lassen und auch Informationen über die Signalstärke liefern können oder eine Noise-Analyse zulassen. Allerdings ist momentan unklar, wie sich die in Deutschland 2007 neu eingeführten »Hackerparagrafen« (z.B. § 202b StGB) auf den Besitz bzw. die Anwendung solcher Tools auswirken. Die obigen *netsh*-Befehle sollten als Bestandteil des Betriebssystems nicht unter § 202b StGB fallen und liefern die benötigten Informationen zur Analyse einer WLAN-Verbindung. Weitere Hinweise zur Fehlersuche im Netzwerk finden Sie im letzten Kapitel dieses Buches.

Netzwerkeinstellungen verwalten

Sobald zwei Rechner über eine WLAN-Verbindung im Ad-hoc-Modus vernetzt sind, oder sobald eine Verbindung zu einem Router über eine WLAN-Funkstrecke oder ein Netzwerkkabel besteht, können Sie daran gehen, die Netzwerkeinstellungen für Windows anzupassen. Nachfolgend wird besprochen, was es dabei zu beachten gibt und wie Sie Netzwerkeinstellungen kontrollieren.

Einsehen der Netzwerkkonfiguration

Zur Inspektion des Netzwerks und zur Überprüfung der Konfiguration stellt Windows Vista über das Netzwerk- und Freigabecenter eine Netzwerkübersichtsseite bereit. Um die Seite aufzurufen, gehen Sie folgendermaßen vor:

1. Klicken Sie im Startmenü auf *Netzwerk* und wählen Sie im Ordnerfenster *Netzwerk* die in der Symbolleiste eingeblendete Schaltfläche *Netzwerk- und Freigabecenter*.
2. Wählen Sie im Fenster des Netzwerk- und Freigabecenters (Abbildung 4.16, oben) den Link *Gesamtübersicht zeigen*.

Bereits die Anzeige des Netzwerk- und Freigabecenters verrät Ihnen etwas über den Zustand Ihres Netzwerks. Im rechten oberen Teil erscheint eine Netzwerkdarstellung in grafischer Form mit den Verbindungen, die vom eigenen Computer zum Netzwerk und ggf. zum Internet möglich sind. Liegt eine Störung vor, werden die betreffenden Verbindungslinien abgeblendet und mit den Symbolen eines gelben Dreiecks mit Ausrufezeichen oder einem roten X markiert. Nicht vorhandene Netzwerkeinheiten werden als abgeblendetes Symbol angezeigt (siehe auch in Kapitel 2 den Abschnitt »Einstellungen im Netzwerk- und Freigabecenter überprüfen«).

> **TIPP** Beim Einrichten eines Netzwerks müssen Sie häufiger auf das Netzwerk- und Freigabecenter zugreifen. Öffnen Sie über das Startmenü die Systemsteuerung und klicken Sie auf den Befehl *Netzwerk und Internet*. Anschließend ziehen Sie in der Folgeseite den Befehl *Netzwerk- und Freigabecenter* mit der linken Maustaste zum Desktop. Daraufhin wird eine Verknüpfung zum Netzwerk- und Freigabecenter auf dem Windows-Desktop eingerichtet. Nun genügt ein Doppelklick auf das Desktop-Symbol, um das Netzwerk- und Freigabecenter zu öffnen.

Werden alle Netzwerkverbindungen im Netzwerk- und Freigabecenter als funktionsfähig angezeigt? Dann können Sie das Symbol des eigenen Computers anklicken, um das Ordnerfenster *Computer* zu öffnen. Klicken Sie auf das Symbol des Netzwerks (in Abbildung 4.16 ist dies das Symbol *Born-Orion*), öffnet sich das Ordnerfenster *Netzwerk*. Und ein Mausklick auf das Symbol *Internet* öffnet den Internet Explorer.

Richtig aufschlussreich ist allerdings die, über den Hyperlink *Gesamtübersicht zeigen* erreichbare, Gesamtübersicht des Netzwerks. Die beiden unteren Fenster in Abbildung 4.16 zeigen zwei verschiedene Netzwerke, die ich hier einmal zusammengefasst habe. In der grafischen Übersicht sehen Sie sofort, ob alle Netzwerkgeräte erkannt wurden und ob eventuell Probleme bestehen. Das mittlere Fenster aus Abbildung 4.16 zeigt ein Netzwerk mit zwei Rechnern mit den Computernamen *Rom* und *Ibiza*. Im Netzwerk steht ein Internetzugang über ein Gateway zur Verfügung (konkret wurde im aktuellen Fall ein WLAN-Router eingesetzt). Die Tatsache, dass im Netzwerkschema noch ein Switch auftaucht, hängt damit zusammen, dass in einem der Rechner zwei Netzwerkkarten eingebaut sind. Die Verbindung zwischen den beiden Netzwerksegmenten wurde über eine Netzwerkbrücke hergestellt. Ähnliches gilt auch, falls Sie die Internetverbindungsfreigabe für eine Verbindung konfigurieren.

Im unteren Fenster aus Abbildung 4.16 sehen Sie noch eine Konstellation, bei der auch mehrere WLAN-Adapter zusätzlich eingefügt wurden. Diese sind direkt mit dem Gateway *Born-Orion* verbunden (hier das gleichnamige Netzwerk, welches über einen Router aufgebaut wurde). Der eingeblendete Switch gehört auch wieder zu einer Internetverbindungsfreigabe oder einer Netzwerkbrücke.

Interessant ist in diesem Zusammenhang noch der einsam am unteren Fensterrand auftauchende Rechner mit dem Namen *Wien*. Dieser scheint nicht zum Netzwerk zu gehören, taucht aber irgendwie in der Netzwerkkonfiguration bzw. in der Netzwerkübersicht auf. Die Erklärung ist recht einfach: Die Netzwerkübersicht funktioniert standardmäßig nur für Windows Vista-Netzwerkstationen. Die am unteren Rand der Netzwerkübersicht aufgeführte Station *Wien* ist ein Rechner unter Windows XP. Windows XP fehlt aber standardmäßig das von Windows Vista benötigte LLTD-Protokoll (Link-Layer Topology Discovery, LLTD) zur Verbindungsschicht-Topologieerkennung.

TIPP Um Windows XP-Rechner korrekt in der Netzwerkübersicht einordnen zu können, müssen Sie diese Erweiterung von der Microsoft Website *www.microsoft.com* herunterladen (nach dem Begriff »KB922120« suchen) und auf dem betreffenden Netzwerkrechner installieren.

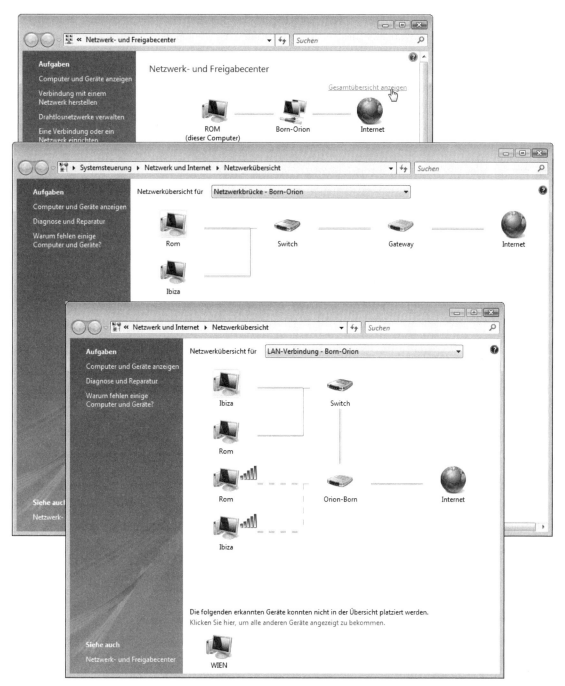

Abbildung 4.16 Anzeigevarianten der Netzwerkübersicht

Anpassen der Netzwerkeinstellungen

Die Herstellung einer LAN-Verkabelung, das Einrichten eines Routers oder der WLAN-Strecken sowie die Eingabe der Kenndaten für Arbeitsgruppe und Computername der Rechner bewirkt zwar, dass die Rechner in der Netzwerkübersicht aufgenommen werden. Um das Netzwerk auch nutzen zu können, müssen Sie dies in Windows Vista explizit festlegen. Die Verwaltung der Netzwerkeinstellungen erfolgt dabei in dem bereits mehrfach erwähnten Netzwerk- und Freigabecenter.

Abbildung 4.17 Netzwerkstatus und Ansicht im Netzwerk- und Freigabecenter

1. Öffnen Sie (z.B. über das Startmenü) das Ordnerfenster *Netzwerk* und wählen Sie die in der Symbolleiste eingeblendete Schaltfläche *Netzwerk- und Freigabecenter*.

2. Anschließend nehmen Sie im Fenster des Netzwerk- und Freigabecenters die gewünschten Einstellungen am Netzwerk vor.

Das Netzwerk- und Freigabecenter stellt Ihnen anschließend alle Befehle bzw. Funktionen zur Verwaltung der Netzwerkeinstellungen bereit (Abbildung 4.17, Hintergrund):

- Die in der am linken Rand des Fensters angebotenen Befehle der Aufgabenleiste ermöglichen Ihnen, auf verschiedene Funktionen zur Netzwerkverwaltung zuzugreifen. Diese betreffenden Funktionen werden in den einzelnen Kapiteln dieses Buches besprochen.

- Rechts unterhalb der grafischen Netzwerkdarstellung finden Sie die auf dem Computer aktiven Netzwerke. In Abbildung 4.17 ist nur ein Netzwerk *Born-Orion* aktiv. Sind mehrere Netzwerkkarten vorhanden oder verwenden Sie zusätzlich einen WLAN-Adapter, können aber weitere Netzwerkeinträge in diesem Bereich auftauchen. Neben dem Netzwerknamen (hier *Born-Orion*) und dem Netzwerkstandort (Privat oder Öffentlich) erkennen Sie auch die Art der Verbindung (z.B. LAN) und den Status. Wie Sie den Netzwerknamen und den Netzwerkstandort ändern, ist in Kapitel 2 im Abschnitt »Netzwerkname und Standort anpassen« beschrieben.

- Möchten Sie den Status eines Netzwerks einsehen, klicken Sie auf den mit *Status* beschrifteten Hyperlink des betreffenden Netzwerks. Windows blendet dann das in Abbildung 4.17, rechts im Vordergrund, sichtbare Dialogfeld ein. Sie erkennen im oberen Teil des Dialogfelds die Netzwerkart (z.B. Internet), den Verbindungsstatus, die Dauer der Verbindung und die Übertragungsrate. Im unteren Teil werden die Zahl der gesendeten und empfangenen Datenpakete aufgeführt. Steht auf der Seite *Empfangen* der Wert 0, deutet dies auf Netzwerkprobleme hin – es werden keine Datenpakte von der Gegenstelle empfangen. Über die Schaltfläche *Details* des Dialogfelds öffnen Sie das in Abbildung 4.17, links im Vordergrund, sichtbare Dialogfeld. Dort werden verbindungsspezifische Informationen wie die MAC-Adresse, die IP-Adresse des Adapters und des Gateways etc. aufgeführt.

- In der Rubrik *Freigabe und Erkennung* des Netzwerk- und Freigabecenters werden die Status verschiedener Einstellungen angezeigt sowie die Freigabe von Dateien und Druckern, die Netzwerkerkennung etc. verwaltet. Über die am rechten Rand einer Kategorie eingeblendete Schaltfläche lassen sich die Details ein- oder ausblenden. Hinweise zu den einzelnen Optionen finden Sie in den folgenden Abschnitten.

Beachten Sie aber, dass zum Verändern von Netzwerkeinstellungen häufig Administratorrechte erforderlich sind. Erkennen lässt sich dies am Symbol eines stilisierten Schilds, welches neben den betreffenden Optionen eingeblendet wird. Arbeiten Sie unter einem Standardbenutzerkonto, fragt die Benutzerkontensteuerung bei Verwendung einer solchen Funktion den Namen und das Kennwort eines Administratorkontos ab. Beim Arbeiten unter einem Administratorkonto müssen Sie ggf. die Nachfrage der Benutzerkontensteuerung über die Schaltfläche *Fortsetzen* bestätigen, um die Änderungen durchzuführen. Zudem erfordern einige Änderungen, dass der Rechner anschließend neu gestartet wird.

Netzwerkerkennung, das steckt dahinter!

Sobald Sie das Ordnerfenster *Netzwerk* (z.B. über das Startmenü) öffnen, sollten dort die im Netzwerk vorhandenen Geräte und Rechner aufgelistet werden. Das Auflisten der Netzwerkteilnehmer erfolgt in Windows Vista durch die Netzwerkerkennung. Bleibt das Ordnerfenster *Netzwerk* nach dem Öffnen leer, obwohl eigentlich Geräte oder Rechner innerhalb des Netzwerks vorhanden und eingeschaltet sind? Die Netzwerkerkennung muss von einem Administrator ausdrücklich freigegeben werden. Windows Vista stellt Ihnen dazu zwei Möglichkeiten bereit:

- Ist die Netzwerkerkennung deaktiviert, erscheint beim Aufruf des Ordnerfensters *Netzwerk* eine gelbe Informationsleiste oberhalb des Dokumentbereichs (Abbildung 4.18, mittleres Fenster). In der Leiste erhalten Sie einen Hinweis auf die deaktivierte Netzwerkerkennung. Klicken Sie per Maus auf diese Informationsleiste, lässt sich über den Menübefehl *Netzwerkerkennung und Dateifreigabe aktivieren* die betreffende Funktion einschalten. Um diesen Vorgang durchzuführen, benötigen Sie aber Administratorenberechtigungen, da die Sicherheitsabfrage der Benutzerkontensteuerung zu bestätigen ist. Sofern für den Computer der Standorttyp *Öffentlich* gilt, warnt Windows Vista Sie zusätzlich über das in Abbildung 4.18, unten, sichtbare Dialogfeld. Über die beiden Optionen des Dialogfeldes können Sie wählen, ob der Netzwerkstandort weiter öffentlich bleiben oder auf *Privat* zurückgesetzt werden soll. Sofern Sie Freigaben nutzen möchten, empfiehlt es sich, aus Sicherheitsgründen den Netzwerkstandort auf *Privat* umzusetzen.

Möchten Sie als Administrator die Netzwerkerkennung innerhalb eines Netzwerks für alle Benutzer einschalten? Dann gehen Sie folgendermaßen vor:

1. Öffnen Sie das Ordnerfenster *Netzwerk* (z.B. über das Startmenü) und wählen Sie die in der Symbolleiste eingeblendete Schaltfläche *Netzwerk- und Freigabecenter*.
2. Expandieren Sie in der Rubrik *Freigabe und Erkennung* die Kategorie *Netzwerkerkennung*, indem Sie auf die Schaltfläche am rechten Rand der Kategorie klicken (Abbildung 4.19).
3. Markieren Sie im Fenster des Netzwerk- und Freigabecenters die Option *Netzwerkerkennung einschalten* und klicken Sie danach auf die *Übernehmen*-Schaltfläche.

Abbildung 4.18 Zulassen der Netzwerkerkennung im Ordner *Netzwerk*

Sobald Sie die Sicherheitsabfrage der Benutzerkontensteuerung als Administrator bestätigt haben, wird diese Vorgabe übernommen. Die Anzeige der Informationsleiste mit dem Hinweis auf die deaktivierte Netzwerkerkennung im Ordnerfenster *Netzwerk* unterbleibt dann.

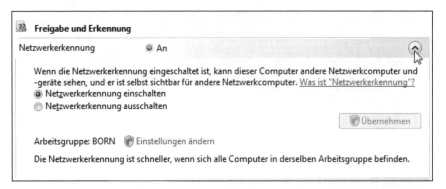

Abbildung 4.19 Optionen zur Freigabe und Erkennung im Netzwerk- und Freigabecenter

Wie Sie die Zuordnung zur Arbeitsgruppe und den Rechnernamen über den Hyperlink *Einstellungen ändern* anpassen, ist in Kapitel 2 beschrieben.

TIPP Haben Sie die Netzwerkerkennung über das Menü der Informationsleiste (Abbildung 4.19, mittleres Fenster) eingeschaltet, bleibt dies für die Dauer der Sitzung erhalten. Stellen Sie aber beim nächsten Systemstart nach dem Anmelden am Benutzerkonto fest, dass die Netzwerkerkennung wieder abgeschaltet ist? Dann melden Sie sich am Administratorenkonto an und rufen das Netzwerk- und Freigabecenter auf. Setzen Sie den Status des Netzwerks auf *Privat* um und schalten Sie die Netzwerkerkennung ein. Dann sollte die Netzwerkerkennung auch nach einem Neustart noch eingeschaltet sein.

Dateifreigaben im Netzwerk zulassen

Im nächsten Kapitel wird gezeigt, wie Sie Freigaben auf Dateien und Ordner oder Geräte für das Netzwerk erteilen können. Um diese Optionen nutzen zu können, muss der Administrator dies ausdrücklich zulassen.

1. Öffnen Sie das Ordnerfenster *Netzwerk* (z.B. über das Startmenü) und wählen Sie die in der Symbolleiste eingeblendete Schaltfläche *Netzwerk- und Freigabecenter*.
2. Erweitern Sie in der Rubrik *Freigabe und Erkennung* die Kategorien *Freigabe von Dateien* und *Freigabe des öffentlichen Ordners*.
3. Aktivieren Sie die gewünschten Optionen in den beiden Kategorien (Abbildung 4.20) und klicken Sie danach auf die *Übernehmen*-Schaltfläche.

Nach dem Bestätigen der Sicherheitsabfrage der Benutzerkontensteuerung werden die Vorgaben übernommen:

- Um Benutzern das Freigeben von Laufwerken, Ordnern oder einzelnen Dateien auf dem Rechner zu ermöglichen, muss in der Kategorie *Freigabe von Dateien* die Option *Freigabe von Dateien einschalten* markiert werden. Nur dann steht im Kontextmenü der Dateien, Ordner und Laufwerke der Eintrag *Freigabe* zur Verfügung. Beachten Sie aber, dass das Erteilen von Freigaben Administratorenberechtigungen erfordert. Benutzer von Standardkonten können also keine Freigabe im Netzwerk erteilen! Weiterhin erhalten Sie einen Hinweis in der Kategorie (siehe Abbildung 4.20), wenn Energiesparpläne für den Computer definiert sind. Ein

Wechsel in den Energiesparmodus verhindert, dass andere Benutzer über das Netzwerk auf die Freigaben zugreifen können.

- Der Ordner *Öffentlich* dient in Windows Vista zur Ablage von Dateien, die von allen Benutzern des Computers eingesehen und verändert werden dürfen. Dieser Ordner wird aber standardmäßig nicht im Netzwerk freigegeben. Soll vom Netzwerk auf diesen Ordner zugegriffen werden, muss dies durch den Administrator ausdrücklich genehmigt werden. Erweitern Sie die Kategorie *Freigabe des öffentlichen Ordners*. Über die drei Optionen bietet das Netzwerk- und Freigabecenter die Möglichkeit, die Freigabe des Ordners abzuschalten, auf das Öffnen (d.h. nur Lesezugriffe) zu beschränken oder neben dem Öffnen auch das Ändern oder Erstellen zuzulassen. Sobald Sie eine der mit *Freigabe einschalten* bezeichneten Optionen markieren und mittels der *Übernehmen*-Schaltfläche aktiv schalten, gibt Windows Vista den Ordner automatisch im Netzwerk frei. Setzen Sie die Markierung auf *Freigabe ausschalten* zurück, entzieht Windows Vista die Freigabe im Netzwerk. Die Benutzer des lokalen Computers können aber weiterhin auf den Ordner *Öffentlich* zugreifen, um dort gespeicherte Dateien gemeinsam zu verwenden.

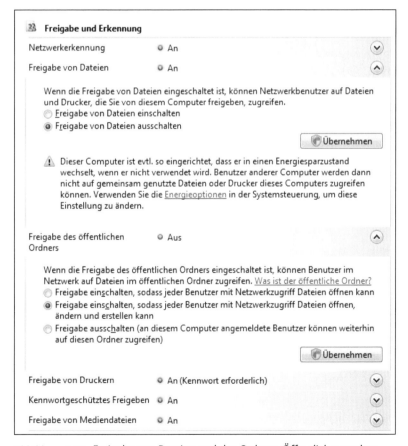

Abbildung 4.20 Freigabe von Dateien und des Ordners *Öffentlich* verwalten

Ob Sie die Freigabe des Ordners *Öffentlich* als Administrator einrichten, sollten Sie von den Randbedingungen abhängig machen. Arbeiten viele unerfahrene Anwender am System und möchten Sie sich die Einzelfreigaben der Benutzerordner ersparen, können Sie den Ordner *Öffentlich* zur Freigabe verwenden und festlegen, ob ein schreibender Zugriff gestattet wird. Die Benutzer müssen dann die gemeinsam zu verwendenden Dateien in diesen Ordner oder in dessen Unterordner verschieben bzw. kopieren. Der Nachteil dieser Freigabe besteht darin, dass Sie keine individuellen Zugriffsberechtigungen für einzelne Benutzer festlegen können (siehe auch Kapitel 5).

ACHTUNG   Die Benutzer »sehen« über das Netzwerk keinen Ordner *Öffentlich*, sondern den Eintrag *Public*. Dies ist der Verzeichnisname, der von Windows Vista intern benutzt wird, während *Öffentlich* der durch die deutsche Benutzeroberfläche lokalisierte Ordnername ist.

Freigaben von Druckern im Netzwerk zulassen

Sollen auch am betreffenden Rechner vorhandene Drucker innerhalb des Netzwerks zur gemeinsamen Nutzung zugelassen werden? Die Druckerfreigabe ist vom Administrator explizit einzuschalten.

1. Öffnen Sie das Netzwerk- und Freigabecenter und erweitern Sie die Rubrik *Freigabe von Druckern*.
2. Markieren Sie die Option *Druckerfreigabe einschalten* (Abbildung 4.21) und klicken Sie danach auf die *Übernehmen*-Schaltfläche.

Nach dem Bestätigen der Sicherheitsabfrage der Benutzerkontensteuerung werden die Vorgaben übernommen. Wie Sie Drucker freigeben und Netzwerkdrucker einrichten, ist in Kapitel 5 beschrieben.

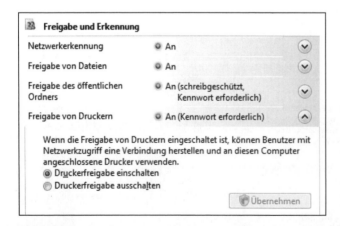

Abbildung 4.21 Freigabe von Druckern zulassen

ACHTUNG   Haben Sie die nachfolgend näher beschriebene Option *Kennwortgeschützte Freigabe* eingeschaltet? Denken Sie in diesem Fall bei der Verwaltung von Druckerfreigaben innerhalb des Netzwerks daran, dass die Zugriffe im Netzwerk nur von Benutzerkonten erfolgen können, die über ein Kennwort verfügen. Dies wird in der Statusanzeige »An (Kennwort erforderlich)« signalisiert.

Kennwortgeschütztes Freigeben zulassen

In Kapitel 2 ist im Abschnitt »Benutzerkonten richtig konfigurieren« erwähnt, dass Benutzer bei Zugriffen über das Netzwerk an Benutzerkonten angemeldet sein sollten, die über ein Kennwort verfügen. Andernfalls fragt Windows beim Zugriff auf Freigaben im Netzwerk in einem Dialogfeld den Benutzernamen und das Kennwort ab.

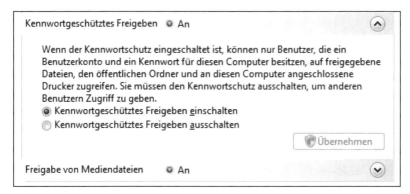

Abbildung 4.22 Optionen zum kennwortgeschützten Freigeben

Als Administrator haben Sie es aber in der Hand, ob diese Restriktion einzuhalten ist. Wenn Sie im Netzwerk- und Freigabecenter die Rubrik *Kennwortgeschütztes Freigeben* expandieren, können Sie über die beiden Optionen festlegen, ob der Kennwortschutz erforderlich ist oder nicht. Markieren Sie die Option *Kennwortgeschütztes Freigeben einschalten*, wird die Kennwortabfrage aktiviert. Netzwerkzugriffe sind dann nur noch über kennwortgeschützte Benutzerkonten möglich.

HINWEIS Im Netzwerk- und Freigabecenter signalisiert Windows Vista den Status einer eingeschalteten Kategorie durch einen grünen Punkt und den Text »An«. Zudem erkennen Sie in der Textzeile, ob die kennwortgeschützten Zugriffe auf Drucker oder den Ordner *Öffentlich* vorausgesetzt werden (siehe Abbildung 4.21). Wie Sie Freigaben verwalten, wird im folgenden Kapitel 5 behandelt.

Die Option *Freigabe von Mediendateien* stellt eine Schaltfläche *Ändern* zur Verfügung, um unter Windows Vista Mediendateien wie Musik, Bilder und Videos im Netzwerk im Windows Media Player freizugeben. Dann lässt sich von anderen Rechnern im Netzwerk auf diese Inhalte zugreifen. Dies wird in Kapitel 7 behandelt.

Ein Netzwerk in Windows XP einrichten

Verfügen Sie über Rechner mit Windows XP, die in das Netzwerk eingefügt werden sollen? Nach der Installation der Netzwerkhardware können Sie einen Assistenten zur Netzwerkkonfiguration verwenden. Sofern Sie unter einem Administratorenkonto angemeldet sind, gehen Sie in folgenden Schritten vor:

1. Öffnen Sie das Fenster der Netzwerkumgebung (z.B. über das Startmenü) und starten Sie den Assistenten, indem Sie in der Aufgabenleiste auf den Befehl *Kleines Firmen- oder Heimnetzwerk einrichten* klicken (Abbildung 4.23).

2. Anschließend benutzen Sie die Schaltflächen *Weiter* und *Zurück*, um zwischen den Dialogfeldern des Assistenten (Abbildung 4.24) zu blättern, und wählen Sie in den Dialogfeldern die geforderten Optionen aus.

Die genaue Abfolge der Dialogfelder hängt von den jeweiligen Antworten und den Einstellungen ab. Sobald Sie das letzte Dialogfeld über die Schaltfläche *Fertig stellen* schließen, richtet der Assistent den betreffenden Rechner für den Netzwerkzugang ein und legt die erforderlichen Einstellungen anhand Ihrer Vorgaben fest.

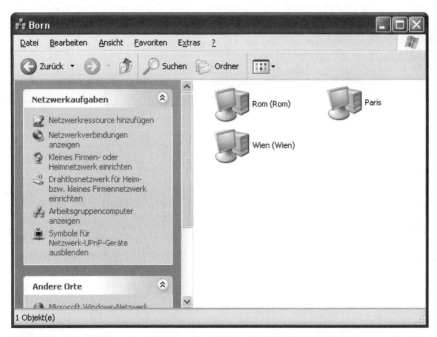

Abbildung 4.23 Netzwerkumgebung mit Aufgabenleiste in Windows XP

Nach dem Startdialogfeld und einem weiteren Dialogfeld, in dem die Schritte zum Einrichten des Netzwerks angezeigt werden, fragt der Assistent die Verbindungsmethode ab (Abbildung 4.24, links oben). Wählen Sie eine der Optionen, deren Text die betreffende Rolle des Computer beschreibt:

- Besitzt der Rechner einen Internetzugang (z.B. per Modem/ISDN-Karte), markieren Sie das oberste Optionsfeld. Dann wird der Computer als ICS-Station (steht für Internet Connection Sharing, also Internetverbindungsfreigabe) eingerichtet.
- Soll der Computer die Internetverbindung eines anderen Rechners nutzen, wählen Sie das mittlere Optionsfeld. Diese Option verwenden Sie auch, falls die Internetverbindung über einen WLAN-Router bereitgestellt wird.
- Existiert keine Internetverbindung, ist diese noch nicht eingerichtet oder sollen die Computer jeweils getrennte Internetverbindungen nutzen, wählen Sie die Option *Andere Methode*.

Bei noch nicht eingerichteter Internetverbindung können Sie den Assistenten zu einem späteren Zeitpunkt erneut aufrufen. Durch Auswahl der betreffenden Option legen Sie die Rolle des Computers fest. Der Assistent wird dann in den Folgedialogen die für diesen Computer benötigten Informationen zum Internet und zum Netzwerk abfragen.

Wird der Computer für den Internetzugang (ICS-Station) benutzt, fragt der Assistent im Folgedialogfeld die Art des Zugangs (Wählverbindung) ab (Abbildung 4.24, rechts oben). Sie können dann das Gerät, über das die Internetverbindung hergestellt wird, markieren und anschließend auf die Schaltfläche *Weiter* klicken.

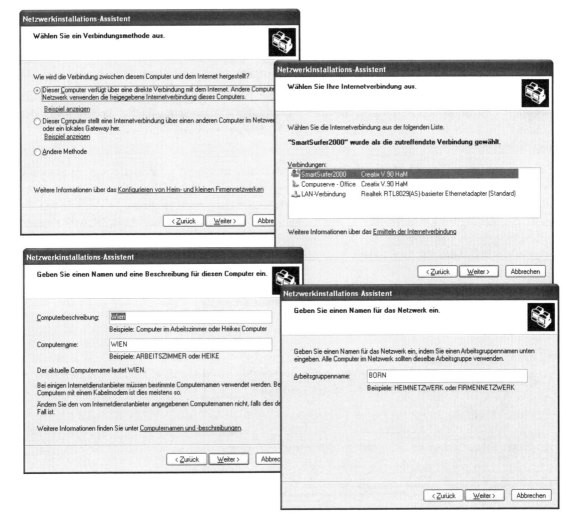

Abbildung 4.24 Netzwerk-Konfiguration per Assistent

Die nächsten Dialogschritte befassen sich mit der Einbindung des Computers in das Netzwerk. Sie werden daher nach dem Namen für den Netzwerkrechner gefragt (Abbildung 4.24, links unten). Jede Arbeitsstation im Netzwerk muss einen eindeutigen Namen verwenden. Sie können diese

Benennung nach Zimmern (Arbeitszimmer, Kinderzimmer etc.), nach Personennamen oder anderen Begriffen wie Automarken vornehmen. Im obigen Beispiel wurden Städtenamen für die Benennung der Computer benutzt. Tragen Sie den Stationsnamen im Feld *Computername* ein. Im Feld *Computerbeschreibung* lassen sich zusätzliche Hinweise auf den Computer als eine Art Kommentar einfügen. Diese Hinweise werden anderen Benutzern in der Netzwerkumgebung angezeigt.

Unter Windows XP Home Edition kann nur ein Arbeitsgruppennetzwerk betrieben werden. Der Assistent fragt in einem weiteren Schritt diesen Namen ab (Abbildung 4.24, rechts unten). Sie können die Vorgabe »MSHEIMNETZ« für ein Heimnetzwerk übernehmen oder den für Windows Vista vergebenen Arbeitsgruppennamen eintragen.

Erscheint das in Abbildung 4.25 gezeigte Dialogfeld, wählen Sie über die beiden Optionen, ob Dateien und Drucker im Netzwerk freigegeben werden oder ob die Windows-Firewall diese Ressourcen im Netzwerk blockieren soll. Dieses Dialogfeld erscheint jedoch nur, falls das Service Pack 2 installiert ist (was aus Sicherheitsgründen dringend erfolgen sollte).

Im Folgedialogfeld (erreichbar über die Schaltfläche *Weiter*) zeigt der Assistent nochmals die gewählten Optionen an. Bestätigen Sie dies mittels der *Weiter*-Schaltfläche, konfiguriert der Assistent die aktuelle Station für das Netzwerk. Dieser Vorgang kann einige Minuten in Anspruch nehmen.

In einem weiteren Dialogfeld bietet der Assistent Ihnen in einem abschließenden Schritt die Erstellung einer Netzwerkinstallationsdiskette an (Abbildung 4.26). Wählen Sie die Option *Eine Netzwerkinstallationsdiskette erstellen*, leitet Sie ein Assistent durch mehrere Dialogschritte, in denen die Konfigurationsdateien auf ein externes Speichermedium wie beispielsweise einen USB-Stick geschrieben werden. Der auf dem Speichermedium gespeicherte Assistent lässt sich auf anderen Windows XP-Rechnern verwenden.

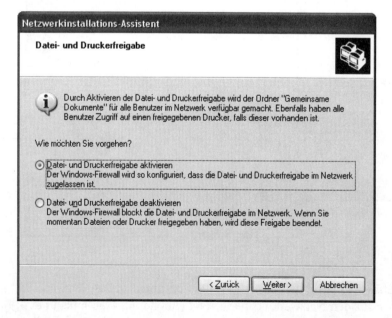

Abbildung 4.25 Datei- und Druckerfreigabe im Netzwerkinstallations-Assistenten

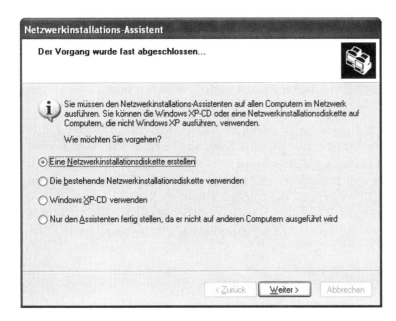

Abbildung 4.26 Netzwerkinstallationsdiskette erstellen

Enthält Ihr Netzwerk nur noch Windows Vista-Rechner, wählen Sie die Option *Nur den Assistenten fertig stellen* und klicken dann auf die *Weiter*-Schaltfläche. Sobald der Assistent beendet wurde, ist der Rechner für das lokale Netzwerk eingerichtet. Liegt bereits ein funktionierendes Heimnetzwerk vor, sollten Sie anschließend die anderen Rechner bzw. deren freigegebene Ressourcen im Ordnerfenster der Netzwerkumgebung vorfinden. Weiterhin können Sie Ordner oder Laufwerke für die gemeinsame Nutzung im Netzwerk freigeben (siehe das folgende Kapitel 5).

HINWEIS Es kann gelegentlich einige Minuten dauern, bis Windows XP alle Teilnehmer im Netzwerk erkannt hat und die freigegebenen Ressourcen im Ordnerfenster der Netzwerkumgebung auftauchen. Sie können aber gezielt über das Startmenü nach anderen Computern im Netzwerk suchen. Kommt keine Verbindung zustande, obwohl die anderen Rechner im Netzwerk funktionieren, liegt ein Fehler vor. In Kapitel 8 finden Sie einige Hinweise zur Fehlersuche. Weiterhin können Sie das Windows Hilfe- und Supportcenter konsultieren, um den Problemen auf die Spur zu kommen.

Spezialfragen zur Vernetzung

Möchten Sie lediglich zwei Rechner über ein Crossover-Netzwerkkabel vernetzen? Sollen drei Rechner ohne Router zu einem LAN zusammengeschaltet werden? Oder erfolgt der Internetzugang über ein Modem bzw. eine ISDN-Karte/USB-Box? In den folgenden Abschnitten finden Sie noch einige Hinweise, wie Sie Windows Vista für diese Konstellationen einrichten.

Zwei oder drei Rechner mit LAN-Kabeln vernetzen

Möchten Sie zwei Rechner auf möglichst einfache Art vernetzen, reicht ein Crossover-Netzwerkkabel oder ein Patchkabel mit einem Crossover-Adapter. Dieses ist so an die RJ-45-Anschlussbuchsen anzuschließen, dass es die LAN-Ausgänge der Rechner verbindet. Damit ist das Netzwerk fertig.

Bei drei zu vernetzenden Rechnern müssen Sie zu einem kleinen Trick greifen. Rüsten Sie einen Rechner mit einer zweiten Netzwerkkarte nach. Dann können Sie die beiden anderen Rechner über Crossover-Kabel mit diesen beiden LAN-Anschlüssen verbinden. Schon ist das Mininetzwerk fertig. Um Daten zwischen den beiden Teilnetzwerken zu übertragen, ist anschließend noch eine Netzwerkbrücke einzurichten (siehe die folgenden Seiten). Soll ein Internetzugang gemeinsam genutzt werden? Dann geben Sie diesen Internetzugang auf dem betreffenden Rechner zur gemeinsamen Nutzung frei. Auch dies wird auf den folgenden Seiten erläutert.

Arbeiten mit der Netzwerkbrücke

Ist der Computer mit zwei Netzwerkadaptern ausgestattet, die über Netzwerkkabel mit anderen Rechnern verbunden sind? Dann gehören die betreffenden Computer zu verschiedenen Netzwerksegmenten. Die Kommunikation zwischen den Computern eines Segments ist zwar möglich. Es gibt aber keinen Datenverkehr zwischen den beiden Netzwerksegmenten. Dieses Problem wird durch eine Netzwerkbrücke gelöst, die den Datentransfer zwischen den beiden Segmenten ermöglich. Die Brücke ist ein per Software realisiertes Gateway, das Datenpakete an das jeweils andere Netzwerksegment weiterleitet. Voraussetzung ist jedoch, dass der Gateway-Rechner aktiv ist. Um die Netzwerkbrücke in Windows Vista einzurichten, melden Sie sich als Administrator am Rechner an und führen die folgenden Schritte aus:

1. Öffnen Sie das Netzwerk- und Freigabecenter (z.B. über das Ordnerfenster *Netzwerk*) und klicken Sie in der Aufgabenspalte auf den Link *Netzwerkverbindungen verwalten* (Abbildung 4.27, Hintergrund).

2. Im Ordnerfenster *Netzwerkverbindungen* (Abbildung 4.27, Vordergrund) markieren Sie die Symbole der zu überbrückenden (W)LAN-Verbindungen (die LAN-Adapter bei gedrückter `Strg`-Taste anklicken).

3. Sobald die Adapter zu den jeweiligen Netzwerksegmenten markiert sind, klicken Sie mit der rechten Maustaste auf die Markierung und wählen Sie dann im Kontextmenü den Eintrag *Verbindungen überbrücken* aus.

Bestätigen Sie die Sicherheitsabfrage der Benutzerkontensteuerung. Dann richtet Windows Vista die Netzwerkbrücke für die markierten Verbindungen ein. Anschließend erscheint das Symbol der Netzwerkbrücke im Ordnerfenster *Netzwerkverbindungen*.

Bei Bedarf können Sie das Kontextmenü anderer Verbindungen öffnen und den Befehl *Zu Brücke hinzufügen* wählen, um diese Verbindungen in der Netzwerkbrücke zu berücksichtigen. Um später eine (W)LAN-Verbindung von der Netzwerkbrücke wieder zu entfernen, öffnen Sie deren Kontextmenü im Ordnerfenster *Netzwerkverbindungen* (Verbindungssymbol mit der rechten Maustaste anklicken). Dann reicht es, den Befehl *Von der Brücke entfernen* im Kontext-

Spezialfragen zur Vernetzung

menü anzuklicken. Nach einer kurzen Wartezeit trägt Windows Vista den Adapter aus der Brücke aus.

Sind der Brücke keine Verbindungen mehr zugewiesen, können Sie das Symbol der Netzwerkbrücke mit der rechten Maustaste anwählen und über den Kontextmenübefehl *Löschen* aus dem Fenster *Netzwerkverbindungen* entfernen.

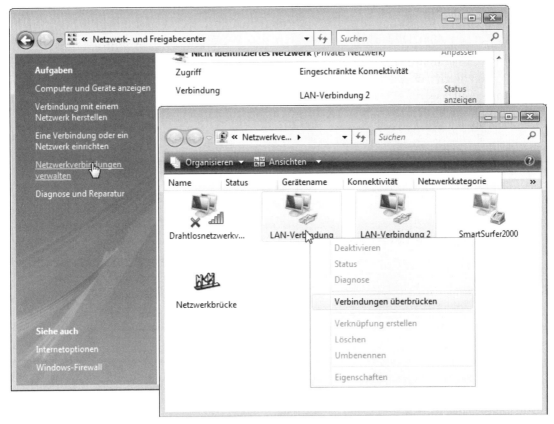

Abbildung 4.27 Einrichten einer Netzwerkbrücke

HINWEIS Klicken Sie das Symbol der Netzwerkbrücke im Ordnerfenster *Netzwerkverbindungen* mit der rechten Maustaste an, lässt sich im Kontextmenü der Eintrag *Eigenschaften* wählen. Nach Bestätigung der Sicherheitsabfrage der Benutzerkontensteuerung finden Sie auf der Registerkarte *Netzwerk* des Eigenschaftenfensters die für die Netzwerkbrücke zu verwendenden Adapter sowie die für die Verbindung zu verwendenden Elemente vor. Durch Aktivieren oder Deaktivieren der Kontrollkästchen lassen sich einzelne Adapter zur Brücke hinzufügen oder wieder entfernen. Ist ein Adapter markiert, können Sie in der Liste *Diese Verbindung verwendet folgende Elemente* die Clients, Dienste und Protokolle durch Aktivieren der betreffenden Kontrollkästchen zuweisen.

Netzwerkstandorte zusammenführen

Sobald Sie ein Ad-hoc-Netzwerk, einen WLAN-Zugang zu einem WLAN-Router oder eine Wählverbindung anlegen, richtet Windows Vista intern ein entsprechendes Netzwerkprofil ein. Sie können die Befehle *Netzwerkverbindungen verwalten* und *Drahtlosnetzwerke verwalten* in der Aufgabenleiste des Netzwerk- und Freigabecenters verwenden, um die Dialogfelder zur Verwaltung aufzurufen. Dort lassen sich Wählverbindungen bzw. WLAN-Verbindungen (auch Ad-hoc-Verbindungen) wieder löschen. Die Informationen zu dieser Verbindung bleiben aber in Windows Vista erhalten. Dies erkennen Sie daran, dass Windows Vista nachfragt, ob die vorhandene Verbindung überschrieben werden soll, wenn Sie ein neues WLAN-Profil definieren und dessen Name mit einer gelöschten Verbindung übereinstimmt.

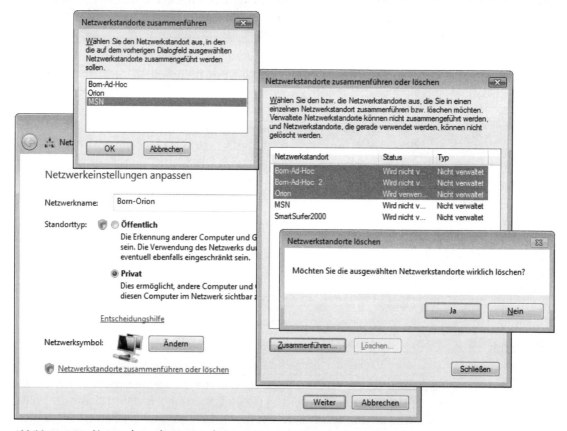

Abbildung 4.28 Netzwerkstandorte verwalten

Das zweite Problem betrifft das Integrieren einer WLAN- oder Wählverbindung in ein bestehendes Netzwerk. Standardmäßig betrachtet Windows Vista eine WLAN-Strecke oder eine Wählverbindung als eigenes Netzwerk. Haben Sie weitere Rechner z.B. über ein Ad-hoc-Netzwerk eingebunden, können Sie diesen Netzwerkstandort zu einem bereits vorhandenen WLAN zusammenführen:

1. Rufen Sie das Netzwerk- und Freigabecenter über die betreffende Schaltfläche im Ordnerfenster *Netzwerk* auf.
2. Suchen Sie das im Netzwerk- und Freigabecenter unterhalb der grafischen Netzwerkstruktur eingeblendete, erkannte Netzwerk, und klicken Sie auf den Hyperlink *Anpassen*.
3. Im Dialogfeld *Netzwerkstandort festlegen* (Abbildung 4.28, Hintergrund links) wählen Sie den Hyperlink *Netzwerkstandorte zusammenführen oder löschen* und bestätigen Sie die Sicherheitsabfrage der Benutzerkontensteuerung.
4. Danach können Sie im angezeigten Dialogfeld *Netzwerkstandorte zusammenführen oder löschen* (Abbildung 4.28, Hintergrund rechts) einzelne Netzwerkstandorte löschen oder bei Bedarf zu einem Standort zusammenführen.

Das Dialogfeld *Netzwerkstandorte zusammenführen oder löschen* listet Ihnen alle jemals unter Windows Vista konfigurierten Wählverbindungen und WLAN-Verbindungen auf, auch wenn diese in den betreffenden Verwaltungsfenstern bereits gelöscht wurden.

- Um einen gelöschten Netzwerkstandort endgültig zu entfernen, markieren Sie diesen im Dialogfeld *Netzwerkstandorte zusammenführen oder löschen* (Abbildung 4.28, Hintergrund rechts) und klicken dann auf die *Löschen*-Schaltfläche. Anschließend ist die Sicherheitsabfrage (Abbildung 4.28, Vordergrund rechts) über die *Ja*-Schaltfläche zu bestätigen.
- Möchten Sie zwei Netzwerkstandorte zusammenführen, markieren Sie die gewünschten Einträge in der Liste (Einträge bei gedrückter [Strg]-Taste anklicken). Anschließend wählen Sie die Schaltfläche *Zusammenführen*. Im eingeblendeten Zusatzdialogfeld *Netzwerkstandorte zusammenführen* (Abbildung 4.28, Vordergrund oben links) klicken Sie auf den Eintrag für den Netzwerkstandort, in dem alle vorher markierten Standorte zusammenzuführen sind. Bestätigen Sie dies über die *OK*-Schaltfläche.

Auf diese Weise können Sie alte, bereits gelöschte Netzwerkprofile aus Windows Vista endgültig löschen oder Netzwerkstandorte zusammenführen.

Feste IP-Adressen im Netzwerk vergeben

Wenn Sie keinen Router im Netzwerk verwenden, fehlt in der Regel auch der DHCP-Server innerhalb des Netzwerks, der den Rechnern beim Start die zur Kommunikation benötigten IP-Adressen zuweist. Windows Vista besitzt zwar die Möglichkeit, dass die Netzwerkteilnehmer die IP-Adressen über APIPA aushandeln können (APIPA steht für Automatic Private IP Addressing, siehe auch *netzikon.net/lexikon/a/apipa.html*). Möchten Sie diese Möglichkeit (aus welchen Gründen auch immer) nicht nutzen? Dann können Sie den Rechnern im Netzwerk auch feste IP-Adressen zuweisen. Der Verwaltungsaufwand lässt sich bei zwei oder drei Rechnern durchaus handhaben. Für diesen Zweck muss die Funktion zum automatischen Bezug der IP-Adressen abgeschaltet werden. Anschließend müssen Sie auf den Rechnern für jede Netzwerkverbindung feste IP-Adressen zuweisen:

1. Melden Sie sich als Administrator an und öffnen Sie das Netzwerk- und Freigabecenter (z.B. über das Ordnerfenster *Netzwerk*, siehe die vorhergehenden Seiten).
2. Klicken Sie in der Aufgabenleiste (linke Spalte) des Netzwerk- und Freigabecenters auf den Befehl *Netzwerkverbindungen verwalten*.

3. Sobald das Ordnerfenster *Netzwerkverbindungen* erscheint, klicken Sie das Symbol der LAN-Verbindung mit der rechten Maustaste an und wählen im Kontextmenü den Eintrag *Eigenschaften* (Abbildung 4.29, oben).

4. Im angezeigten Eigenschaftenfenster aktivieren Sie auf der Registerkarte *Netzwerk* einen der Einträge *Internetprotokoll Version 4 (TCP/IPv4)* oder *Internetprotokoll Version 6 (TCP/IPv6)*. Klicken Sie anschließend auf die Schaltfläche *Eigenschaften* der Registerkarte (Abbildung 4.29, rechts).

5. Auf der Registerkarte *Allgemein* des neu angezeigten Eigenschaftenfensters markieren Sie die Option *Folgende IP-Adresse verwenden*.

6. Anschließend geben Sie die feste IP-Adresse sowie die Subnetzmaske im freigegebenen Textfeld ein (Abbildung 4.29, links).

7. Schließen Sie die geöffneten Dialogfelder und Registerkarten über die *OK*-Schaltflächen.

Während der Anpassung verlangt die Benutzerkontensteuerung eine Bestätigung, dass der Vorgang fortgesetzt werden darf. Die Änderungen werden u.U. erst wirksam, nachdem Sie den Rechner neu gestartet haben.

HINWEIS Möchten Sie die IP-Einstellungen in Windows XP anpassen? In diesem Fall öffnen Sie das Eigenschaftenfenster der LAN-Verbindung (z.B. im Ordnerfenster *Netzwerkverbindungen* das Symbol *LAN-Verbindung* mit der rechten Maustaste anklicken und im Kontextmenü den Befehl *Eigenschaften* wählen). Anschließend können Sie auf der Registerkarte *Allgemein* des Eigenschaftenfensters den Eintrag für das TCP/IP-Protokoll markieren und dann die Schaltfläche *Eigenschaften* anklicken. Windows XP öffnet das Eigenschaftenfenster des Internetprotokolls (TCP/IP). Auf den Registerkarten dieses Eigenschaftenfensters können Sie wie in Windows Vista die Varianten zum Beziehen der IP-Adressen und weitere Angaben zu den Adressen des DNS- und WINS-Servers tätigen.

Windows Vista unterstützt neben dem älteren IPv4-Protokoll auch das neuere IPv6-Protokoll. Zur Vereinfachung können Sie die IP-Konfigurierung über IPv4-Adressen vornehmen. Weisen Sie den LAN-Adaptern die festen IPv4-Adressen 192.168.0.1, 192.168.0.2 etc. und die Subnetmaske 255.255.255.0 zu.

Dies Zuweisung fester Adressen hat übrigens den Vorteil, dass es gleichgültig ist, welcher Rechner zuerst eingeschaltet wird. Keiner der Rechner muss ja als DHCP-Server fungieren. Auch bei der Konfiguration einer Firewall lassen sich die IP-Adressen der Rechner vorgeben, deren Verbindungsanforderungen von der Firewall durchgelassen werden sollen. Allerdings müssen Sie peinlich genau Buch führen und sicherstellen, dass keine zwei Rechner die gleiche IP-Adresse erhalten. Die feste Zuordnung von IP-Adressen ist daher nur bei kleineren Netzwerken mit wenigen Rechnern praktikabel. Falls Sie später das Netzwerk über einen Router mit DHCP-Server betreiben möchten oder die Internetverbindungsfreigabe nutzen, denken Sie daran, das Optionsfeld *IP-Adresse automatisch beziehen* erneut zu markieren. Kann ein Rechner keine Verbindung mit dem Netzwerk aufnehmen, prüfen Sie, ob diesem eventuell eine feste IP-Adresse zugewiesen wurde, während die anderen automatische IP-Adressen beziehen. Dann müssen Sie das Optionsfeld *IP-Adresse automatisch beziehen* erneut markieren.

Spezialfragen zur Vernetzung

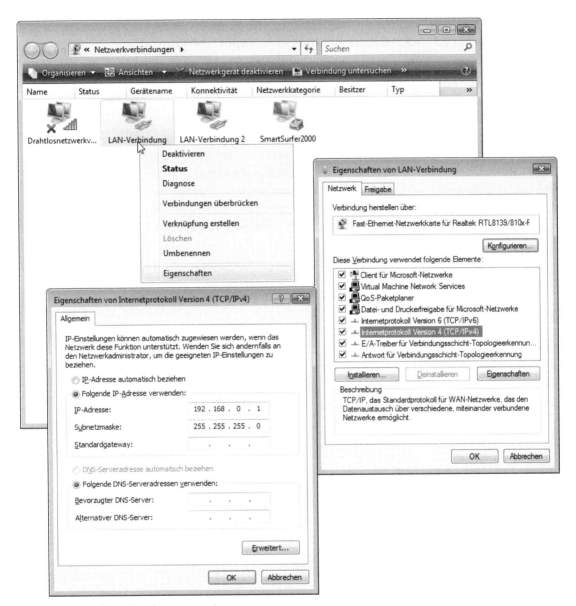

Abbildung 4.29 Feste IP-Adressen zuweisen

Alternative private IP-Adressen verwenden

Betreiben Sie einen Rechner oder ein Notebook in wechselnden Umgebungen, in denen zeitweise ein DHCP-Server vorhanden ist, aber auch eine private IP-Adresse benötigt wird. Die Lösung besteht darin, dass Sie in Windows die Funktion zur automatischen Umschaltung zwischen zwei IP-Konfigurationen nutzen. Beim Start prüft das Betriebssystem, ob eine automatische IP-Adresskonfigurierung möglich ist. Trifft dies nicht zu, greift Windows auf die alternative

Konfiguration zu. Dabei können Sie sogar noch wählen, ob diese private IP-Adresse automatisch (z.B. über APIPA) zugewiesen oder benutzerdefiniert vergeben wird:

1. Melden Sie sich als Administrator an und öffnen Sie das Netzwerk- und Freigabecenter (z.B. über das Ordnerfenster *Netzwerk*).
2. Klicken Sie in der Aufgabenleiste (linke Spalte) des Netzwerk- und Freigabecenters auf den Befehl *Netzwerkverbindungen verwalten*.
3. Sobald das Ordnerfenster *Netzwerkverbindungen* erscheint, klicken Sie das Symbol der zu konfigurierenden LAN-Verbindung mit der rechten Maustaste an und wählen im Kontextmenü den Eintrag *Eigenschaften* (siehe Abbildung 4.29, oben).
4. Im angezeigten Eigenschaftenfenster ist auf der Registerkarte *Netzwerk* der Eintrag *Internetprotokoll Version 4 (TCP/IPv4)* oder *Internetprotokoll Version 6 (TCP/IPv6)* zu markieren. Klicken Sie anschließend auf die Schaltfläche *Eigenschaften* der Registerkarte (siehe Abbildung 4.29, rechts).
5. Auf der Registerkarte *Allgemein* des neu angezeigten Eigenschaftenfensters markieren Sie die Option *Folgende IP-Adresse verwenden*.

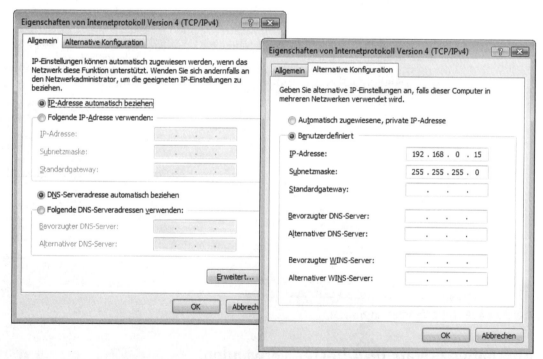

Abbildung 4.30 Alternative IP-Adressen konfigurieren

6. Sie können auf der Registerkarte *Allgemein* die Option *IP-Adresse automatisch beziehen* markiert lassen (Abbildung 4.30, links). Wechseln Sie danach zur Registerkarte *Alternative Konfiguration* und setzen Sie dort die gewünschten Einstellungen.
7. Schließen Sie die geöffneten Dialogfelder und Registerkarten über die *OK*-Schaltflächen.

Soll Windows Vista sich die alternative, private IP-Adresse über APIPA besorgen, markieren Sie das Optionsfeld *Automatisch zugewiesene, private IP-Adresse*. Benötigen Sie eine feste IP-Adresse, markieren Sie das Optionsfeld *Benutzerdefiniert* und tragen anschließend eine feste IP-Adresse samt Subnetzmaske in den betreffenden Feldern ein.

Internetverbindungsfreigabe

Sofern Sie einen (W)LAN-Router mit DSL-Modem zur Vernetzung der Rechner verwenden, stellt dieser den Internetzugang ggf. für alle Netzwerkteilnehmer zur Verfügung. Es gibt aber spezielle Fälle, wo dies so nicht funktioniert. Denken Sie an zwei über ein Crossover-Netzwerkkabel vernetzte Rechner, wobei einer über ein DSL-Modem, ein analoges Modem oder über ISDN mit dem Internet verbunden ist. Dann können Sie Windows Vista anweisen, diese Internetverbindung zur gemeinsamen Nutzung im Netzwerk freizugeben:

1. Öffnen Sie das Netzwerk- und Freigabecenter (z.B. über das Ordnerfenster *Netzwerk*, siehe vorhergehende Seiten) und wählen Sie in dessen Aufgabenleiste (linke Spalte) den Befehl *Netzwerkverbindungen verwalten*.

2. Sobald das Ordnerfenster *Netzwerkverbindungen* erscheint (Abbildung 4.31, oben), klicken Sie das Symbol der gewünschten Verbindung mit der rechten Maustaste an, und wählen Sie dann im Kontextmenü den Eintrag *Eigenschaften* aus.

   Sie müssen das Verbindungssymbol wählen, über dessen Adapter der Zugang zum Internet erfolgt. Dies wird in der Regel eine Wählverbindung oder eine Verbindung zu einem DSL-Modem sein. Sie können auch eine Verbindung zu einem WLAN-Router mit Internetzugang verwenden. Allerdings gibt es Probleme, wenn diese Verbindung auch Bestandteil einer Netzwerkbrücke ist. In diesem Fall muss die Netzwerkbrücke die Verbindung zum Internet freigeben.

3. Nachdem Sie die Sicherheitsabfrage der Benutzerkontensteuerung bestätigt haben, markieren Sie auf der Registerkarte *Netzwerk* (Abbildung 4.31, unten) das Kontrollkästchen *Anderen Benutzern im Netzwerk gestatten, diese Verbindung des Computers als Internetverbindung zu verwenden*.

4. Öffnen Sie ggf. das Listenfeld *Heimnetzwerkverbindung* und wählen Sie dort die W(LAN)-Verbindung, auf der Sie die gemeinsame Nutzung der Internetverbindung gestatten möchten.

5. Bei Bedarf können Sie noch das Kontrollkästchen *Eine Wählverbindung herstellen, wenn ein Computer im Netzwerk auf das Internet zugreift* markieren. Dies ermöglicht Windows, automatisch die Verbindung herzustellen, wenn ein Netzwerkbenutzer eine Internetfunktion benötigt (z.B. den Internet Explorer oder das E-Mail-Programm aufruft und Internetseiten oder Mails abruft).

Abbildung 4.31 Freigabe einer Internetverbindung zur gemeinsamen Nutzung

Sollen Benutzer innerhalb des Netzwerks die Wählverbindung herstellen dürfen, markieren Sie noch das Kontrollkästchen *Anderen Benutzern im Netzwerk gestatten, die gemeinsam genutzte Internetverbindung zu steuern und zu deaktivieren* und schließen Sie die Registerkarte über die *OK*-Schaltfläche.

Über die Schaltfläche *Einstellungen* lässt sich eine Registerkarte öffnen, auf der Sie die Dienste (z.B. FTP-Server, Webserver) vorgeben können, auf welche die Internetbenutzer über die Freigabe zugreifen können. Sobald Sie diese Internetverbindung zur gemeinsamen Benutzung im Netzwerk freigeben, übernimmt der betreffende Rechner die Funktion eines Internet Connection Server (ICS). Andere Vista-Rechner im Netzwerk können den ICS identifizieren.

Internetverbindung per Modem/ISDN

HINWEIS Gibt es Probleme, im Netzwerk eine Internetverbindung herzustellen? Gelegentlich hilft es, wenn Sie auf dem ICS-Rechner das Netzwerk- und Freigabecenter aufrufen und in der Aufgabenleiste den Befehl *Diagnose und Reparatur* aufrufen. Diesen Schritt können Sie auf den betroffenen Clients ebenfalls durchführen. Vor dem Aufruf der Diagnose sollten Sie auch sicherstellen, dass die Einwahlverbindung zum Internet auf dem ICS-Rechner aktiv ist. Achten Sie zusätzlich darauf, dass keine zwei DHCP-Server innerhalb des Netzwerks arbeiten. Erscheint das Dialogfeld aus Abbildung 4.32, wurde zwei Geräten im Netzwerk die gleiche IP-Adresse zugeteilt. Sie müssen dann ggf. das Netzwerk herunterfahren, den ICS-Rechner neu starten und dann die restlichen Rechner im Netzwerk hochfahren. Dies stellt sicher, dass der ICS-Rechner eine feste IP-Adresse erhält.

Wurde die Internetverbindungsfreigabe aktiviert und gibt es Probleme, auf anderen Rechnern im Netzwerk bestimmte Internetseiten abzurufen? Wählen Sie im Menü der Schaltfläche *Extras* den Befehl *Internetoptionen*. Auf der Registerkarte *Verbindungen* des Eigenschaftenfensters klicken Sie auf die Schaltfläche *LAN-Einstellungen*. Im dann eingeblendeten Dialogfeld dürfen die Kontrollkästchen *Automatische Suche der Einstellungen* und *Automatisches Konfigurationsskript* der Gruppe *Automatische Konfiguration* nicht markiert sein. Auch in der Gruppe *Proxyserver* ist die Markierung des Kontrollkästchens *Proxyserver für LAN* zu löschen.

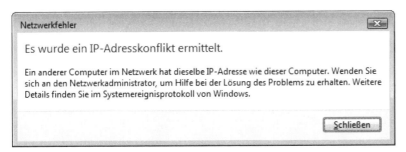

Abbildung 4.32 Meldung bei einem IP-Adresskonflikt

Internetverbindung per Modem/ISDN

Verwenden Sie ein analoges Modem oder eine ISDN-Karte, um eine Einwahlverbindung ins Internet herzustellen. Wie Sie diese Verbindung zur gemeinsamen Nutzung im Netzwerk freigeben, wurde auf den vorherigen Seiten dargestellt. Nachfolgend möchte ich noch kurz erläutern, wie Sie eine solche Einwahlverbindung manuell einrichten und diese Verbindungen auf- bzw. wieder abbauen.

Internet-Einwählverbindung manuell einrichten

Analoge Modems oder ISDN-Karten/USB-Boxen können sich über eine Telefonleitung mit der Einwahlstelle eines Providers verbinden und so einen Internetzugang herstellen. Zuerst müssen Sie die für den Internetzugang benutzte Hardware (Modem, ISDN-Karte) installieren bzw. per USB mit dem Rechner verbinden und die erforderlichen Treiber unter Windows Vista installieren. Konsultieren Sie die, den Geräten beiliegende, Installationsanleitung, um ggf. Details zum Einrichten zu erfahren. Ansonsten gelten die in Kapitel 2 erwähnten Schritte zur Treiberinstallation.

Sobald die oben aufgeführte Hardware funktionsfähig installiert wurde, lässt sich eine Einwahlverbindung unter Windows Vista für den gewünschten Provider anlegen. Im betreffenden Profil werden die Zugangsdaten wie Einwahlnummer des gewünschten Providers, das Benutzerkennwort und die Benutzerkennung sowie ggf. weitere Verbindungsparameter eingetragen. Sind Sie per Vertrag an einen der Provider wie T-Online, AOL etc. gebunden, erhalten Sie von diesen Anbietern meist eine Einwahlsoftware, die Sie unter einem Administratorenkonto installieren. Dabei werden auch die Zugangsdaten abgefragt. Details zum Einrichten der Zugangssoftware entnehmen Sie in diesem Fall den Unterlagen des jeweiligen Providers. Die Alternative besteht darin, eine Internet-by-Call-Einwählverbindung zu verwenden. In diesem Fall bietet es sich an, einen der gängigen Tarifmanager wie den WEB.DE Smartsurfer (*www.smartsurfer.de*) oder Oleco (*www.oleco.de*) zu verwenden.

HINWEIS Die Tarifmanager sollten Sie unter einem Administratorenkonto installieren und dann konfigurieren. Bei der Verwendung des Smartsurfers 5.1 ist darauf zu achten, dass bei einer ISDN-Verbindung nicht irrtümlich das Kontrollkästchen zum doppelt so schnellen Surfen aktiviert ist. Dies bringt zwar die doppelte Geschwindigkeit, belegt aber beide ISDN-Kanäle und verursacht dadurch auch doppelte Kosten. Dies gilt sinngemäß auch bei Verwendung anderer Einwahlprogramme oder bei der Nutzung einer manuell konfigurierten Einwahlverbindung.

Falls Sie eine Einwahlverbindung manuell unter Windows Vista konfigurieren möchten, können Sie dies mit folgenden Schritten tun:

1. Rufen Sie das Netzwerk- und Freigabecenter über die betreffende Schaltfläche des Ordnerfensters *Netzwerk* auf und klicken Sie in der Aufgabenleiste des Freigabecenters auf den Link *Eine Verbindung oder ein Netzwerk einrichten*.
2. Klicken Sie im Dialogfeld *Wählen Sie eine Verbindungsoption aus* (Abbildung 4.33, oben) zunächst auf den Eintrag *Wählverbindung einrichten* und dann auf die *Weiter*-Schaltfläche.
3. Tragen Sie anschließend im Folgedialogfeld (Abbildung 4.33, unten) die benötigten Zugangsdaten für die Einwahlverbindung ein, passen Sie die Einwahloptionen an und klicken Sie auf die *Verbinden*-Schaltfläche.

Die Zugangsdaten für die Einwahlverbindung erfahren Sie von Ihrem Provider. In Abbildung 4.33, unten, habe ich die Daten (Tel. 0192-658, Benutzername MSN, Kennwort MSN) für einen in Deutschland verfügbaren MSN-Internet-by-Call-Einwahlknoten benutzt. Zur Identifizierung der Einwahlverbindung sollten Sie im Textfeld *Verbindungsname* einen aussagekräftigen Text eintragen. Dieser Name taucht im Dialogfeld zum Herstellen der Einwahlverbindung sowie im Fenster zur Verwaltung der Verbindungen auf (siehe die folgenden Seiten).

Über das Kontrollkästchen *Zeichen anzeigen* erreichen Sie, dass das eingegebene Kennwort im Klartext erscheint. Ein markiertes Kontrollkästchen *Dieses Kennwort speichern* ermöglicht Windows, das einmal eingegebene Kennwort für zukünftige Sitzungen zu speichern.

Soll die Verbindung auch von den Nutzern anderer Benutzerkonten nutzbar sein? Oder möchten Sie diese Einwahlverbindung als gemeinsame Internetverbindung über die Internetverbindungsfreigabe im Netzwerk freigeben? Dann müssen Sie im Dialogfeld das Kontrollkästchen *Anderen Benutzern erlauben, die Verbindung zu verwenden* markieren. Bestätigen Sie die Sicherheitsabfrage der Benutzerkontensteuerung.

Internetverbindung per Modem/ISDN

HINWEIS Hängt das Modem oder die ISDN-Karte an einer Telefonanlage, die zum Telefonieren die Eingabe einer Ziffer (0 oder 1) zur Herstellung der Verbindung erfordert? Dann klicken Sie im Dialogfeld *Wählverbindung einrichten* auf den Hyperlink *Wählregeln*. Erscheint das Dialogfeld *Telefon- und Modemoptionen*, müssen Sie einen Standort anwählen und dann die *Bearbeiten*-Schaltfläche anklicken. Ist noch kein Standort eingerichtet, erscheint das Dialogfeld *Standortinformationen*. Tragen Sie ggf. einen Namen für den Standort ein und fügen Sie die Ortskennzahl (Vorwahlnummer) für Ihren Telefonanschluss ein. Ist eine Ziffer für die Amtholung erforderlich, setzen Sie diese in das betreffende Feld ein. Dabei wird noch zwischen Orts-, Fern- und Auslandsgesprächen unterschieden. Verlassen Sie Dialogfeld über die *OK*-Schaltfläche.

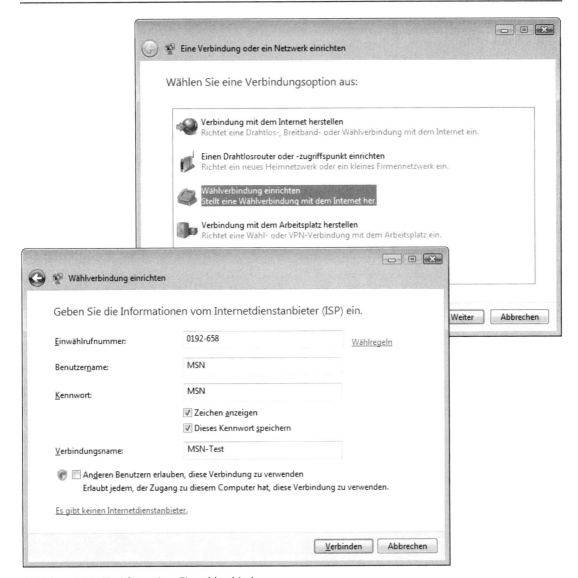

Abbildung 4.33 Einrichten einer Einwählverbindung

Kapitel 4:   Das Netzwerk einrichten

Wurden die korrekten Verbindungsdaten im Dialogfeld *Wählverbindung einrichten* eingetragen, stellt die Schaltfläche *Verbinden* die Internetverbindung her. Ein Dialogfeld informiert Sie über den erfolgreichen Verbindungsaufbau. Das Trennen der Internetverbindung ist auf den folgenden Seiten beschrieben.

Einwahlverbindung anpassen

Sobald Sie die Einwahlverbindung eingerichtet haben, können Sie die Konfiguration einsehen und bei Bedarf anpassen. Hierzu gehen Sie in folgenden Schritten vor:

1. Öffnen Sie das Netzwerk- und Freigabecenter über die betreffende Schaltfläche des Ordnerfensters *Netzwerk*.
2. Klicken Sie in der Aufgabenleiste des Freigabecenters auf den Link *Netzwerkverbindungen verwalten*.

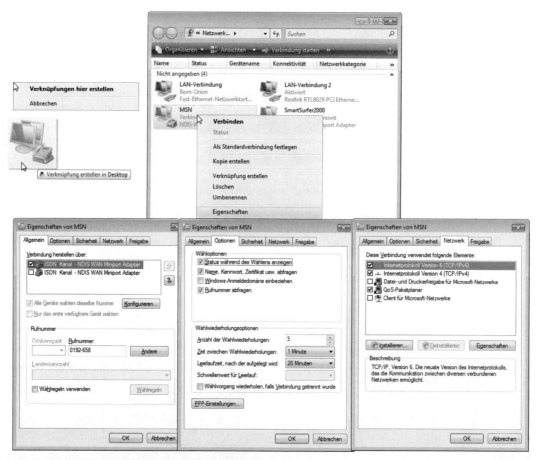

Abbildung 4.34   Optionen der Einwählverbindung anpassen

3. Im Ordnerfenster *Netzwerkverbindungen* (Abbildung 4.34, oben) klicken Sie den Eintrag der Einwählverbindung mit der rechten Maustaste an und wählen im Kontextmenü den Eintrag *Eigenschaften*.
4. Anschließend können Sie im Eigenschaftenfenster (Abbildung 4.34, unten) die Optionen der Einwahlverbindung auf den verschiedenen Registerkarten einsehen bzw. anpassen und Änderungen mittels der *OK*-Schaltfläche übernehmen.

Auf der Registerkarte *Allgemein* finden Sie nicht nur die Einwahlnummer, sondern auch die verfügbaren Geräte (Modem, ISDN-Karten), die bei einer Einwahlverbindung nutzbar sind. Bei ISDN-Karten sollten Sie darauf achten, dass nur das Kontrollkästchen für einen ISDN-Kanal markiert ist. Andernfalls nutzen Sie eine Kanalbündelung mit beiden ISDN-Kanälen. Dann ist nicht nur Ihr ISDN-Anschluss bei laufender Internetverbindung belegt. Es fallen auch doppelte Verbindungskosten an. Über das Kontrollkästchen *Wählregeln verwenden* steuern Sie, ob eine über das Dialogfeld *Standortinformationen* vorgegebene Kennziffer zur Amtholung zu verwenden ist. Die Registerkarte *Optionen* ermöglicht Ihnen u.a. die Zeitintervalle zum Trennen bei leerlaufender Internetverbindung festzulegen. Auf der Registerkarte *Netzwerk* können Sie über die Kontrollkästchen die Bindungen an Dienste oder Protokolle aufheben. Für eine Internetverbindung sind die Datei- und Druckerfreigabe oder der Client für Microsoft-Netzwerke nicht erforderlich.

TIPP Um die Einwahlverbindung einfacher auf- und wieder abbauen zu können, sollten Sie sich eine Verknüpfung auf dem Desktop anlegen. Ziehen Sie das Symbol der Einwahlverbindung bei gedrückter rechter Maustaste aus dem Ordnerfenster *Einwahlverbindungen* zum Desktop (Abbildung 4.34), lassen die Maustaste los und wählen dann im Kontextmenü den Eintrag *Verknüpfungen hier erstellen*.

Internet-Einwahlverbindung aufbauen und trennen

Bei Einwahlverbindungen müssen Sie die Verbindung zum Internet explizit aufbauen und bei Bedarf wieder trennen. Windows Vista bietet Ihnen hierzu verschiedene Möglichkeiten.

- Wählen Sie das ggf. auf dem Desktop angelegte Verknüpfungssymbol für die Einwählverbindung per Doppelklick an.
- Öffnen Sie das Netzwerk- und Freigabecenter, klicken in der Aufgabenleiste auf den Befehl *Netzwerkverbindungen verwalten* und doppelklicken im Ordnerfenster *Netzwerkverbindungen* auf das Verbindungssymbol.
- Wählen Sie im Startmenü den Befehl *Verbindung herstellen*, klicken im Dialogfeld *Verbindung mit einem Netzwerk herstellen* (Abbildung 4.35, Hintergrund) auf die gewünschte Einwahlverbindung und klicken auf die *Verbinden*-Schaltfläche.

In allen Fällen erscheint das in Abbildung 4.35, unten, gezeigte Dialogfeld. Korrigieren Sie dort ggf. noch den Benutzernamen und klicken Sie anschließend auf die *Wählen*-Schaltfläche. Sie werden dann durch Dialogfelder über die Einwahl und den erfolgreichen Verbindungsaufbau informiert. Im Gegensatz zu Windows XP zeigt Windows Vista aber eine bestehende Verbindung nicht mehr im Infobereich der Taskleiste an.

Abbildung 4.35 Einwahldialogfeld für Internetverbindungen

Um die Verbindung zu trennen, gehen Sie wie beim Verbindungsaufbau vor und wählen die Wählverbindung an. Im daraufhin angezeigten Dialogfeld brauchen Sie dann nur noch die mit *Trennen* beschriftete Schaltfläche anzuklicken, um die Verbindung aufzuheben.

Internetverbindung per Modem/ISDN

Abbildung 4.36 Dialogfeld des Smartsurfers zum Verbindungsauf- und -abbau

---

HINWEIS Verwenden Sie einen Tarifmanager wie den Smartsurfer oder eine Einwahlsoftware, kann der Ablauf zum Aufbau und Trennen der Verbindung eventuell abweichen. Solche Programme legen häufig ein Verknüpfungssymbol auf dem Desktop oder im Startmenü ab, über den der Verbindungsaufbau angestoßen werden kann. Die Tarifmanager stellen ein eigenes Dialogfeld zur Verbindungsauswahl bereit (Abbildung 4.36). Bei aktiver Internetverbindung wird dies durch ein kleines Symbol im Infobereich der Taskleiste signalisiert. Per Klick auf dieses Symbol können Sie das Dialogfeld des Tarifmanagers einblenden und die Verbindung über die *Trennen*-Schaltfläche beenden.

Kapitel 5

Freigaben verwalten und nutzen

In diesem Kapitel:

Netzwerkfreigaben in Windows Vista	158
Freigaben unter Windows XP vornehmen	176
Zugriff auf Netzwerkfreigaben	178
Netzlaufwerke verwalten	184
Netzwerkdrucker einrichten und verwalten	189

Sobald Sie das Netzwerk (LAN oder WLAN) entsprechend den Ausführungen in den vorherigen Kapiteln eingerichtet haben, können Sie mit der Nutzung beginnen. Um gemeinsam auf Dateien, Ordner oder Laufwerke zugreifen oder Drucker nutzen zu können, müssen die entsprechenden Freigaben auf dem jeweiligen Rechner erfolgen. Dieses Kapitel zeigt, wie das Freigeben von Netzwerkressourcen funktioniert und was Sie dabei beachten sollten. Zudem erfahren Sie, wie sich über das Netzwerk auf freigegebene Ressourcen zugreifen lässt.

Netzwerkfreigaben in Windows Vista

Die Freigaben für Laufwerke oder Ordner lassen sich in Windows Vista über einen Freigabe-Assistenten oder über die erweiterte Netzwerkfreigabe durchführen. Dabei können Sie auch festlegen, welche Zugriffsrechte die Netzwerknutzer auf die Freigaben haben. In den folgenden Abschnitten wird gezeigt, wie sich diese Freigaben in Windows Vista erteilen oder auch wieder entziehen lassen.

Freigabe über den Ordner *Öffentlich*

Der von Windows Vista bereitgestellte Ordner *Öffentlich* steht standardmäßig allen Benutzern des lokalen Computers zur gemeinsamen Nutzung zur Verfügung. Auf den folgenden Seiten lernen Sie, wie ein Administrator bei Bedarf den Inhalt verschiedener Ordner oder ganze Laufwerke im Netzwerk freigeben kann. Möchten Sie sich nicht mit diesen Details der Freigabe befassen? Dann aktivieren Sie als Administrator im Netzwerk- und Freigabecenter die Option *Freigabe des öffentlichen Ordners* (siehe Kapitel 4), und legen Sie den Zugriffsmodus (nur lesen, oder auch ändern) fest. Windows erteilt dann automatisch die Freigabe.

Personen, die am lokalen Computer unter verschiedenen Benutzerkonten arbeiten, können dann ihre Dateien in den Ordner *Öffentlich* kopieren. Dessen Inhalt steht dann allen anderen Benutzern im Netzwerk zur Verfügung. Beachten Sie aber, dass die Freigabe nur pauschal wirkt. Je nach der von Ihnen im Netzwerk- und Freigabecenter eingestellten Option haben alle Personen im Netzwerk nur lesenden oder auch schreibenden Zugriff auf diesen Ordner. Möchten Sie einzelnen Personen nur lesenden Zugriff gewähren, während andere Personen auch in den Ordner schreiben dürfen, sind Sie auf die nachfolgend beschriebenen Funktionen zur Verwaltung von Freigaben angewiesen.

Ordnerfreigaben mit dem Freigabe-Assistent erteilen

Sollen andere Benutzer im Netzwerk auf die Inhalte verschiedener Ordner Ihres Rechners zugreifen, muss der Administrator die betreffenden Ordner ausdrücklich freigeben. Vorausgesetzt, die Freigabe von Dateien ist im Netzwerk- und Freigabecenter zugelassen, können Sie die vereinfachte Ordnerfreigabe verwenden und die folgenden Schritte ausführen.

Netzwerkfreigaben in Windows Vista

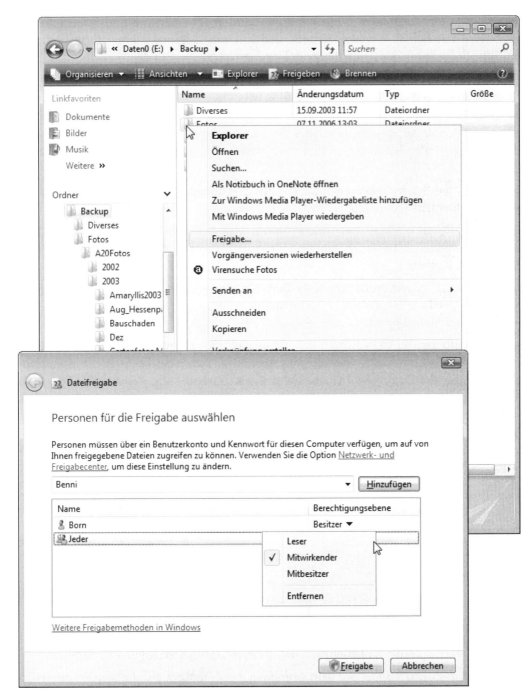

Abbildung 5.1 Freigabe eines Ordners in Windows Vista

1. Öffnen Sie das Ordnerfenster mit dem freizugebenden Ordner bzw. den freizugebenden Dateien.

2. Klicken Sie den freizugebenden Ordner mit der rechten Maustaste an und wählen Sie im Kontextmenü den Befehl *Freigabe* (Abbildung 5.1, oben). Alternativ können Sie auch die Schaltfläche *Freigeben* in der Symbolleiste des Ordnerfensters verwenden.
3. Sobald Windows das Dialogfeld *Dateifreigabe* (Abbildung 5.1, unten) des Freigabe-Assistenten öffnet, legen Sie die Freigabeoptionen gemäß den folgenden Erläuterungen fest.

Das Dialogfeld *Dateifreigabe* listet in der Spalte *Name* alle Benutzer auf, die Zugriff über das Netzwerk auf den Inhalt der Freigabe erhalten sollen. Am rechten Rand einer Zeile erkennen Sie, welche Rolle dem betreffenden Benutzer über das Netzwerk bei Zugriffen auf die Freigabe zugestanden wird:

- *Leser:* Der Nutzer des betreffenden Benutzerkontos darf über das Netzwerk nur lesend auf die freigegebenen Elemente zugreifen.
- *Mitwirkender:* Diese Rolle gestattet dem Nutzer des betreffenden Benutzerkontos, die Dateien anzuzeigen, selbst Dateien zum Ordner hinzuzufügen und diese eigenen Dateien zu ändern oder zu löschen.
- *Mitbesitzer:* Ein Benutzerkonto mit dieser Berechtigung ermöglicht dem Benutzer neben dem Anzeigen der Dateien auch neue Elemente hinzuzufügen. Zudem darf dieser Benutzer alle Elemente der Freigabe ändern oder löschen.

Die Zugriffsberechtigung *Besitzer* wird nur dem Benutzerkonto eingeräumt, unter dem der Ordner angelegt wurde bzw. welches als Besitzer eingetragen ist. Der Freigabe-Assistent listet automatisch den Besitzer des Ordners im Dialogfeld mit dem Zugriffsrecht *Besitzer* auf. Dies stellt sicher, dass dieser Besitzer von einem Netzwerkrechner auf seine eigenen Dateien zugreifen kann. Möchten Sie weiteren Benutzern den Zugriff auf die Freigabe gewähren? Dann öffnen Sie das Listenfeld im Dialogfeld *Dateifreigabe* (Abbildung 5.1, unten) und wählen einen der angebotenen Einträge (Abbildung 5.2) aus. Anschließend übertragen Sie diesen mittels der *Hinzufügen*-Schaltfläche in die Liste der berechtigten Personen.

Abbildung 5.2 Benutzer für den Zugriff auf die Freigabe auswählen

- Über die Namen der Benutzerkonten in der Liste lassen sich mehrere Einzelbenutzer individuell über die *Hinzufügen*-Schaltfläche in die Liste der Zugriffsberechtigten aufnehmen.
- Sollen alle Benutzer mit Konten auf dem Computer per Netzwerk auf die Dateien zugreifen dürfen, wählen Sie im Listenfeld den Wert *Jeder (Alle Benutzer in dieser Liste)*. Ist zusätzlich die Option *Kennwortgeschütztes Freigeben* im Netzwerk- und Freigabecenter ausgeschaltet, können auch Benutzer eines aktivierten Gastkontos über das Netzwerk auf diese Freigaben zugreifen. Aus Sicherheitsgründen sollte diese Konfiguration aber nicht benutzt werden.

- Eine Person, die noch nicht aufgeführt ist, können Sie den Eintrag *Neuen Benutzer erstellen* im Listenfeld wählen. Windows öffnet die Formulare der Benutzerkontenverwaltung. Sie können dann ein Konto mit dem Benutzernamen der betreffenden Person einrichten.

Liegt die Liste der zugriffsberechtigten Personen im Dialogfeld *Dateifreigabe* vor, können Sie diesen noch Zugriffsrechte zuweisen. Klicken Sie in der rechten Spalte *Berechtigungsebene* auf den Pfeil zum Öffnen des Dropdown-Menüs und wählen einen der angegebenen Befehle *Leser*, *Mitwirkender* oder *Mitbesitzer* aus (Abbildung 5.1, unten). Der Menübefehl *Entfernen* ermöglicht Ihnen, einen bereits in die Liste aufgenommen Eintrag wieder zu löschen und somit den Zugriff zu entziehen. Sind die berechtigten Personen mitsamt ihrer Rolle im Dialogfeld *Dateifreigabe* (Abbildung 5.1, unten) eingetragen? Dann führen Sie folgende Schritte aus:

1. Klicken Sie im Dialogfeld *Dateifreigabe* (Abbildung 5.1, unten) auf die Schaltfläche *Freigabe*.
2. Bestätigen Sie die Sicherheitsabfrage der Benutzerkontensteuerung über die Schaltfläche *Fortsetzen* (falls Sie unter einem Administratorenkonto arbeiten) oder über das Kennwort des angezeigten Administratorenkontos und die *OK*-Schaltfläche, falls Sie unter einem Standardkonto arbeiten.
3. Warten Sie, bis Windows die Freigabe erstellt hat und das Dialogfeld *Der Ordner wurde freigegeben* mit dem freigegebenen Ordner einblendet (Abbildung 5.3).

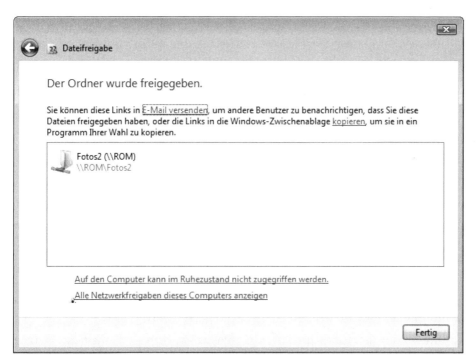

Abbildung 5.3 Anzeige nach erfolgreicher Freigabe

4. Bei Bedarf können Sie auf die im Dialogfeld eingeblendeten Hyperlinks klicken, um den Link auf den Freigabeordner in einer E-Mail aufzunehmen oder in die Windows-Zwischenablage zu übertragen und in einer anderen Anwendung zu übernehmen.

5. Möchten Sie eventuell noch etwas an der Freigabe korrigieren, können Sie über die am linken oberen Dialogfeldrand sichtbare Schaltfläche *Wechselt zur vorherigen Seite zurück* zum Dialogfeld aus Abbildung 5.1, unten, zurückkehren.
6. Sind alle Optionen gewählt, schließen Sie das Dialogfeld *Der Ordner wurde freigegeben* des Freigabe-Assistenten über die *Fertig*-Schaltfläche.

Der Ordner ist dann im Netzwerk zur Nutzung durch den berechtigten Personenkreis freigegeben. Wer auf diese Freigabe zugreifen darf und welche Zugriffsrechte er hat, legen Sie im Freigabedialog fest. Im Dialogfeld *Dateifreigabe* (Abbildung 5.1, unten) weist Windows Vista Sie bereits darauf hin, ob der Netzwerkbenutzer über ein Konto mit einem Kennwort verfügen muss. Die Steuerung erfolgt über die Option *Kennwortgeschützte Freigaben* (siehe das vorherige Kapitel 4).

HINWEIS Sie können den Kontextmenübefehl *Freigabe* auch für die im Startmenü gezeigten Ordner *Dokumente*, *Bilder* und *Musik* abrufen. Beim Profilordner Ihres Benutzerkontos steht der Kontextmenübefehl weder im Startmenü noch auf dem Desktop zur Verfügung. Fehlt der Kontextmenübefehl *Freigabe* bei Anwahl eines anderen Ordners? Dann prüfen Sie bitte, ob die Dateifreigabe im Netzwerk- und Freigabecenter vielleicht noch gesperrt ist. Möchten Sie sich nicht mit diesen Details der Freigabe befassen? Dann aktivieren Sie als Administrator im Netzwerk- und Freigabecenter die Option *Freigabe des öffentlichen Ordners* und legen Sie den Zugriffsmodus (nur lesen oder auch ändern) fest. Windows erteilt dann automatisch die Freigabe. Personen, die am lokalen Computer unter verschiedenen Benutzerkonten arbeiten, müssen dann ihre Dateien in den Ordner *Öffentlich* kopieren. Dessen Inhalt steht dann allen anderen Benutzern im Netzwerk zur Verfügung. Beachten Sie auch, dass sich der Freigabe-Assistent in Windows Vista abschalten lässt. Dann steht Ihnen das in Abbildung 5.1, unten, gezeigte Dialogfeld des Freigabe-Assistenten nicht zur Verfügung (siehe auch die folgenden Seiten).

Freigaben des Computer kontrollieren

Wenn Sie als Administrator verschiedene Ordner freigeben, geht vielleicht der Überblick verloren, was denn alles freigegeben wurde. Als Administrator können Sie aber sehr leicht verfolgen, welche Freigaben auf dem betreffenden Computer bereits erteilt wurden. Windows Vista stellt Ihnen dazu sogar verschiedene Möglichkeiten bereit:

- Haben Sie gerade eine Freigabe erteilt und ist das Dialogfeld *Der Ordner wurde freigegeben* noch sichtbar (Abbildung 5.3)? Dann klicken Sie auf den am unteren Dialogfeldrand eingeblendeten Hyperlink *Alle Netzwerkfreigaben dieses Computers anzeigen*.
- Ist das Dialogfeld bereits geschlossen, oder möchten Sie die Kontrolle ggf. über das Netzwerk durchführen? Öffnen Sie einfach das Ordnerfenster *Netzwerk* (z.B. über den betreffenden Startmenüeintrag) und navigieren Sie zum betreffenden Netzwerkrechner.

Windows Vista öffnet dann letztendlich das Ordnerfenster, in dem der Inhalt des Netzwerks gezeigt wird (Abbildung 5.4). In der Navigationsleiste sehen Sie dann die Computer, die im Netzwerk gefunden wurden. Wählen Sie den gewünschten Rechner in der Navigationsleiste an, erscheinen dessen Netzwerkfreigaben in der rechten Spalte des Ordnerfensters. In Abbildung 5.4 lässt sich erkennen, dass neben dem gerade freigegebenen Ordner *Fotos* noch ein zweiter Ordner *Texte* bereits als Freigabe vorhanden ist. Zudem sind bereits ein Ordner *Drucker* und ein Netzwerkdrucker mit dem Namen *fs-1030d* als Freigaben vorhanden.

Netzwerkfreigaben in Windows Vista

HINWEIS   In der Navigationsleiste des Ordnerfensters mit den Freigaben werden keine freigegebenen Drucker eingeblendet. Sie sehen dort nur den Netzwerkordner *Drucker*, der alle auf diesem Rechner im Netzwerk freigegebenen Netzwerkdrucker zusammenfasst. Die Einzelsymbole der Druckerfreigaben werden Ihnen aber auch direkt im rechten Teil des Ordnerfensters mit den Freigaben eingeblendet.

Freigaben des eigenen Rechners erkennen Sie als Nutzer, ohne direkt auf das Ordnerfenster *Netzwerk* zugreifen zu müssen. Bei freigegebenen Elementen wie Ordner, Laufwerke oder Drucker wird in der linken unteren Ecke des Symbols eine Darstellung von zwei stilisierten Personen eingeblendet (siehe den markierten Ordner in Abbildung 5.5). Beachten Sie aber, dass es bei Verwendung des Freigabe-Assistenten eventuell Abweichungen gibt, welche Ordner der lokale Benutzer oder ein Netzwerkbenutzer im Ordnerfenster *Netzwerk* für den jeweiligen Netzwerkrechner zu sehen bekommt. Während der lokale Benutzer über die mit *Users* betitelte Freigabe neben dem freigegebenen Benutzerordner auch den Ordner *Öffentlich* sehen kann (siehe Abbildung 5.8, oben links, im Abschnitt »Einschränkungen und Probleme mit der Ordnerfreigabe«), erhält ein Netzwerkbenutzer nur Zugriff auf den Profilordner des Benutzerkontos, in dem ein Ordner freigegeben wurde (siehe Abbildung 5.8, unten rechts).

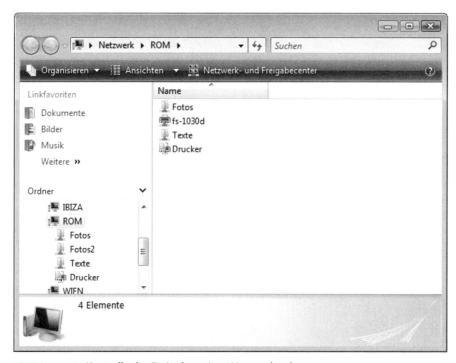

Abbildung 5.4   Kontrolle der Freigaben eines Netzwerkrechners

Freigabe anpassen oder aufheben

Sollen zu einer bereits bestehenden Freigabe neue Benutzer hinzugefügt werden? Möchten Sie die Zugriffsberechtigungen für eingetragene Benutzer anpassen oder soll die Freigabe wieder zurückgezogen werden? Dies lässt sich ebenfalls sehr elegant über den Freigabe-Assistenten durchführen:

1. Öffnen Sie das Ordnerfenster *Computer* oder den Benutzerordner und navigieren Sie zu dem freigegebenen Ordner (erkennbar an dem eingeblendeten Freigabesymbol).

2. Klicken Sie diesen Ordner mit der rechten Maustaste an und wählen Sie im Kontextmenü den Eintrag *Freigabe* (Abbildung 5.5) aus. Alternativ können Sie auch die Schaltfläche *Freigeben* in der Symbolleiste des Ordnerfensters verwenden.

3. Sobald Windows das Dialogfeld *Dateifreigabe* öffnet (Abbildung 5.6, zweites Dialogfeld von oben), klicken Sie auf den Befehl *Freigabe beenden* und bestätigen anschließend die Sicherheitsabfrage der Benutzerkontensteuerung.

Sobald die Administratorenberechtigung nachgewiesen wurde, beginnt der Freigabe-Assistent mit dem Aufheben der Freigabe. Dieser Vorgang kann, abhängig vom Umfang des betreffenden Ordners, einige Minuten dauern. Konnte der Vorgang erfolgreich abgeschlossen werden, erscheint das in Abbildung 5.6, oben, gezeigte Dialogfeld und Sie können den Vorgang über die *Fertig*-Schaltfläche abschließen.

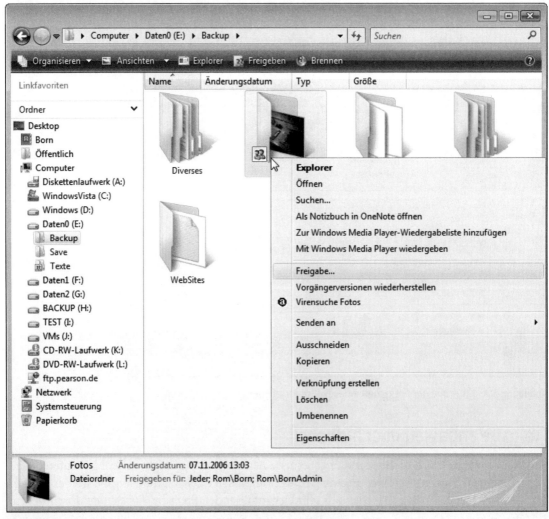

Abbildung 5.5 Freigabeverwaltung aus einem Ordnerfenster aufrufen

HINWEIS Bei manchen Ordnern (speziell bei Verzeichnissen, die im Benutzerprofil liegen) lässt sich die Freigabe aber nicht immer aufheben. Dann erscheint nach einiger Zeit das zweitunterste Dialogfeld aus Abbildung 5.6. Über den Hyperlink *Klicken Sie hier, um Informationen* ... blendet Windows Vista das unterste Dialogfeld aus Abbildung 5.6 ein. Dort finden Sie den kompletten Freigabepfad sowie Informationen, warum das Aufheben der Freigabe konkret gescheitert ist. In Abbildung 5.6 meldet Windows zum Beispiel, dass die Freigabe nicht aufgehoben werden konnte, weil der betreffende Ordner in einem übergeordneten Verzeichnis enthalten ist, welches seinerseits aber im Netzwerk bereits freigegeben wurde. Der Konflikt tritt bevorzugt auf, wenn Freigaben auf Benutzerordner per Freigabeassistent eingerichtet wurden. Abhilfe bringt das Verwenden der erweiterten Freigabe (siehe folgende Seiten).

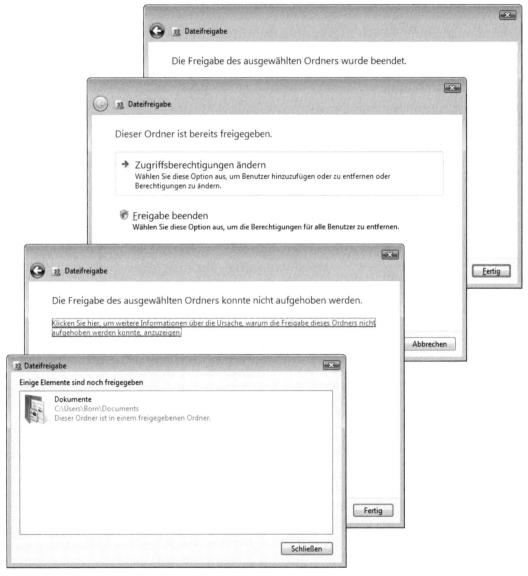

Abbildung 5.6 Dialogfelder beim Aufheben einer Freigabe

Möchten Sie die Freigabeberechtigungen für einen freigegebenen Ordner nachträglich anpassen (z.B. weitere Benutzer hinzufügen, Benutzer entfernen oder einfach die Rolle eines Benutzers ändern? Auch dies lässt sich mit folgenden Schritten erledigen:

1. Klicken Sie diesen Ordner mit der rechten Maustaste an und wählen Sie im Kontextmenü den Befehl *Freigabe* (Abbildung 5.5) bzw. verwenden Sie die Schaltfläche *Freigeben* in der Symbolleiste des Ordnerfensters.
2. Im Dialogfeld *Dateifreigabe* (Abbildung 5.6, zweites Dialogfeld von oben), klicken Sie auf den Befehl *Zugriffsberechtigungen ändern*.
3. Im Dialogfeld *Personen für die Freigabe auswählen* (Abbildung 5.7) passen Sie die Freigabeberechtigungen gemäß Ihren Wünschen an.
4. Klicken Sie danach auf die Schaltfläche *Freigabe*, bestätigen die Sicherheitsabfrage der Benutzerkontensteuerung und warten, bis die Berechtigungen angepasst wurden.

Die Berechtigungen lassen sich wie beim Erteilen einer Freigabe (siehe die vorhergehenden Seiten) setzen, anpassen oder löschen. Über das Listenfeld können Sie weitere Personen zur Freigabe hinzufügen. Bestehende Einträge lassen sich in der Liste per Mausklick markieren. Dann können Sie über das Menü der Einträge in der Rubrik *Berechtigungsebene* die Rolle der jeweiligen Person definieren oder den Eintrag über den Befehl *Entfernen* aus der Liste löschen.

Abbildung 5.7 Dialogfeld zum Ändern der Zugriffsberechtigungen

Einschränkungen und Probleme mit der Ordnerfreigabe

Im Auslieferungszustand von Windows Vista ist der Freigabe-Assistent eingeschaltet. Dieser Assistent ermöglicht auch weniger erfahrenen Benutzern, die über Administratorenberechtigungen verfügen, Netzwerkfreigaben zu erteilen und wieder zurückzuziehen. Allerdings gibt es einige Einschränkungen beziehungsweise Unschönheiten, die generell bei Freigaben bzw. besonders bei Verwendung des Freigabe-Assistenten zu berücksichtigen sind.

- Die Freigabe von Geräten wie Laufwerke und Drucker ist über den Freigabe-Assistenten nicht möglich. Dort kommen eigene Freigabedialoge zum Einsatz (siehe folgende Seiten).

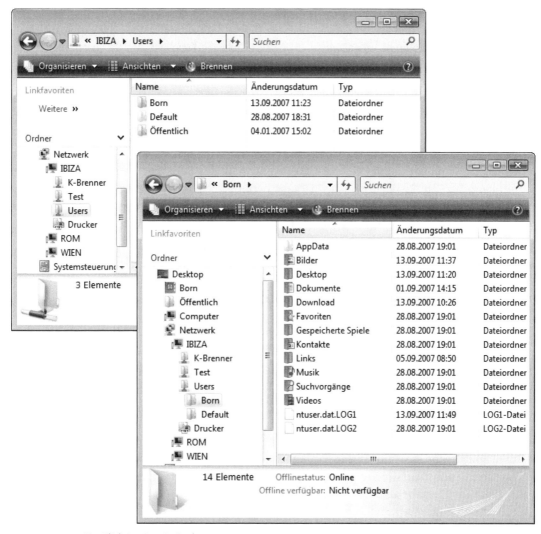

Abbildung 5.8 Ein Blick in eine Freigabe

- Geben Sie einen Ordner (z.B. *Dokumente, Musik* etc.) aus Ihrem Benutzerprofil über die Freigabe-Assistenten im Netzwerk frei, erscheint diese Freigabe nicht mit dem jeweiligen Ordnernamen im Netzwerk. Vielmehr gibt der Assistent den gesamten Pfad, angefangen vom Ordner *Users* bis zum eigentlichen Benutzerordner, frei (Abbildung 5.8).

Der letzte Punkt kann durchaus etwas Verwirrung hervorrufen, da Anwender erst durch einen Ordnerzweig zur gewünschten Freigabe navigieren müssen. Zudem gibt es die unschöne Situation, dass z.B. bei der Freigabe des Ordners *Dokumente* plötzlich der gesamte Profilordner für Dritte im Netzwerk sichtbar und (im Rahmen der erteilten Zugriffsberechtigungen) zugreifbar ist (Abbildung 5.8, unten rechts).

> **HINWEIS** Zusätzlich können Sie in der Navigationsleiste eines Ordnerfensters den Zweig *Suchvorgänge/Freigegeben* anwählen. Dann werden ggf. freigegebene Ordner des Benutzerkontos angezeigt. Administratoren können zudem in der Computerverwaltung eine Übersicht über die Freigaben des Rechners abrufen und bei Bedarf sogar Benutzerfreigaben beenden.

Auf die Diskrepanz, dass der freigebende Benutzer im Netzwerkordner auch den Ordner *Öffentlich* im Pfad *Users* sehen kann (Abbildung 5.8, oben links) wurde bereits oben hingewiesen. An dieser Stelle möchte ich noch auf einige andere Probleme im Zusammenhang mit Freigaben von Ordnern im Netzwerk eingehen, die Sie als Administrator kennen sollten:

- Es wurde bereits in Kapitel 4 erwähnt: Die Frage, ob der Benutzer eines Netzwerkcomputers ein Kennwort zum Zugriff auf die Freigabe benötigt, wird im Netzwerk- und Freigabecenter des freigebenden Systems über die Option *Kennwortgeschützte Freigaben* verwaltet. In den Dialogfeldern zur Freigabe erhalten Sie aber einen Hinweis, ob Benutzer im Netzwerk ein Kennwort benötigen, um auf die Freigaben zuzugreifen.

- Auf den vorhergehenden Seiten wird darauf hingewiesen, dass Freigaben nur mit Administratorenberechtigungen erteilt werden können. Ruft der Benutzer das Dialogfeld *Dateifreigabe* (Abbildung 5.1, unten) des Freigabe-Assistenten auf, fehlt gelegentlich in der Schaltfläche *Freigabe* das Symbol, welches den Aufruf der Benutzerkontensteuerung signalisiert. Der Benutzer kann ohne Administratorenkennwort die Freigabe erteilen. Hintergrund: In diesem Fall existiert bereits eine Freigabe im betreffenden Ordnerpfad und der Benutzer kann Freigabeberechtigungen auf untergeordnete Ordner erteilen, erweitern oder selbst vergebene Berechtigungen auch wieder entziehen. Typischerweise erfolgt die Freigabe des Ordners *Users* durch den Freigabe-Assistenten, sobald der Administrator erstmalig einen Benutzerordner freigibt.

- Haben Sie einen eigenen Benutzerordner (z.B. *Dokumente*) freigegeben, das Freigabesymbol wird aber nicht im Ordnersymbol eingeblendet? Dann prüfen Sie bitte, ob noch andere Benutzer Zugriff auf die Freigabe besitzen. Windows Vista erteilt dem aktuellen Nutzer automatisch die Freigabe als Besitzer, sobald ein Ordner im Zweig *Users* freigegeben ist. Erst wenn Sie explizit einen weiteren Benutzer (oder *Jeder*) zur Freigabe des betreffenden Ordners hinzufügen, erscheint auch das Freigabesymbol.

Um zumindest einige der obigen Effekte zu vermeiden, ist meine Empfehlung, den Freigabe-Assistenten abzuschalten und mit den nachfolgend beschriebenen Methoden zu arbeiten.

Erweiterter Freigabemodus in Windows Vista verwenden

Zur Freigabe von Laufwerken oder anderen Geräten wie Drucker kann der Freigabe-Assistent nicht genutzt werden. Windows Vista stellt für diese Elemente eigene Dialogfelder zur Freigabeverwaltung bereit. Um gezielter auf Freigaben zugreifen und mit einheitlichen Dialogfeldern arbeiten zu können, lässt sich der Freigabe-Assistent abschalten. Dann können Sie die Dialogfelder zur Laufwerksfreigabe auch für Ordnerfreigaben nutzen. Wie dies funktioniert, ist in den folgenden Abschnitten erläutert.

Den Freigabe-Assistenten abschalten

Der Freigabe-Assistent lässt sich von jedem Benutzer mit wenigen Mausklicks ein- oder ausschalten.

Abbildung 5.9 Den Freigabe-Assistent abschalten

1. Rufen Sie ein Ordnerfenster (z.B. *Computer*) über den betreffenden Eintrag des Startmenüs auf.
2. Klicken Sie in der Symbolleiste auf die Schaltfläche *Organisieren* und wählen Sie im eingeblendeten Menü den Befehl *Ordner- und Suchoptionen* (Abbildung 5.9, oben).
3. Wechseln Sie zur Registerkarte *Ansicht* und löschen Sie dort die Markierung des Kontrollkästchens *Freigabe-Assistent verwenden (empfohlen)* (Abbildung 5.9, unten).

Sobald Sie die Registerkarte über die *OK*-Schaltfläche schließen, werden die Einstellungen wirksam. Rufen Sie das nächste Mal den Kontextmenübefehl *Freigabe* auf, erscheint statt des Freigabe-Assistenten direkt das Eigenschaftenfenster mit der Registerkarte *Freigabe*.

Ordner mit der erweiterten Freigabe verwalten

Haben Sie den Freigabe-Assistenten abgeschaltet, sind zur Freigabe eines Ordners durch einen Administrator die nachfolgend beschriebenen Schritte durchzuführen:

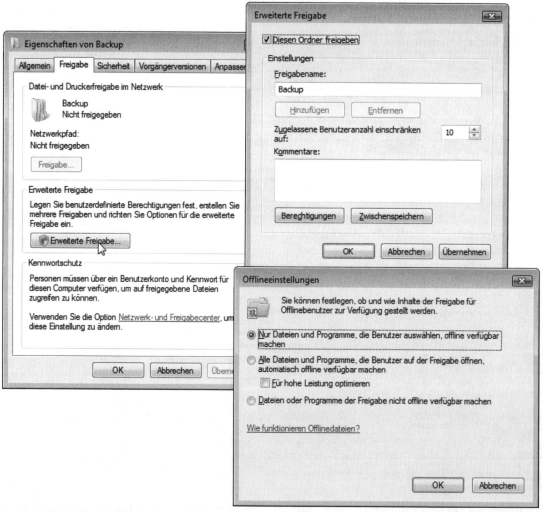

Abbildung 5.10 Erweiterte Freigabe eines Ordners

1. Öffnen Sie das Ordnerfenster *Computer*, navigieren Sie zum gewünschte Ordner, klicken Sie diesen mit der rechten Maustaste an und wählen Sie über das Kontextmenü den Befehl *Freigabe* auf.

2. Wechseln Sie im Eigenschaftenfenster des Laufwerks zur Registerkarte *Freigabe* (Abbildung 5.10, links) und klicken Sie auf die Schaltfläche *Erweiterte Freigabe*.
3. Bestätigen Sie die Sicherheitsabfrage der Benutzerkontensteuerung bzw. geben Sie ein Administratorkonto samt Kennwort an, um den Vorgang fortzusetzen.
4. Im Dialogfeld *Erweiterte Freigabe* (Abbildung 5.10, oben rechts) ist zuerst das Kontrollkästchen *Diesen Ordner freigeben* zu markieren.
5. Passen Sie bei Bedarf den Freigabenamen für den Ordner im zugehörigen Textfeld an. Weiterhin können Sie einen passenden Text im Kommentarfeld eintragen.
6. Standardmäßig kann Windows Vista bis zu zehn Benutzern gleichzeitig den Zugriff auf die Freigabe gewähren. Möchten Sie dies aus Leistungsgründen beschränken, setzen Sie den Wert im Drehfeld *Zugelassene Benutzerzahl einschränken auf* entsprechend herunter.
7. Anschließend können Sie auf die Optionen für Offlinedateien über die Schaltfläche *Zwischenspeichern* und die Zugriffsberechtigungen über die Schaltfläche *Berechtigungen* festlegen.
8. Zum Abschluss verlassen Sie Dialogfeld *Erweiterte Freigabe* (Abbildung 5.10, oben rechts) und die Registerkarte *Freigabe* über die *OK*-Schaltfläche.

Die Freigabe wird nun eingerichtet. Um die Freigabe später wieder zurückzunehmen, rufen Sie mit den gleichen Schritten das Dialogfeld *Erweiterte Freigabe* (Abbildung 5.10, oben rechts) auf und löschen die Markierung des Kontrollkästchens *Diesen Ordner freigeben*.

Über die Schaltfläche *Zwischenspeichern* öffnen Sie das in Abbildung 5.10, unten rechts, gezeigte Dialogfeld. Dort lassen sich Optionen zum Zwischenspeichern wählen. Die Zwischenspeicherung ermöglicht dem Benutzer, ggf. auf Dateien der Freigaben zuzugreifen, obwohl keine Netzwerkverbindung mehr besteht. Bei Bedarf lässt sich vorgeben, dass die vom Benutzer geöffneten Programme und Dateien oder alle Dateien der Freigabe bei einer bestehenden Netzwerkverbindung offline für den betreffenden Benutzer bereitgestellt werden. Windows Vista überträgt dann eine Kopie der Dateien auf den Netzwerkrechner des Nutzers und ermöglicht den Abgleich dieser Kopie bei bestehender Netzwerkverbindung mit der Freigabe ab. Allerdings findet sich in Windows Vista Home Basic und Home Premium keine Funktion, um Offlinedateien einer Freigabe in den Clients zu verwalten. Diese Option ist nur in den Vista-Versionen Business und Ultimate enthalten.

Die Schaltfläche *Berechtigungen* öffnet die gleichnamige Registerkarte (Abbildung 5.11, links), über die Sie Zugriffsberechtigungen für den freigegebenen Ordner vergeben können. Markieren Sie einen Namen in der Liste *Gruppen- oder Benutzernamen*, können Sie in der Liste *Berechtigungen für ...* durch Markieren der Kontrollkästchen in der Spalte *Zulassen* wählen, ob Benutzer dieses Kontos den Inhalt der Freigabe lesen, ändern oder im Vollzugriff (umfasst auch Löschen) nutzen dürfen.

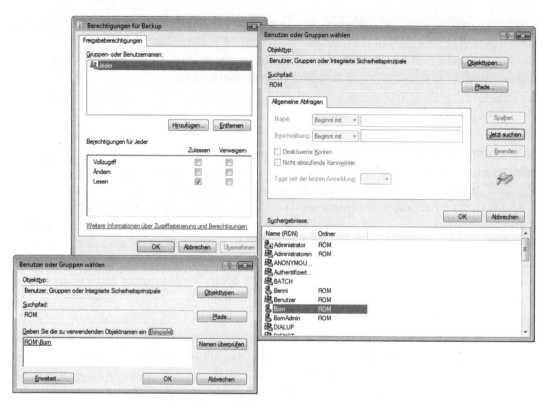

Abbildung 5.11 Berechtigungen einer Freigabe verwalten

Um einen neuen Benutzernamen in die Liste *Gruppen- oder Benutzernamen* aufzunehmen, klicken Sie auf die Schaltfläche *Hinzufügen*. Im Dialogfeld *Benutzer oder Gruppen wählen* (Abbildung 5.11, links unten) klicken Sie auf die Schaltfläche *Erweitert*. Daraufhin öffnet Windows das Dialogfeld aus Abbildung 5.11, rechts. Über die Schaltfläche *Jetzt durchsuchen* lässt sich die Liste der Benutzerkonten im unteren Dialogfeldteil einblenden. Wählen Sie den Namen eines Benutzerkontos aus und klicken Sie auf die *OK*-Schaltfläche. Danach ist die reduzierte Ansicht des Dialogfeldes *Benutzer oder Gruppen wählen* (Abbildung 5.11, links unten) mit dem übernommenen Benutzernamen über die *OK*-Schaltfläche zu schließen. Für den so hinzugefügten Benutzer können Sie die Berechtigungen ebenfalls über die Kontrollkästchen anpassen.

Soll einem Benutzer die Freigabe entzogen werden, markieren Sie dessen Eintrag auf der Registerkarte *Freigabeberechtigungen* und wählen dann die Schaltfläche *Entfernen*.

TIPP Verwenden Sie die erweiterte Freigabe, um Ordner wie *Dokumente*, *Musik*, *Bilder* etc. im Profilordner einzelner Benutzerkonten im Netzwerk freizugeben, können Sie im Dialogfeld *Erweiterte Freigabe* (Abbildung 5.10, oben rechts) den Freigabenamen im betreffenden Textfeld individuell festlegen. Sie vermeiden damit nicht nur, dass die Benutzer im Netzwerk die von Windows Vista intern benutzten englischsprachigen Verzeichnisnamen sehen. Vielmehr taucht die Freigabe unter dem von Ihnen angegebenen Freigabenamen im Netzwerk auf und es werden auch nicht explizit komplette Pfade im Benutzerordner *Users* freigegeben. Die in Abbildung 5.12 gezeigte Freigabe *Dokumente* eines Benutzerordners wurde auf diese Weise eingerichtet.

Netzwerkfreigaben in Windows Vista

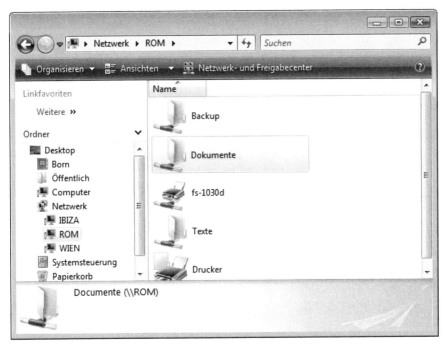

Abbildung 5.12 Freigaben auf dem Rechner *ROM*

Die erweiterte Freigabe kann übrigens durchaus mehrfach für einen Ordner oder ein Laufwerk aufgerufen werden. Sie können dann im Dialogfeld (Abbildung 5.10, oben rechts) die Schaltfläche *Hinzufügen* anklicken. Dann öffnet sich ein neues Dialogfeld, in dem Sie einen weiteren Freigabenamen sowie Freigabeoptionen eintragen können. Dann wird der Ordner unter diesem Namen erneut freigegeben. Mehrere Freigaben lassen sich über das Listenfeld *Freigabename* anwählen und mittels der *Entfernen*-Schaltfläche wieder löschen.

So geben Sie Laufwerke frei

Möchten Sie ein komplettes Laufwerk zur gemeinsamen Nutzung innerhalb eines Netzwerks bereitstellen? Sofern Sie über Administratorenrechte verfügen, führen Sie dazu die folgenden Schritte aus:

1. Öffnen Sie das Ordnerfenster *Computer*, klicken Sie mit der rechten Maustaste auf das Symbol des freizugebenden Laufwerks und wählen Sie im Kontextmenü den Befehl *Freigabe*.
2. Wechseln Sie im Eigenschaftenfenster des Laufwerks zur Registerkarte *Freigabe* und klicken Sie auf die Schaltfläche *Erweiterte Freigabe* (Abbildung 5.13).
3. Bestätigen Sie die Sicherheitsabfrage der Benutzerkontensteuerung bzw. geben Sie ein Administratorkonto samt Kennwort an, um den Vorgang fortzusetzen.
4. Markieren Sie im Dialogfeld *Erweiterte Freigabe* (Abbildung 5.10, oben rechts) das Kontrollkästchen *Diesen Ordner freigeben* und passen Sie bei Bedarf den Freigabenamen für das Laufwerk im zugehörigen Textfeld an. Zudem können Sie einen Kommentar im entsprechenden Textfeld eintragen.

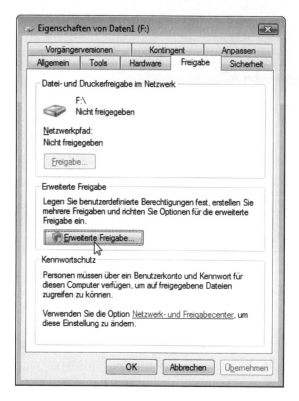

Abbildung 5.13 Freigabe eines Laufwerks

5. Reduzieren Sie ggf. die Zahl der zugelassenen Benutzer und legen Sie über die Schaltfläche *Zwischenspeichern* und *Berechtigungen* die Einstellungen für Offlinedateien und Zugriffsrechte fest.

Hierbei gilt sinngemäß die gleiche Vorgehensweise wie bei der Ordnerfreigabe (siehe die vorherigen Seiten). Die Freigabe für das Laufwerk wird wirksam, sobald Sie das Dialogfeld über die *OK*-Schaltfläche schließen.

TIPP Die hier an einer Festplatte gezeigte Laufwerksfreigabe lässt sich auch auf Speicherkartenleser, CD- oder DVD-Laufwerke und -Brenner sowie Diskettenlaufwerke anwenden. Dies ermöglicht Ihnen, solche Geräte im Netzwerk von verschiedenen Rechnern aus zu verwenden. Über die Freigabeberechtigungen können Sie sogar festlegen, von welchen Benutzerkonten auf diese Laufwerke zugegriffen werden darf und ob dort schreiben zulässig ist. Das Brennen über das Netzwerk auf einem freigegebenen Brenner funktioniert jedoch nicht. Um Brenner über das Netzwerk anzusprechen, sind Sie auf Lösungen von Drittanbietern angewiesen. Das Produkt Alcohol 120% unterstützt dies z.B. über einen iSCSI-Server (*support.alcohol-soft.com/en/knowledgebase.php?postid=20309&title=Share+drives+over+network*).

Drucker im Netzwerk freigeben

Haben Sie einen Drucker an Ihrem Rechner angeschlossen und möchten Sie diesen gemeinsam im Netzwerk verwenden? Dazu müssen Sie zunächst sicherstellen, dass dieser Drucker funktionsfähig am lokalen Rechner eingerichtet ist. Wichtig ist auch, dass für Windows Vista geeignete Druckertreiber installiert sind. Gehen Sie anschließend in folgenden Schritten vor:

1. Öffnen Sie das Startmenü, tippen Sie im Schnellsuchfeld den Begriff »Drucker« ein und klicken Sie dann auf einen gefundenen Link *Drucker*.
2. Klicken Sie im Ordnerfenster *Drucker* das Symbol des freizugebenden, lokalen Druckers mit der rechten Maustaste an, und wählen Sie im Kontextmenü die Befehle *Als Administrator ausführen* und dann im Untermenü *Freigeben* (Abbildung 5.14, oben).

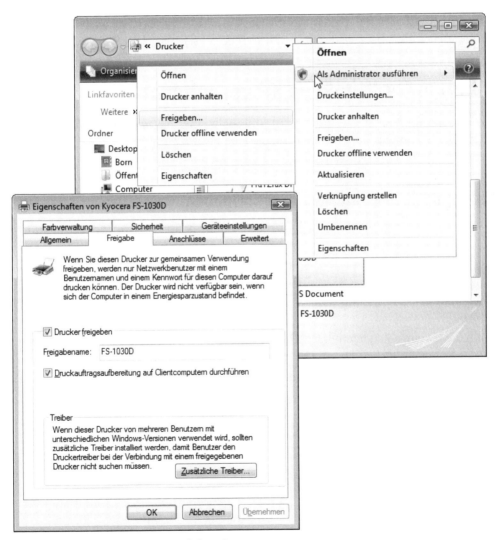

Abbildung 5.14 Drucker im Netzwerk freigeben

3. Bestätigen Sie die Sicherheitsabfrage der Benutzerkontensteuerung, um den Vorgang fortzusetzen.
4. Wechseln Sie im Eigenschaftenfenster des Druckers zur Registerkarte *Freigabe*, markieren Sie das Kontrollkästchen *Drucker freigeben* (Abbildung 5.14, unten) und tragen Sie ggf. einen Freigabenamen in das betreffende Textfeld ein.

Der Freigabename sollte aus Kompatibilitätsgründen keine Leerzeichen und Sonderzeichen enthalten. Bei Bedarf können Sie noch das Kontrollkästchen *Druckauftragsaufbereitung auf Clientcomputern durchführen* markieren. Dies entlastet Ihren Computer vom Aufbereiten der Daten, wenn andere Netzwerkteilnehmer auf dem Gerät drucken. Sobald Sie die Registerkarte über die *OK*-Schaltfläche schließen, Windows gibt den Drucker unter dem angegebenen Namen im Netzwerk frei.

HINWEIS Um die Freigabe des Druckers im Netzwerk wieder aufzuheben, verwenden Sie die obigen Schritte, löschen aber die Markierung des Kontrollkästchens *Drucker freigeben* auf der Registerkarte *Freigabe*.

Freigaben unter Windows XP vornehmen

Betreiben Sie noch Rechner mit Windows XP innerhalb eines Netzwerks mit Windows Vista-Computern? Dann können Sie auch Laufwerke oder Drucker unter Windows XP freigeben. Nachfolgend wird kurz dargestellt, wie dies unter Windows XP funktioniert.

Laufwerke und Ordner im Netzwerk freigeben

Um anderen Benutzern innerhalb des Netzwerks den Zugriff auf Ordner oder komplette Laufwerke eines Windows XP-Rechners zu ermöglichen, gehen Sie in folgenden Schritten vor:

1. Wählen Sie im Ordnerfenster das gewünschte Element aus und klicken Sie in der Aufgabenleiste auf den Eintrag *Ordner freigeben*. Oder klicken Sie mit der rechten Maustaste auf das Laufwerk oder den Ordner und wählen Sie im Kontextmenü den Befehl *Freigabe und Sicherheit*.
2. Wechseln Sie im eingeblendeten Eigenschaftenfenster zur Registerkarte *Freigabe* und markieren Sie das Kontrollkästchen *Diesen Ordner im Netzwerk freigeben* (Abbildung 5.15).
3. Geben Sie ggf. im Feld *Freigabename* eine Bezeichnung für die freizugebende Ressource ein. Dieser Name wird anderen Benutzern im Netzwerk angezeigt.
4. Möchten Sie, dass andere Benutzer die Dateien verändern können, markieren Sie das Kontrollkästchen *Netzwerkbenutzer dürfen Dateien verändern*.

Wenn Sie anschließend die Registerkarte über die *OK*-Schaltfläche schließen, gibt Windows das Laufwerk oder den Ordner zur gemeinsamen Benutzung im Netzwerk frei. Andere Netzwerkteilnehmer können dann über das Ordnerfenster *Netzwerkumgebung* (Windows XP) bzw. *Netzwerk* (Windows Vista) auf diese Freigabe zugreifen.

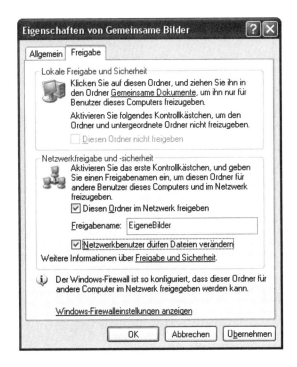

Abbildung 5.15 Ordnerfreigabe in Windows XP

HINWEIS   Windows XP Professional kennt, ähnlich wie Windows Vista, noch eine erweiterte Netzwerkfreigabe, bei der Sie auch Zugriffsberechtigungen für Benutzer vergeben können. Sie können diese erweiterte Netzwerkfreigabe ebenfalls über die Ansichtsoptionen eines Ordnerfensters (Menübefehl *Extras/Ordneroptionen*) ein- oder ausschalten. In Windows XP Home Edition können Sie einen Assistenten über den undokumentierten Befehl *shrpubw.exe* (z.B. im Dialogfeld *Ausführen*) aufrufen. Dieser führt Sie über verschiedene Dialogfelder durch die Schritte zur Freigabe und unterstützt auch das Zuweisen von Zugriffsberechtigungen.

Drucker im Netzwerk freigeben

Zur gemeinsamen Nutzung von Druckern im Netzwerk müssen Sie diese auf der lokalen Windows XP-Arbeitsstation, an dem das Gerät angeschlossen ist, freigeben. Diese Freigabe entspricht der oben gezeigten Vorgehensweise zur Freigabe eines Laufwerks: Klicken Sie im Ordnerfenster *Drucker und Faxgeräte* das gewünschte Druckersymbol mit der rechten Maustaste an und wählen Sie im Kontextmenü den Befehl *Freigabe*.

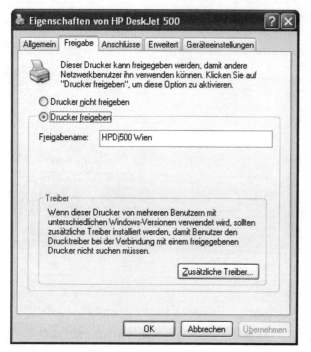

Abbildung 5.16 Druckerfreigabe unter Windows XP

Auf der Registerkarte *Freigabe* (Abbildung 5.16) markieren Sie die Option *Drucker freigeben* und passen bei Bedarf noch den Freigabenamen an. Sobald Sie das Dialogfeld über die *OK*-Schaltfläche schließen, wird der Drucker im Netzwerk freigegeben. Sie können dann von anderen Netzwerkstationen nach diesem Drucker suchen lassen.

Zugriff auf Netzwerkfreigaben

Sobald Laufwerke, Ordner oder Drucker innerhalb des Netzwerks durch Dritte freigegeben wurden, können Sie von einem Rechner über die Ordnerfenster *Netzwerk* (Windows Vista) bzw. *Netzwerkumgebung* (Windows XP) auf diese Freigaben zugreifen. Voraussetzung ist aber, dass das von Ihnen verwendete Benutzerkonto auch auf dem Freigaberechner bekannt ist. Bei eingeschalteter Freigabe mit Kennwortschutz muss Ihr Benutzerkonto zudem mit einem Kennwort versehen sein. Oder Sie werden beim Zugriff auf die Freigabe zur Eingabe eines Kennworts aufgefordert. Nachfolgend finden Sie noch einige Hinweise zum Zugriff auf Freigaben.

Freigaben in Windows Vista nutzen

Der Zugriff auf Netzwerkfreigaben ist in Windows Vista direkt über das Ordnerfenster *Netzwerk* möglich. Gehen Sie in folgenden Schritten vor:

1. Öffnen Sie das Ordnerfenster *Netzwerk* (z.B. über das Startmenü) und warten Sie, bis die Netzwerkrechner der Arbeitsgruppe angezeigt werden (Abbildung 5.17, oben links).
2. Wählen Sie den gewünschten Rechner, dessen Freigaben Sie einsehen möchten, per Doppelklick an.

Windows Vista öffnet daraufhin das Ordnerfenster mit den Freigaben des betreffenden Rechners (Abbildung 5.17, unten rechts). Dort werden freigegebene Ordner, Laufwerke und Drucker aufgeführt. Ein stilisierter Netzwerkanschluss unterhalb des Ordnersymbols kennzeichnet jede Freigabe. Durch einen Doppelklick auf das Symbol eines Freigabeordners können Sie direkt auf dessen Inhalt zugreifen. Die Navigation erfolgt also wie bei Ordnerfenstern.

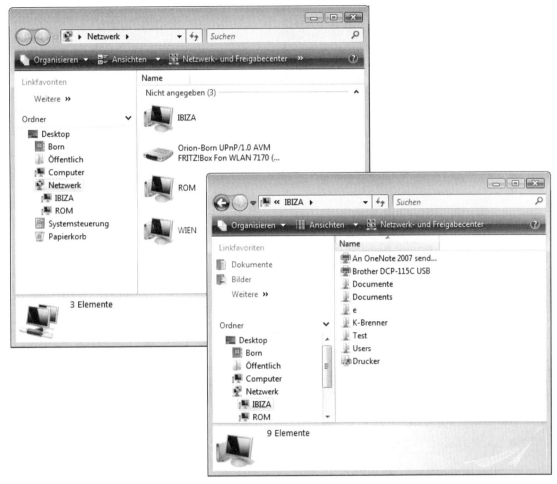

Abbildung 5.17 Zugriff auf Freigaben

Markieren Sie eine Freigabe im Ordnerfenster und klicken Sie danach in die Adressleiste, zeigt Windows darin den UNC-Netzwerkpfad an (UNC steht für Universal Naming Convention), auf dem die freigegebene Ressource liegt. Die Angabe \\Ibiza signalisiert, dass die Freigabe auf dem Rechner mit dem Namen *Ibiza* erfolgte. Sind auf dem Rechner keine Ressourcen freigegeben, bleibt das Ordnerfenster leer oder der Zugriff auf den betreffenden Ordner wird von Windows Vista abgelehnt.

HINWEIS Ist die Netzwerkerkennung abgeschaltet, tauchen keine Rechnersymbole im Ordnerfenster *Netzwerk* auf. Sie können dann die Netzwerkerkennung über das Menü der (unterhalb der Symbolleiste im Ordnerfenster eingeblendeten) Informationsleiste oder über das Netzwerk- und Freigabecenter einschalten (siehe in Kapitel 4 den Abschnitt »Netzwerkerkennung, das steckt dahinter!«). Erscheint beim ersten Zugriff auf die Freigabe ein Dialogfeld mit einer Kennwortabfrage? Dann verfügt Ihr Benutzerkonto über kein Kennwort. Wird ein Zugriff auf die Freigabe verweigert, prüfen Sie bitte, ob auf dem Freigaberechner die gleichen Benutzerkonten wie am Client vorhanden sind. Zudem muss der Zugriff für das betreffende Benutzerkonto erteilt worden sein. Ähnliches gilt auch, falls Schreibzugriffe auf eine Freigabe wegen fehlender Berechtigung abgelehnt werden. Können Sie die freigegebenen Rechner innerhalb des Netzwerks nicht erreichen? Dann kann eine Blockade der Datei- und Druckerfreigabe in der Firewall die Ursache sein. Hinweise zur Fehlerdiagnose und Fehlerbehebung finden Sie in den nachfolgenden Kapiteln.

Zugriff auf Freigaben in Windows XP

Möchten Sie unter Windows XP auf die Freigaben innerhalb eines Netzwerks zugreifen? Dies ist ähnlich wie unter Windows Vista über den Netzwerkordner möglich. Gehen Sie folgendermaßen vor:

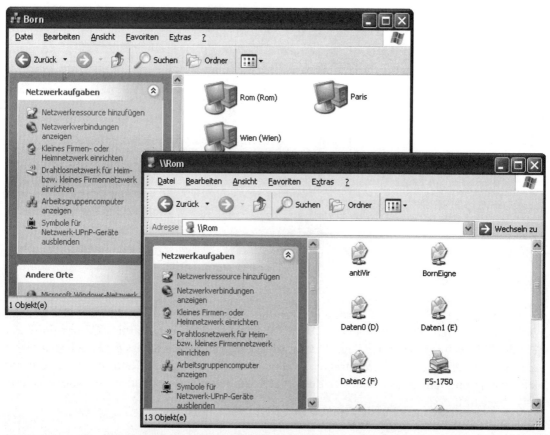

Abbildung 5.18 Zugriff auf Freigaben in Windows XP

1. Öffnen Sie das Ordnerfenster *Netzwerkumgebung* (z.B. über das Desktop- oder Startmenüsymbol) und klicken Sie in der Aufgabenleiste auf den Link *Arbeitsgruppencomputer anzeigen* (Abbildung 5.18, oben links).
2. Windows öffnet ein Ordnerfenster, in dem die Rechner der aktuellen Arbeitsgruppe aufgeführt werden (Abbildung 5.18, oben links). Wählen Sie das Symbol des gewünschten Rechners per Doppelklick an.
3. Im nächsten Fenster sehen Sie dann die auf diesem Rechner für die Nutzung im Netzwerk freigegebenen Ressourcen (Abbildung 5.18, rechts unten). Laufwerke und Ordner werden mit Ordnersymbolen, Drucker mit Druckersymbolen angezeigt. Doppelklicken Sie auf ein solches Symbol, um das zugehörige Ordnerfenster oder das Fenster der Druckerwarteschlange zu öffnen.

Bei einem freigegebenen Ordner oder einem Netzlaufwerk können Sie wie gewohnt auf die Dateien dieser Freigabe zugreifen. Auch hier gilt, dass der Zugriff nur bei bestehender Netzwerkverbindung besteht und Sie über die erforderlichen Zugriffsberechtigungen auf die Freigabe verfügen müssen. Wählen Sie ein Druckersymbol per Doppelklick an, öffnet Windows die zugehörige Druckerwarteschlange zur Verwaltung der Druckaufträge.

HINWEIS Wurde ein Laufwerk oder ein Ordner im Netzwerk freigegeben, erscheint dieses nicht unbedingt sofort im Ordnerfenster der betreffenden Station. Drücken Sie ggf. die Funktionstaste [F5], um den Inhalt des Ordnerfensters zu aktualisieren. Dann sollte die neue Netzwerkkomponente erscheinen. Bei Windows XP werden nur die Rechner der eigenen Arbeitsgruppe im Ordnerfenster *Netzwerkumgebung* aufgeführt.

Nach Computern in Windows XP suchen

Tauchen die Netzwerkrechner unter Windows XP in der Netzwerkumgebung nicht auf? Dies kann vorkommen, falls ein Rechner neu gestartet wurde – dann dauert es einige Zeit, bis der Rechner in der Netzwerkumgebung auftaucht. Sie können gezielt nach diesen Computern suchen lassen, indem Sie die folgenden Schritte ausführen:

1. Öffnen Sie das Ordnerfenster *Netzwerkumgebung* und klicken Sie in der Symbolleiste auf die Schaltfläche *Suchen*. In der linken Spalte des Ordnerfensters wird das Formular zum Suchen nach Computern eingegeben.
2. Tragen Sie anschließend den Namen des Computers (z.B. *Rom*) im Feld *Computername* des Formulars ein (Abbildung 5.19) und klicken Sie auf die Schaltfläche *Suchen* des Formulars.

Alternativ können Sie auch den Eintrag *Suchen* im Startmenü wählen, müssen dann aber im Suchformular der Aufgabenleiste den Befehl zum Suchen nach Computern oder Personen und im nächsten Formular zum Suchen nach einem Computer im Netzwerk wählen. Einfacher ist es daher, wenn Sie das Symbol *Netzwerkumgebung* mit der rechten Maustaste anklicken und den Kontextmenübefehl *Computer suchen* wählen.

Wird eine Arbeitsstation dieses Namens im Netzwerk gefunden, listet Windows diese in der rechten Spalte des Ordnerfensters *Suchergebnisse – Computer* auf (Abbildung 5.19). Die Spalte *Name* gibt die Namen der gefundenen Arbeitsstationen an, *Im Ordner* liefert die Namen der Arbeitsgruppe bzw. der Server-Domäne, zu der die Station gehört. *Kommentar* zeigt einen Text mit zusätzlichen Erläuterungen, der beim Einrichten der Arbeitsgruppe (bei älteren Windows-Versionen im Kommentarfeld der Registerkarte *Identifikation*, bei Windows XP im Netzwerkinstallations-Assistent oder auf der Registerkarte *Computername* im Feld *Computerbeschreibung*) vergeben wurde. Durch einen Doppelklick auf das Symbol eines gefundenen Computers öffnen Sie dessen Ordnerfenster direkt.

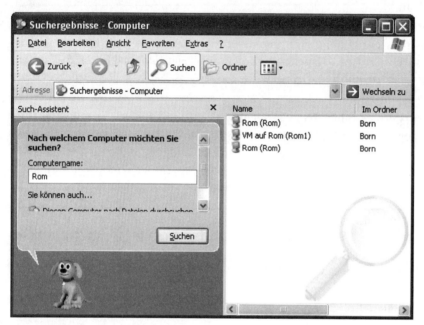

Abbildung 5.19 Suchen nach Rechnern im Netzwerk unter Windows XP

Einblenden von UPnP-Netzwerkgeräten in Windows XP

Das Kürzel UPnP steht für »Universal Plug and Play«, eine Architektur (siehe auch *de.wikipedia.org/wiki/UPnP*). Die UPnP-Architektur ermöglicht die Erkennung und Überwachung von Geräten und Diensten durch treiberlose, auf Standards basierende Protokollmechanismen. UPnP-Geräte können die Netzwerkadressierung automatisch konfigurieren, können sich selbst in einem Netzwerk-Subnetz zu erkennen geben und ermöglichen den Austausch von Geräte- und Dienstbeschreibungen. Ein Windows XP-Computer kann als UPnP-Steuerungspunkt fungieren, der die Geräte über eine Web- oder Programmschnittstelle im Netzwerk identifiziert und eine Möglichkeit zur Konfigurierung/Steuerung anbietet.

Zugriff auf Netzwerkfreigaben

Abbildung 5.20 Befehl zum Ein-/Ausblenden von Netzerk-UPnP-Geräten

Standardmäßig unterdrückt die Windows-Firewall die Erkennung solcher Geräte innerhalb eines Netzwerks. Bei installiertem Service Pack 2 können Sie die im Netzwerk vorhandenen UPnP-Geräte aber anzeigen lassen.

Öffnen Sie das Fenster der Netzwerkumgebung und wählen Sie im Aufgabenbereich den Befehl *Symbole für Netzwerk-UPnP-Geräte einblenden* (Abbildung 5.20). Windows XP startet dann einen Assistenten, der automatisch die betreffenden Ports der Firewall freigibt und dann nach entsprechenden Geräten sucht. Werden solche Geräte gefunden, zeigt Windows XP deren Symbole an und Sie können über diese Symbole auf die Geräte zugreifen. Wählen Sie den Befehl *Symbole für Netzwerk UPnP-Geräte ausblenden* in der Aufgabenleiste der Netzwerkumgebung erneut an, schließt Windows XP die jeweiligen Firewallports wieder und blendet auch die Symbole aus.

HINWEIS In Windows Vista übernimmt die Netzwerkerkennung die Erfassung der UPnP-Geräte und zeigt gefundene Einheiten im Ordnerfenster *Netzwerk* an.

Scannen im Netzwerk – geht das?

Besitzen Sie einen Scanner, der an einem Computer im Netzwerk angeschlossen ist? Sicherlich besteht dann der Wunsch, diesen Scanner zur gemeinsamen Nutzung im Netzwerk freizugeben und dann von anderen Computern darauf zuzugreifen. Windows XP bzw. Windows Vista stellen allerdings keine Funktionen zur Freigabe eines Scanners im Netzwerk bereit. Sie sind auf Software von Drittherstellern angewiesen.

Auf der Webseite *www.masterslabs.com/en/* wird das Programm BlindScanner als Shareware angeboten. Hinweise zu den erforderlichen Lizenzen (für den Server und die auf den Netzwerkrechnern erforderlichen Clients) finden Sie auf der Herstellerseite. Das Programm lässt sich im vollen Funktionsumfang 15 Tage lang testen, und die Software funktioniert in der aktuellen Version unter Windows Vista.

Auf dem Rechner mit dem angeschlossenen Scanner muss nach dem Start des Setup-Programms BlindScanner Pro als Server installiert und eingerichtet werden (entsprechende Optionen werden beim Setup angeboten). Der Server wird im Autostart eingerichtet und startet bei jeder Anmeldung automatisch. Über ein im Infobereich der Taskleiste angezeigtes Symbol lässt sich das Dialogfeld des Servers öffnen. Dort können Sie über die Schaltfläche *Source* den gewünschten Scanner auswählen. Weiterhin muss der BlindScanner-Server in der Firewall des Servers freigegeben werden.

Anschließend installieren Sie BlindScanner über das Setup-Programm als Client auf den restlichen Computern im Netzwerk. Sie müssen in den Programmoptionen den Namen des Netzwerkrechners eintragen, an dem der Scanner angeschlossen wurde und auf dem der BlindScanner Pro-Server läuft. Weiterhin lässt sich ein Ordner, in dem die Scanergebnisse als Grafikdateien gespeichert werden, festlegen. Nach der Erstkonfiguration kann jeder Benutzer über das Netzwerk mit BlindScanner Pro den Scanner ansprechen und Vorlagen einscannen. Die Handhabung des Programms ist weitgehend selbsterklärend. Weitere Details zu den einzelnen Programmfunktionen lassen sich der Programmhilfe entnehmen.

Netzlaufwerke verwalten

Der Zugriff auf Freigaben innerhalb des Netzwerks erfordert die Verwendung von Pfadangaben gemäß der UNC (Universal Naming Convention). Ein Netzwerkpfad in UNC-Konvention wird dabei in der Form *Server**Freigabe* (z.B. *Rom**C**texte*) angegeben, wobei bei Arbeitsgruppennetzwerken als *Server* der jeweilige Rechnername einzutragen ist. Ältere Programme unterstützen aber nicht unbedingt diese UNC-Pfade. Zudem finden mache Anwender es auch komfortabler, mit Laufwerken zu arbeiten, um auf Dateien zuzugreifen. Sie können sich in Windows Netzlaufwerke auf Freigaben einrichten. Wie dies geht, wird nachfolgend kurz für Windows Vista und Windows XP gezeigt.

Netzlaufwerke in Windows Vista einrichten

Sofern Sie ein Netzlaufwerk in Windows Vista auf eine bestehende Freigabe im Netzwerk einrichten möchten, gehen Sie in folgenden Schritten vor:

1. Öffnen Sie (z.B. über das Startmenü) das Ordnerfenster *Netzwerk* und suchen Sie die Freigabe (Laufwerk oder Ordner) im Netzwerk.
2. Klicken Sie das Ordnersymbol der Freigabe mit der rechten Maustaste an und wählen Sie den Kontextmenübefehl *Netzlaufwerk zuordnen* (Abbildung 5.21, oben).
3. Sobald das Dialogfeld des Assistenten erscheint (Abbildung 5.21, Mitte), wählen Sie einen freien Laufwerksbuchstaben über das Listenfeld *Laufwerk* aus.
4. Soll Windows das Netzlaufwerk bei der nächsten Anmeldung automatisch einrichten, markieren Sie das Kontrollkästchen *Verbindung bei Anmeldung wiederherstellen*.
5. Erfordert die Freigabe einen anderen Benutzernamen als den Namen des aktuellen Benutzerkontos, klicken Sie auf den im Dialogfeld sichtbaren Hyperlink *Verbindung unter anderem Benutzernamen herstellen*. Anschließend tragen Sie im eingeblendeten Dialogfeld *Verbinden als...* (Abbildung 5.21, unten) den Benutzernamen sowie das zugehörige Kennwort ein und bestätigen mit *OK*.

Netzlaufwerke verwalten

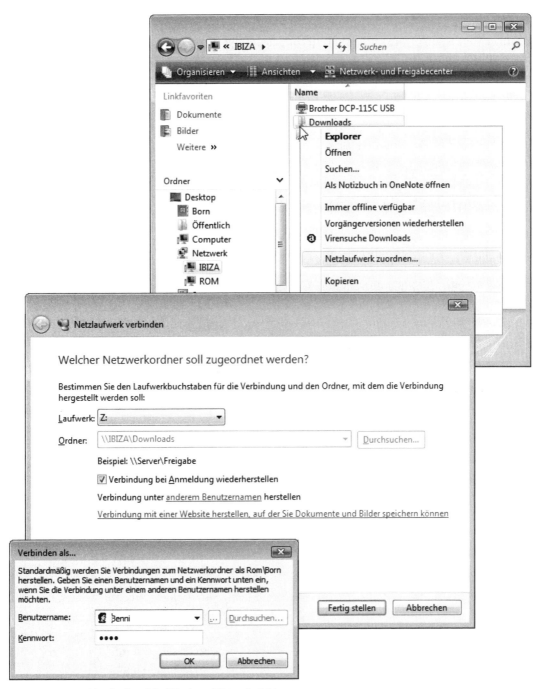

Abbildung 5.21 Netzlaufwerk in Windows Vista einrichten

Nachdem Sie das Dialogfeld *Netzlaufwerk verbinden* über die Schaltfläche *Fertig stellen* verlassen haben, richtet Windows das Netzlaufwerk ein. Gleichzeitig wird ein Ordnerfenster mit dem Inhalt der Freigabe angezeigt.

HINWEIS Das Kontrollkästchen *Verbindung bei Anmeldung wiederherstellen* sollten Sie nur markieren, falls sichergestellt ist, dass bei der Anmeldung des Benutzers eine gültige Netzwerkverbindung zur Freigabe verfügbar ist. Ist der betreffende Netzwerkrechner abgeschaltet, verursacht die markierte Option eine Fehlermeldung, sobald sich der Benutzer an Windows anmeldet. Um dieses Problem zu vermeiden, aber trotzdem einen schnellen Zugriff auf Netzwerkfreigaben zu erhalten, können Sie eine Verknüpfung auf Netzwerkfreigaben anlegen. Öffnen Sie hierzu das Ordnerfenster *Netzwerk*, navigieren zur Freigabe und ziehen deren Symbol bei gedrückter rechter Maustaste zum Windows-Desktop. Lassen Sie die Maustaste los und wählen Sie den Kontextmenübefehl *Verknüpfungen hier erstellen*. Ein Doppelklick auf das so angelegte Verknüpfungssymbol genügt, um das Ordnerfenster der Freigabe zu öffnen.

Netzwerkfreigabe in Windows XP einrichten

In Windows XP können Sie ein Netzlaufwerk auf ähnliche Weise einrichten. Führen Sie beispielsweise die folgenden Schritte aus:

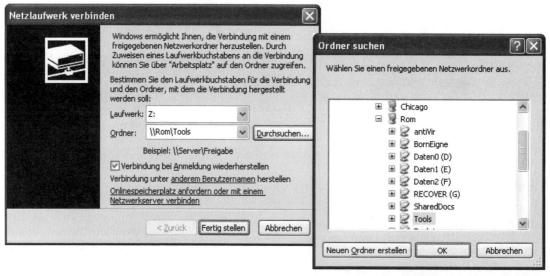

Abbildung 5.22 Netzlaufwerk in Windows XP einrichten

1. Klicken Sie im Startmenü das Symbol *Netzwerkumgebung* mit der rechten Maustaste an und wählen Sie im Kontextmenü den Befehl *Netzlaufwerk verbinden*.
2. Windows öffnet das Dialogfeld *Netzlaufwerk verbinden* (Abbildung 5.22, links), in dem Sie den Laufwerksbuchstaben für die Netzwerkressource über das Listenfeld *Laufwerk* wählen. Das Listenfeld *Laufwerk* zeigt die verfügbaren Laufwerksbuchstaben an.
3. Im Kombinationsfeld *Ordner* tragen Sie den UNC-Pfad zur gewünschten Ressource (z.B. \\Rom\e) ein. Es muss sich dabei um einen gültigen UNC-Namen einer freigegebenen Ressource handeln.
4. Bei Bedarf können Sie die Schaltfläche *Durchsuchen* anklicken und im Dialogfeld *Ordner suchen* (Abbildung 5.22, rechts) die Netzwerkressource auswählen. Oder Sie öffnen das Lis-

tenfeld *Ordner* über dessen Schaltfläche und wählen den Pfad einer bereits zugewiesenen Ressource.

5. Schließen Sie das Dialogfeld über die *OK*-Schaltfläche und klicken Sie im Dialogfeld *Netzlaufwerk verbinden* auf die Schaltfläche *Fertig stellen*.

Das Netzlaufwerk wird eingerichtet und in einem Ordnerfenster erscheint der Inhalt der Freigabe.

HINWEIS Wie bei Windows Vista (siehe den vorhergehenden Abschnitt) können Sie die Zuordnung für ein Netzlaufwerk permanent einrichten, indem Sie das Kontrollkästchen *Verbindung bei Anmeldung wiederherstellen* markieren (Abbildung 5.22, links). Auch der Hyperlink zum Anmelden unter einem anderen Benutzernamen steht im Dialogfeld zur Verfügung. Bei dessen Anwahl erscheint ein Dialogfeld, in dem Sie den Benutzernamen und das Kennwort zum Zugriff auf die Freigabe eintippen müssen.

Im Dialogfeld *Netzlaufwerk verbinden* finden Sie noch den Hyperlink *Ordnerspeicherplatz anfordern oder mit einem Netzwerkserver verbinden* (bzw. bei fehlendem Service Pack 2 *Ordnerspeicherplatz anfordern oder an einem Netzwerkserver anmelden*). Klicken Sie auf diesen Hyperlink, öffnet Windows einen Assistenten, über den Sie eine Netzwerkressource (Freigabe, FTP-Server etc.) zum Ordner *Netzwerkumgebung* hinzufügen können.

Möchten Sie dem Netzlaufwerk einen anderen UNC-Pfad zu einer weiteren Freigabe zuordnen? Klicken Sie das Netzlaufwerk im Ordnerfenster *Computer* mit der rechten Maustaste an und wählen Sie im Kontextmenü den Befehl *Netzlaufwerk zuordnen*. Im daraufhin geöffneten Dialogfeld wird dann das Textfeld mit dem Netzwerkpfad sowie die Schaltfläche *Durchsuchen* zur Auswahl eines neuen Netzwerkpfads freigegeben.

Zugriff auf Netzlaufwerke

Der Zugriff auf Freigaben über ein Netzlaufwerk ist in Windows Vista über das Ordnerfenster *Computer* und in Windows XP über das Ordnerfenster *Arbeitsplatz* möglich. Öffnen Sie das betreffende Ordnerfenster über das Startmenü, erscheint das betreffende Laufwerksymbol mit einem stilisierten Netzwerkanschluss, dem gewählten Buchstaben und der Bezeichnung der freigegebenen Ressource (Abbildung 5.23).

Der Nutzer braucht dann das Laufwerkssymbol nur noch per Doppelklick anzuwählen, um auf die Freigabe zuzugreifen. Auch in den Programmdialogen zum Öffnen oder Speichern wird die Auswahl unter Umständen etwas komfortabler bzw. der Netzwerkzugriff überhaupt erst möglich.

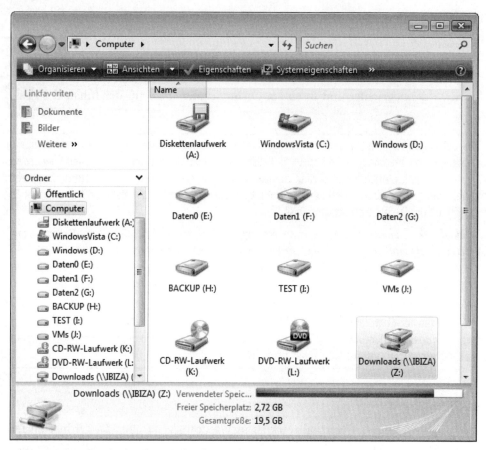

Abbildung 5.23 Netzlaufwerk im Ordnerfenster *Computer*

Netzlaufwerke trennen

Um eine bestehende Verbindung zu einem eingerichteten Netzlaufwerk wieder aufzuheben, wählen Sie im Ordnerfenster *Computer* das Symbol des Netzwerklaufwerks mit der rechten Maustaste an und klicken im Kontextmenü auf den Befehl *Trennen* (Abbildung 5.24). Windows trennt die Verbindung zur Netzwerkressource und entfernt das Laufwerkssymbol aus dem Ordner *Computer*.

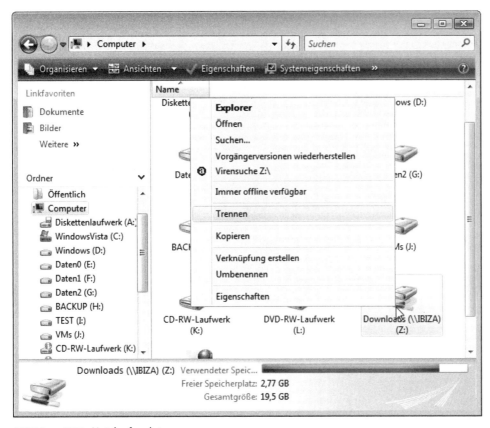

Abbildung 5.24 Netzlaufwerk trennen

Unter Windows XP verwenden Sie die gleichen Schritte im Ordnerfenster *Arbeitsplatz*, um das Netzlaufwerk zu trennen.

Netzwerkdrucker einrichten und verwalten

Die Installation eines Netzwerkdruckertreibers funktioniert ähnlich wie die Installation eines lokalen Druckers. Windows benötigt zum Netzwerkbetrieb lediglich einige zusätzliche Informationen. In den nachfolgenden Abschnitten finden Sie noch einige Hinweise, was es bei der Installation eines Netzwerkdruckers zu beachten gibt.

Netzwerkdrucker in Windows Vista installieren

Um unter Windows einen Netzwerkdrucker zu installieren, müssen Sie über Administratorenberechtigungen verfügen. Gehen Sie zur Installation in folgenden Schritten vor:

1. Öffnen Sie den Ordner *Drucker* (z.B. über die Systemsteuerung) und klicken Sie in der Symbolleiste des Ordnerfensters auf die Schaltfläche *Drucker hinzufügen*.

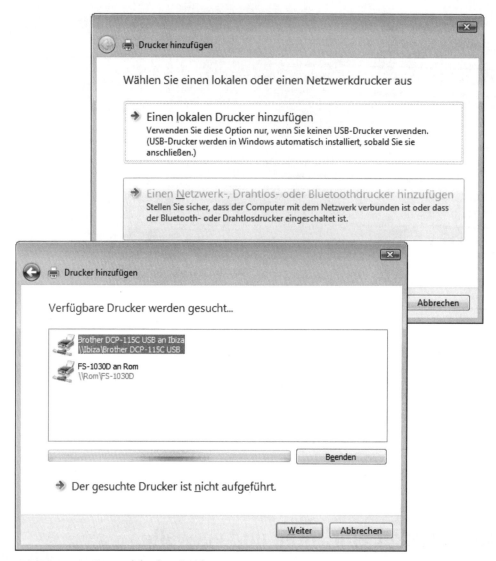

Abbildung 5.25 Netzwerkdrucker einrichten

2. Sobald der Assistent zur Druckerinstallation startet, wählen Sie in dessen Startdialog die Option *Einen Netzwerk-, Drahtlos- oder Bluetoothdrucker hinzufügen* (Abbildung 5.25, oben).
3. Nachdem Windows das Netzwerk nach freigegebenen Druckern durchsucht und diese im Folgedialogfeld eingeblendet hat, markieren Sie den gewünschten Drucker (Abbildung 5.25, unten) und klicken auf die *Weiter*-Schaltfläche.
4. Im Dialogfeld *Geben Sie einen Druckernamen ein* (Abbildung 5.26, oben) können Sie auf Wunsch den Druckernamen anpassen. Löschen Sie die Markierung des Kontrollkästchens *Als Standarddrucker festlegen*, falls der Drucker nur bei Bedarf genutzt werden soll. Klicken Sie danach auf die Schaltfläche *Weiter*.

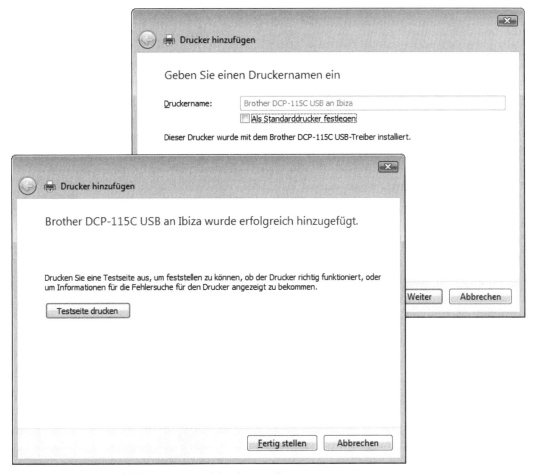

Abbildung 5.26 Dialogfelder zur Netzwerkdruckerinstallation

5. Im Dialogfeld aus Abbildung 5.26, unten, sollten Sie auf die Schaltfläche *Testseite drucken* klicken und warten, bis der Probeausdruck auf dem Netzwerkdrucker ausgegeben wurde.
6. Erscheint die Testseite einwandfrei, schließen Sie das Dialogfeld des Assistenten über die *Fertig stellen*-Schaltfläche.

Gibt es Probleme beim Einrichten des Netzwerkdruckers, können Sie in Windows Vista die in der linken oberen Dialogfeldecke angezeigte Schaltfläche *Zurück* verwenden, um zu den vorherigen Dialogfeldern zurückzublättern.

Netzwerkdrucker in Windows XP einrichten

Netzwerkdrucker lassen sich in Windows XP mit ähnlichen Schritten wie in Windows Vista einrichten:

1. Öffnen Sie den Ordner *Drucker und Faxgeräte* (z.B. über die Systemsteuerung) und klicken Sie in der Aufgabenleiste des Ordnerfensters auf den Hyperlink *Drucker hinzufügen*.

2. Sobald der Assistent zur Druckerinstallation startet, wählen Sie in dessen Startbildschirm die Option *Netzwerkdrucker* aus und klicken auf die Schaltfläche *Weiter*, um zu den nächsten Dialogfeldern zu gelangen.
3. Im nächsten Schritt des Assistenten (Abbildung 5.27, oben) markieren Sie die Option *Drucker suchen* und klicken auf die *Weiter*-Schaltfläche.
4. Nachdem Windows das Netzwerk nach freigegebenen Druckern durchsucht und diese im folgenden Dialogfeld (Abbildung 5.27, unten) eingeblendet hat, markieren Sie den gewünschten Drucker und klicken erneut auf die *Weiter*-Schaltfläche.

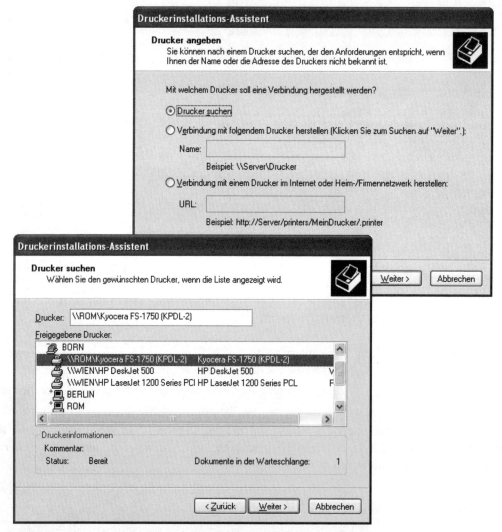

Abbildung 5.27 Dialogfelder zur Netzwerkdruckerinstallation unter Windows XP

Über die Schaltfläche *Weiter* lassen sich die restlichen Schritte zur Installation des Druckertreibers abrufen. Durch die Auswahl des Druckers im Netzwerkpfad erhält der Assistent die Informationen des Servers über den angeschalteten Druckertyp. Daher kann er den benötigten Treiber automatisch einrichten und die manuelle Auswahl des Druckertyps entfällt somit.

Im nächsten Schritt möchte der Assistent wissen, ob Windows-Programme den Drucker als Standarddrucker verwenden sollen. Wählen Sie die entsprechende Option *Ja* oder *Nein*. Die druckerspezifischen Daten ermittelt Windows automatisch vom Netzwerkdrucker. Im letzten Schritt des Assistenten werden die Konfigurationsdaten des Druckers angezeigt. Sobald Sie auf die Schaltfläche *Fertig stellen* klicken, wird der Druckertreiber eingerichtet.

Drucker an FRITZ!Box nutzen

Verwenden Sie die FRITZ!Box Fon WLAN der Firma AVM als WLAN-Router? Dieses Gerät stellt auch eine USB-Schnittstelle bereit, über die Sie USB-Geräte wie Festplatte, USB-Sticks sowie Drucker anschließen können. Diese können dann über das TCP/IP-Protokoll von allen an der FRITZ!Box angeschlossenen Rechnern genutzt werden.

1. Schließen Sie den Drucker an die FRITZ!Box am USB-Anschluss an und stellen Sie sicher, dass das Gerät eingeschaltet ist. Wenn Sie das Webinterface der FRITZ!Box im Browser aufrufen, sollte der Drucker unter *USB-Geräte/Drucker* angezeigt werden.
2. Öffnen Sie unter Windows Vista den Ordner *Drucker* (z.B. über die Systemsteuerung) und klicken Sie in der Symbolleiste des Ordnerfensters auf die Schaltfläche *Drucker hinzufügen*.
3. Im Dialogfeld *Einen Drucker auswählen* (Abbildung 5.28, oben) markieren Sie die Option *Einen neuen Anschluss erstellen*, wählen im zugehörigen Listenfeld den Wert *Standard TCP/IP-Port* und klicken Sie auf die *Weiter*-Schaltfläche.
4. Im Dialogfeld *Einen Druckerhostnamen oder eine IP-Adresse eingeben* (Abbildung 5.28, unten) tragen Sie die IP-Adresse oder den Netzwerknamen des Geräts (hier *fritz.box* oder die IP-Adresse *192.168.178.1*) im Feld *Hostname oder IP-Adresse* ein. Ergänzen Sie im Feld Anschlussname den Druckernamen, der im Webformular der FRITZ!Box angezeigt wird (z.B. *fritz.box/Printer* oder *192.168.178.1/Printer*). Markieren Sie das Kontrollkästchen zur Erkennung des Druckers und klicken Sie auf die *Weiter*-Schaltfläche.

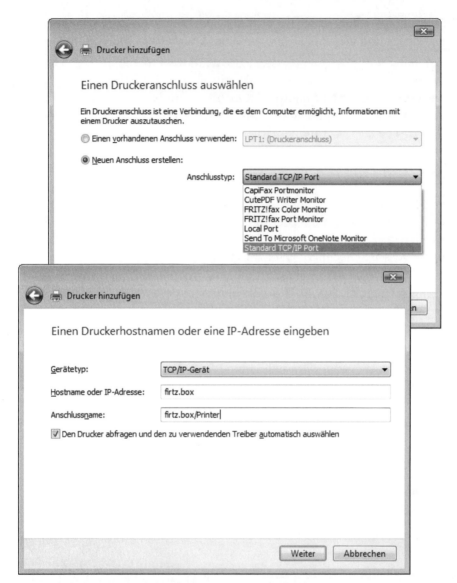

Abbildung 5.28 Dialogfelder zur Installation eines TCP/IP-Druckers

5. Jetzt wird die Druckererkennung durchgeführt und der Ablauf in einer Statusanzeige im Dialogfeld des Assistenten angezeigt. Warten Sie ab, bis die Druckererkennung abgeschlossen ist. Erscheint der Dialog *Zusätzliche Portinformationen erforderlich* (Abbildung 5.29, oben), markieren Sie die Option *Benutzerdefiniert* und wählen Sie die Schaltfläche *Einstellungen* (Abbildung 5.29, unten).

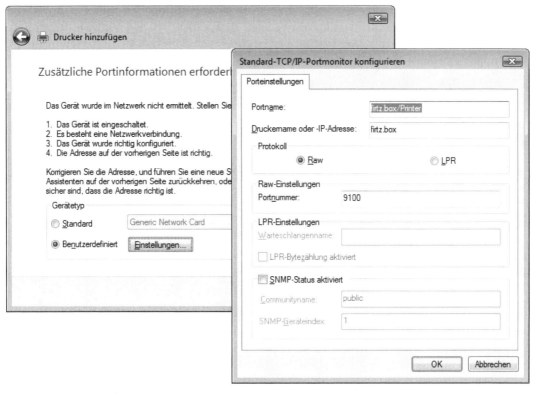

Abbildung 5.29 Portinformationen für den Drucker einsehen

6. Passen Sie bei Bedarf die Portinformationen an, schließen Sie das Dialogfeld über die *OK*-Schaltfläche und klicken Sie auf die *Weiter*-Schaltfläche.
7. Wird der Drucker nicht automatisch erkannt, wählen Sie im Dialogfeld *Den Druckertreiber installieren* den Hersteller und das Gerätemodell und verwenden Sie dann die *Weiter*-Schaltfläche, um die nächsten Dialoge zu durchlaufen.
8. Passen Sie ggf. den Druckernamen an, lassen Sie die Testseite ausgeben und schließen Sie den letzten Dialogschritt über die *Fertig stellen*-Schaltfläche.

Sofern die eingestellten Optionen stimmen, sollte sich der Drucker über den Druckserver der FRITZ!Box ansprechen lassen.

HINWEIS Auf der Internetseite *www.wehavemorefun.de/fritzbox/DruckerHinweis* finden Sie einige zusätzliche Hinweise, was bezüglich der Druckerinstallation bei der FRITZ!Box zu beachten ist.

Problembehebung bei der Netzwerkdruckerinstallation

Um einen Netzwerkdrucker erfolgreich einzurichten zu können, müssen einige Bedingungen erfüllt sein. Da es erfahrungsgemäß häufig Probleme beim Einrichten von Netzwerkdruckern in Windows Vista gibt, sollten Sie vor dem Einrichten oder spätestens bei auftretenden Problemen folgende Punkte prüfen:

- Es klingt zwar trivial, aber der Drucker muss lokal am betreffenden Rechner funktionsfähig installiert worden sein. Prüfen Sie daher zuerst, ob mit dem Druckertreiber lokal am Rechner gedruckt werden kann. Ist der lokale Drucker an einem Windows Vista-Rechner angeschlossen, muss ein Windows Vista-fähiger Druckertreiber installiert sein.
- Wird noch ein älterer Drucker an einem Windows XP-Rechner lokal betrieben und dann im Netzwerk freigegeben? Dann benötigen Sie für Windows Vista geeignete Druckertreiber, um den Netzwerkdrucker unter dieser Betriebssystemvariante einrichten zu können.
- Der lokale Drucker ist zudem vom Administrator des jeweiligen Rechners zur gemeinsamen Verwendung im Netzwerk freizugeben (siehe die obigen Abschnitte). Um zu testen, ob überhaupt eine Netzwerkverbindung besteht, sollten Sie prüfen, ob der Rechner über den Ordner *Netzwerk* erreichbar ist. Dort werden freigegebene Drucker mit aufgeführt.
- Achten Sie unter Windows Vista darauf, dass die Benutzerkontensteuerung eingeschaltet ist. Andernfalls kann es Probleme bei der Installation des Treibers für den Netzwerkdrucker geben, da dem Installationsprogramm gegebenenfalls Administratorenrechte fehlen.
- Achten Sie auch darauf, dass der Rechner, über den auf den Netzwerkdrucker zugegriffen werden soll, mit Kennwörtern für die Benutzerkonten ausgestattet ist. Fehlt ein Kennwort, erhält der Benutzer unter Umständen keinen Zugriff auf die Netzwerkressource.
- Überprüfen Sie in der (Windows) Firewall auch, ob die Option »Datei- und Druckerfreigabe« als Ausnahme zugelassen ist. Gerade bei der Verwendung von Firewalls von Drittherstellern gibt es erfahrungsgemäß Probleme, weil genau diese Verbindungen geblockt werden. Dann ist die Druckerfreigabe im Netzwerk nicht sichtbar.

Mit diesen Grundvoraussetzungen sollte es eigentlich mit der Installation eines Netzwerkdruckers klappen. Für besonders hartnäckige Fälle (z.B. die Druckerinstallation kann unter Windows Vista wegen eines Fehlers nicht abgeschlossen werden), können Sie folgende Vorgehensweise probieren:

1. Schließen Sie den Netzwerkdrucker lokal am Rechner an, auf dem die Installation des Netzwerkdruckers fehl schlägt.
2. Installieren Sie anschließend den benötigten Druckertreiber, so dass ein neuer, lokaler Drucker mit dem betreffenden Gerätetyp zur Verfügung steht.

Diese beiden Schritte stellen sicher, dass der Druckertreiber lokal auf dem Windows Vista-Rechner installiert ist. Testen Sie anschließend, ob sich über den neu eingerichteten Drucker lokal drucken lässt. Trifft dies zu, können Sie den Drucker wieder am Netzwerkrechner anschließen und die obigen Schritte zum Einrichten des Netzwerkdruckers durchführen. Sind die Schwierigkeiten immer noch nicht behoben, d.h., kann die Netzwerkdruckerinstallation wegen eines Zugriffsfehlers oder Ähnlichem nicht abgeschlossen werden, testen Sie die folgenden Schritte:

1. Öffnen Sie das Ordnerfenster *Drucker* und klicken Sie den lokal installierten Drucker mit der rechten Maustaste an.
2. Wählen Sie im Kontextmenü die Befehle *Als Administrator ausführen* und im Untermenü *Eigenschaften*. Die Sicherheitsabfrage der Benutzerkontensteuerung ist dann zu bestätigen.
3. Im Eigenschaftenfenster des Druckers holen Sie die Registerkarte *Anschlüsse* in den Vordergrund und klicken darin auf die Schaltfläche *Hinzufügen* (Abbildung 5.30, Hintergrund).

Netzwerkdrucker einrichten und verwalten

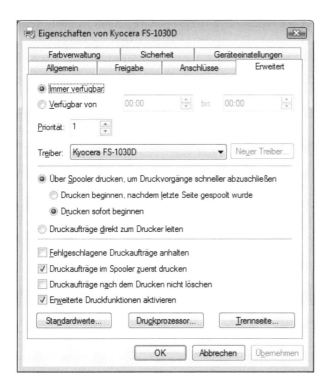

Abbildung 5.30 Druckerport einrichten

4. Wählen Sie im Dialogfeld *Druckeranschlüsse* (Abbildung 5.30, oben rechts) den Anschlusstyp *Local Port* und klicken Sie auf die Schaltfläche *Neuer Anschluss*.
5. Im Folgedialogfeld (Abbildung 5.30, unten rechts) geben Sie im Feld *Anschlussname* den UNC-Pfad zum Netzwerkdrucker (z.B. *\\Ibiza\Brother DCP-115C USB*) ein. Es muss der Freigabename des Windows XP- bzw. Windows Vista-Netzwerkdruckers verwendet werden.
6. Schließen Sie das Dialogfeld über die *OK*-Schaltfläche und das andere Dialogfeld über die *Schließen*-Schaltfläche.
7. Markieren Sie auf der Registerkarte *Anschlüsse* das Kontrollkästchen des neu aufgeführten Eintrags (Abbildung 5.30, Hintergrund) in der Druckeranschlussliste.

Der Druckerausgang wurde jetzt auf den Netzwerkpfad umgeleitet. Sie können den Drucker wieder an den Netzwerkrechner anschließen. Anschließend wechseln Sie am Client im noch geöffneten Fenster mit den Druckereigenschaften zur Registerkarte *Allgemein* und klicken auf die Schaltfläche *Testseite drucken*. Damit lässt sich überprüfen, ob die Druckausgabe funktioniert. Wird die Testseite auf dem Netzwerkdrucker ausgegeben, ist das Gerät eingerichtet.

TIPP Der in Abbildung 5.30 gezeigte Freigabename ist als abschreckendes Beispiel zu sehen, der beim Abarbeiten der obigen Schrittfolge geradezu Fehler bei der Eingabe den UNC-Pfads provoziert. Verwenden Sie daher einen kurzen Freigabenamen für den Drucker, der keine Leerzeichen enthält.

Drucker und Treiber löschen

Benötigen Sie einen Netzwerkdrucker nicht mehr, lässt sich dieser aus dem Druckerordner wieder entfernen. Sie müssen lediglich das Fenster des Druckerordners (*Drucker* unter Windows Vista, *Drucker und Faxgeräte* unter Windows XP) über die Systemsteuerung öffnen. Dann genügt es, das Druckersymbol zu markieren und den Befehl *Drucker löschen* über die Aufgabenleiste (Windows XP) bzw. über die Schaltfläche in der Symbolleiste (Windows Vista) anzuwählen. Bestätigen Sie die Sicherheitsabfrage durch Anklicken der *Ja*-Schaltfläche, entfernt Windows das Symbol aus dem Druckerordner.

Mit diesen Schritten wird der installierte Druckertreiber aber nicht wirklich gelöscht. Vielmehr bleibt der Treiber weiterhin installiert und lässt sich bei der nächsten Druckerinstallation erneut verwenden. Möchten Sie einen Druckertreiber wirklich löschen, gehen Sie folgendermaßen vor:

1. Melden Sie sich unter einem Administratorenkonto an und öffnen Sie das Fenster des Druckerordners (z.B. über das Startmenü).
2. Drücken Sie in Windows Vista kurz die [Alt]-Taste, um die Menüleiste einzublenden. Anschließend wählen Sie im Menü *Datei* die Befehle *Als Administrator ausführen* und *Servereigenschaften*.
3. Bestätigen Sie die Sicherheitsabfrage der Benutzerkontensteuerung und wechseln Sie im Eigenschaftenfenster des Druckservers zur Registerkarte *Treiber* (Abbildung 5.31).

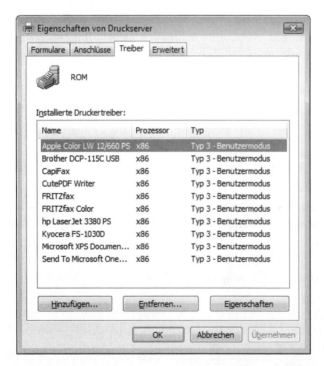

Abbildung 5.31 Registerkarte *Treiber* des Druckservers

4. Wählen Sie den Eintrag für den gewünschten Treiber aus und klicken Sie auf die *Entfernen*-Schaltfläche.

5. In einem weiteren Dialogfeld legen Sie über Optionen fest, ob nur der Treiber oder zusätzlich auch das installierte Treiberpaket zu löschen ist.

Wenn Sie die Dialogfelder schließen, wird der Treiber (und gegebenenfalls auch das Treiberpaket) aus Windows entfernt. Dies ist hilfreich, wenn Sie z.B. einen nicht zu Windows Vista kompatiblen Druckertreiber installiert haben. Beachten Sie aber, dass der Treiber sich nicht entfernen lässt, wenn der Drucker noch im Druckerordner vorhanden ist oder wenn Druckaufträge in der Druckerwarteschlange anstehen.

Druckereigenschaften verwalten

Für jeden installierten Druckertreiber verwaltet Windows verschiedene Eigenschaften, die sich über mehrere Registerkarten des Eigenschaftenfensters anpassen lassen. Zum Aufruf des Eigenschaftenfensters öffnen Sie den Druckerordner über die Systemsteuerung, klicken das im Druckerordner angezeigte Druckersymbol mit der rechten Maustaste an und wählen den Kontextmenübefehl *Eigenschaften*. Auf den Registerkarten des Eigenschaftenfensters (Abbildung 5.32) können Sie dann die unterschiedlichen Eigenschaften des Druckers einsehen und bei Bedarf anpassen.

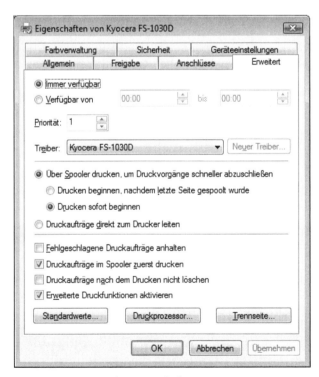

Abbildung 5.32 Druckereigenschaften

Die Inhalte der Registerkarten bzw. die verfügbaren Eigenschaften sind dabei durch den Druckertreiber gerätespezifisch festgelegt.

- Die Registerkarte *Allgemein* des Druckers zeigt den Druckernamen und erlaubt Ihnen, einen Kommentar für das betreffende Gerät festzulegen sowie den Standort des Gerätes anzugeben. Dieser Standort und der Kommentar sind bei der Benutzung des Druckers im Netzwerk durch andere Benutzer hilfreich. In der Gruppe *Funktionen* zeigt Windows Ihnen die Eigenschaften des betreffenden Druckers an. Bei Druckerproblemen können Sie die Schaltfläche *Testseite drucken* anklicken. Windows erzeugt anschließend eine Testseite und gibt diese auf dem Gerät aus (siehe auch den vorhergehenden Abschnitt zur Installation eines Druckertreibers).

- Auf der Registerkarte *Anschlüsse* werden die möglichen Druckeranschlüsse des Geräts aufgeführt. In der Regel sehen Sie dort die Ausgänge für parallele Schnittstellen (LPTx:), für serielle Schnittstellen (COMx:), für USB-Anschlüsse sowie für Netzwerkpfade. Der aktuell benutzte Ausgang wird durch eine Markierung im Kontrollkästchen gekennzeichnet. Betreiben Sie zwei identische Drucker an einem Rechner? Dann lassen sich die Druckaufträge zwischen diesen Druckern aufteilen. Markieren Sie als Erstes das Kontrollkästchen *Druckerpool aktivieren*. Anschließend können Sie die Kontrollkästchen der Anschlüsse markieren, die den Geräten zugeordnet sind.

- Die Registerkarte *Geräteeinstellungen* ist ebenfalls gerätespezifisch aufgebaut und ermöglicht die Zuordnung zwischen Papierformat und Schacht, Schriftartenkassetten, Papierkassetten etc. zu wählen. Je nach verwendetem Ausgabegerät kann der Treiber auf dieser Registerkarte auch die installierbaren Zusatzkomponenten abfragen.

- Auf der Registerkarte *Freigabe* finden Sie die bereits weiter oben beschriebenen Optionen zur Druckerfreigabe im Netzwerk. Auf der Registerkarte *Sicherheit* lassen sich die Zugangsberechtigungen für den Drucker festlegen. Ähnlich wie bei Netzwerkfreigaben können Sie die Personen, die Zugriff auf den Drucker haben sollen, in der Liste *Gruppen- oder Benutzernamen* festlegen. Dort kann der Administrator auch vorgeben, ob diese Personen den Drucker oder Druckaufträge verwalten dürfen.

- Die Registerkarte *Erweitert* steuert die Optionen zur Druckausgabe sowie die Einstellungen des Druckspoolers (Abbildung 5.32). Über die Optionen *Immer verfügbar* und *Verfügbar von* lässt sich einstellen, zu welchen Uhrzeiten der Drucker eingeschaltet und betriebsbereit ist. Dies ist vor allem im Netzwerk relevant, da Windows ggf. anfallende Druckaufträge zwischenpuffern muss. Das Drehfeld *Priorität* ermöglicht Ihnen, einen Wert zwischen 1 und 99 zusetzen. Neue Druckaufträge erhalten dann den betreffenden Prioritätswert zugewiesen. Die Druckerwarteschlange verarbeitet eintreffende Druckaufträge nach der Priorität (je höher der Wert, umso höher die Priorität des Druckaufträge). Über das Listenfeld *Treiber* können Sie zwischen den installierten Druckertreibern wechseln. Die markierte Option *Über Spooler drucken, um Druckvorgänge schneller abzuschließen* veranlasst Windows, die Druckerausgabe über den Druckspooler abzuwickeln. In diesem Fall lässt sich zusätzlich festlegen, wann die Druckerwarteschlange mit der Ausgabe der von der Anwendung übernommenen Druckdaten an das eigentliche Gerät (Drucker) beginnen darf. Sie sollten die Option *Drucken sofort beginnen* markieren. Möchten Sie das Drucken über den Spooler abschalten, markieren Sie die Option *Druckaufträge direkt zum Drucker leiten*. Die Kontrollkästchen im unteren Teil der Registerkarte ermöglichen es, verschiedene Druckoptionen anzupassen. Klicken

Sie auf der Registerkarte *Erweitert* die Schaltfläche *Trennseite* an, öffnet Windows ein Dialogfeld zur Auswahl der Trennseite. Dadurch wird zwischen den einzelnen Druckaufträgen jeweils eine Trennseite ausgegeben, um diese besser auseinandersortieren zu können.

Detailliertere Informationen zur Verwaltung des Druckers entnehmen Sie bitte der Windows-Hilfe oder Zusatzliteratur zur benutzten Windows-Variante.

Kapitel 6

Sicherheit im Netzwerk

In diesem Kapitel:

Systemsicherheit überwachen	204
Systemaktualisierung mit Updates	209
Systemabschottung durch eine Firewall	217
Schutz vor Viren und Schädlingen	238
Weitere Sicherheitseinstellungen	241

Beim Betrieb eines Netzwerks sollten Sie Ihr Augenmerk auch auf dessen Absicherung legen. Der Zugangsschutz durch entsprechend konfigurierte Benutzerkonten wurde bereits in Kapitel 2 erwähnt. Aber es gilt auch, den unbefugten Zugriff aus dem Internet auf die Rechner des Netzwerks durch eine Firewall zu unterbinden. Sie sollten daher wissen, wie Sie die Firewall für das Internet und das Netzwerk konfigurieren. Zusätzlich sollte das System über Windows Update auf dem aktuellen Stand gehalten und durch geeignete Sicherheitssoftware gegen Schadsoftware abgesichert werden. In den folgenden Abschnitten erfahren Sie alles Wissenswerte zu diesen Themenkomplexen.

Systemsicherheit überwachen

Um die Sicherheit der einzelnen Windows-Rechner im Netzwerk überprüfen und beurteilen zu können, lassen sich das Windows-Sicherheitscenter sowie der von Microsoft angebotene Microsoft Baseline Security Analyzer verwenden. Nachfolgend erfahren Sie, was sich hinter diesen zwei Funktionen verbirgt.

Mit welchen Risiken muss ich rechnen?

Sofern Sie einen Rechner innerhalb eines Netzwerks oder mit einem Internetzugang betreiben, erhöht sich auch das Risiko für Angriffe auf die Rechner des Netzwerks. Es empfiehlt sich also, sich einige Gedanken um mögliche Risiken zu machen und sich mit der Absicherung des Netzwerks gegen Angriffe von Schadsoftware oder durch unbefugte Dritte zu beschäftigen. Was es hinsichtlich der Absicherung von Rechnern, des Netzwerks und des Internetzugangs zu beachten gibt, wird in den verschiedenen Kapiteln dieses Buches bzw. in den folgenden Abschnitten besprochen. Nachfolgend möchte ich aber eine zusammenfassende Darstellung möglicher Sicherheitsrisiken geben:

- Auf einen Rechner eingedrungene Schadsoftware (Viren, Trojaner etc.) kann sich innerhalb eines Netzwerks auf andere Rechner ausbreiten. Um den Schutz des Netzwerks zu gewährleisten, sollten Sie daher alle Rechner innerhalb des Verbunds mit den in diesem Buch besprochenen Sicherheitsfunktionen ausstatten und die vorgeschlagenen Sicherheitskonfigurationen verwenden.

- Freigaben innerhalb des Netzwerks sind für Dritte, die Zugang zu diesem Netzwerk erhalten, einsehbar. Achten Sie daher bei Erteilung von Freigaben darauf, dass nur ein berechtigter Personenkreis Zugriff auf diese Freigaben erhält. Die Verwendung von kennwortgeschützten Freigaben (Kapitel 4) und Benutzerkonten (Kapitel 2) ist ein Ansatz, um den ungewollten Zugriff auf Freigaben (z.B. über eine ungenügend geschützte WLAN-Verbindung) zumindest zu erschweren. Vergeben Sie die Zugriffsrechte für den Kreis der Nutzer so, dass diese keine ungewollten Änderungen vornehmen können (siehe Kapitel 5). Wer allen Nutzern Vollzugriff (z.B. als Mitbesitzer) gewährt, darf sich nicht wundern, wenn eventuell freigegebene Dateien bewusst oder ungewollt gelöscht werden.

- Verwenden Sie ein Funknetzwerk, sollten Sie besonderes Augenmerk auf dessen Absicherung gegen unbefugte Nutzung legen (siehe Kapitel 3). Beim Zugang zu öffentlichen Funknetzwerken über Hotspots empfiehlt es sich, die Einstellungen über das Netzwerk- und Freigabecenter auf den Modus »Öffentliches Netzwerk« zu setzen. Dies stellt sicher, dass Windows Vista die Firewall-Einstellungen so anpasst, dass die Geräteerkennung im Netzwerk abgeschaltet wird und Freigaben nicht über das Internet erreichbar sind.

- Dateien, die aus dem Internet auf Rechner im Netzwerk heruntergeladen werden, bergen ein potentielles Sicherheitsrisiko. Downloads aus dem Internet oder E-Mail-Anhänge können Schädlinge wie Viren, Trojaner, Dialer oder Würmer enthalten. Anwendungen, die Makros oder Skripte unterstützen, lassen sich durch entsprechende Dokumentdateien mit Viren oder anderen Schädlingen infizieren. Schutz vor solchen Angriffen bieten aktuelle Virenscanner, die für Windows Vista geeignet sind. Wichtig ist dabei, dass die Signaturdateien dieser Virenscanner auf dem aktuellen Stand gehalten werden. Einen gewissen Schutz vor der ungewollten Installation von Anwendungen bietet auch die Benutzerkontensteuerung von Windows Vista. Nur wenn der Benutzer die Sicherheitsabfrage der Benutzerkontensteuerung explizit bestätigt, erhält ein Installationsprogramm die erforderlich Berechtigungen, um Änderungen am System vorzunehmen. Wer die Benutzerkontensteuerung abschaltet oder deren Sicherheitsabfragen ohne Nachdenken bestätigt, verzichtet auf den in Windows Vista eingebauten Schutz.

- Fehler im Betriebssystem oder in Anwendungsprogrammen führen dazu, dass Schadprogramme diese Sicherheitslücken ausnutzen können. Die ermöglicht Würmern, die Rechner innerhalb des Netzwerks über eine bestehende Internetverbindung zu infizieren. Oder die Schadsoftware wird über Dokumente wie Bilder, PDF-Dateien, Office-Dokumente etc. verbreitet und nutzt beim Laden Fehler innerhalb der Anwendung aus, um sich im System zu verbreiten. Dieses Risiko lässt sich nur durch Installation angebotener Windows-Updates bzw. durch Aktualisierung der betreffenden Anwendungen durch die von den Herstellern angebotenen Sicherheitspatches begrenzen. Aktuelle Virenscanner sollten solche Angriffe ebenfalls erkennen.

- Werbefinanzierte Programme (so genannte Adware oder Spyware) enthalten Werbe- oder Spionageprogramme, die bei einer bestehenden Internetverbindung Informationen an Empfänger im Internet weitergeben. Der in Windows Vista integrierte Windows-Defender kann solche schädliche oder unerwünschte Software erkennen und entfernen.

- Über Cookies, Webbugs und andere Mechanismen können Dritte beim Surfen im Internet oder beim Verbreiten von E-Mails gewissen Informationen über den Benutzer sammeln und zu Datenprofilen verdichten. Als Anwender bzw. Netzwerkadministrator können Sie diese Risiken durch geeignete Konfigurierung der Sicherheitseinstellungen des in Windows Vista enthaltenen Internet Explorers bzw. des E-Mail-Programms Windows Mail begegnen.

Details zur Absicherung der Rechner innerhalb des Netzwerks finden Sie auf den folgenden Seiten sowie in den restlichen Kapitels dieses Buches.

So hilft das Windows-Sicherheitscenter

Windows Vista enthält das Sicherheitscenter bereit, welches verschiedene Sicherheitseinstellungen überwacht und Sie als Benutzer über vorhandene oder beginnende Sicherheitsprobleme informiert. Zum Aufrufen des Sicherheitscenters genügt ein Doppelklick auf das Symbol der Windows-Sicherheitswarnung im Infobereich der Taskleiste (Abbildung 6.1). Alternativ können Sie die Systemsteuerung öffnen und in der Gruppe *Sicherheit* den Befehl *Computersicherheitsstatus überprüfen* anwählen. Windows öffnet daraufhin das Fenster des Sicherheitscenters (Abbildung 6.1), in dem der Status der überwachten Kategorien *Firewall*, *Automatische Updates*, *Schutz vor schädlicher Software* und *Weitere Sicherheitseinstellungen* angezeigt wird. Bezüglich der einzelnen Kategorien gilt Folgendes:

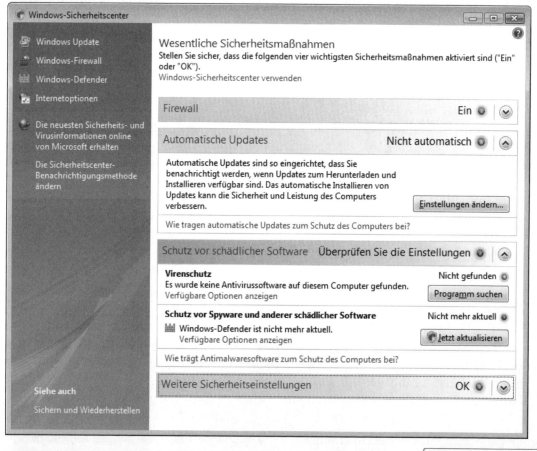

Abbildung 6.1 Das Windows-Sicherheitscenter

- *Firewall:* Hier wird Ihnen der Status der Windows Vista-Firewall angezeigt (siehe die folgenden Seiten). Ist eine zum Sicherheitscenter kompatible Firewall von Drittherstellern installiert, wird deren Status eingeblendet oder Sie finden einen Hinweis, wie die Funktion zu konfigurieren ist.
- *Automatische Updates:* In dieser Kategorie werden Sie über den Status der Windows Update-Funktion informiert. Ist das automatische Update abgeschaltet, werden Sie durch eine farbige Markierung darauf hingewiesen.
- *Schutz vor schädlicher Software:* In dieser Kategorie zeigt das Sicherheitscenter, ob ein Virenscanner vorhanden und aktuell ist. Zudem werden Sie informiert, ob der Windows-Defender eingeschaltet und auf dem aktuellen Stand ist.
- *Weitere Sicherheitseinstellungen:* Diese Rubrik gibt Ihnen einen Hinweis, ob die Internetsicherheitseinstellungen auf die empfohlene Stufe gesetzt und die Benutzerkontensteuerung eingeschaltet ist.

Der Status der überwachten Kategorien lässt sich auf einen Blick durch die farbige Markierung der Kategorieüberschrift erkennen:

- Ein grüner Balken und der Text *Ein* bzw. *OK* am rechten Rand einer Kategorie signalisiert, dass im Hinblick auf Sicherheitsaspekte bei der betreffenden Kategorie alles in Ordnung ist.
- Wird die Kategorie durch einen gelben Balken dargestellt, weist dies auf eine ggf. reduzierte Sicherheit hin. Wenn Sie die automatische Aktualisierung von Windows durch Windows Update abschalten, wird dies durch einen solchen Balken signalisiert.
- Taucht eine mit roter Farbe hinterlegte Kategorie auf und wird der Status der Funktion mit *Aus* angegeben, liegt ein potentielles Sicherheitsproblem vor (z.B. abgeschaltete Firewall, fehlender Virenscanner).

Die am rechten Rand der jeweiligen Kategorie sichtbaren runden Schaltflächen *Details ein-/ausblenden* ermöglichen Ihnen, die Kategoriedarstellung zu erweitern oder auf die Kategorieüberschrift zu reduzieren. Klicken Sie die Schaltfläche (oder die gesamte Kategorieüberschrift) an und erscheint die Detailansicht, zeigt das Sicherheitscenter Ihnen den genauen Status und ggf. auch den Grund für erkannte Sicherheitsmängel. In der Detailansicht finden Sie ggf. auch Schaltflächen, um die Einstellungen der überwachten Kategorie anzupassen.

TIPP Um Einstellungen direkt anzupassen, empfiehlt es sich, die in der Aufgabenleiste am linken Rand des Windows-Sicherheitscenters eingeblendeten Hyperlinks *Windows Update*, *Windows-Firewall*, *Windows-Defender* und *Internetoptionen* anzuklicken. Sie gelangen dann zu den betreffenden Konfigurationsseiten.

Möchten Sie den Benachrichtigungsmodus des Windows-Sicherheitscenters ändern, klicken Sie in der Aufgabenleiste des Fensters auf den Hyperlink *Die Sicherheitscenter-Benachrichtigungsmethode ändern*. Ein Dialogfeld ermöglicht Ihnen anschließend, über verschiedene Optionen zu bestimmen, ob bei Sicherheitsproblemen ein Symbol und eine Benachrichtigung oder nur ein Symbol im Infobereich der Taskleiste eingeblendet werden sollen.

Systemüberprüfung durch MBSA

Einen schnellen Sicherheitscheck des kompletten Rechners ermöglicht der Microsoft Baseline Security Analyzer (MBSA). Das Programm überprüft, ob die erforderlichen Windows-Updates installiert sind. Zudem werden die Benutzerkonten auf fehlende oder banale Kennwörter überprüft und Sie bekommen einen Hinweis, wenn mehrere Administratorenkonten vorhanden sind.

> **HINWEIS** Das Programm MBSA lässt sich kostenlos von der Microsoft Webseite herunterladen (die Seite *www.microsoft.com* aufrufen und nach dem Begriff »MBSA« suchen). Wichtig ist, dass Sie die Installation der *.msi*-Datei unter einem Administratorkonto durchführen. Nach einer erfolgreichen Installation wird ein Verknüpfungssymbol auf dem Desktop angelegt, über welches sich das Programm aufrufen lässt.

Die Bedienung des Microsoft Baseline Security Analyzer ist weitgehend selbsterklärend. Um eine Prüfung durchzuführen, stellen Sie sicher, dass eine Onlineverbindung besteht. Diese Verbindung ist kurzzeitig erforderlich, damit das Programm die Informationen über verfügbare Updates von den Microsoft-Servern abfragen kann. Führen Sie anschließend die folgenden Schritte aus:

1. Starten Sie den Microsoft Baseline Security Analyzer und bestätigen Sie ggf. die Sicherheitsabfrage der Benutzerkontensteuerung, um dem Programm administrative Rechte zuzuweisen.
2. Wählen Sie in der Startseite einen der beiden Hyperlinks *Einen Computer zur Überprüfung auswählen* oder *Mehrere Computer zur Überprüfung auswählen*.
3. Geben Sie im Folgeformular die benötigten Informationen zu dem oder den zu überprüfenden Computer(n) ein und klicken Sie auf den Hyperlink *Überprüfung starten*.

In privaten Netzwerken empfiehlt es sich, jeden Computer separat überprüfen zu lassen. Sie können im betreffenden Formular den Netzwerknamen des Computers (bestehend aus Arbeitsgruppen- und Computername, z.B. »Born\Rom«) oder dessen IP-Adresse eingeben. Dies ermöglicht Ihnen auch die Überprüfung von Rechnern innerhalb des Netzwerks. Eine Fortschrittsanzeige informiert Sie über den aktuellen Status der Prüfung. Das Ergebnis wird Ihnen in einer Zusammenfassung im Programmfenster angezeigt (Abbildung 6.2).

Fehlen Sicherheitsupdates für Windows oder andere Microsoft-Anwendungen, werden Sie auf diesen Mangel hingewiesen. Ähnliches gilt, falls Benutzerkonten über keine oder sehr einfache Kennwörter verfügen.

> **TIPP** Verzichten Sie darauf, den Benutzernamen als Kennwort für ein Konto zu verwenden, da solche Kennwörter leicht zu erraten sind. Nutzen Sie die Möglichkeit, Groß- und Kleinbuchstaben sowie Ziffern in Kennwörtern zu verwenden. Um ein Kennwort besser zu behalten, können Sie mit Eselsbrücken arbeiten (z.B. »Swmd7Z« ist die Abkürzung für »Schneewittchen mit den 7 Zwergen«).

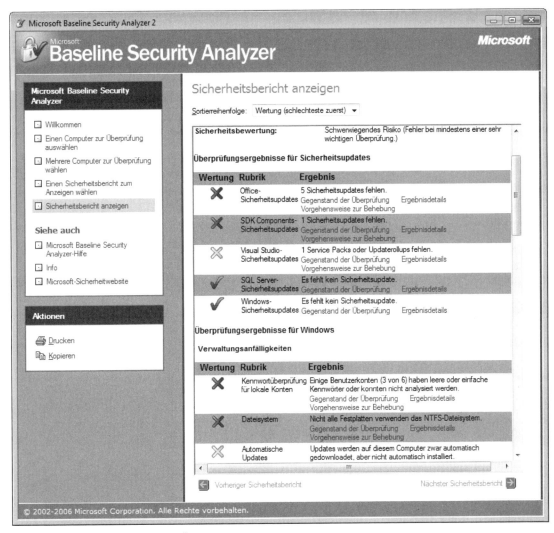

Abbildung 6.2 Ergebnis der MBSA-Überprüfung

Systemaktualisierung mit Updates

Um keine Angriffsflächen, die auf bekannten Fehlern in Windows oder Anwendungen basieren, zu bieten, sollten Sie die Software der im Netzwerk betriebenen Rechner auf dem aktuellen Stand halten. Dies bedeutet, möglichst keine Windows-Versionen mehr einzusetzen, die durch Microsoft nicht mehr unterstützt werden (z.B. Windows 9.x oder Windows NT). Sie sollten auch alle verfügbaren Windows-Updates und Service Packs installieren sowie die benutzten Anwendungen aktualisieren. Nur so können Sie sicherstellen, dass bekannte und vom Hersteller durch Patches behobene Sicherheitslücken auch auf Ihrem System geschlossen werden. Nachfolgend erhalten Sie zu diesem Thema einen kurzen Überblick.

Windows Update in Windows Vista

Windows Vista stellt mit Windows Update eine Funktion bereit, über die Sie sowohl das Betriebssystem als auch von Microsoft bereitgestellte Anwendungen über das Internet aktualisieren können. Dies stellt sicher, dass ggf. sicherheitskritische Fehler behoben werden. Nachfolgend finden Sie eine Übersicht, was bei Verwendung von Windows Update zu beachten ist.

Windows Updates ausführen

Wurde Windows Update für eine automatische Suche nach Updates konfiguriert, prüft Windows Vista bei einer bestehenden Internetverbindung, ob entsprechende Updates auf den Microsoft-Update-Servern vorliegen. Stehen Updates bereit, erscheint in der Regel eine Benachrichtigung in Form einer QuickInfo im Infobereich der Taskleiste (Abbildung 6.3).

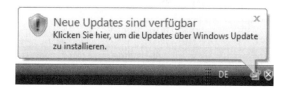

Abbildung 6.3 Benachrichtigung über vorhandene Updates

Dann reicht es, das zur QuickInfo gehörende Symbol im Infobereich der Taskleiste anzuklicken, um das Update zuzulassen. Sobald das Windows Update-Dialogfeld erscheint (Abbildung 6.5, oben), erhalten Sie eine Übersicht über die Anzahl der Updates samt Informationen über die Downloadgröße und die Wichtigkeit der Aktualisierungen.

Abbildung 6.4 Anzeige im Startmenü über anstehende Updates

HINWEIS Unter Umständen unterbleibt die Benachrichtigung, wenn Sie unter einem Standardbenutzerkonto arbeiten und die automatische Installation von Updates abgeschaltet ist. Dies ist aber kein wirkliches Problem, da Sie in diesem Fall beim Herunterfahren von Windows Vista über ein zusätzliches Schild-Symbol in der *Herunterfahren*-Schaltfläche auf anstehende Updates hingewiesen werden (Abbildung 6.4) und Windows Vista diese vor dem Beenden installiert. Weiterhin können Sie Windows Update aufrufen, indem Sie den Begriff »Update« im Schnellsuchfeld des Startmenüs eintippen und dann auf den angezeigten Hyperlink *Windows Update* klicken.

Systemaktualisierung mit Updates

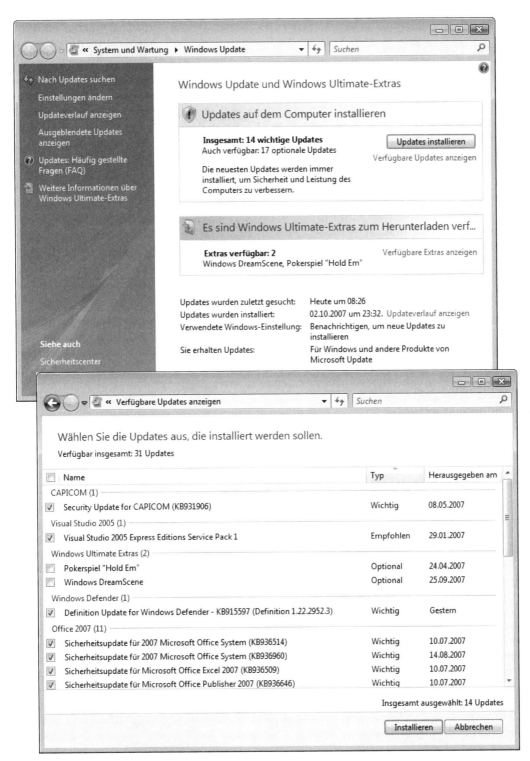

Abbildung 6.5 Windows Update-Fenster

Der genaue Inhalt des Dialogfeldes hängt dabei von den verfügbaren Updates sowie der benutzten Windows Vista-Variante ab. Die Abbildung 6.5, oben, zeigt die Windows Update-Seite aus Windows Ultimate, in der die für diese Betriebssystemvariante verfügbaren Ultimate Extras in einer separaten Kategorie mit angezeigt werden. In allen Windows Vista-Varianten erhalten Sie aber einen Überblick über wichtige und über optionale Updates. Details zu den verfügbaren Updates werden Ihnen angezeigt, sobald Sie auf den Hyperlink *Verfügbare Updates anzeigen* klicken. Die eingeblendete Seite (Abbildung 6.5, unten) listet alle verfügbaren Update-Pakete auf. Durch Markieren der zugehörigen Kontrollkästchen werden die betreffenden Pakete in die Installation einbezogen. Die am linken oberen Fensterrand befindliche Schaltfläche ermöglicht Ihnen die Rückkehr zum vorherigen Dialogfeld.

TIPP Gelegentlich kommt es vor, dass bestimmte Updates Probleme bereiten oder nicht installiert werden sollen. Sie können den betreffenden Eintrag im Fenster *Verfügbare Updates anzeigen* (Abbildung 6.5, unten) mit der rechten Maustaste anklicken und im zugehörigen Kontextmenü den Befehl *Update ausblenden* aufrufen. Sobald Sie die Sicherheitsabfrage der Benutzerkontensteuerung bestätigen, wird das betreffende Paket in der Anzeige der verfügbaren Updates unterdrückt. Um solche ausgeblendeten Updates wieder einzublenden, klicken Sie in der Aufgabenleiste des Fensters *Windows Update* (Abbildung 6.5, oben) auf den Hyperlink *Ausgeblendete Updates anzeigen*. Auf der nun geöffneten Seite werden die ausgeblendeten Updates aufgelistet. Sie können deren Kontrollkästchen markieren und die Updates über den Hyperlink *Ausgeblendete Updates werden wiederhergestellt und installiert* zur Installation freigeben.

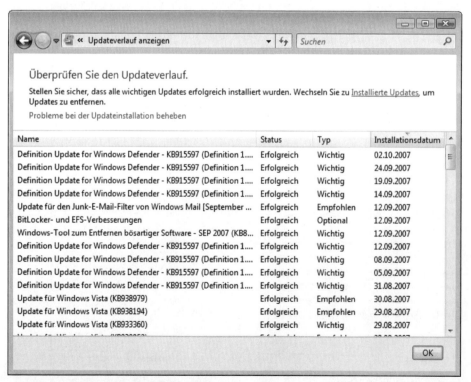

Abbildung 6.6 Updateverlauf anzeigen

Die Schaltfläche *Installieren* (Abbildung 6.5, unten) bzw. *Updates installieren* (Abbildung 6.5, oben) stößt die Installation der Updates durch Windows an. Sie müssen gegebenenfalls die Sicherheitsabfrage der Benutzerkontensteuerung bestätigen, um den Vorgang fortführen zu können. Der Update-Vorgang läuft dabei in Stufen ab. Zuerst werden die Update-Pakete aus dem Internet heruntergeladen. Dieser Vorgang kann sich dabei über mehrere Onlinesitzungen (z.B. bei Verwendung einer langsamen Internet-Einwählverbindung) erstrecken. Anschließend werden die Updates installiert. Ein erforderlicher Neustart nach dem Update wird in einem separaten Dialogfeld mitgeteilt. Über Schaltflächen können Sie dann diesen Neustart sofort ausführen. Oder Sie stellen den Neustart zurück und lassen sich durch dieses Dialogfeld in bestimmten Zeitabständen zum Neustart auffordern. Im Vergleich zu den 10 Minuten, die in Windows XP für das Erinnerungsintervall zugestanden werden, ermöglicht Windows Vista die nächste Erinnerung um bis zu vier Stunden zu verzögern.

HINWEIS Welche Updates unter Windows Vista bereits installiert sind, wird Ihnen angezeigt, sobald Sie in der Aufgabenleiste des Fensters *Windows Update* (Abbildung 6.5, oben) auf den Hyperlink *Updateverlauf anzeigen* klicken. Das angezeigte Fenster (Abbildung 6.6) listet alle auf dem System vorhandenen Updates auf. Wurden bei der Aktualisierung Probleme festgestellt, können Sie auf der angezeigten Seite den Hyperlink *Probleme bei der Updateinstallation beheben* anklicken. Sie gelangen anschließend zu einer Hilfeseite mit Hinweisen, wie sich bestimmte Probleme beheben lassen. Muss ein Update wieder deinstalliert werden, klicken Sie auf den Hyperlink *Installierte Updates*. Die dann angezeigte Folgeseite *Updates deinstallieren* listet alle Updates auf und gibt Ihnen die Möglichkeit, markierte Einträge über die Schaltfläche *Deinstallieren* zu entfernen.

Anpassen der Windows Update-Einstellungen

Herstellerseitig wird Windows Update so eingerichtet, dass Aktualisierungen automatisch heruntergeladen und installiert werden. Während der Installation von Windows Vista kann der Benutzer diese Einstellung aber ändern. Um zu einem späteren Zeitpunkt die Einstellungen für Windows Update einzusehen oder anzupassen, gehen Sie in folgenden Schritten vor:

1. Öffnen Sie unter einem Konto mit Administratorberechtigung das Startmenü und tippen Sie im Schnellsuchfeld den Begriff »Update« ein. Anschließend klicken Sie auf den eingeblendeten Hyperlink *Windows Update*.
2. Im Dialogfeld *Windows Update* wählen Sie in der, in der linken Spalte eingeblendeten, Aufgabenleiste den Befehl *Einstellungen ändern*.
3. Sobald das Dialogfeld *Einstellungen ändern* erscheint (Abbildung 6.7), passen Sie die gewünschten Optionen an, klicken auf die *OK*-Schaltfläche und bestätigen die Sicherheitsabfrage der Benutzerkontensteuerung.

Standardmäßig ist die Option *Updates automatisch installieren (empfohlen)* markiert. Eine solche Option ist aber nur bei einer schnellen und ständig verfügbaren Internetverbindung wirklich sinnvoll. Bei Bedarf können Sie über ein Drehfeld den Aktualisierungszeitpunkt angeben. Diese Einstellung nimmt Ihnen die Aktualisierung ab, erfordert aber eine Breitbandverbindung, um die Updates möglichst zügig herunterzuladen.

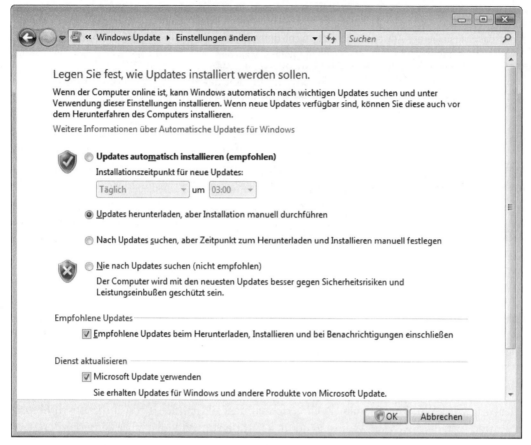

Abbildung 6.7 Update-Optionen anpassen

Verwenden Sie eine langsame Einwählverbindung mittels Modem oder ISDN-Karte, können Sie die Option *Nach Updates suchen, aber Zeitpunkt zum Herunterladen und Installieren manuell festlegen* markieren. Dann können Sie den kompletten Updatevorgang schrittweise kontrollieren. Um bei einer Breitbandverbindung mehr Kontrolle über die durchzuführenden Updates zu behalten, können Sie die Option *Updates herunterladen, aber Installation manuell ausführen* wählen. Dann fragt Windows Vista in der Regel vor der Installation, ob die Updates durchzuführen sind (allerdings gab es in der Vergangenheit einige Microsoft-Updates, die ohne weitere Benutzernachfrage installiert wurden). Die Option *Nie nach Updates suchen (nicht empfohlen)* sollten Sie aus Sicherheitsgründen nicht markieren, da andernfalls Aktualisierungen komplett unterbleiben.

Markieren Sie das Kontrollkästchen *Empfohlene Updates beim Herunterladen, Installieren und bei Benachrichtigungen einschließen*, damit neben den automatisch geladenen, kritischen Updates auch Verbesserungen in den Windows-Funktionen, die als optional angesehen werden, heruntergeladen und installiert werden. Markieren Sie das Kontrollkästchen *Microsoft Update verwenden*, kann die Update-Funktion auch nach Updates für andere Microsoft-Produkte wie Microsoft Office etc. suchen und diese zur Installation anbieten.

HINWEIS Sie sollten auf jeden Fall alle als kritisch eingestuften Updates und von Microsoft herausgegebenen Service Packs installieren. Anwendungen, die nicht durch Windows Update unterstützt werden, sollten Sie über deren Update-Funktion auf dem aktuellen Stand halten. Manche Updates oder so genannte Hotfixes werden durch Microsoft nicht über Windows Update bereitgestellt. Treten Probleme bei bestimmten Windows-Funktionen auf, empfiehlt es sich, unter *support.microsoft.com* nach den entsprechenden Stichwörtern zu suchen. Existiert ein entsprechendes Update, wird dieses in der Regel in den Knowledge Base-Artikeln zum Download angeboten. Hotfixes werden den Kunden dagegen nur auf Anfrage durch den Microsoft-Support bereitgestellt. Hotfixes adressieren in der Regel Probleme, die nur sehr wenige Kunden betreffen. Entsprechende Hinweise finden Sie ebenfalls in den Artikeln der Microsoft Knowledge Base. Auf den Download von Hotfixes oder Patches über Webseiten von Drittanbietern sollten Sie übrigens aus Sicherheitserwägungen verzichten. Niemand gibt Ihnen die Gewähr, dass die vermeintlichen Downloads nicht durch Schadsoftware infiziert sind.

Funktioniert Windows Update nicht mehr? Dieser Effekt trat in der Vergangenheit bei verschiedenen Anwendern auf, falls das Kontrollkästchen *Microsoft Update verwenden* markiert war. In diesem Fall hilft es, gegebenenfalls die Markierung des Kontrollkästchens zu löschen und den Update-Vorgang erneut auszuführen. Zudem können Sie im Fenster *Windows Update* über den Hyperlink *Nach Updates suchen* der Aufgabenleiste ein Dialogfeld öffnen und hier die Suche nach anstehenden Updates starten.

Updates in Windows XP

Windows XP besitzt ebenfalls eine automatische Update-Funktion, die sich benutzerspezifisch aufrufen lässt. Nachfolgend erhalten Sie einen kurzen Überblick über diese Funktion sowie über mögliche Einstelloptionen.

Updates automatisch oder manuell durchführen

Arbeiten Sie mit Windows XP und ist mindestens das Service Pack 2 installiert? Dann überprüft Windows XP bei Internetsitzungen, ob Updates bereitstehen und wird Sie an eventuell anstehende Updates automatisch erinnern. Das Betriebssystem blendet in regelmäßigen Abständen ein Symbol mit einer Sprechblase im Statusbereich der Taskleiste ein, in der Sie an die Aktualisierung des Systems erinnert werden. Klicken Sie auf die Sprechblase, öffnet Windows ein Dialogfeld, in dem Sie das Update selektiv abrufen können.

Alternativ können Sie bei einer bestehenden Internetverbindung den Eintrag *Windows Update* des Startmenüs (Menü *Alle Programme*) anwählen. Dann startet Windows den Internet Explorer und stellt eine Verbindung zur Update-Seite von Microsoft her. Sie können die betreffende Webseite aber auch direkt im Internet Explorer abrufen, indem Sie im Menü der Schaltfläche *Extras* den Befehl *Windows Update* wählen.

Bei der Anmeldung erkennt der betreffende Webserver die installierte Windows-Version und führt Sie direkt zur Webseite mit dem Angebot für Windows-Aktualisierungen.

HINWEIS Falls eine Sicherheitswarnung erscheint, stimmen Sie dem Herunterladen der betreffenden Microsoft-Komponente für Updates durch Anklicken der *Ja*-Schaltfläche zu. Ohne diese Komponente können die erforderlichen Updates nicht ermittelt werden.

Sobald die Update-Webseite im Browserfenster angezeigt wird, wählen Sie das mit *Updates suchen* bezeichnete Element (Hyperlink oder Schaltfläche) der Seite per Mausklick an. Windows Update ermittelt anstehende Sicherheitspatches, Updates und Produktverbesserungen und zeigt diese ggf. in einer Liste auf der Webseite an. Sie finden dann Schaltflächen, um Updates anzunehmen oder zurückzustellen sowie das Update auszuführen. Über die Einträge der linken Spalte können Sie zwischen wichtigen Updates, empfohlenen Updates und Treiberupdates umschalten. Beachten Sie, dass sich die Gestaltung der Update-Seiten ändern kann. Sie erhalten auf der Webseite Hinweise, welche Updates für Ihr System ausführbar sind. Sie werden mittels Anweisungen auf der Webseite durch die betreffenden Schritte zur Windows-Aktualisierung geführt.

Einstellungen für Updates ändern

Auch in Windows XP können Sie die automatische Update-Erinnerung abschalten sowie abgelehnte Updates später nachholen. Bei installiertem Service Pack 2 öffnen Sie die Systemsteuerung (z.B. über das Startmenü) und wählen dann im zugehörigen Fenster das Symbol *Automatische Updates*. Auf der Registerkarte *Automatische Updates* (Abbildung 6.8) lassen sich die Einstellungen für Benachrichtigungen durch Markieren der betreffenden Optionsfelder umsetzen.

Über die Option *Automatisch (empfohlen)* erreichen Sie, das Windows XP die Updates automatisch bei einer bestehenden Internetverbindung herunterladen und installieren kann. Optional können Sie eine der anderen Optionen markieren und Windows veranlassen, vor dem Installieren oder zusätzlich vor dem Download eine Abfrage anzuzeigen. Die Option *Automatische Updates deaktivieren* sollten Sie nicht verwenden, da dann jegliche Aktualisierung unterbleibt. Ansonsten sind die obigen Ausführungen für Windows Vista auch für Windows XP gültig.

Abbildung 6.8 Registerkarte *Automatische Updates*

Systemabschottung durch eine Firewall

Sowohl Windows XP als auch Windows Vista enthalten eine Firewall. Zudem stellen Virenschutzlösungen von Microsoft bzw. von Drittherstellern entsprechende Funktionen bereit. Nachfolgend erfahren Sie, was es im Hinblick auf die Funktion und Konfigurierung der Firewall zu beachten gibt.

Warum braucht man eine Firewall?

Um einen Computer mit dem Internet zu verbinden oder in ein Netzwerk einzubinden, muss diesem eine eindeutige IP-Adresse zugewiesen werden. Bei Internetverbindungen wird die IP-Adresse durch den Provider zugeteilt. Im Netzwerk weisen Windows bzw. der DHCP-Server des Routers die IP-Adresse den Arbeitsstationen zu. Unter dieser IP-Adresse ist der Computer im Netzwerk bzw. im Internet erreichbar. Leider eröffnet dies Dritten auch die Möglichkeit der ungewollten Kontaktaufnahme mit dem Rechner. So durchsuchen Hacker mit speziellen Programmen ganze IP-Adressblöcke und prüfen, ob dort Rechner bzw. Kommunikationskanäle erreichbar sind. Ist ein Computer gerade online und besitzt er eine IP-Adresse aus einem solchen Block, kann ein Hacker Nachrichten an den Computers senden. Gibt es Sicherheitslücken im Betriebssystem oder in Anwendungen und sind bestimmte Kommunikationskanäle freigegeben, kann dies zum Ausspionieren des Computers oder zum Einschleusen von Schadcode genutzt werden. Bei Windows XP lassen sich beispielsweise Nachrichten an den Nachrichtendienst schicken. Die Spammer verschicken einfach die Nachrichten per Programm an ganze IP-Adressblöcke. Der Windows-Nachrichtendienst zeigt dann dem Benutzer den Inhalt solcher Nachrichten in einem Dialogfeld an.

Eine Firewall schützt den Computer vor solch ungewollten Zugriffen aus dem lokalen Netzwerk bzw. aus dem Internet. Der Rechner ist zwar über eine IP-Adresse im Netzwerk oder im Internet ansprechbar, er empfängt also die entsprechenden Nachrichten. Die eigentliche Kommunikation zwischen Anwendungen (Internet Explorer, E-Mail-Client etc.) oder Internetdiensten (FTP etc.) erfolgt aber über Kommunikationskanäle (die so genannten Ports). Eine aktivierte Firewall überwacht die ein- und ausgehenden Datenpakete und prüft, ob über das Netzwerk eintreffende Nachrichten von einer Anwendung bzw. einem Dienst angefordert wurden. Diese Datenpakete werden dann an die betreffenden Programme auf dem Rechner weiter geleitet. Bei nicht angeforderten Datenpaketen prüft die Firewall, ob der adressierte Port geöffnet ist. Bei geschlossenem Port wird das Datenpaket verworfen. Dies führt dazu, dass der Absender der Datenpakete den betreffenden Rechner über das Netzwerk nicht ansprechen kann – der Rechner ist quasi unsichtbar.

Bei einigen Anwendungen wie Instant Messenger, Remotediensten etc. sowie bei Netzwerkdiensten wie Datei- und Druckerfreigabe besteht aber die Notwendigkeit einer Kontaktaufnahme über das Netzwerk. Nur dann können die betreffenden Dienste über das Netzwerk (bzw. das Internet) angesprochen werden. Für diesen Zweck müssen die von diesen Diensten bzw. Anwendungen benutzten Kommunikationskanäle (Ports) in der Firewall geöffnet werden. Die Firewall leitet dann eintreffende Nachrichten an den Port weiter. Die Nachricht gelangt so zu den gewünschten Diensten bzw. Anwendungen, die dann eine Kommunikation mit der Gegenstelle aufbauen können.

Firewalls stellen also einen Schutzmechanismus dar, der einen Rechner innerhalb eines Netzwerks gegenüber anderen Rechnern abschottet. Fordert eine Anwendung Daten aus dem Netzwerk oder dem Internet an, lässt die Firewall die Antworten passieren. Von »außen« eintreffende, aber nicht angeforderte, Nachrichten werden dagegen blockiert. Nur wenn die betreffenden Ports der Firewall geöffnet sind, wird die Nachricht an den Dienst oder die Anwendung weitergeleitet.

Prinzipiell kann eine Firewall auch dazu genutzt werden, von »innen« kommende Nachrichten, die an Rechner im Internet oder im Netzwerk gerichtet sind, zu blocken. Die Steuerung, welche Nachrichten die Firewall passieren, erfolgt dabei über die vom Benutzer festgelegten Filterregeln. Diese bestimmen, welche Ports geöffnet sind und welche Anwendungen kommunizieren dürfen.

Theoretisch besteht dadurch sogar die Möglichkeit, die Firewall so zu konfigurieren, dass diese ausgehende Verbindungen blockiert. Manche Anwender (und auch Hersteller von Firewalls) vertreten dabei die Ansicht, dass sich dadurch Trojaner und Malware an der Kontaktaufnahme mit dem Internet bzw. am Versenden von Daten hindern lassen. An dieser Stelle kann ich aber nur davor warnen, auf diesen Pseudoschutz zu vertrauen. Hat eine Schadsoftware den Weg auf den Rechner geschafft, verfügt sie meist auch über administrative Berechtigungen. Es ist dann für das Schadprogramm kein Problem mehr, die Firewalleinstellungen umzukonfigurieren oder deren Filter zu umgehen. Selbst Anwendungen wie Skype nutzen solche Möglichkeiten. Daher empfiehlt es sich, die Firewall zur Filterung eingehender Nachrichten zu nutzen und ansonsten ein aktuelles Virenschutzprogramm einzusetzen, um den Rechner vor Infektionen durch Schadprogramme zu schützen.

Konfigurieren der Windows Vista-Firewall

Windows Vista enthält eine Firewall, die ein- und ausgehende Verbindungen filtern kann. In den folgenden Abschnitten lernen Sie, wie sich die Windows Vista-Firewall konfigurieren lässt und erfahren, was es sonst noch im Hinblick auf diese Funktionalität zu wissen gibt.

Programme in der Firewall freigeben

Benötigen Anwendungen offene Ports für eingehende Verbindungen, um über das Netzwerk bzw. per Internet angesprochen zu werden? Versucht diese Anwendung den betreffenden Port für eingehende Verbindungen zu nutzen, erkennt die Windows-Firewall dies und fragt in einem Dialogfeld nach, ob dies für das Programm zulässig ist (Abbildung 6.9).

Trauen Sie dem betreffenden Programm und soll dieses direkt über das Netzwerk bzw. Internet ansprechbar sein? Sofern Sie über Administratorenberechtigungen verfügen, klicken Sie auf die Schaltfläche *Nicht mehr blocken*. Nach Bestätigung der Sicherheitsabfrage der Benutzerkontensteuerung wird das betreffende Programm in die Liste der zulässigen Anwendungen eingetragen. Die Firewall trägt die Anwendung als Ausnahme in die interne Regelliste ein. Läuft die Anwendung, werden die für eingehende Verbindungen benötigten Ports in der Firewall geöffnet. Ist Ihnen das Programm unbekannt oder möchten Sie eingehende Verbindungen nicht zulassen, klicken Sie auf die Schaltfläche *Weiterhin blocken*. Im ungünstigsten Fall wird die betreffende Anwendung nicht funktionieren und Sie müssen diese später manuell in die Ausnahmeliste der Windows-Firewall eintragen.

Abbildung 6.9 Sicherheitsabfrage der Windows-Firewall bei unbekannten Anwendungen

Überprüfen und Ein-/Ausschalten der Windows-Firewall

Möchten Sie die Einstellungen der Windows-Firewall unter Windows Vista lediglich überprüfen? Sie können das Windows-Sicherheitscenter öffnen (siehe die vorhergehenden Seiten) und in der Aufgabenleiste des Fensters auf den Befehl *Windows-Firewall* klicken. Oder Sie öffnen das Fenster der Systemsteuerung über das Startmenü. Dann klicken Sie auf den Eintrag *Sicherheit* (Abbildung 6.10, Hintergrund oben) und wählen im darauf folgenden Dialogfeld den Befehl *Windows-Firewall* (Abbildung 6.10, Vordergrund unten). Windows öffnet dann das Dialogfeld mit dem Status der Windows-Firewall (Abbildung 6.10, Mitte). Sie erkennen sofort, ob der Rechner durch die Firewall geschützt wird oder ob diese ausgeschaltet ist.

Um die Firewall ein- oder auszuschalten bzw. um die Konfiguration einzusehen, müssen Sie einen der Befehle in der Aufgabenleiste oder den Hyperlink *Einstellungen ändern* der Statusseite anwählen. Diese Befehle ermöglichen Ihnen, das Eigenschaftenfenster *Windows-Firewall* (Abbildung 6.11) zu öffnen und gleichzeitig die benötigte Registerkarte in den Vordergrund zu holen. Dies ist aber nur möglich, wenn Sie über Administratorenrechte verfügen. Denn bei Anwahl eines dieser Befehle oder des Hyperlinks erscheint die Sicherheitsabfrage der Benutzerkontensteuerung. Beim Arbeiten unter einem Administratorenkonto müssen Sie die *Fortsetzen*-Schaltfläche bestätigen. Arbeiten Sie unter einem Standardkonto, ist die administrative Berechtigung durch Eingabe des Kennworts zum angezeigten Administratorenkontos nachzuweisen. Erst dann gelangen Sie in das Eigenschaftenfenster der Windows-Firewall und können auf die einzelnen Registerkarten zugreifen.

Abbildung 6.10 Aufrufen der Statusseite zur Windows-Firewall

Systemabschottung durch eine Firewall

Haben Sie den Befehl zum Ein-/Ausschalten der Windows-Firewall gewählt, erscheint die Registerkarte *Allgemein* (Abbildung 6.11, links) im Vordergrund. Möchten Sie alle eingehenden Verbindungen blocken, kann dies durch Markieren des Kontrollkästchens *Alle eingehenden Verbindungen blocken* geschehen.

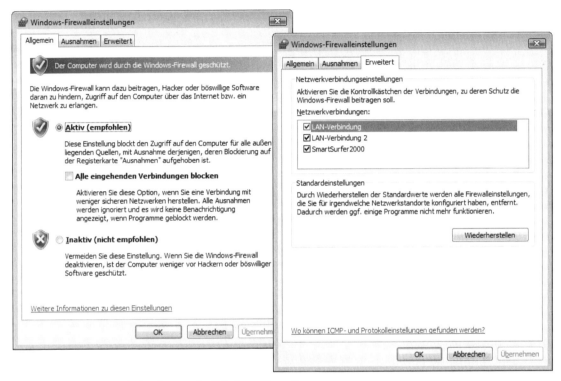

Abbildung 6.11 Eigenschaftenfenster der Windows-Firewall

Zum Abschalten der Firewall setzen Sie die Markierung auf die Option *Inaktiv* um. Diese Option sollten Sie aber nur in Ausnahmefällen anwenden (z.B. zur testweisen Deaktivierung der Firewall, um herauszufinden, ob diese eventuell die Ursache eines Netzwerkproblems darstellt).

HINWEIS Verwenden Sie eine Einwahlverbindung ins Internet oder erfolgt der DSL-Zugang über eine separate USB-/LAN-Verbindung? Dann können Sie zur Registerkarte *Erweitert* (Abbildung 6.11, rechts) wechseln. Dort werden alle Netzwerkverbindungen (einschließlich eventuell vorhandener Internetverbindungen) aufgeführt. Durch Markieren der betreffenden Kontrollkästchen können Sie festlegen, welche der Netzwerkverbindungen überhaupt durch die Firewall überwacht werden. Falls Sie die Rechner aber über LAN-Kabel oder Funkstrecken mittels eines WLAN-Routers vernetzen, ist diese Option nicht nutzbar. Dann taucht nur eine LAN-Verbindung in der Registerkarte auf. Löschen Sie die Markierung des Kontrollkästchens dieser Netzwerkverbindung, entspricht dies dem Abschalten der Firewall.

Konfigurieren der Windows-Firewall

Möchten Sie wissen, welche Programme als Ausnahmen in der Windows-Firewall eingetragen sind? Sollen weitere Programme nachträglich als Ausnahmen in der Windows-Firewall aufgenommen oder später wieder gelöscht werden? Möchten Sie bestimmte Ports der Firewall öffnen? Die Konfigurierung der Firewall-Ausnahmen erfolgt auf der Registerkarte *Ausnahmen* des Dialogfelds *Windows-Firewalleinstellungen* (Abbildung 6.12, oben links).

Aufrufen lässt sich die Registerkarte über die Systemsteuerung, indem Sie die im vorherigen Abschnitt beschriebenen Befehle wählen. Oder Sie klicken in der Startseite der Windows-Systemsteuerung in der Rubrik *Sicherheit* auf den hier aufgeführten Hyperlink *Programm durch die Windows-Firewall kommunizieren lassen* und bestätigen die Sicherheitsabfrage der Benutzerkontensteuerung.

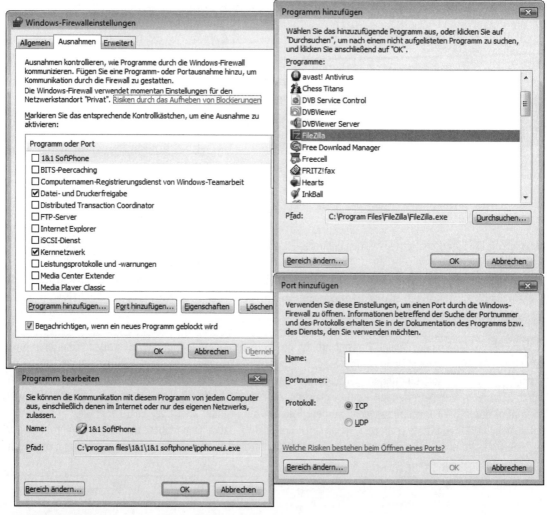

Abbildung 6.12 Festlegen von Firewall-Ausnahmen

Die Registerkarte *Ausnahmen* (Abbildung 6.12, oben links) enthält eine Liste aller definierten Ausnahmen. Es kann sich dabei um freigegebene Programme handeln, die über die Schaltfläche *Nicht mehr blocken* (Abbildung 6.9) der Firewall-Sicherheitsabfrage eingetragen wurden. Weiterhin lassen sich manuell Programme oder Ports in die Ausnahmeliste eintragen. Zur Konfigurierung der Windows-Firewall gehen Sie folgendermaßen vor:

- Markieren Sie das unterhalb der Ausnahmeliste angezeigte Kontrollkästchen *Benachrichtigen, wenn ein neues Programm geblockt wird* (Abbildung 6.12, oben links). Dies stellt sicher, dass das Dialogfeld *Windows-Sicherheitshinweis* (Abbildung 6.9) erscheint, wenn eine nicht freigegebene Anwendung eingehende Verbindungen zulassen will. Ein Administrator kann dann diese Anwendung in der Firewall für eingehende Verbindungen zulassen.

- Markieren Sie die Kontrollkästchen aller Einträge, die als Ausnahme für eingehende Verbindungen in der Windows-Firewall freigeschaltet werden sollen. Dann akzeptiert die Firewall für diese Ausnahme eingehende Verbindungen. Ist das Kontrollkästchen nicht markiert, wird die eingetragene Ausnahme durch die Firewall nicht berücksichtigt, d.h. eingehende Verbindungen werden weiter blockiert.

- Wurde ein Programm im Dialogfeld *Windows-Sicherheitshinweis* (Abbildung 6.9) über die Schaltfläche *Weiterhin blocken* blockiert, Sie möchten aber diese Anwendung nachträglich in die Ausnahmeliste aufnehmen? Klicken Sie in diesem Fall auf der Registerkarte *Ausnahmen* die Schaltfläche *Programm hinzufügen* an (Abbildung 6.12, oben links). Daraufhin öffnet sich das gleichnamige Dialogfeld (Abbildung 6.12, oben rechts). Ist die lokale Anwendung aufgeführt, markieren Sie sie und klicken auf die *OK*-Schaltfläche, um diese in die Ausnahmenliste aufzunehmen. Über die Schaltfläche *Durchsuchen* lässt sich ein Dialogfeld zur Auswahl nicht aufgeführter Windows-Anwendungen öffnen.

- Möchten Sie statt eines bestimmten Programms einen Port freigeben? Dann wählen Sie auf der Registerkarte *Ausnahmen* die Schaltfläche *Port hinzufügen* (Abbildung 6.12, oben links) an. Sobald sich das gleichnamige Dialogfeld (Abbildung 6.12, unten rechts) öffnet, tippen Sie eine Beschreibung für den Port bzw. Dienst im Feld *Name* ein, tragen die Portnummer im gleichnamigen Textfeld ein und markieren über die Gruppe *Protokoll*, ob der Port für das TCP- oder UDP-Protokoll freizugeben ist.

- Die Schaltfläche *Bereich ändern* in den in Abbildung 6.12 gezeigten Dialogfeldern öffnet das in Abbildung 6.13 gezeigte Dialogfeld. Durch Markieren der Optionen können Sie festlegen, für welche Computer der Port bzw. das Programm nicht zu blocken ist. Markieren Sie die Option *Benutzerdefinierte Liste*, können Sie im zugehörigen Textfeld die IP-Adressen der Computer im Netzwerk festlegen, für die der Port bzw. das Programm freigegeben werden soll.

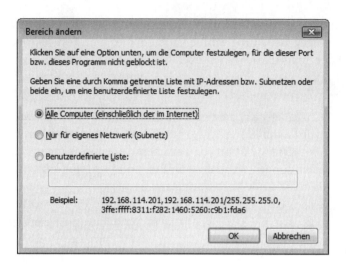

Abbildung 6.13 Bereich ändern

- Markieren Sie den Eintrag für ein freigegebenes Programm oder einen Port in der Liste *Programm oder Port* auf der Registerkarte *Ausnahmen*, können Sie den Eintrag über die *Löschen*-Schaltfläche aus der Ausnahmeliste entfernen. Die dem Programm zugeordneten Ports bzw. der gelöschte Filtereintrag bewirkt, dass die Ports zukünftig wieder blockiert werden.

Über die Schaltfläche *Eigenschaften* der Registerkarte *Ausnahmen* können Sie das in Abbildung 6.12, unten links gezeigte Dialogfeld mit Zusatzinformationen über den betreffenden Eintrag abrufen.

Wissenswertes zu den Windows-Firewalleinstellungen

Das Einstellen der Firewall-Ausnahmen sollte nur durch erfahrene Administratoren erfolgen, da offene Ports oder ausgeschaltete Firewalls ein potentielles Sicherheitsrisiko darstellen. Geben Sie nur solche Anwendungen über die Ausnahmeliste der Windows-Firewall frei, von denen Sie wissen, dass diese eingehenden Verbindungen aus dem Netzwerk oder aus dem Internet angesprochen werden müssen. Nachfolgend finden Sie einige Hinweise, welche Ausnahmen wann benötigt werden:

- Um das Netzwerk zu betreiben, sollte der Eintrag *Kernnetzwerk* in der Ausnahmeliste vorhanden und freigegeben sein. Sollen Dateien und Drucker im Rechner freigegeben bzw. genutzt werden, ist auch der Eintrag *Datei- und Druckerfreigabe* zu markieren.
- Der Eintrag *Netzwerkerkennung* wird automatisch durch Windows Vista verwaltet, wenn Sie im Netzwerk- und Freigabecenter den Netzwerkort zwischen öffentlich und privat umstellen. Bei einem öffentlichen Netzwerk schaltet Windows Vista automatisch die Netzwerkerkennung ab.
- Benötigen Sie eine Remoteunterstützung innerhalb des Rechners, müssen die Ausnahmen *Remoteunterstützung, Remotedesktop* (und ggf. *Remoteverwaltung*) in der Ausnahmeliste markiert werden. Bei der Administration über das Netzwerk sind weitere Remoteeinträge wie *Remote-Ereignisprotokollverwaltung, Remotedienstverwaltung, Remotevolumeverwaltung, Remoteverwaltung geplanter Aufgaben* und *Routing und Remotezugriff* freizugeben. Beachten

Sie aber, dass diese Funktionen nicht durch alle Windows Vista-Varianten unterstützt werden. In einem Heimnetzwerk werden diese Ausnahmen daher eher deaktiviert bleiben bzw. sogar fehlen.

- Möchten Sie Medieninhalte im Netzwerk freigeben und über den Windows Media Player 11 zwischen verschiedenen Windows Vista-Netzwerkrechnern streamen? In diesen Fall müssen Sie den Eintrag *Windows Media Player* markieren, um die Kommunikation über das Netzwerk zuzulassen. Zudem gibt es noch die Ausnahme *Windows Media Player-Freigabedienst*, die bei Freigaben im Netzwerk benötigt wird. Sollen Media Center Extender wie die Xbox 360 über das Netzwerk angeschaltet werden, ist die Ausnahme *Media Center Extender* zu markieren.

- Um mit dem Programm *Windows-Teamarbeit* Einladungen empfangen und akzeptieren zu können, muss auf den betreffenden Rechnern die Ausnahme *Windows-Teamarbeit* in der Windows-Firewall markiert sein.

Programme wie der Internet Explorer oder Windows Mail tauchen zwar in der Ausnahmeliste auf, brauchen aber in der Regel nicht markiert zu sein. Dann blockiert die Windows-Firewall zwar eingehende Internetverbindungen. Diese Programme stoßen aber selbst die Kommunikation über das Internet an, so dass die Windows-Firewall die eintreffenden Antworten passieren lässt. Sind zusätzliche Anwendungen (z.B. zur Internettelefonie, zum Filesharing per Internet etc.) installiert? Sollen diese direkt über das Internet angesprochen werden (z.B. eintreffende IP-Telefonanrufe sind von der betreffenden Anwendung entgegenzunehmen)? Dann müssen Sie diese Programme in der Ausnahmeliste aufnehmen und als Ausnahme markieren. Die Firewall gibt dann die betreffenden Anwendungen bzw. Ports für eingehende Verbindungen frei.

HINWEIS Die Umschaltung des Netzwerkorts zwischen »Öffentlich« und »Privat« im Netzwerk- und Freigabecenter besitzt u.U. mehrere unangenehme Effekte. Das Netzwerk- und Freigabecenter ändert nicht nur die Markierung der Ausnahme *Netzwerkerkennung* in Abhängigkeit vom Netzwerkort. Windows Vista verwaltet separate Listen mit den Firewall-Ausnahmen für die betreffenden Netzwerkorte. Nehmen Sie Anpassungen an der Windows-Firewall vor, werden diese in der Liste des aktuell gültigen Netzwerkorts gespeichert. Schalten Sie später den Netzwerkort zwischen »Öffentlich« und »Privat« um, gelten die Firewall-Einstellungen des neuen Profils. Die Abbildung 6.14 zeigt die Ausnahmen für beide Netzwerkorte auf einem Testrechner. Dort wurden Änderungen an der Firewall vorgenommen, Programme installiert und später wieder deinstalliert. Da zwischenzeitlich der Netzwerkort mehrfach geändert wurde, weisen die Ausnahmelisten unterschiedliche Einträge für freigegebene Anwendungen und Ports auf. So werden in der Liste für den Netzwerkort »Öffentlich« Anwendungen aufgeführt, die zwischenzeitlich längst deinstalliert wurden. Kommt es also nach der Umschaltung des Netzwerkorts zu Problemen, sollten Sie die Einstellung für den Netzwerkort im Netzwerk- und Freigabecenter überprüfen und dann die Firewall-Einstellungen kontrollieren.

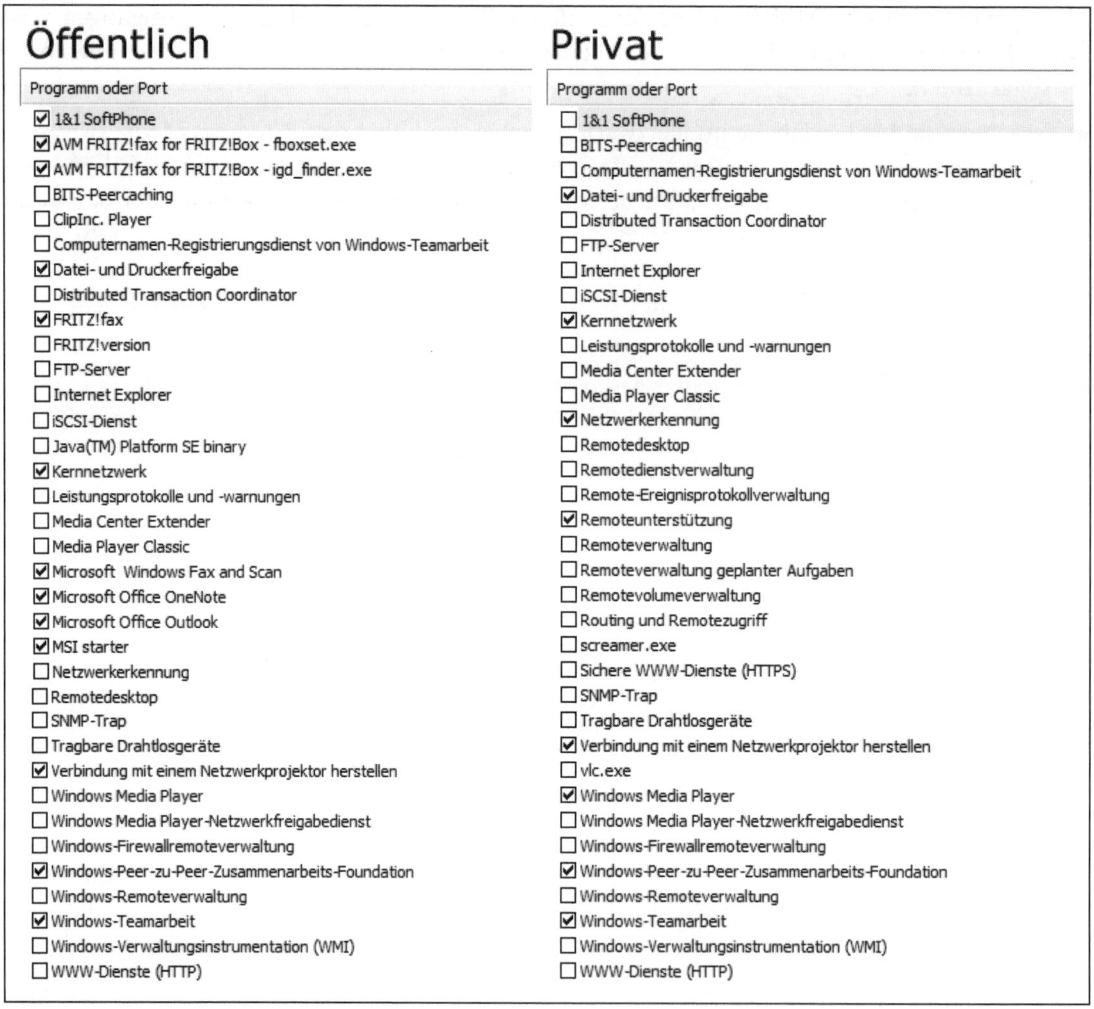

Öffentlich	Privat
Programm oder Port	Programm oder Port
☑ 1&1 SoftPhone	☐ 1&1 SoftPhone
☑ AVM FRITZ!fax for FRITZ!Box - fboxset.exe	☐ BITS-Peercaching
☑ AVM FRITZ!fax for FRITZ!Box - igd_finder.exe	☐ Computernamen-Registrierungsdienst von Windows-Teamarbeit
☐ BITS-Peercaching	☑ Datei- und Druckerfreigabe
☐ ClipInc. Player	☐ Distributed Transaction Coordinator
☐ Computernamen-Registrierungsdienst von Windows-Teamarbeit	☐ FTP-Server
☑ Datei- und Druckerfreigabe	☐ Internet Explorer
☐ Distributed Transaction Coordinator	☐ iSCSI-Dienst
☑ FRITZ!fax	☑ Kernnetzwerk
☐ FRITZ!version	☐ Leistungsprotokolle und -warnungen
☐ FTP-Server	☐ Media Center Extender
☐ Internet Explorer	☐ Media Player Classic
☐ iSCSI-Dienst	☑ Netzwerkerkennung
☐ Java(TM) Platform SE binary	☐ Remotedesktop
☑ Kernnetzwerk	☐ Remotedienstverwaltung
☐ Leistungsprotokolle und -warnungen	☐ Remote-Ereignisprotokollverwaltung
☐ Media Center Extender	☑ Remoteunterstützung
☐ Media Player Classic	☐ Remoteverwaltung
☑ Microsoft Windows Fax and Scan	☐ Remoteverwaltung geplanter Aufgaben
☑ Microsoft Office OneNote	☐ Remotevolumeverwaltung
☑ Microsoft Office Outlook	☐ Routing und Remotezugriff
☑ MSI starter	☐ screamer.exe
☐ Netzwerkerkennung	☐ Sichere WWW-Dienste (HTTPS)
☐ Remotedesktop	☐ SNMP-Trap
☐ SNMP-Trap	☐ Tragbare Drahtlosgeräte
☐ Tragbare Drahtlosgeräte	☑ Verbindung mit einem Netzwerkprojektor herstellen
☑ Verbindung mit einem Netzwerkprojektor herstellen	☐ vlc.exe
☐ Windows Media Player	☑ Windows Media Player
☐ Windows Media Player-Netzwerkfreigabedienst	☐ Windows Media Player-Netzwerkfreigabedienst
☐ Windows-Firewallremoteverwaltung	☐ Windows-Firewallremoteverwaltung
☑ Windows-Peer-zu-Peer-Zusammenarbeits-Foundation	☑ Windows-Peer-zu-Peer-Zusammenarbeits-Foundation
☐ Windows-Remoteverwaltung	☐ Windows-Remoteverwaltung
☑ Windows-Teamarbeit	☑ Windows-Teamarbeit
☐ Windows-Verwaltungsinstrumentation (WMI)	☐ Windows-Verwaltungsinstrumentation (WMI)
☐ WWW-Dienste (HTTP)	☐ WWW-Dienste (HTTP)

Abbildung 6.14 Unterschiedliche Firewall-Einstellungen

TIPP   Die Wirksamkeit der Abschottung Ihres Computers durch die Windows-Firewall können Sie testen, indem Sie beispielsweise eine Internetseite wie beispielsweise *www.port-scan.de* oder *security.symantec.com* aufrufen und dort den Rechner scannen lassen.

Nutzen der Windows-Firewall mit erweiterter Sicherheit

Standardmäßig reicht zur Konfigurierung der Firewall von Heimnetzwerken die Registerkarte *Ausnahmen* (siehe die vorherigen Abschnitte). Administratoren können aber auf die Windows-Firewall mit erweiterter Sicherheit zurückgreifen, um Regeln für ein- und ausgehende Verbindungen festzulegen. Die Windows-Firewall mit erweiterter Sicherheit ermöglicht zudem, sich die Details einer Firewallfreigabe gezielter anzusehen. Um das betreffende Snap-In in der Microsoft

Management Console (MMC) aufzurufen, müssen Sie über Administratorberechtigungen verfügen. Dann können Sie die folgenden Ansätze verwenden:

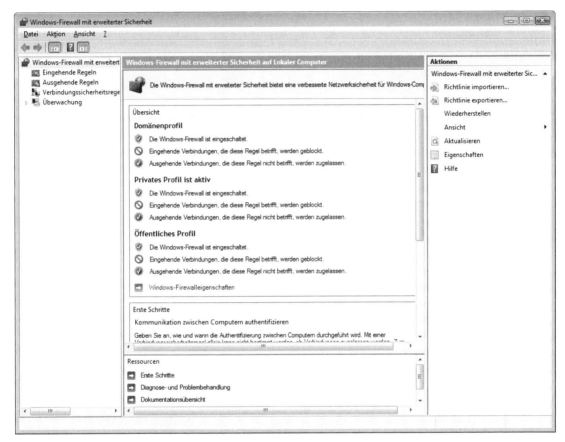

Abbildung 6.15 Windows-Firewall mit erweiterter Sicherheit

- Rufen Sie die Systemsteuerung über das Startmenü auf und tippen im Suchfeld der Systemsteuerung (rechts oben im Fenster) den Begriff *Verwaltung* ein. Über den angezeigten Hyperlink können Sie den Ordner *Verwaltung* aufrufen und dann die Verknüpfung *Windows-Firewall mit erweiterter Sicherheit* anwählen.

- Schneller geht es, wenn Sie das Startmenü öffnen und den Befehl *Windows-Firewall* in das Schnellsuchfeld eintippen. Den im Startmenü angezeigten Eintrag *Windows-Firewall mit erweiterter Sicherheit* klicken Sie mit der rechten Maustaste an und wählen den Kontextmenübefehl *Als Administrator ausführen*.

- Noch schneller geht es, wenn Sie im Schnellsuchfeld des Startmenüs den Befehl *wf.msc* eingeben und die Tastenkombination [Strg]+[⇧]+[↵] drücken.

Sie müssen ggf. die Sicherheitsabfrage der Benutzerkontensteuerung durch Eingabe eines Administratorenkennworts bestätigen, um den Vorgang fortzusetzen. Das MMC-Snap-In meldet sich mit dem in Abbildung 6.15 gezeigten Fenster. In der linken Spalte finden Sie die Kategorien für die Firewallregeln sowie die Zweige für die Überwachung etc.

Wählen Sie den Zweig *Ausgehende Regeln* oder *Eingehende Regeln* in der linken Spalte aus. Nach kurzer Zeit listet das Snap-In alle definierten Regeln in der mittleren Spalte auf (Abbildung 6.16, Hintergrund). Ein Doppelklick auf einen solchen Eintrag öffnet das in Abbildung 6.16, im Vordergrund, gezeigte Eigenschaftenfenster. Auf dessen Registerkarten finden Sie die Details für die Regeln der ein- oder ausgehenden Verbindung und können diese anpassen, falls erforderlich.

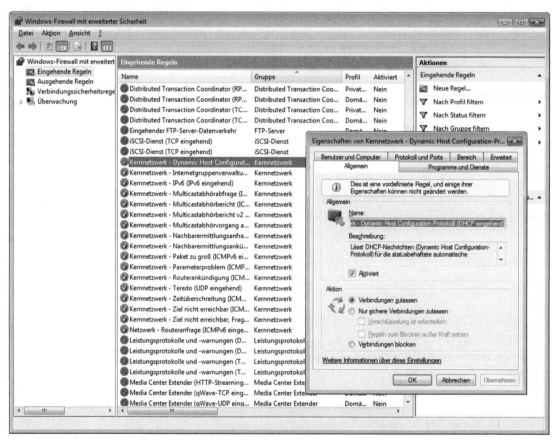

Abbildung 6.16 Firewallregeln auflisten und Eigenschaften anzeigen

Um eine neue Regel für ein- oder ausgehende Verbindungen festzulegen, markieren Sie in der linken Spalte eine der Kategorien und wählen in der rechten Spalte der Befehl *Neue Regel*. Die MMC startet einen Assistenten, der Sie in verschiedenen Dialogschritten bei der Definition der Firewallregel führt (Abbildung 6.17). Über die Schaltflächen *Weiter* und *Zurück* können Sie zwischen den einzelnen Dialogfeldern wechseln.

- Im ersten Dialogschritt (Abbildung 6.17, oben rechts) wählen Sie den Regeltyp aus. Sie können dabei über die Optionen zwischen Programmen, Ports, durch Windows vordefinierte und benutzerdefinierte Regeln wählen.

- Das folgende Dialogfeld (Abbildung 6.17, unten links) ermöglicht Ihnen beispielsweise beim Regeltyp *Programm* vorzugeben, ob die Regel für alle Anwendungen oder für das ausgesuchte Programm gelten soll.

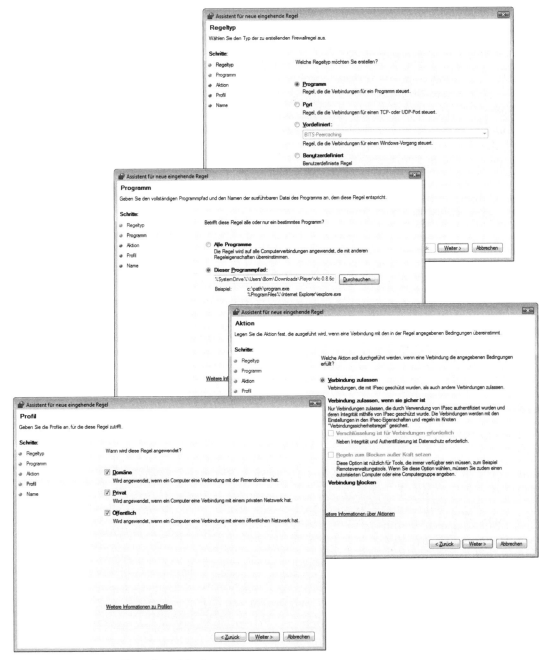

Abbildung 6.17 Neue Firewallregel festlegen

- Das in Abbildung 6.17, Mitte rechts, gezeigte Dialogfeld ermöglicht Ihnen, die Aktion für die Firewallausnahme vorzugeben. Sie können eine Verbindung zulassen, auf sichere Verbindungen begrenzen oder komplett blocken.

- Im Dialogschritt *Profil* (Abbildung 6.17, unten) lässt sich durch Markieren der Kontrollkästchen festlegen, ob die Regel für einen öffentlichen oder einen privaten Netzwerkstandort gilt. Zudem können Sie vorgeben, dass die Regel auch für die in diesem Buch nicht behandelten Domänennetzwerke gelten soll.

Im letzten Dialogfeld ist dann ein Name und optional eine Beschreibung für die gewünschte Regel einzutragen. Klicken Sie auf die *Fertig stellen*-Schaltfläche, um die Regel festzulegen. Über die Befehle in der rechten Spalte des Fensters können Sie die Anzeige der Firewallregeln nach bestimmten Kriterien filtern, deaktivieren oder Einträge wieder löschen. Wählen Sie in der rechten Spalte den Befehl *Hilfe*, um zusätzliche Informationen zur Nutzung der Windows-Firewall mit erweiterter Sicherheit zu erhalten. Zudem können Sie in der linken Spalte den Eintrag *Windows-Firewall mit erweiterter Sicherheit* anklicken. Dann werden im unteren Teil der mittleren Spalte mehrere Hyperlinks eingeblendet, über die sich Online-Dokumentationen von Microsoft zur Konfigurierung der Firewall abrufen lassen.

HINWEIS Die Windows-Firewall mit erweiterter Sicherheit ermöglicht Ihnen gemäß den obigen Erläuterungen den ausgehenden Datenverkehr zu filtern und ggf. zu blockieren. In der Windows-Firewall mit erweiterter Sicherheit sind sogar entsprechende Regeln zu finden. Die Filterung von ausgehenden Verbindungen macht nur für Programme Sinn, die sich an die Spielregeln halten. Weiter oben hatte ich ja bereits darauf hingewiesen, dass dies keinen Schutz darstellt, um die Kommunikation von Schadprogrammen wie Trojanern ins Internet zu blockieren. Solche Programme können die Firewall ggf. umkonfigurieren oder umgehen. Eine Firewall ist daher niemals ein Schutz gegen Trojaner, Viren oder Phishing-Angriffe. Setzen Sie daher unbedingt eine Virenschutzlösung ein, um die Rechner des Netzwerks vor solcher Schadsoftware zu schützen.

Die Windows XP Firewall aktivieren und konfigurieren

Auch Windows XP enthält eine integrierte Firewall, die den Computer vor Zugriffen aus dem Internet abschottet. Jeder Dienst des lokalen Computers, der vom Internet erreichbar sein soll, muss über die Firewall explizit freigegeben werden. Beachten Sie, dass die Funktionalität der Windows-Firewall durch das Service Pack 2 geändert wurde. Da aus Sicherheitsgründen die Installation des Windows XP Service Pack 2 dringend empfohlen wird, wird nachfolgend nur dieser Fall skizziert. Um die Firewalleinstellungen einzusehen und anzupassen, haben Sie die folgenden Möglichkeiten:

- Sie können das Fenster *Netzwerkverbindungen* aufrufen und in der Aufgabenleiste des Fensters den Befehl *Windows-Firewalleinstellungen ändern* wählen.

- Wählen Sie das im Infobereich der Taskleiste eingeblendete Symbol *Windows-Sicherheitswarnungen* per Doppelklick an, öffnet sich das Windows-Sicherheitscenter. Dort finden Sie ein Symbol zum direkten Aufruf der Firewall.

- Zudem enthält die Windows-Systemsteuerung ebenfalls ein Symbol *Windows-Firewall*, über welches Sie das Eigenschaftenfenster zur Konfigurierung der Firewall öffnen können.

Systemabschottung durch eine Firewall

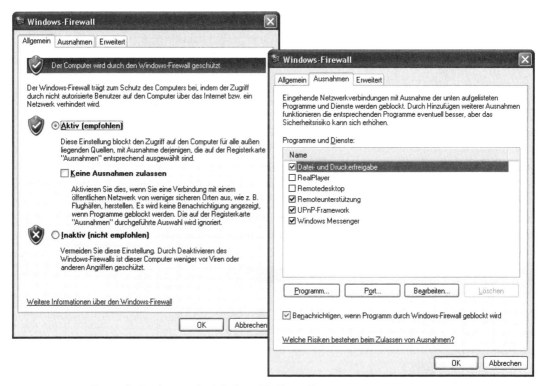

Abbildung 6.18 Eigenschaftenfenster der Windows XP-Firewall

In allen Fällen öffnet sich das in Abbildung 6.18, links, gezeigte Eigenschaftenfenster *Windows-Firewall*. Dieses entspricht im Aufbau dem Pendant aus Windows Vista. Solange die Option *Aktiv* auf der Registerkarte *Allgemein* markiert ist, ist die Firewall eingeschaltet und blockiert eingehende Verbindungen, die nicht durch entsprechende Ausnahmen freigegeben wurden. Die Registerkarte *Ausnahmen* ermöglicht Ihnen, Dienste und Programme freizugeben, um eingehende Verbindungen für diese Dienste in der Firewall freizugeben.

Die Schaltfläche *Bearbeiten* auf der Registerkarte *Ausnahmen* öffnet ein Dialogfeld, in dem Sie einen freizugebenden Port sowie das zu verwendende Protokoll angeben können. Mittels dieser Schaltfläche lassen sich die freigegebenen Programme und Ports auch nachträglich anpassen. Ein markierter Eintrag in der Liste der Ausnahmen lässt sich mittels der *Löschen*-Schaltfläche auch wieder entfernen.

HINWEIS Bezüglich der Konfiguration der Windows XP-Firewall gelten sinngemäß die Ausführungen, die auf den vorhergehenden Seiten zur Windows Vista-Firewall gemacht wurden. Sie können Programme und Ports in der Ausnahmeliste aufnehmen und so eingehende Verbindungen zulassen. Um den Zugriff anderer Teilnehmer eines lokalen Netzwerks auf die eigenen freigegebenen Ordner zu ermöglichen, müssen Sie auf der Registerkarte *Ausnahmen* beispielsweise den Dienst *Datei- und Druckerfreigabe* markieren. Um Funktionen wie Remotedesktop nutzen zu können, müssen der gleichnamige Dienst sowie NetMeeting freigegeben werden. Der Messenger erfordert die Freigabe des Windows Messenger-Dienstes.

Erweitere Firewall-Einstellungen

Die Windows XP-Firewall ermöglicht Ihnen, über die Registerkarte *Erweitert* (Abbildung 6.19) Details zu den Diensten der LAN-Verbindung, zur Sicherheitsprotokollierung oder zum Internet Control Message-Protokoll (ICMP) festzulegen.

Aktivieren Sie die Registerkarte *Erweitert* und klicken Sie auf die Schaltfläche *Einstellungen*. In dem nun geöffneten Dialogfeld zeigt die Firewall die verfügbaren Einstelloptionen an. Sie können beispielsweise über die Gruppe *Sicherheitsprotokollierung* die Aufzeichnung abgewiesener Zugriffsversuche auf den Rechner einschalten. Dann lässt sich in der Datei *pfirewall.log* im Windows-Ordner von Zeit zu Zeit mit dem Windows-Editor kontrollieren, ob darin Einträge vorhanden sind. So sehen Sie, ob Angriffe auf den Rechner stattgefunden haben. Die Schaltfläche *Wiederherstellen* auf der Registerkarte setzt die Firewall auf den Auslieferungszustand zurück. Weitere Details entnehmen Sie bitte der Hilfe, die sich über den Hyperlink *Weitere Informationen* auf der Registerkarte *Allgemein* der Windows-Firewalleigenschaften aufrufen lässt.

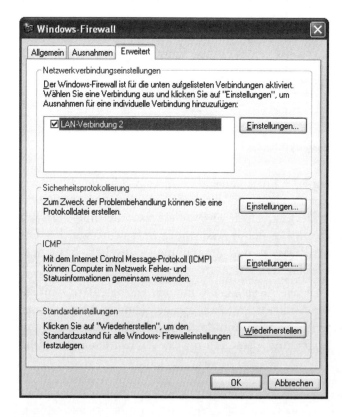

Abbildung 6.19 Erweitere Optionen der Windows-Firewall

Windows XP-Firewall für Programme freigeben

Ähnlich wie Windows Vista zeigt die Windows-Firewall eine Sicherheitswarnung an (Abbildung 6.20), falls ein unbekanntes Programm einen Port für eingehende Verbindungen freigeben möchte. Die Schaltfläche *Weiterhin blocken* veranlasst die Firewall, die betreffenden Ports weiterhin zu blockieren. Wie bei Windows Vista können Sie über die Schaltfläche *Nicht mehr blocken* veranlassen, dass die Ports dauerhaft geöffnet werden. Falls Sie unsicher sind, wählen Sie die Schaltfläche *Erneut nachfragen*. Die Sicherheitswarnung erscheint dann beim nächsten Aufruf des Programms erneut. Die Schaltfläche *Weiterhin blocken* sperrt dagegen die Kommunikation für eingehende Verbindungen für das betreffende Programm dauerhaft.

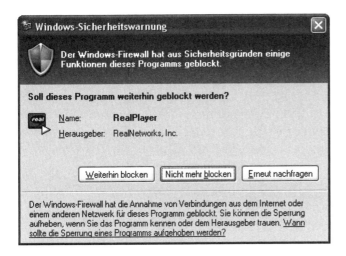

Abbildung 6.20 Sicherheitswarnung beim Blocken eines Programms

Firewalls von Microsoft und Drittherstellern

Neben der von Windows bereitgestellten Firewall gibt es noch Lösungen, die durch Sicherheitslösungen wie Windows Live OneCare bereitgestellt werden. Ähnliches gilt für Windows-Firewalls in Sicherheitslösungen wie Norton 360 etc. Nachfolgend wird kurz erläutert, was es zu beachten gibt.

Firewall von Windows Live OneCare

Windows Live OneCare ist eine von Microsoft für Windows XP und Windows Vista angebotene Sicherheitslösung, die neben einem Virenschutz auch eine erweiterte Firewall bereitstellt. Ist Windows Live OneCare installiert, meldet Windows Vista im Sicherheitscenter u.U., dass die Windows-Firewall ausgeschaltet ist (Abbildung 6.21, Hintergrund oben). Um die Firewall von Windows Live OneCare zu konfigurieren oder ein- bzw. auszuschalten, gehen Sie in folgenden Schritten vor:

1. Wählen Sie das Windows Live OneCare-Symbol im Infobereich der Taskleiste per Doppelklick an.
2. Im Windows Live OneCare-Fenster (Abbildung 6.21, Hintergrund Mitte) klicken Sie in der Aufgabenleiste den Befehl *OneCare-Einstellungen ändern* an und bestätigen Sie dann die Sicherheitsabfrage der Benutzerkontensteuerung.
3. Im Eigenschaftenfenster *Windows Live OneCare-Eigenschaften* (Abbildung 6.21, Vordergrund) aktivieren Sie die Registerkarte *Firewall*, passen die gewünschten Einstellungen an und schließen das Eigenschaftenfenster wieder über die *OK*-Schaltfläche.

Über den Schieberegler der Registerkarte *Firewall* können Sie deren Funktion abschalten oder in der Wirkung verändern. Ziehen Sie den Regler zur untersten Stufe, wird die Firewall temporär deaktiviert. Die Zeitdauer der Firewallabschaltung muss dann über das Listenfeld *Deaktiviert für* zwischen 15 Minuten und einem Tag gewählt werden. Schieben Sie den Regler nach oben, um restriktivere Firewall-Einstellungen zu wählen.

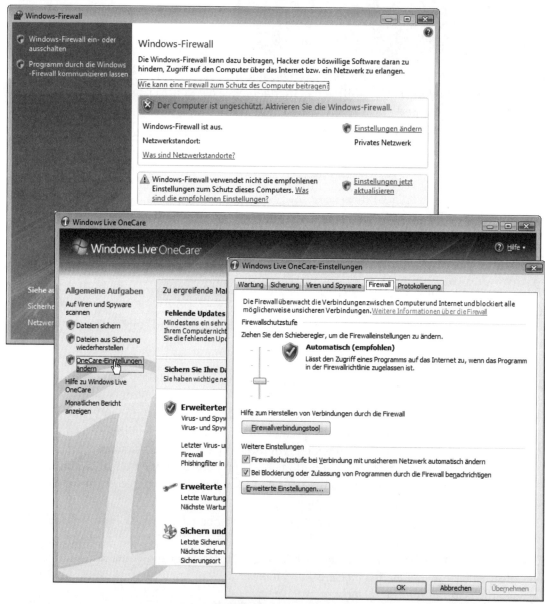

Abbildung 6.21 Windows Live OneCare unter Windows Vista

Über die beiden Kontrollkästchen der Kategorie *Weitere Einstellungen* können Sie festlegen, dass die Windows Live OneCare-Firewall automatisch durch Windows Vista angepasst wird, falls der Administrator ein öffentliches Netzwerk als Netzwerkstandort einrichtet. Die zweite Option der Gruppe legt fest, dass der Benutzer beim Blockieren bzw. Zulassen von Programmen durch die Firewall benachrichtigt wird.

Um bestimmte Verbindungen durch die Windows Live OneCare-Firewall einfacher freizugeben, lässt sich das Firewallverbindungstool verwenden:

1. Wählen Sie auf der Registerkarte *Firewall* die Schaltfläche *Firewallverbindungstool* (Abbildung 6.21, Vordergrund).
2. Nachdem Windows Live OneCare das Dialogfeld *Windows Live OneCare-Firewallverbindungstool* (Abbildung 6.22) geöffnet hat, markieren Sie die Kontrollkästchen der freizugebenden Verbindungen und klicken dann auf die *OK*-Schaltfläche.

Ist Windows Live OneCare installiert und bekommen Sie keine Netzwerkverbindung zu Freigaben auf anderen Rechnern? Dann prüfen Sie, ob das Kontrollkästchen *Datei- und Druckerfreigabe* im Firewallverbindungstool markiert ist. Klappt die Netzwerkerkennung im Netzwerk nicht? Für diese Funktion muss die Verbindung *Netzwerkerkennung* durch eine Markierung des Kontrollkästchens freigegeben werden. Zu jeder Verbindung, die Sie markieren, zeigt das Firewallverbindungstool eine ausführliche Beschreibung im unteren Teil des Dialogfeldes an.

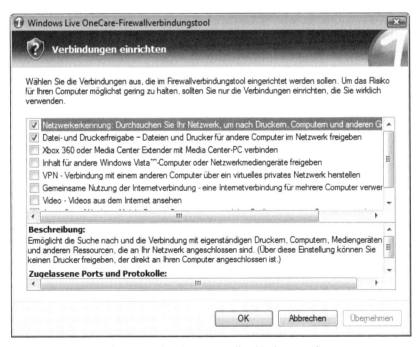

Abbildung 6.22 Windows Live OneCare-Firewallverbindungstool

Zusätzlich lassen sich erweiterte Firewalleinstellungen in Windows Live OneCare festlegen. Klicken Sie auf der Registerkarte *Firewall* (Abbildung 6.21, Vordergrund) auf die Schaltfläche *Erweiterte Einstellungen*. Anschließend können Sie im Eigenschaftenfenster *Erweiterte Einstel-*

lungen der Windows Live OneCare-Firewall über verschiedene Registerkarten die Einstellungen anpassen:

- Auf der Registerkarte *Programme* (Abbildung 6.23, oben) lässt sich über die Optionen der Spalten *Zulassen* oder *Blockieren* festlegen, ob eingehende Verbindungen mit der zugehörigen Anwendung über die Firewall kommunizieren dürfen oder blockiert werden sollen. Neue Anwendungen fügen Sie zur Liste hinzu, indem Sie zunächst auf die Schaltfläche *Hinzufügen* klicken und im daraufhin geöffneten Dialogfeld die Programmdatei auswählen. Ein markierter Eintrag lässt sich mittels der *Entfernen*-Schaltfläche aus der Liste löschen. Die Schaltfläche *Bearbeiten* öffnet ein weiteres Dialogfeld, in dem Sie über Optionen bestimmen können, ob die Verbindungen mit beliebigen Computern (auch im Internet) oder nur mit Rechnern im lokalen Netzwerk hergestellt werden dürfen.

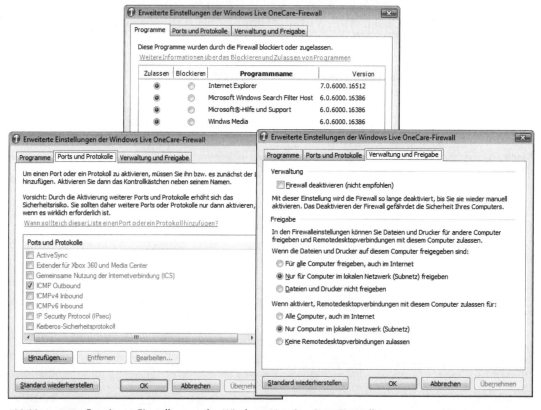

Abbildung 6.23 Erweiterte Einstellungen der Windows Live OneCare-Firewall

- Auf der Registerkarte *Ports und Protokolle* (Abbildung 6.23, unten links) legen Sie durch Markieren der Kontrollkästchen fest, ob die aufgeführten Ports und Protokolle von der Firewall freigegeben werden. Die Schaltfläche *Hinzufügen* öffnet ein weiteres Dialogfeld, in dem Sie ein Protokoll (UDP oder TCP) samt Portbereich oder einen einzelnen Port festlegen. Weiterhin lässt sich über Optionen bestimmen, ob die Verbindung für das Internet oder nur für das lokale Netzwerk zulässig ist und ob dies für eingehende oder ausgehende Verbindungen bzw. für beide

Verbindungsrichtungen gelten soll. Dadurch wird gesteuert, ob die zugehörigen Anwendungen über die Firewall kommunizieren dürfen oder blockiert werden sollen. Selbstdefinierte Einträge lassen sich über die Schaltfläche *Entfernen* löschen sowie über die *Bearbeiten*-Schaltflächen nachträglich anpassen. Vordefinierte Einträge können Sie dagegen nur aktivieren oder deaktivieren, nicht jedoch deren Eigenschaften anpassen bzw. die Einträge löschen.

- Auf der Registerkarte *Verwaltung und Freigabe* (Abbildung 6.23, unten rechts) lässt sich die Firewall über das Kontrollkästchen *Firewall deaktivieren* abschalten. Im Abschnitt *Freigabe* der Registerkarte kann über Optionen festgelegt werden, ob die Datei- und Druckerfreigabe zulässig ist und ob diese für das lokale Netzwerk oder auch für das Internet gelten soll. Ähnliches gilt für Remotedesktopverbindungen, bei denen Sie über Optionen vorgeben können, ob diese zulässig sein sollen und ob diese nur für alle Computer oder auch für das Internet gelten soll.

Die Einstellungen werden übernommen, sobald das Dialogfeld über die *OK*-Schaltfläche geschlossen wird. Über die auf den einzelnen Registerkarten am unteren Rand sichtbare Schaltfläche *Standard wiederherstellen* können Sie die Firewall auf die Grundeinstellungen zurücksetzen.

Firewall von Drittherstellern

Prinzipiell reicht die Windows-Firewall zur Absicherung der Rechner gegenüber dem Internet aus. Der Vorteil besteht darin, dass keine Zusatzkosten für Fremdprodukte entstehen und die Überwachung durch das Windows-Sicherheitscenter gegeben ist. Auch die Verwaltung wird recht einfach, da Windows Vista manche Firewall-Einstellungen automatisch anpasst.

Von Drittherstellern werden ebenfalls Firewalls angeboten. Es kann sich um Programme, die ausschließlich Firewall-Funktionen bieten (z.B. ZoneAlarm) oder um Sicherheitslösungen, die auch eine Firewall beinhalten (wie z.B. das oben erwähnte Windows Live OneCare), handeln. Allerdings bringen zusätzliche Firewalls aus Sicht des Autors keine Vorteile. Die teilweise angepriesene Überwachung auf ausgehende Verbindungen lässt sich, wie bereits auf den vorhergehenden Seiten erwähnt, von Schadsoftware aushebeln. Zudem sollte sich jeder Anwender über den ggf. erforderlichen, zusätzlichen Konfigurieraufwand für diese Firewall im Klaren sein. Meine Beobachtung in den Microsoft Windows Vista Newsgroups ist zudem, dass so einige Probleme mit Netzwerk- oder Internetfunktionen durch zusätzlich installierte Firewalls verursacht wurden.

Letztendlich muss jeder Nutzer selbst entscheiden, ob und welche dieser Lösungen verwendet wird. Sofern Sie sich für den Einsatz einer zusätzlichen Firewall von einem Drittersteller oder die Firewall von Windows Live OneCare entscheiden, ist es wichtig, dass die Windows-Firewall abgeschaltet wird. Andernfalls kann es zu Problemen in der Internet- und Netzwerkkommunikation kommen.

ACHTUNG Sofern es bei Verwendung der Firewall eines Fremdherstellers zu Problemen kommt, reicht es oft nicht, die Firewall zur Fehlereingrenzung abzuschalten. Meine Empfehlung ist, die komplette Firewall testweise zu deinstallieren und dann zu probieren, ob die Probleme behoben sind.

Schutz vor Viren und Schädlingen

Zur Absicherung von Windows benötigen Sie zusätzliche Funktionen zum Virenschutz und zum Erkennung und Beseitigen von Schadprogrammen. Nachfolgend finden Sie einige Hinweise, was in dieser Hinsicht zu beachten ist.

Virenschutz, das ist zu beachten

Viren und Trojaner gehören mit zu den größten Bedrohungen für Computerbenutzer. Schnell hat man sich einen solchen Schädling beim Surfen im Internet, im Anhang einer E-Mail oder über ein infiziertes Programm im Netzwerk eingeschleppt. Zum Schutz des Rechners sind Sie auf Virenscanner angewiesen:

- Installieren Sie daher ein Virenschutzprogramm auf dem Computer und halten Sie dieses auf dem aktuellen Stand. Das Programm schlägt Alarm, sobald ein Virus erkannt wird.
- Lassen Sie zudem sporadisch eine Virenprüfung durchführen und testen Sie neu auf den Computer übertragene Programme auf einen eventuellen Virenbefall.
- Hilfreich ist auch, wenn der Virenscanner auch eintreffende E-Mails sowie zu öffnende oder zu speichernde Dateien dynamisch überprüfen kann. Der Virenscanner schlägt dann Alarm, wenn Sie z.B. einen virenverseuchten Anhang einer E-Mail öffnen wollen.

Achten Sie beim Einsatz von Virenscannern auch darauf, ob diese für die 32-Bit- oder 64-Bit-Version von Windows Vista verfügbar sind. Seit dem Verkaufsstart von Windows Vista hat sich der Virenscanner Avast der Firma Alwil Software (*www.avast.com*) bewährt. Für Privatanwender steht mit Avast! 4 Home eine kostenlose Virenschutzlösung zur Verfügung. Für Firmen wird eine kostenpflichtige Lösung angeboten.

TIPP Im Handel wird eine große Zahl an Virenschutzprogrammen und Sicherheitslösungen mit Spamfilter, Firewall und Virenscanner angeboten. Da Windows mit einer Firewall und der E-Mail-Client mit einem Spamfilter ausgestattet ist, brauchen Sie eigentlich nur noch einen Virenscanner. Dies verhindert, dass die restlichen Schutzfunktionen Probleme im täglichen Betrieb verursachen. Während die meisten Hersteller diese Probleme bei Windows XP zwischenzeitlich im Griff haben, liegt der Fall bei Windows Vista noch etwas anders. Eine ganze Reihe der im Handel angebotenen Virenschutzprogramme und Sicherheitslösungen hatten (zumindest bis Ende 2007) erhebliche Probleme. Die Fehler reichten dabei von blockierten Internetseiten, veränderten Favoritenlisten, blockierten E-Mails bis hin zu stark verlangsamten Zugriffen auf Dateien und Systemfunktionen. Verwendet ein Virenschutzprogramm z.B. den On-Access-Scanmodus, werden die zu überprüfenden Dateien schreibend geöffnet. Dann legt das NTFS-Dateisystem aber für jede vermeintlich geänderte Datei eine Schattenkopie an. Dies führt dazu, dass die freie Kapazität der Festplatte sehr schnell durch Schattenkopien gefüllt wird.

Windows-Defender als Schutz vor Malware

Der in Windows Vista enthaltene Windows-Defender ermöglicht es, den Computer auf Schadprogramme zu untersuchen und diese auch zu entfernen. Das Programm überwacht dabei bei bestehender Onlineverbindung, ob die Signaturdateien noch aktuell sind. Liegt eine neue Signaturdatei auf den Microsoft-Servern vor, erkennt das Programm dies. Dann erscheint die in Abbildung 6.24

Schutz vor Viren und Schädlingen

gezeigte QuickInfo oder das Symbol des Windows-Defenders im Infobereich der Taskleiste. Durch einen Doppelklick auf das Symbol des Windows-Defenders lässt sich das Informationsfenster des Programms öffnen (Abbildung 6.25). Sie können das Programm auch über das Startmenü oder über den Befehl *Windows-Defender* des Windows-Sicherheitscenters aufrufen. Besteht eine Internetverbindung und ist das Programm nicht mehr aktuell, lässt sich die im Programmfenster angezeigte Schaltfläche *Jetzt nach Updates suchen* anwählen. Bestätigen Sie die Sicherheitsabfrage der Benutzerkontensteuerung. Warten Sie, bis die Update-Funktion die betreffenden Aktualisierungen ausgeführt hat, und trennen Sie ggf. die Internetverbindung wieder.

Abbildung 6.24 Statusmeldung des Windows-Defenders

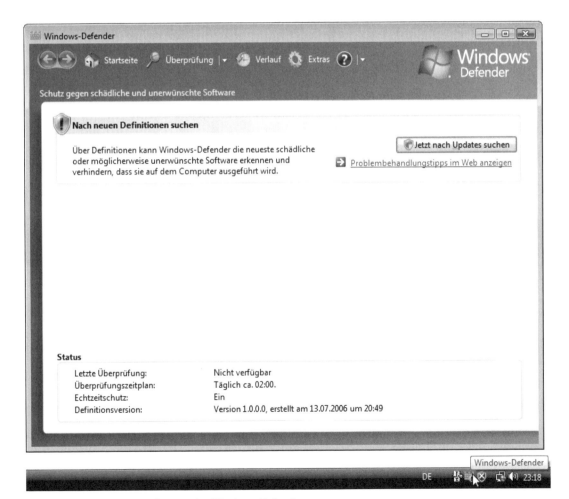

Abbildung 6.25 Programmfenster des Windows-Defenders

Ist der Windows-Defender auf dem aktuellen Stand, verschwindet die Schaltfläche *Jetzt nach Updates suchen* aus dem Programmfenster. Auch die Warnung im Windows-Sicherheitscenter sowie das Windows-Defender-Symbol im Infobereich der Taskleiste sollten nicht mehr sichtbar sein.

Um den Rechner zyklisch auf Mal- oder Spyware zu überprüfen, starten Sie den Windows-Defender (z.B. über das Startmenü). Dann können Sie in der Symbolleiste des Defender-Fensters auf den Befehl *Überprüfung* (Abbildung 6.25) klicken. Das Programm scannt das System und zeigt die Ergebnisse im Programmfenster an. Bei Bedarf können Sie den Scan über die Schaltfläche *Überprüfung beenden* abbrechen und später über die Schaltfläche *Überprüfung* fortsetzen.

Der Windows-Defender kann dabei schädliche Software (Adware oder Spyware) in einen Quarantänebereich verschieben. Über die in der Symbolleiste des Fensters sichtbare Schaltfläche *Verlauf* lässt sich die Liste mit der gefundenen unerwünschten Software einsehen (Abbildung 6.26). Klicken Sie auf einen Eintrag, lassen sich im unteren Feld der Verlaufsanzeige nähere Informationen zur betreffenden Schadroutine abfragen.

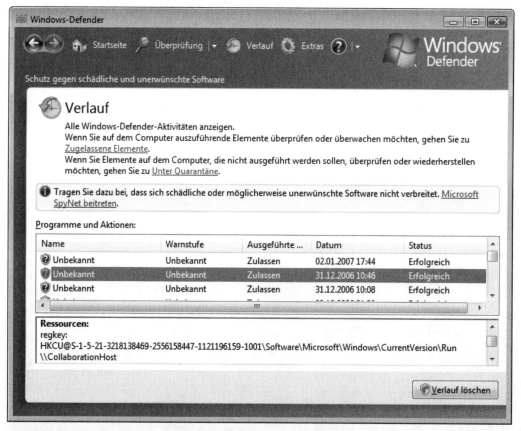

Abbildung 6.26 Verlaufsanzeige im Windows-Defender

> **HINWEIS** Die Einstellungen des Windows-Defenders lassen sich über die Schaltfläche *Extras* in der Symbolleiste des Programmfensters einsehen bzw. anpassen. In der eingeblendeten Seite finden Sie verschiedene Symbole, um die Kategorien aufzurufen. Über den Eintrag *Unter Quarantäne* lässt sich die Darstellung des Quarantänebereichs im Anwendungsfenster aufrufen. Der Link *Zugelassene Elemente* ermöglicht Ihnen, eine Liste erwünschter Programme, die vom Defender bemängelt werden, einzusehen bzw. zu pflegen. Das Symbol *Optionen* öffnet eine Formularseite, über die Sie die Prüfeinstellungen und automatische Überprüfungszyklen anpassen können. Details zu den einzelnen Optionen liefert die Programmhilfe, die über die Hilfeschaltfläche in der Symbolleiste des Fensters abrufbar ist.
>
> Für Windows XP können Sie auf freie Software von Fremdanbietern wie Ad-Aware der Firma Lavasoft (*www.lavasoft.de*) zurückgreifen, um Spyware und Adware zu identifizieren und zu entfernen. Besitzer von Windows XP mit Service Pack 2 können den Windows Defender alternativ von der Seite *www.microsoft.com/downloads/details.aspx?displaylang=de&FamilyID=435bfce7-da2b-4a6a-afa4-f7f14e605a0d* herunterladen und installieren.

Weitere Sicherheitseinstellungen

In den beiden folgenden Abschnitten erhalten Sie noch einige Hinweise, was Sie bei der Anpassung der Sicherheitseinstellungen des Internet Explorers und des E-Mail-Clients (Outlook Express bzw. Windows Mail) beachten sollten.

Sicherheitseinstellungen im Internet Explorer

Wählen Sie in der Menüschaltfläche *Extras* den Befehl *Internetoptionen*, lässt sich die Registerkarte *Sicherheit* (Abbildung 6.27) abrufen. Diese ermöglicht Ihnen, die Sicherheitsstufe des Browsers sowie die Vorgaben für die verschiedenen Internetzonen individuell anzupassen.

Der Browser kategorisiert Websites nach ihrer Herkunft bzw. dem Vertrauensgrad in verschiedene Risikoklassen (Webinhaltszonen):

- *Internet:* In diese Zone werden alle Websites eingeordnet, die in keiner der anderen Zonen enthalten sind. In dieser Zone lauern die größten Risiken.
- *Lokales Intranet:* Die Zone umfasst alle Webinhalte, die sich lokal in einem Netzwerk mit Internetfunktionen (als Intranet bezeichnet) befinden.
- *Vertrauenswürdige Sites:* In diese Zone lassen sich Webseiten einordnen, die Sie als vertrauenswürdig einstufen (z.B. Seiten mit Internetbanking-Funktionen, die Microsoft-Seiten etc.). Hier können die Sicherheitseinstellungen ggf. gelockert werden.
- *Eingeschränkte Sites:* Dieser Zone gehören alle Webseiten an, denen Sie keinesfalls vertrauen oder von denen Sie eventuell schon vorab wissen, dass diese möglicherweise schädigende Inhalte enthalten könnten. Die Sicherheitseinstellungen für die Zone können sehr restriktiv eingestellt werden.

In der Standardeinstellung erscheint die in Abbildung 6.27, links, gezeigte Darstellung. Wählen Sie eine der Zonen über das betreffende Symbol an, können Sie über einen Schieberegler die Sicherheitsstufen anpassen. Je höher die Sicherheitsstufe gesetzt wird, umso restriktiver geht der

Browser mit Daten aus dem Internet um. Bei Bedarf können Sie die Schaltfläche *Stufe anpassen* anwählen. Dann erscheint ein Dialogfeld, in dem Sie sehr detailliert die Sicherheitseinstellungen für die betreffende Stufe (z.B. Skriptverarbeitung abschalten) anpassen können. In Windows Vista können Sie die Standardeinstellungen des Internet Explorers übernehmen, da das Programm in einem geschützten Modus ausgeführt wird. Achten Sie aber darauf, dass das Kontrollkästchen *Geschützten Modus aktivieren* markiert ist, um Schadprogrammen keine Angriffsmöglichkeiten zu bieten.

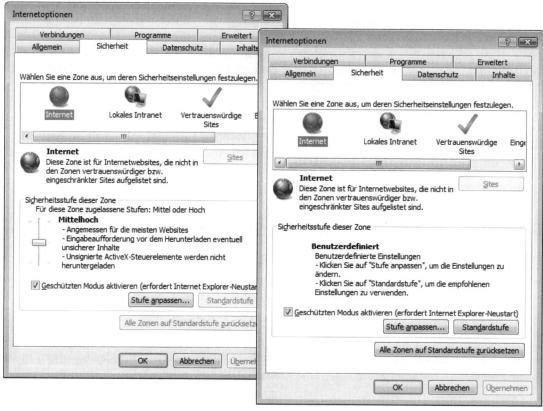

Abbildung 6.27 Registerkarte *Sicherheit* im Internet Explorer

E-Mail-Sicherheitseinstellungen

In Windows XP steht das Programm Outlook Express und in Windows Vista das Programm Windows Mail zum Bearbeiten und Versenden von E-Mails zur Verfügung. Beide Programme bieten die Möglichkeit, zusätzliche Sicherheitsoptionen anzupassen, um den Benutzer vor Datenspionage und schädigenden Inhalten zu schützen. Sie müssen hierzu im Menü *Extras* des Programmfensters den Befehl *Optionen* wählen. Die Einstelloptionen finden sich auf der Registerkarte *Sicherheit* (Abbildung 6.28).

Weitere Sicherheitseinstellungen

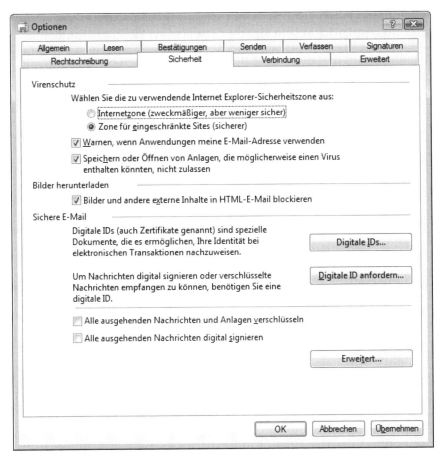

Abbildung 6.28 Registerkarte *Sicherheit* in Windows Mail

- In der Gruppe *Virenschutz* sollte das Optionsfeld *Zone für eingeschränkte Sites* markiert sein, um das Ausführen von Skripten in HTML-Mails zu unterbinden.

- Das Kontrollkästchen *Warnen, wenn Anwendungen meine E-Mail-Adresse verwenden* ist ebenfalls zu markieren, um eine Warnung zu erhalten, wenn Viren oder Schadprogramme das Versenden von Nachrichten mit Ihrer E-Mail-Adresse versuchen.

- Das Kontrollkästchen *Speichern oder Öffnen von Anlagen, die möglicherweise einen Virus enthalten könnten, nicht zulassen* regelt, ob Sie Anhänge mit Programm- oder Skriptdateien speichern können. Da aber das Speichern von E-Mail-Anhängen u.U. erforderlich ist, müssen Sie bei Bedarf die Markierung des Kontrollkästchens löschen.

- Die Option *Bilder und andere externe Inhalte in HTML-E-Mail blockieren* sollte markiert sein, da Sie dann vor Datenspionage durch Webbugs sowie vor aktiven Inhalten (ActiveX-Controls und Java-Applets) geschützt sind.

Die Optionen werden wirksam, sobald Sie die Registerkarte über die *OK*-Schaltfläche schließen. Neben den obigen Sicherheitseinstellungen sollten Sie die erwähnte Absicherung durch Virenschutzprogramme, den Schutz vor Phishing-Mails und Webseiten durch Windows verwenden.

Kapitel 7

Internet- und Netzwerkfunktionen verwenden

In diesem Kapitel:

Virtual Private Network (VPN) einrichten	246
FTP-/WebDAV-Verbindungen unter Vista nutzen	269
Offlinedateien im Kurzüberblick	277
Medienfreigabe und -streaming im Netzwerk	284
Der Windows-Kalender im Netzwerk	290
Remotefunktionen nutzen	294

In diesem Kapitel finden Sie Hinweise, wie Sie verschiedene Internet- und Netzwerkfunktionen in Windows verwenden können. Dies reicht von Informationen, wie Sie eine VPN-Verbindung aufsetzen über Anleitungen zum Einrichten von FTP-Zugängen bis hin zu Netzwerkfunktionen wie Windows-Teamarbeit oder Medienstreaming im Netzwerk. Der Schwerpunkt liegt dabei auf der Verwendung von Windows Vista. Nur dort, wo es sinnvoll erschien, wurden die entsprechenden Funktionen aus Windows XP mit beschrieben.

Virtual Private Network (VPN) einrichten

Nicht immer lassen sich Rechner über LAN-Kabel oder eine WLAN-Funkstrecke miteinander verbinden. Bei weiter entfernten Rechnern sind zum Beispiel Einwahlverbindungen zur Kommunikation einsetzbar. Allerdings verursachen solche Einwahlverbindungen entsprechende Kosten. Günstiger ist es, wenn Benutzer beispielsweise über eine Internetverbindung oder ein Netzwerk direkt mit dem betreffenden Rechner kommunizieren können. Zur Absicherung dieser Kommunikation werden Virtual Private Network-Verbindungen eingesetzt. VPN-Verbindungen ermöglichen Ihnen die sichere und private Kommunikation zwischen Rechnern über öffentliche Netzwerke wie das Internet. Daher halten viele Firmen VPN-Server bereit, um Mitarbeitern den Zugang von deren Notebooks oder Rechnern per Internet auf das Firmennetzwerk zu ermöglichen. Nachfolgend werden die Schritte zum Einrichten eines VPN-Servers unter Windows XP bzw. Windows Vista sowie das Einbinden der Clients unter Windows Vista beschrieben.

Einrichten des VPN-Servers

VPN-Server können mit Linux, Windows oder anderen Betriebssystemen realisiert werden. Nachfolgend wird gezeigt, wie Sie einen solchen Server mit Windows Vista sowie mit Windows XP aufsetzen.

Einen VPN-Server unter Windows Vista einrichten

Bevor Sie mit einem Client eine VPN-Verbindung über ein öffentliches Netzwerk aufbauen können, muss ein VPN-Server eingerichtet werden. Der Rechner mit dem konfigurierten VPN-Server muss dabei über das Netzwerk (LAN oder Internet) erreichbar sein. Windows Vista stellt sowohl die Funktionen eines VPN-Clients also auch eines VPN-Servers bereit. Das Problem bei Windows Vista besteht aber darin, dass die Funktionen zum Einrichten eines VPN-Servers unter Windows Vista etwas versteckt sind. Um die Funktionen zum Aufsetzen eines VPN-Servers anzuwählen, müssen Sie in folgenden Schritten vorgehen:

1. Melden Sie sich unter Windows Vista an einem Benutzerkonto an und stellen Sie sicher, dass Sie über Administratorenberechtigungen verfügen.
2. Öffnen Sie das Ordnerfenster *Netzwerk* und klicken Sie in dessen Aufgabenleiste auf die Schaltfläche *Netzwerk- und Freigabecenter*.
3. Im Fenster des Netzwerk- und Freigabecenters wählen Sie in der Aufgabenleiste den Befehl *Netzwerkverbindungen verwalten* (Abbildung 7.1, Hintergrund).

Virtual Private Network (VPN) einrichten

Abbildung 7.1 Aufruf der VPN-Serverfunktionen

4. Sobald das Fenster *Netzwerkverbindungen* (Abbildung 7.1, Vordergrund) erscheint, drücken Sie kurz die [Alt]-Taste, um die Menüleiste einzublenden.
5. Anschließend wählen Sie im angezeigten Menü *Datei* den Befehl *Neue eingehende Verbindung* (Abbildung 7.1, Vordergrund).

Sie müssen nun die Sicherheitsabfrage der Benutzerkontensteuerung über die Schaltfläche *Fortsetzen* oder durch Eingabe eines Administratorenkennworts und die *OK*-Schaltfläche bestätigen. Sobald die Freigabe durch die Benutzerkontensteuerung erfolgte, wird der Assistent zum Einrichten des VPN-Servers unter Windows Vista aufgerufen. Dieser Assistent führt Sie in verschiedenen Dialogfeldern durch die Schritte zum Einrichten des VPN-Servers. Sie müssen dann darin die benötigten Optionen eintragen.

Benutzerkonten für die VPN-Verbindung zulassen

Um einen Missbrauch durch Dritte auszuschließen, muss sichergestellt sein, dass nur ein berechtigter Benutzerkreis über die VPN-Verbindung auf den VPN-Server zugreifen kann. Windows Vista verwaltet den Kreis der zulässigen Benutzer über die Windows Benutzerkonten. Sobald das

Dialogfeld *Wer darf eine Verbindung mit diesem Computer herstellen?* (Abbildung 7.2, Hintergrund links) erscheint, können Sie die angezeigten Benutzerkonten durch Markieren der jeweiligen Kontrollkästchen für den Zugang zum VPN-Server zulassen. Sind auf dem als VPN-Client benutzten Windows-Rechner die gleichen Benutzerkonten samt Kennwörtern wie auf dem als VPN-Server verwendeten System vorhanden, kann die Authentifizierung am VPN-Server über diese Benutzerkonten und die zugehörigen Kennwörter erfolgen (siehe auch die folgenden Seiten).

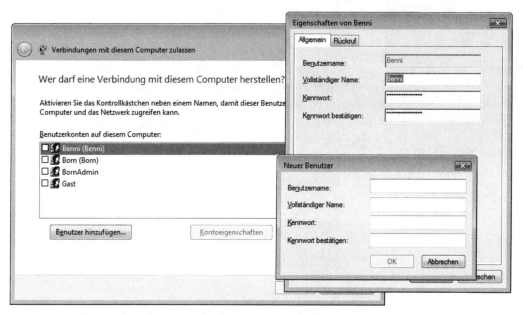

Abbildung 7.2 Zugangsberechtigungen für den VPN-Server festlegen

Möchten Sie lieber einen speziellen VPN-Benutzer für den Zugang einrichten? Dann wählen Sie die Schaltfläche *Benutzer hinzufügen* des Dialogfelds. In dem in Abbildung 7.2, Vordergrund, unten, gezeigten Dialogfeld lässt sich dann ein Benutzername, der vollständige Name sowie das Kennwort des neuen Kontos eintragen. Sobald Sie die *OK*-Schaltfläche anklicken, wird ein entsprechendes Benutzerkonto auf dem als VPN-Server fungierenden Windows Vista-Rechner angelegt. Der Benutzer kann dann auf dem VPN-Client beim Herstellen der Verbindung diesen Benutzernamen und das Kennwort verwenden, um den Zugang zum VPN-Server zu erhalten.

Sobald Sie die Benutzerkonten, die Zugriff auf den VPN-Server erhalten sollen, konfiguriert haben, verwenden Sie die *Weiter*-Schaltfläche des Dialogfelds, um zum Folgeschritt zu gelangen.

HINWEIS Um die Einstellungen eines Benutzerkontos einzusehen, markieren Sie dieses in der angezeigten Benutzerkontenliste des Dialogfelds und klicken anschließend auf die Schaltfläche *Konteneigenschaften*. Der Assistent zeigt dann das in Abbildung 7.2, oben rechts, sichtbare Eigenschaftenfenster. Auf der Registerkarte *Allgemein* könnten Sie als Administrator das Kennwort des betreffenden Benutzerkontos anpassen. Beim Umsetzen des Benutzerkennworts gehen alle Zertifikate dieses Benutzerkontos verloren. Als Folge kann der Benutzer nicht mehr auf kennwortgeschützte Angebote, verschlüsselte Dateien etc. zugreifen. Das Zuweisen eines neuen Kennworts durch den Administrator sollte daher nur als absolut letzte Möglichkeit genutzt werden, wenn der betreffende Benutzer sein Kennwort vergessen hat oder wenn kein Kennwort vorhanden ist. Beim Versuch, das bestehende Kennwort eines Benutzerkontos als Administrator umzusetzen, erscheint daher auch ein Warndialog, den Sie über die *Fortsetzen*-Schaltfläche explizit bestätigen müssen.

Die Notwendigkeit zum Ändern des Benutzerkennworts durch den Administrator können Sie vermeiden, indem Sie die Benutzer veranlassen, über die Benutzerverwaltung der Systemsteuerung eine Kennwortrücksetzdiskette (z.B. auf einem USB-Stick oder einer Speicherkarte) anzulegen. Vergisst der Benutzer sein Kennwort, kann er mit diesem Medium sein Kontenkennwort neu setzen, ohne dass gespeicherte Zertifikate verloren gehen. Die Registerkarte *Rückruf* des Eigenschaftenfensters des Benutzerkontos ist für Einwahlverbindungen vorgesehen und für VPN-Verbindungen nicht relevant.

Zugriff per Internet zulassen

Zugriffe auf den VPN-Server können über ein lokales Netzwerk oder über das Internet erfolgen. Im Dialogschritt *Wie stellen die Benutzer eine Verbindung her?* (Abbildung 7.3, oben) ist das Kontrollkästchen *Über das Internet* zu markieren.

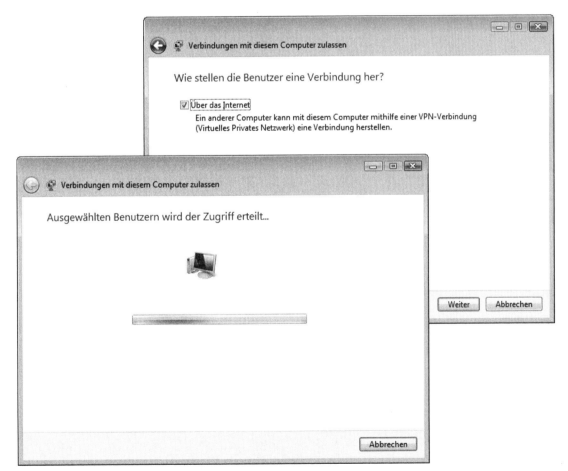

Abbildung 7.3 Verbindungsart auswählen

Sobald Sie die *Weiter*-Schaltfläche anklicken, richtet der VPN-Server den Zugriff für die ausgewählten Benutzer ein. Dieser Vorgang wird durch eine Fortschrittsanzeige begleitet.

Protokolle für die VPN-Verbindung festlegen

Der VPN-Server kann der VPN-Verbindung verschiedene Protokolle und Dienste bereitstellen, die im Dialogschritt aus Abbildung 7.4, oben, zu wählen sind.

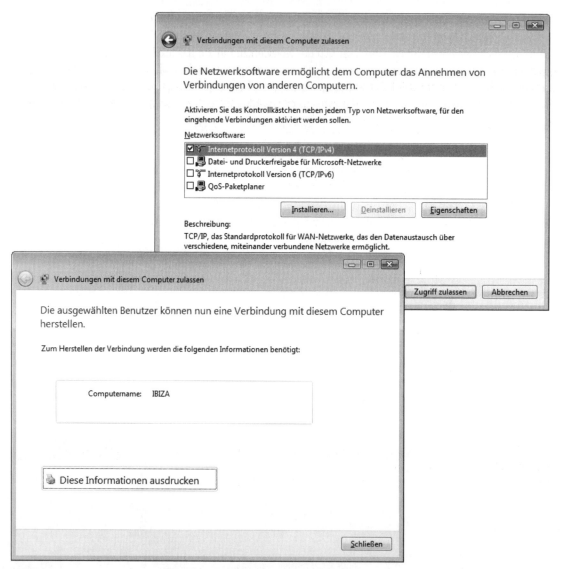

Abbildung 7.4 Protokolle und Dienste des VPN-Servers festlegen

Standardmäßig sollten Sie das Kontrollkästchen für das TCP/IP-Protokoll in der Version IPv4 markieren, damit überhaupt eine Verbindung zustande kommt. Optional lässt sich auch das

Kontrollkästchen für das IPv6-Protokoll markieren, falls der VPN-Client dies unterstützt. Sollen die Benutzer auch auf freigegebene Verzeichnisse und Drucker des Servers zugreifen können, müssen Sie den Dienst *Datei- und Druckerfreigabe für Microsoft-Netzwerke* markieren.

HINWEIS   Erfordert Ihre VPN-Verbindung spezielle Dienste und Protokolle, können Sie diese bei Bedarf über die *Hinzufügen*-Schaltfläche installieren und dann in die Konfigurierung des VPN-Servers aufnehmen. Die betreffende Software muss dann aber von Drittherstellern bereitgestellt werden. Für Standard-VPN-Verbindungen reichen die von Windows Vista angebotenen Dienste und Protokolle.

Markieren Sie den IPv4-Eintrag auf der Registerkarte *Netzwerk*, können Sie über die Schaltfläche *Eigenschaften* ein zusätzliches Dialogfeld öffnen. Dort lässt sich der Netzwerkzugriff auf das lokale Netzwerk des VPN-Servers gestatten oder sperren und Sie können (wie bei LAN-Verbindungen) vorgeben, ob die IP-Adresse des VPN-Servers automatisch von einem DHCP-Server bezogen werden darf. Alternativ können Sie auch die Option *IP-Adressen angeben* markieren und eine feste IP-Adresse aus einem Adressbereich zuweisen (siehe auch weiter unten im Abschnitt zur VPN-Serverkonfiguration unter Windows XP).

Sobald Sie die Schaltfläche *Zugriff zulassen* des Dialogfelds (Abbildung 7.4, oben) anklicken, wird der VPN-Server eingerichtet und aktiviert. Der Assistent zeigt Ihnen anschließend das in Abbildung 7.4, unten, sichtbare Dialogfeld mit dem Namen des Servers an. Bei Bedarf können Sie über die angebotene Schaltfläche des Dialogfelds die Informationen ausdrucken. Sobald Sie das Dialogfeld über die *Schließen*-Schaltfläche verlassen, sollte der Eintrag für den VPN-Server im Ordnerfenster *Netzwerkverbindungen* erscheinen.

Überprüfen der VPN-Servereinstellungen

Eingerichtete VPN-Server werden im Ordnerfenster *Netzwerkverbindungen* als Symbol *Eingehende Verbindungen* angezeigt (Abbildung 7.5, Hintergrund oben).

Wählen Sie das Symbol eines VPN-Servers per Doppelklick an, um das Eigenschaftsfenster (Abbildung 7.5, Vordergrund) einzublenden. Auf der Registerkarte *Benutzer* können Sie Benutzerkonten anlegen und durch Markieren der zugehörigen Kontrollkästchen am VPN-Server zulassen. Die Registerkarte *Netzwerk* zeigt die vom VPN-Server bereitgestellten Dienste und Protokolle.

HINWEIS   Klicken Sie mit der rechten Maustaste im Ordnerfenster *Netzwerkverbindungen* auf das Symbol des VPN-Servers, finden Sie im Kontextmenü Befehle, um den Eintrag zu löschen oder das Eigenschaftsfenster (Abbildung 7.5, Vordergrund) aufzurufen.

Abbildung 7.5 VPN-Server und dessen Eigenschaften

Einen VPN-Server unter Windows XP einrichten

Müssen Sie einen Rechner mit Windows XP als VPN-Server verwenden? Sofern Sie unter einem Administratorkonto angemeldet sind, können Sie bei Windows XP mit Service Pack 2 den VPN-Server über folgende Schritte einrichten:

1. Wählen Sie im Startmenü die Befehle *Verbinden mit/Alle Verbindungen anzeigen*.
2. Im Ordnerfenster *Netzwerkverbindungen* klicken Sie in der Aufgabenleiste in der Kategorie Netzwerkaufgaben auf den Link *Neue Verbindung erstellen* (Abbildung 7.6).

Virtual Private Network (VPN) einrichten

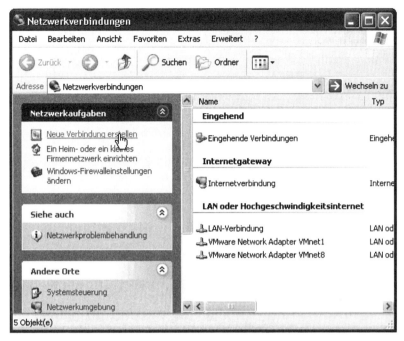

Abbildung 7.6 Aufruf des Assistenten zum Einrichten des VPN-Servers

Auch Windows XP stellt dann einen Assistenten zum Einrichten des VPN-Servers zur Verfügung, der Sie über mehrere Dialogfelder durch die Konfiguration führt. Verwenden Sie die *Weiter*- und *Zurück*-Schaltflächen, um zwischen diesen Schritten zu blättern.

Festlegen des Netzwerkverbindungstyps

Den Startdialog des Einrichtungsassistenten müssen Sie über die *Weiter*-Schaltfläche bestätigen. Windows XP unterstützt verschiedene Typen für eingehende Verbindungen. Daher ist im Dialogschritt *Netzwerkverbindungstyp* (Abbildung 7.7, unten) die Option *Eine erweiterte Verbindung einrichten* zu wählen.

Da ein VPN-Server eingerichtet werden soll, markieren Sie im Dialogschritt *Erweiterte Verbindungsoptionen* (Abbildung 7.7, oben) die Option *Eingehende Verbindungen zulassen*. Auch hier ist der Schritt mittels der *Weiter*-Schaltfläche zu bestätigen.

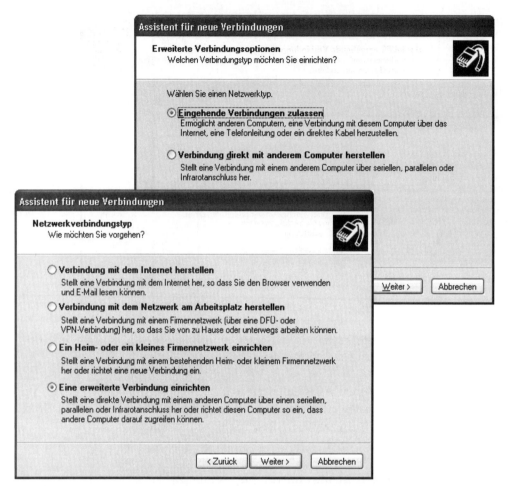

Abbildung 7.7 Den Netzwerkverbindungstyp und Verbindungsoptionen festlegen

Optionen für Geräte und eingehende VPN-Verbindungen festlegen

Da Windows XP Direktverbindungen und Einwählverbindungen unterstützt, müssen Sie in einigen Zwischendialogen die Geräteoptionen festlegen und die eingehende VPN-Verbindung zulassen. Sobald der Dialogschritt *Geräte für eingehende Verbindungen* erscheint (Abbildung 7.8, oben) stellen Sie sicher, dass kein Kontrollkästchen markiert ist. Dann übergehen Sie den Dialogschritt, indem Sie auf die *Weiter*-Schaltfläche klicken.

Im Folgedialog *Eingehende VPN-Verbindung* (Abbildung 7.8, unten) markieren Sie die Option *VPN-Verbindungen zulassen* und klicken anschließend auf die *Weiter*-Schaltfläche. Mit diesem Schritt weisen Sie den Assistenten an, die VPN-Verbindung so zu konfigurieren, dass diese als VPN-Server fungiert und auf eingehende Verbindungen wartet.

Virtual Private Network (VPN) einrichten

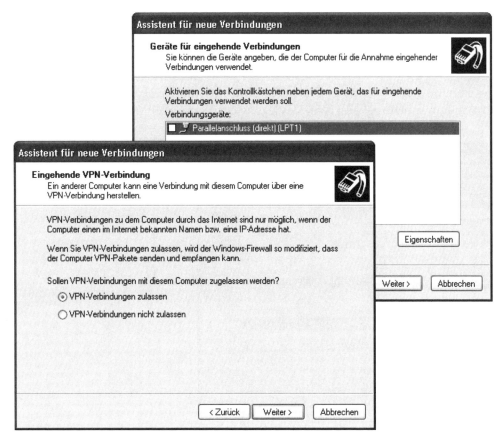

Abbildung 7.8 Optionen für Geräte und eingehende VPN-Verbindungen festlegen

Benutzerkonten für den Zugriff auf den VPN-Server konfigurieren

Auch der VPN-Server von Windows XP gewährt nur Benutzern Zugang, die in der Zugriffsliste aufgeführt sind. Der Einrichtungsassistent listet dabei, ähnlich wie in Windows Vista, die auf dem betreffenden Rechner vorhanden Benutzerkonten sowie zusätzliche Systemkonten auf (Abbildung 7.9, Hintergrund). Für Benutzer, die Zugriff auf den VPN-Server erhalten sollen, markieren Sie die Kontrollkästchen der betreffenden Benutzerkonten. Dann müssen Sie nur darauf achten, dass auf den VPN-Client das betreffende Benutzerkonto mit gleichem Benutzernamen und Kennwort existiert.

Die Alternative besteht darin, dass Sie für den VPN-Zugang ein separates VPN-Zugangskonto einrichten. Dann brauchen Sie nur ein Konto für den VPN-Zugriff freizugeben und können als Administrator sogar das Kennwort bestimmen. Hierzu wählen Sie im Dialogfeld (Abbildung 7.9, Hintergrund) des Assistenten die Schaltfläche *Hinzufügen*. Sobald das in Abbildung 7.9, rechts oben, sichtbare Zusatzdialogfeld erscheint, tragen Sie einen Benutzernamen sowie ein Kennwort für den VPN-Serverzugang ein. Sie können dieses Konto, wie in Abbildung 7.9, rechts oben, gezeigt, mit dem Namen »VPN« versehen und ein eigenes Kennwort zuweisen. Kennen die Benutzer diesen Kontennamen sowie das zugehörige Kennwort, können sie diese Angaben zur Verbindungsaufnahme mit dem VPN-Server verwenden. Sofern Sie ein separates Konto für den

VPN-Zugang einrichten, stellen Sie sicher, dass dessen Kontrollkästchen in der Liste der Zugänge markiert ist.

Merken Sie sich die festgelegten Verbindungsdaten, da die Benutzer diese benötigen, um sich später vom Client über die VPN-Verbindung am VPN-Server anzumelden. Sobald Sie die Konfiguration des Benutzerkontos über das Dialogfeld abgeschlossen haben, können Sie über die *Weiter*-Schaltfläche zu den Dialogfeldern zur Festlegung der Netzwerkeinstellungen übergehen.

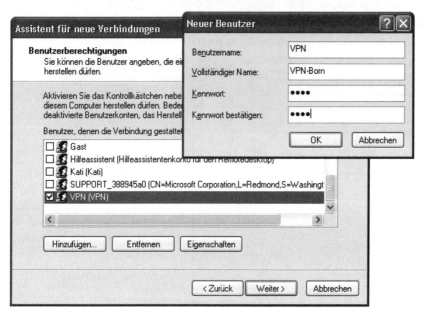

Abbildung 7.9 Freigabe der Benutzerkonten zum Zugriff auf den VPN-Server

Die Netzwerkeinstellungen für den VPN-Server konfigurieren

In einem weiteren Dialogschritt müssen Sie über den Assistenten die vom VPN-Server unterstützten Protokolle und Dienste sowie ggf. deren Optionen festlegen. Die VPN-Verbindung wird bei Windows XP über das TCP/IP-Protokoll aufgebaut. Im Gegensatz zu Windows Vista ist in Windows XP dabei nur die Version 4 des TCP/IP-Protokolls standardmäßig installiert. Sie können das IPv6-Protokoll (ab Service Pack 1) im Bedarfsfall aber über die Schaltfläche *Installieren* nachträglich (über die Kategorie *Protokolle*) installieren.

Markieren Sie im Dialogfeld aus Abbildung 7.10, unten, die Dienste und Protokolle, die vom VPN-Server bereitzustellen sind. Neben dem TCP/IP-Protokoll kann dies ggf. noch der Dienst zur Datei- und Druckerfreigaben in Microsoft Netzwerken sein. Bei Bedarf können Sie über die Schaltfläche *Hinzufügen* weitere Protokolle und Dienste installieren und dem VPN-Server zuordnen. Dies dürfte aber nur in Ausnahmefällen erforderlich werden.

In einem weitere Schritt sollten Sie den Eintrag für das TCP/IP-Protokoll im Dialogfeld markieren und dann auf die Schaltfläche *Eigenschaften* klicken. Der angezeigte Zusatzdialog (Abbildung 7.10, oben) ermöglicht Ihnen festzulegen, welche IP-Adresse vom VPN-Server zu verwenden ist und welche Zugriffsoptionen gelten sollen. Wird der Rechner mit dem VPN-Server in

Virtual Private Network (VPN) einrichten

einem lokalen Netzwerk betrieben und sollen Benutzer über die VPN-Verbindung Zugriff auf die Freigaben im Netzwerk erhalten? Dann markieren Sie das Kontrollkästchen *Anrufern den Zugriff auf das lokale Netzwerk gestatten*.

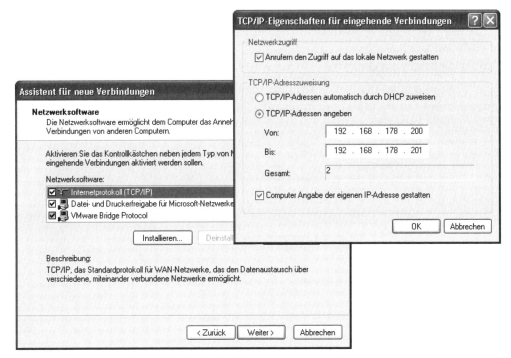

Abbildung 7.10 Netzwerkzugriff und TCP/IP-Adresszuweisung konfigurieren

Um Probleme bei der Zuteilung der IP-Adresse durch einen DHCP-Server zu vermeiden, können Sie eine feste IP-Adresse oder einen IP-Adressbereich definieren. Markieren Sie die betreffende Option und tragen Sie den IP-Adressbereich in die angezeigten Textfelder.

TIPP Achten Sie bei der Vergabe fester IP-Adressen darauf, dass sich der VPN-Client und der VPN-Server im gleichen IP-Subnetz befinden (hier 192.168.x.y). Meldet der VPN-Client bei der Verbindungsaufnahme mit dem VPN-Server den Fehler 733, liegt ein DHCP-Problem vor. Dann sollten Sie ggf. probieren, ob die hier skizzierte Zuweisung einer festen IP-Adresse dieses Problem behebt.

Sie können den Zusatzdialog über die *OK*-Schaltfläche schließen und dann die *Weiter*-Schaltfläche verwenden, um zu den Folgedialogen zu gelangen. Sobald Sie den Assistenten im letzten Dialogschritt mit der *Fertig stellen*-Schaltfläche beenden, wird der neue Eintrag *Eingehende Verbindungen* für den VPN-Server im Ordnerfenster *Netzwerkverbindungen* eingetragen. Der VPN-Server wartet dann auf eintreffende VPN-Verbindungsanforderungen. Möchten Sie die Verbindungseinstellungen kontrollieren, können Sie den Eintrag im Ordnerfenster *Netzwerkverbindungen* per Doppelklick anwählen. Im angezeigten Eigenschaftenfenster lassen sich, wie in Windows Vista (siehe die vorhergehenden Seiten), die VPN-Servereinstellungen auf den Registerkarten einsehen und anpassen.

VPN-Client unter Windows Vista nutzen

Um eine VPN-Verbindung zu nutzen, muss diese einmalig eingerichtet werden. Anschließend können Sie über diesen VPN-Client eine Verbindung zum VPN-Server aufbauen und später wieder trennen. Nachfolgend wird gezeigt, wie Sie unter Windows Vista einen VPN-Client einrichten und die VPN-Verbindung nutzen.

Den VPN-Client in Windows Vista einrichten

Bevor Sie eine VPN-Verbindung aufbauen können, müssen Sie den VPN-Client unter Windows Vista einrichten. Dabei werden die Verbindungsparameter des VPN-Servers im Client gespeichert. Zur Konfigurierung des VPN-Clients führen Sie unter Windows Vista folgende Schritte aus:

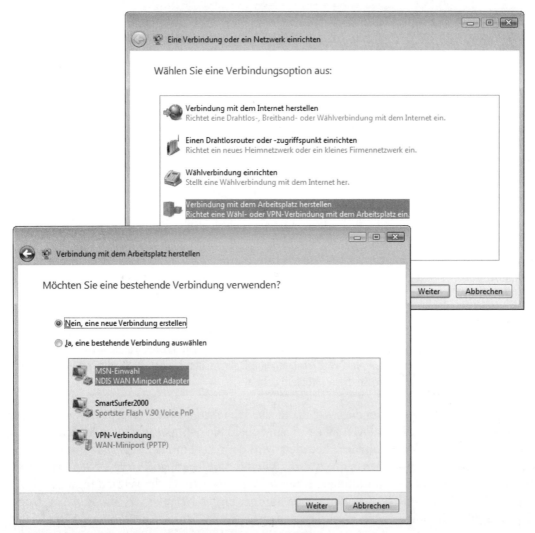

Abbildung 7.11 Verbindung und Verbindungsoptionen festlegen

Virtual Private Network (VPN) einrichten

1. Öffnen Sie über das Startmenü das Ordnerfenster *Netzwerk* und klicken Sie in dessen Aufgabenleiste auf die Schaltfläche *Netzwerk- und Freigabecenter*.
2. Im Netzwerk- und Freigabecenter wählen Sie in der Aufgabenleiste den Befehl *Eine Verbindung oder ein Netzwerk einrichten* (siehe Abbildung 7.1, Hintergrund oben).

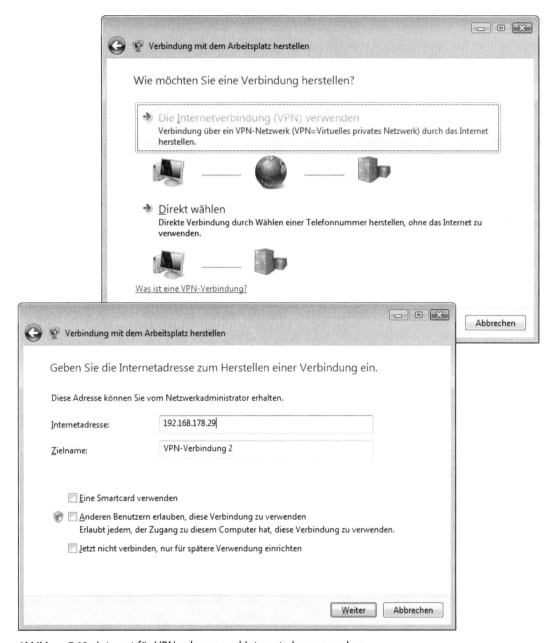

Abbildung 7.12 Internet für VPN zulassen und Internetadresse angeben

3. Im Startdialog des Einrichtungsassistenten markieren Sie den Befehl *Verbindung mit dem Arbeitsplatz herstellen* (Abbildung 7.11, oben). Anschließend klicken Sie auf die *Weiter*-Schaltfläche.
4. Sobald das Dialogfeld *Möchten Sie eine bestehende Verbindung verwenden?* (Abbildung 7.11, unten) erscheint, markieren Sie das Kontrollkästchen *Nein, eine neue Verbindung erstellen*. Auch dieses Dialogfeld bestätigen Sie über die *Weiter*-Schaltfläche.
5. Erscheint das Dialogfeld aus Abbildung 7.12, oben, klicken Sie auf die Option *Die Internetverbindung (VPN) verwenden*. Dies stellt sicher, dass keine Einwahlverbindung, sondern eine VPN-Verbindung benutzt wird.
6. Im angezeigten Folgedialog (Abbildung 7.12, unten) müssen Sie nun den Hostnamen des VPN-Servers oder dessen IP-Adresse eintragen und ggf. weitere Optionen setzen.

Beachten Sie bei der Angabe der IP-Adresse im Dialogfeld aus Abbildung 7.12, unten, dass es sich nicht um die IP-Adresse des VPN-Servers handelt. Vielmehr müssen Sie die IP-Adresse verwenden, über die der Hostrechner, auf dem der VPN-Server läuft, über das Netzwerk oder das Internet erreichbar ist. Wird diese IP-Adresse dynamisch über einen DHCP-Server zugewiesen, ändert sich deren Wert bei jedem Rechnerstart. Sie können die IP-Adresse des Hosts vor dem Einrichten ermitteln (siehe Kapitel 8) und im Dialogfeld eingeben. Bei ständig wechselnden IP-Adressen sollten Sie sich damit behelfen, dass Sie eine Blindadresse für den VPN-Hostrechner eingeben. In diesem Fall markieren Sie das Kontrollkästchen *Jetzt nicht verbinden*, um die Verbindungsaufnahme beim Einrichten zu unterdrücken. Später können Sie vor jeder Verbindungsaufnahme mit dem VPN-Server die IP-Adresse des betreffenden Hosts ermitteln und eingeben.

Bei Bedarf können Sie durch Markieren weiterer Kontrollkästchen die Nutzung der VPN-Verbindung gestatten oder die Verbindungsaufnahme mit dem VPN-Server beim Einrichten des Clients unterdrücken. Wählen Sie die *Weiter*-Schaltfläche, um die Konfigurierung abzuschließen.

Wurde die Verbindungsaufnahme zugelassen, testet der Assistent die Verbindung zum VPN-Server. In diesem Fall erscheint das Dialogfeld aus Abbildung 7.13, oben, in dem Sie den Benutzernamen für das Zugangskonto zum VPN-Server sowie das zugehörige Kennwort eintragen müssen. Über die Kontrollkästchen lässt sich zudem festlegen, ob das Kennwort anzuzeigen und dauerhaft zu speichern ist. Klicken Sie auf die *Verbinden*-Schaltfläche, versucht der Rechner eine Verbindung zum VPN-Server aufzunehmen. Klappt dies, erscheint eine entsprechende Anzeige. Im Fehlerfall erscheint das Dialogfeld aus Abbildung 7.13, unten. Über die angezeigten Befehle können Sie die Verbindungsaufnahme wiederholen, die Diagnose starten oder die Verbindung ohne weitere Tests einrichten lassen.

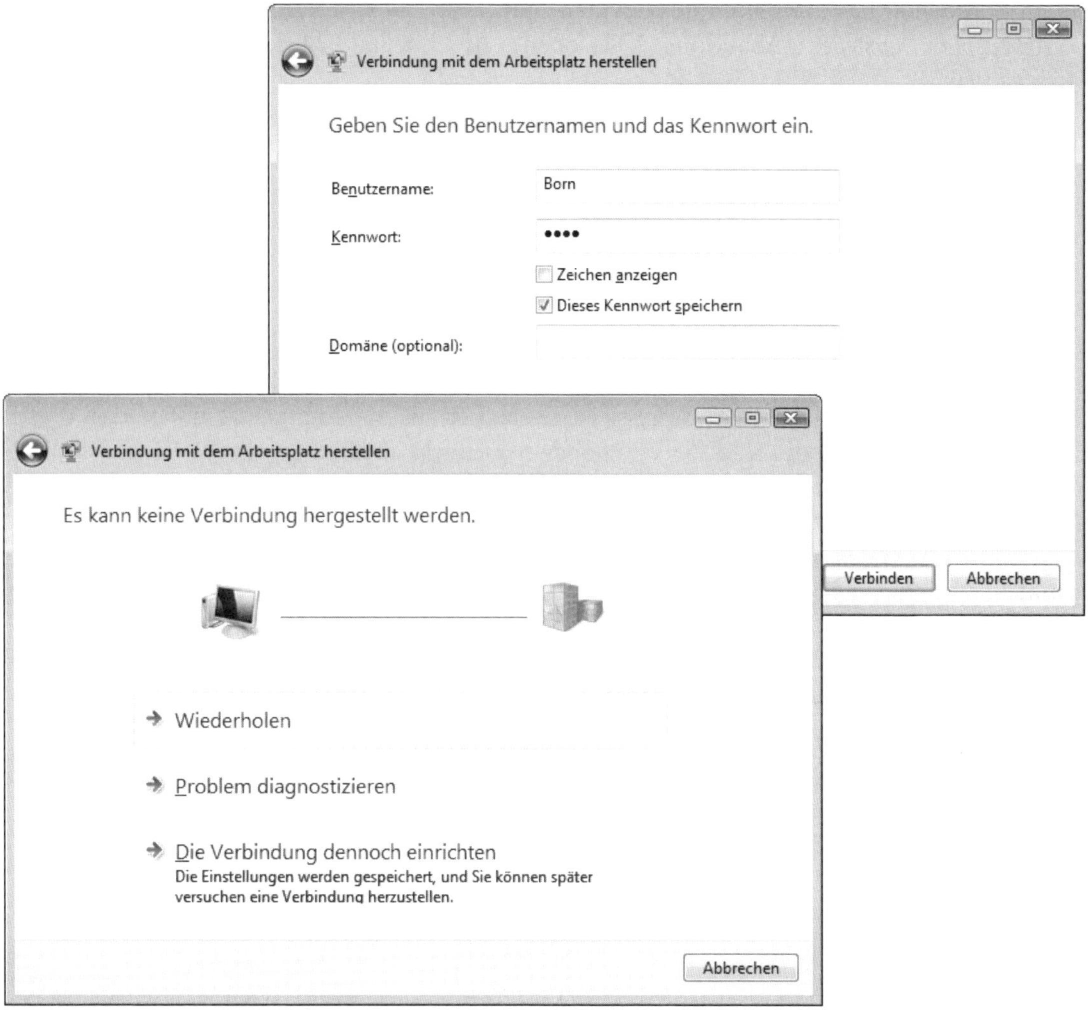

Virtual Private Network (VPN) einrichten

Abbildung 7.13 Dialogfelder beim Testen der VPN-Verbindung während der Einrichtung

Eine VPN-Verbindung unter Windows Vista aufbauen

Ist der VPN-Client eingerichtet, können Sie eine VPN-Verbindung zum VPN-Server aufbauen. Voraussetzung ist aber, dass dieser Rechner über das Internet (oder zumindest über eine TCP/IP-Verbindung per LAN) erreichbar ist. Weiterhin müssen Sie die Hostadresse des Rechners kennen, auf dem der VPN-Server läuft. Dies kann die URL im Internet sein, falls dieser über einen DNS-Server ins Internet eingebunden ist. In allen anderen Fällen benötigen Sie die IP-Adresse, unter dem der Hostrechner im LAN oder per Internet erreichbar ist. Führen Sie zur Verbindungsaufnahme folgende Schritte aus:

Kapitel 7: Internet- und Netzwerkfunktionen verwenden

Abbildung 7.14 VPN-Verbindung verwalten und herstellen

1. Öffnen Sie das Fenster des Netzwerk- und Freigabecenters (z.B. über die gleichnamige Symbolleiste des Ordnerfensters *Netzwerk*).
2. Wählen Sie in der Aufgabenleiste des Netzwerk- und Freigabecenters den Hyperlink *Netzwerkverbindungen verwalten*, um das Ordnerfenster *Netzwerkverbindungen* zu öffnen (Abbildung 7.14, Hintergrund).
3. Wählen Sie den Eintrag für die VPN-Verbindung per Doppelklick im Ordnerfenster *Netzwerkverbindungen* an.
4. Erscheint das Dialogfeld *Verbindung mit ... herstellen* (Abbildung 7.14, Vordergrund rechts), geben Sie bei Bedarf noch den Benutzernamen und das Kennwort für den Zugriff auf dem VPN-Server ein. Klicken Sie anschließend auf die Schaltfläche *Verbinden*.

Virtual Private Network (VPN) einrichten

Windows zeigt dann einen Einwahldialog und informiert Sie, ob die Verbindung zum VPN-Server aufgebaut werden konnte.

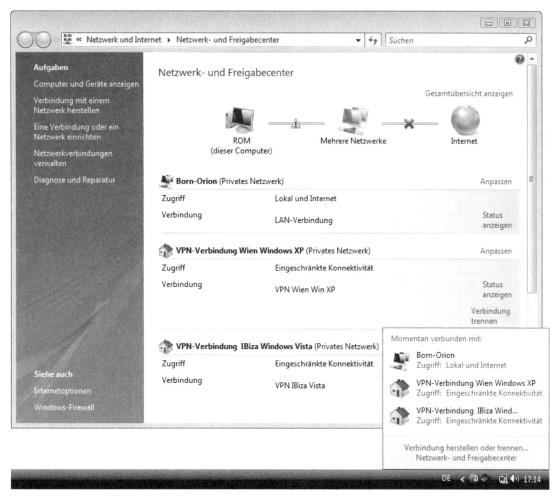

Abbildung 7.15 Status der VPN-Verbindungen überprüfen

Bei der ersten Verbindungsaufnahme erscheint zudem ein Dialogfeld, in dem Sie den Netzwerkort der VPN-Verbindung (Zuhause, Büro, Öffentlich) wählen können. Dies ermöglich Windows ggf. die Firewalleinstellungen anhand des gewählten Netzwerkorts anzupassen.

Windows Vista fasst den jeweiligen Status der Netzwerkverbindungen in einem gemeinsamen Symbol in der Taskleiste zusammen. Zeigen Sie im Infobereich der Taskleiste auf das Symbol der Netzwerkverbindung, erscheint eine Statusanzeige (Abbildung 7.15). Weiterhin lässt sich der Status einer bestehenden VPN-Verbindung im Netzwerk- und Freigabecenter erkennen. In Abbildung 7.15 bestehen sogar zwei VPN-Verbindungen zu unterschiedlichen VPN-Servern.

HINWEIS Unterbleibt bei Ihnen die Anzeige des Dialogfeldes *Verbindung mit ... herstellen* (Abbildung 7.14, Vordergrund rechts), wenn Sie eine VPN-Verbindung im Ordnerfenster *Netzwerkverbindungen* per Doppelklick anwählen? In diesem Fall ist die Option *Automatisch eigenen Windows-Anmeldenamen und Kennwort (und Domäne, falls vorhanden) verwenden* auf der Registerkarte *Sicherheit* (siehe die folgenden Abschnitte) markiert. Wenn dann noch die Benutzerkonten auf dem VPN-Server in der Zugriffsliste aufgeführt sind, kann Windows die Anmeldedaten des Benutzerkontos zur Verbindungsaufnahme verwenden.

VPN-Verbindung trennen

Wird die VPN-Verbindung nicht mehr benötigt, müssen Sie diese über einen der folgenden Ansätze trennen:

- Klicken Sie das Verbindungssymbol im Infobereich der Taskleiste mit der rechten Maustaste an. Im eingeblendeten Kontextmenü können Sie über den Befehl *Verbindung trennen von* ein Untermenü öffnen und dann den Namen der aktiven VPN-Verbindung anklicken.

- Öffnen Sie das Netzwerk- und Freigabecenter und klicken Sie auf den dort angezeigten Hyperlink *Verbindung trennen* (Abbildung 7.15, Hintergrund) der VPN-Verbindung.

- Ist das Ordnerfenster *Netzwerkverbindungen* noch geöffnet, markieren Sie den Eintrag für die VPN-Verbindung per Mausklick. Sie können dann in der Symbolleiste des Fensters die Schaltfläche *Diese Verbindung trennen* anklicken oder im Kontextmenü den Befehl *Trennen* wählen.

Die verschiedenen Varianten sind in ihrem Verhalten gleichwertig. Die VPN-Verbindung zum VPN-Server wird sofort unterbrochen.

Zugriff auf Freigaben des VPN-Servers

Wurde beim Einrichten des VPN-Servers der Zugriff auf das lokale Netzwerk gestattet (siehe Abbildung 7.10, oben)? Um auf die Freigaben des VPN-Servers zuzugreifen, können Sie ein Netzlaufwerk mit den folgenden Schritten einrichten:

1. Öffnen Sie ein beliebiges Ordnerfenster und drücken Sie dann die `Alt`-Taste, um die Menüleiste einzublenden.
2. Wählen Sie im Menü *Extras* des Ordnerfensters den Befehl *Netzlaufwerk zuordnen* an.
3. Tragen Sie im eingeblendeten Dialogfeld den UNC-Pfad der Netzwerkfreigabe ein und wählen einen Laufwerkbuchstaben (Abbildung 7.16).

Der UNC-Pfad wird in der Form *Server**Freigabe* angegeben. In Abbildung 7.16 wurde die IP-Adresse des Hosts des VPN-Servers verwendet. Sobald Sie die *Fertig stellen*-Schaltfläche anwählen, versucht Windows das Netzwerklauf mit der Freigabe des VPN-Servers zu verbinden. Solange die VPN-Verbindung und die -Freigabe bestehen, können Sie mit diesem Netzlaufwerk wie mit einem lokalen Laufwerk arbeiten (siehe auch Kapitel 5). Zum Trennen gehen Sie wie bei Netzlaufwerken vor, indem Sie die `Alt`-Taste drücken und im Menü *Extras* den Befehl *Netzlaufwerk trennen* wählen.

Virtual Private Network (VPN) einrichten

Abbildung 7.16 Freigabe einer VPN-Verbindung einem Netzlaufwerk zuweisen

VPN-Verbindungseinstellungen ermitteln und überprüfen

Das Schwierigste beim Einrichten der VPN-Verbindung besteht darin, dass Sie die korrekten Verbindungseinstellungen ermitteln und diese dann im VPN-Client beim Einrichten bzw. vor Aufnahme der Verbindung eintragen.

Benötigen Sie die IP-Adresse des VPN-Hostrechners? Dann starten Sie auf dem betreffenden Rechner das Fenster der Eingabeaufforderung (z.B. über den Zweig *Alle Programme/Zubehör* des Startmenüs) und geben den Befehl *ipconfig /all* ein. Sobald Sie diesen Befehl über die ⏎-Taste abschicken, werden alle IP-Adressen aufgelistet. Sie benötigen die IP-Adresse, unter der der Host per Netzwerk oder Internet erreichbar ist. Alternativ können Sie die IP-Adresse des Hosts in der Netzwerkübersicht abfragen (siehe auch Kapitel 8).

Bei Verbindungsproblemen erhalten Sie eine Fehlermeldung mit einer ausführlichen Fehlerbeschreibung angezeigt. Sie sollten dann die Konfiguration des VPN-Servers (siehe oben) und die Verbindungsparameter des VPN-Clients überprüfen. Die Eigenschaften des VPN-Clients können Sie einsehen, indem Sie bei der Verbindungsaufnahme im Dialogfeld *Verbindung mit ... herstellen* die Schaltfläche *Eigenschaften* anwählen (siehe Abbildung 7.14, Vordergrund) und dann die Sicherheitsabfrage der Benutzerkontensteuerung bestätigen. Erfolgt eine automatische Verbindungsaufnahme, ohne dass das Dialogfeld *Verbindung mit ... herstellen* erscheint, können Sie auch folgendermaßen vorgehen:

1. Öffnen Sie das Fenster des Netzwerk- und Freigabecenters (z.B. über die gleichnamige Symbolleiste des Ordnerfensters *Netzwerk*).

2. Wählen Sie in der Aufgabenleiste des Netzwerk- und Freigabecenters den Hyperlink *Netzwerkverbindungen verwalten*, um das Ordnerfenster *Netzwerkverbindungen* zu öffnen (Abbildung 7.14).
3. Klicken Sie mit der rechten Maustaste auf den Eintrag für die VPN-Verbindung und wählen Sie im Kontextmenü den Befehl *Eigenschaften*.
4. Anschließend passen Sie im Eigenschaftenfenster die Optionen auf den einzelnen Registerkarten an (Abbildung 7.17, Abbildung 7.18).

Auf der Registerkarte *Allgemein* (Abbildung 7.17, links) sollte die korrekte IP-Adresse des Hosts oder dessen Hostname, auf dem der VPN-Servers läuft, eingetragen sein. Kommt keine Verbindung mit dem VPN-Server zustande, überprüfen Sie zuerst, ob die korrekte Hostadresse, unter der dieser per Netzwerk bzw. Internet erreichbar ist, vorhanden ist.

Auf der Registerkarte *Optionen* (Abbildung 7.17, rechts) bewirkt die Markierung des Kontrollkästchens *Windows-Anmeldedomäne einbeziehen*, dass das Feld *Domäne* im Anmeldedialog *Verbindung mit ... herstellen* erscheint. Durch Aktivieren der Option *Status während des Wählens anzeigen* erreichen Sie, dass das Dialogfeld mit den Statusinformationen während des Verbindungsaufbaus eingeblendet wird. Die Schaltfläche *PPP-Einstellungen* der Registerkarte öffnet ein zusätzliches Dialogfeld, in dem Sie z.B. die Komprimierung für das Point-to-Point-Protokoll ein- oder ausschalten können. In der Regel müssen aber Sie an diesen Einstellungen nichts mehr ändern.

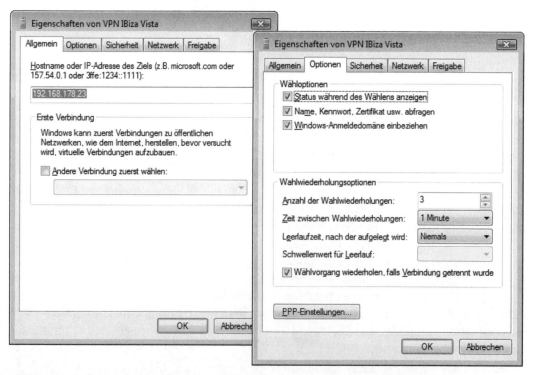

Abbildung 7.17 Registerkarten *Allgemein* und *Optionen* der VPN-Clienteigenschaften

Die Registerkarte *Sicherheit* (Abbildung 7.18, links) enthält die Optionen zur Absicherung der VPN-Verbindung. Markieren Sie die Option *Typisch* und stellen Sie sicher, dass das Kontrollkästchen *Datenverschlüsselung ist erforderlich* markiert ist. Die dann über die VPN-Verbindung übertragenen verschlüsselten Daten sind vor der Einsichtnahme Dritter geschützt. Die bereits erwähnte Option *Automatisch eigenen Windows-Anmeldenamen und Kennwort (und Domäne, falls vorhanden) verwenden* können Sie markieren, wenn der Einwahldialog *Verbindung mit ... herstellen* nicht mehr angezeigt werden soll. Dann verwendet Windows den Namen des Benutzerkontos sowie das Kennwort zur Verbindungsaufnahme mit dem Server. Das Listenfeld *Identität folgendermaßen überprüfen* sollte auf dem Wert »Sicheres Kennwort ist erforderlich« stehen. Die Alternative besteht in der Verwendung eines Zertifikats, was aber eine entsprechende Infrastruktur voraussetzt.

Auf der Registerkarte *Netzwerk* (Abbildung 7.18, rechts) finden Sie die verfügbaren Elemente für die VPN-Verbindung. Für das TCP-IP-Protokoll sollte der VPN-Typ auf dem Wert »PPTP-VPN« (oder »Automatisch«) gesetzt sein. Auf der Registerkarte finden Sie zudem eine Liste der Dienste und Protokolle, die vom VPN-Client zur Verbindungsaufnahme mit dem VPN-Server benutzt wird.

Die Registerkarte *Freigabe* ist für VPN-Verbindungen nicht so interessant. Sie könnten innerhalb eines Netzwerks vorgeben, dass Dritte diese Verbindung mit verwenden dürfen.

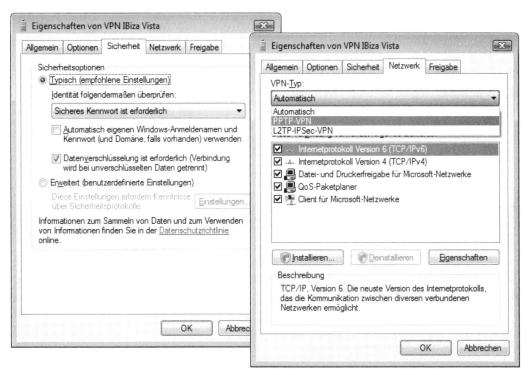

Abbildung 7.18 Registerkarten *Sicherheit* und *Netzwerk* der VPN-Clienteigenschaften

Ob Daten über die VPN-Verbindung übertragen werden, lässt sich über das Netzwerk- und Freigabecenter überprüfen. Klicken Sie dort auf den Hyperlink *Status anzeigen* (Abbildung 7.15), öffnet Windows Vista ein Dialogfeld *Status von xxx* mit den Verbindungseigenschaften (Abbildung 7.19). Auf der Registerkarte *Allgemein* werden Ihnen die Zahl der eintreffenden und abgehenden Datenbytes angezeigt. Sie erkennen, wie lange die VPN-Verbindung bereits aufgebaut ist und ob während der Übertragung Fehler aufgetreten sind. Die Schaltfläche *Details* öffnet einen Zusatzdialog, über den Sie Zusatzinformationen einsehen können. Ähnliches gilt für die Registerkarte *Details* des Eigenschaftenfensters.

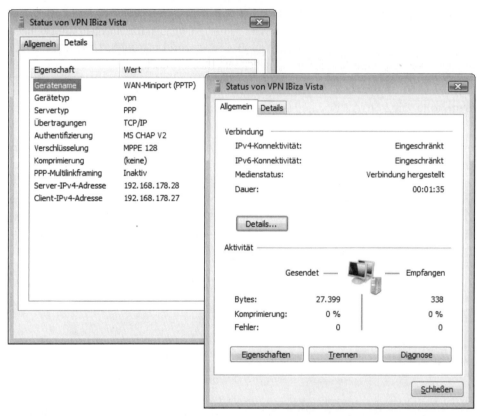

Abbildung 7.19 Status der VPN-Verbindung

Kommt keine Verbindung zum VPN-Server zu Stande, obwohl die Verbindungsparameter korrekt im VPN-Client eingetragen wurden? Wenn sichergestellt ist, dass die Benutzeranmeldung vom Server als gültig akzeptiert wird, kann die Fehlerursache in der Blockade der VPN-Verbindung durch die verwendete Firewall liegen. Dann müssen Sie ggf. den Port 1723 für das TCP-Protokoll in der Firewall des Hosts, auf dem der VNP-Server läuft, freigeben.

HINWEIS Bei Verwendung der Windows Live OneCare-Firewall in einer Testumgebung reichte es beispielsweise nicht, den Eintrag *Virtuelles privates Netzwerk* als Ausnahme in den erweiterten Einstellungen von Windows Live OneCare einzutragen. Es war ein separater Eintrag zur Freigabe des Ports 1723 für das TCP-Protokoll erforderlich, damit der VPN-Client auf den betreffenden Server zugreifen Sie Anmeldedaten vor der. Verwenden Sie einen Router, müssen Sie ggf. dort auch den Port freigeben, um über das Internet auf den VPN-Server zugreifen zu können. Eine testweise zu einem unter Windows XP laufenden VPN-Server eingerichtete Verbindung kam nur dann zu Stande, wenn dem VPN-Server eine feste IP-Adresse zugewiesen wurde. In der gleichen Testumgebung konnte dagegen ein unter Windows Vista Home Premium laufender VPN-Server mit dynamisch über den DHCP-Server des Routers vergebenen IP-Adressen konfiguriert werden. Sie müssen bei der Einrichtung eines eigenen VPN-Netzwerks daher ggf. etwas experimentieren, um die zulässigen Einstellvarianten herauszufinden.

Einen umfangreicheren Artikel zur Client- und Serverkonfigurierung für VPN-Netzwerke unter Windows XP finden Sie auf der Webseite *www.wintotal.de/Artikel/vpnxp/vpnxp.php*. Die Ausführungen lassen sich sinngemäß auch auf Windows Vista VPN-Server und -Clients anwenden. Im Artikel finden Sie auch Hinweise, was bei der Firewall-konfigurierung zu beachten ist. Der Artikel enthält zudem Links zu weiterführenden Dokumenten. Tritt bei Ihnen der Fehler 733 bei der Verbindungsaufnahme des Clients zum VPN-Server auf? Unter *support.microsoft.com/kb/168720* finden Sie einen Knowledge Base-Artikel, der sich mit diesem Thema befasst.

FTP-/WebDAV-Verbindungen unter Vista nutzen

Bei einer bestehenden (Internet- oder Netzwerk-)Verbindung zu einem FTP-Server kann unter Windows Vista auf diesen Server mit FTP-Clients zugegriffen werden, um Daten zu transferieren. Neben dem *ftp*-Befehl der Eingabeaufforderung stellt der Internet Explorer zusätzlich noch einen minimalen FTP-Client zum Herunterladen von Dateien über FTP-Server bereit. Neben diesen in der Hilfe beschriebenen Ansätzen können Sie aber auch den FTP-Client des Windows-Explorers nutzen, um komfortabler auf FTP-Server zuzugreifen. Zusätzlich lassen sich Verknüpfungen auf FTP-Server in der Netzwerkumgebung einrichten. Die folgenden Abschnitte beschreiben kurz, wie Sie eine FTP-Verbindung einrichten und nutzen.

Den Internet Explorer als FTP-Client einsetzen

Der Microsoft Internet Explorer lässt sich als minimalistischer FTP-Client mit grafischer Benutzeroberfläche verwenden. Hierzu ist in folgenden Schritten vorzugehen:

1. Öffnen Sie das Fenster des Internet Explorers und geben Sie im Adressfeld des Browsers die FTP-Adresse in der Form *ftp://ftp.xxx.com* ein (z.B. *ftp://ftp.microsoft.com*).
2. Drücken Sie die ⏎-Taste, um (z.B. über eine Internetverbindung) die Verbindung mit dem FTP-Server herzustellen.

Akzeptiert der FTP-Server den Zugang ohne Benutzerkennung und Passwort, erscheint der Stammordner des FTP-Servers als Webseite im Browserfenster (Abbildung 7.20). Dies gibt Ihnen die Möglichkeit, über die Hyperlinks zwischen den Verzeichnissen des FTP-Servers zu navigieren. Dateien lassen sich herunterladen, indem Sie deren Hyperlinks anklicken.

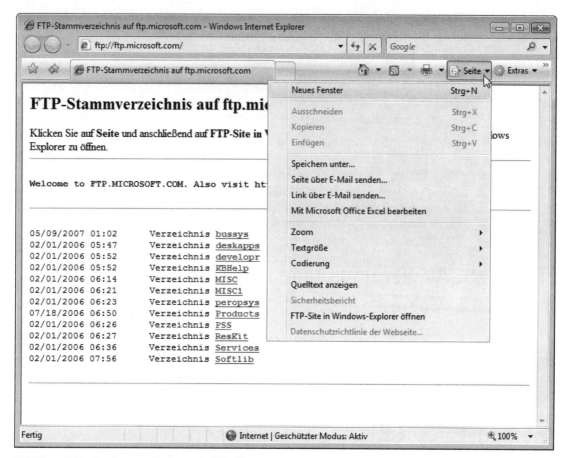

Abbildung 7.20 Der Internet Explorer als FTP-Client

TIPP Da dieses Arbeiten etwas umständlich ist, können Sie den FTP-Client der Netzwerkumgebung bzw. Windows-Shell aus dem Browserfenster aufrufen. Öffnen Sie in der Symbolleiste des Browserfensters das Menü der Schaltfläche *Seite* und wählen Sie den Befehl *FTP-Site in Windows-Explorer öffnen*. Sobald Sie den Sicherheitsdialog bestätigen, zeigt Windows den Inhalt des FTP-Servers in einem Ordnerfenster an (Abbildung 7.21). Dann können Sie Dateien komfortabel per Drag&Drop zwischen dem lokalen Rechner und dem FTP-Server austauschen.

Eine FTP-Verbindung einrichten

Möchten Sie häufiger auf einen FTP-Server zugreifen, lässt sich eine FTP-Verbindung im Netzwerk einrichten. Hierzu gehen Sie in folgenden Schritten vor:

1. Öffnen Sie das Ordnerfenster *Netzwerk* (z.B. über das Startmenü) und klicken Sie auf das Adressfeld.
2. Tippen Sie die FTP-Adresse im Adressfeld ein, wobei Sie die Protokollangabe sogar weglassen können (z.B. *ftp://ftp.microsoft.com* oder *ftp.microsoft.com*).

Sobald Sie die ⏎-Taste drücken, wird eine Verbindung zum FTP-Server hergestellt. Anschließend erscheint dessen Stammverzeichnis in einem Ordnerfenster (Abbildung 7.21). In diesem Ordnerfenster des FTP-Clients lässt sich wie in jedem anderen Ordnerfenster navigieren. Unterordner lassen sich durch Doppelklicken öffnen. Mit einer entsprechenden Berechtigung können Sie sich Unterordner anlegen sowie Ordner und Dateien umbenennen oder löschen.

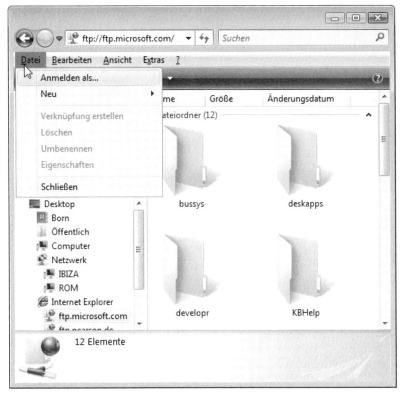

Abbildung 7.21 Anzeige des FTP-Verzeichnisses im Ordnerfenster

Auch das Kopieren zwischen Festplatte und FTP-Server funktioniert wie bei lokalen Ordnerfenstern. Zum Download ziehen Sie die gewünschten Dateien aus dem Ordnerfenster des FTP-Servers in ein Ordnerfenster der lokalen Festplatte. Das Hochladen neuer Dateien funktioniert in genau der umgekehrten Richtung, sofern der FTP-Server die Schreibberechtigung akzeptiert. Beim Schließen des FTP-Ordnerfensters wird auch die Verbindung zum FTP-Server wieder abgebaut.

HINWEIS Eine einmal eingetragene FTP-Adresse wird durch Windows Vista gespeichert. Sie können daher diese Adresse über die gespeicherte Pfadliste des Adressfelds jederzeit neu abrufen. Zudem werden die Adressen der besuchten FTP-Server in der Navigationsleiste im Zweig Internet Explorer eingeblendet (Abbildung 7.21). Geben Sie auf diese Weise mehrere FTP-Adressen ein, tauchen die Server auch im Zweig *Internet Explorer* auf. Ein Mausklick auf einen Eintrag öffnet ebenfalls die zugehörige FTP-Verbindung.

Wenn eine Anmeldung am FTP-Server erforderlich ist

Die überwiegende Anzahl der FTP-Server verlangt statt des oben benutzten anonymen Zugangs eine Anmeldung mittels eines Benutzernamens und eines Benutzerkontos. Haben Sie die FTP-Verbindung über die obigen Anweisungen zum FTP-Server aufgebaut, können Sie die Anmeldung mit Benutzername und Kennwort nachholen:

1. Drücken Sie die [Alt]-Taste, um die Menüleiste im Ordnerfenster mit dem FTP-Inhalt einzublenden, öffnen Sie das Menü *Datei* und wählen Sie den Befehl *Anmelden als* (Abbildung 7.21).
2. Tragen Sie im Anmeldedialog den Benutzernamen und das Kennwort in den betreffenden Textfeldern ein (Abbildung 7.22) und markieren Sie ggf. das Kontrollkästchen *Kennwort speichern*.

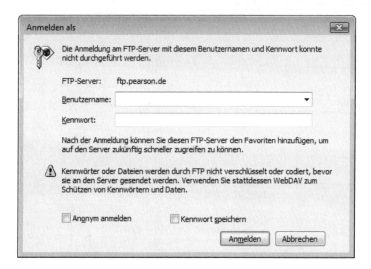

Abbildung 7.22 Anmelden am FTP-Server

Lässt der FTP-Server eine anonyme Anmeldung mit dem Benutzernamen *anonymous* und einem leeren Kennwort zu, markieren Sie das Kontrollkästchen *Anonym anmelden* und lassen Benutzername und Kennwort leer. Die *Anmelden*-Schaltfläche schließt das Dialogfeld. Der FTP-Client versucht eine Anmeldung am FTP-Server und blendet anschließend den Inhalt des FTP-Verzeichnisses im Ordnerfenster ein. Sie können dann mit dem FTP-Client, wie oben beschrieben, arbeiten.

FTP-Verbindungen fest einrichten

Um den Zugriff auf verschiedene FTP-Server einzurichten und die Benutzernamen vorzukonfigurieren, können Sie noch einen anderen Ansatz wählen.

1. Öffnen Sie ein Ordnerfenster, drücken Sie die [Alt]-Taste, um die Menüleiste einzublenden und wählen Sie im Menü *Extras* den Befehl *Netzlaufwerk zuordnen*.
2. Wählen Sie im Dialogfeld *Netzlaufwerk verbinden* (Abbildung 7.23, Mitte) den Hyperlink *Verbindung mit einer Website herstellen, auf der Sie Dokumente und Bilder speichern können*.
3. Übergehen Sie den Startdialog des Einrichtungsassistenten über die *Weiter*-Schaltfläche, markieren Sie im Folgedialog (Abbildung 7.23, oben) den Befehl *Eine benutzerdefinierte Netzwerkressource auswählen* und klicken Sie auf die *Weiter*-Schaltfläche.

FTP-/WebDAV-Verbindungen unter Vista nutzen

4. Im Folgedialog (Abbildung 7.23, unten) ist die Adresse des FTP-Servers (z.B. *ftp:\\ftp.microsoft.com*) in das Feld *Internet- oder Netzwerkadresse* einzugeben und über die *Weiter*-Schaltfläche zu bestätigen.
5. Ist kein anonymer Zugang geplant, löschen Sie im Dialogfeld aus Abbildung 7.24, oben, die Markierung des Kontrollkästchens *Anonym anmelden*. Tragen Sie dann den Benutzernamen für den FTP-Zugang im Testfeld ein und klicken Sie auf die *Weiter*-Schaltfläche.

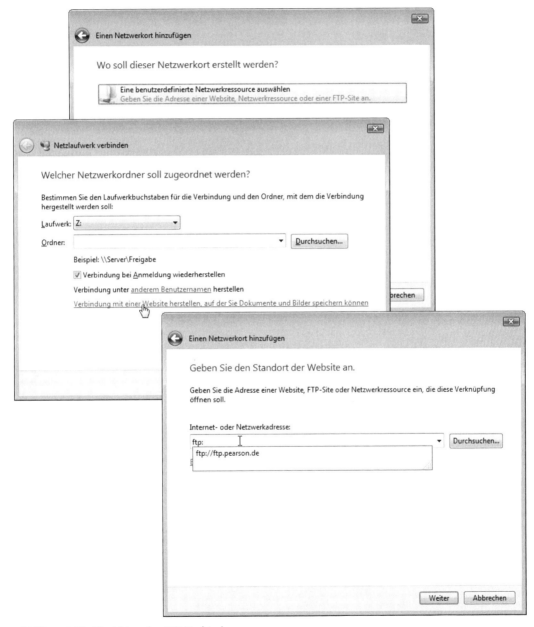

Abbildung 7.23 Einrichten der FTP-Verbindung

6. Passen Sie ggf. die im Folgedialog (Abbildung 7.24, Mitte) angezeigte Bezeichnung für den FTP-Zugang im angezeigten Textfeld an und klicken Sie auf die *Weiter*-Schaltfläche.

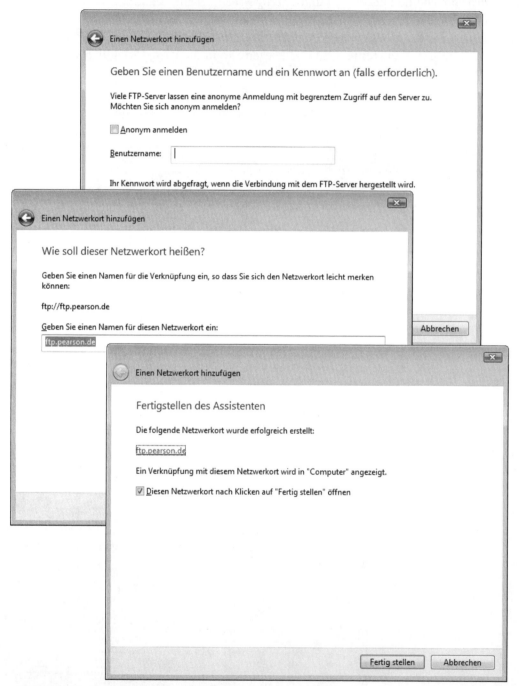

Abbildung 7.24 Festlegen der FTP-Zugangsdaten

7. Sobald das abschließende Dialogfeld aus Abbildung 7.24, unten, erscheint, setzen oder löschen Sie die Markierung des Kontrollkästchens *Diesen Netzwerkort nach Klicken auf "Fertig stellen" öffnen* und klicken Sie auf die *Fertig stellen*-Schaltfläche.

Der Einrichtungsassistent erzeugt dann die FTP-Verbindung und legt diese als Verknüpfung im Ordnerfenster *Computer* in der Kategorie *Netzwerkpfade* ab. Ist das Kontrollkästchen *Diesen Netzwerkort nach Klicken auf "Fertig stellen" öffnen* markiert, öffnet sich der Anmeldedialog *Anmelden als* (Abbildung 7.22). Tragen Sie das Kennwort für den FTP-Zugang ein, markieren Sie das Kontrollkästchen *Kennwort speichern* und klicken Sie auf die *Anmelden*-Schaltfläche. Anschließend wird die Verbindung zum FTP-Server aufgebaut und der Inhalt des FTP-Verzeichnisses im Ordnerfenster angezeigt.

Bei einem anonymen FTP-Serverzugang benötigen Sie kein Benutzerkennwort. Markieren Sie dann das Kontrollkästchen *Anonym anmelden* im Anmeldedialog.

Um später die FTP-Verbindung erneut aufzubauen, öffnen Sie ein beliebiges Ordnerfenster und klicken im Navigationsfenster auf den angezeigten Eintrag für die FTP-Verbindung.

HINWEIS Falls Sie komfortabler zwischen mehreren FTP-Servern wechseln oder Ordnerinhalte direkt auf einem FTP-Server verschieben müssen, kommen Sie mit Windows-Bordmitteln nicht mehr weiter. Es empfiehlt sich, auf einen FTP-Manager von Drittanbietern auszuweichen. Beispielsweise lässt sich das kostenlose Programm FileZilla unter *sourceforge.net/projects/filezilla* herunterladen und unter Windows Vista einsetzen

WebDAV unter Windows Vista

WebDAV steht für Web-based Distributed Authoring and Versioning und ist ein offener Standard zur Bereitstellung von Dateien im Internet. Dies ermöglicht Benutzern, Daten auf einem Internetserver in einem Ordnerfenster bereitzustellen und wie auf eine lokale Festplatte zuzugreifen. Sie können die obigen Schritte zum Einrichten einer FTP-Verbindung auch nutzen, um eine WebDAV-Verbindung zu definieren.

Rufen Sie wie beim Definieren einer FTP-Verbindung das in Abbildung 7.25, oben, gezeigte Dialogfeld auf und tippen Sie die WebDAV-Adresse im Textfeld ein. Bei Windows Vista ist zu beachten, dass nur HTTPS-Server unterstützt werden. Im Beispiel wurde eine WebDAV-Adresse des GMX Freemail-Media Center zur Demonstration benutzt.

Erhalten Sie über die *Weiter*-Schaltfläche das Dialogeld aus Abbildung 7.25, unten, angezeigt, hat der Assistent den WebDAV-Ordner akzeptiert. Passen Sie ggf. den Namen für die WebDAV-Verbindung im angezeigten Textfeld an und klicken Sie erneut auf die *Weiter*-Schaltfläche. Den letzten Dialogschritt schließen Sie über die *Fertig stellen*-Schaltfläche. Vor dem Öffnen des WebDAV-Ordners wird einmalig der Benutzername und das Kennwort in einem weiteren Dialogfeld abgefragt. Tragen Sie dann die geforderten Angaben in den betreffenden Feldern ein. Nach der Authentifizierung sollte der Inhalt des WebDAV-Ordners in einem Ordnerfenster angezeigt werden. Sie können die angelegte Verknüpfung später zum schnellen Zugriff auf den WebDAV-Ordner nutzen, indem Sie im Navigationsfenster eines beliebigen Ordnerfensters den betreffenden Eintrag anwählen.

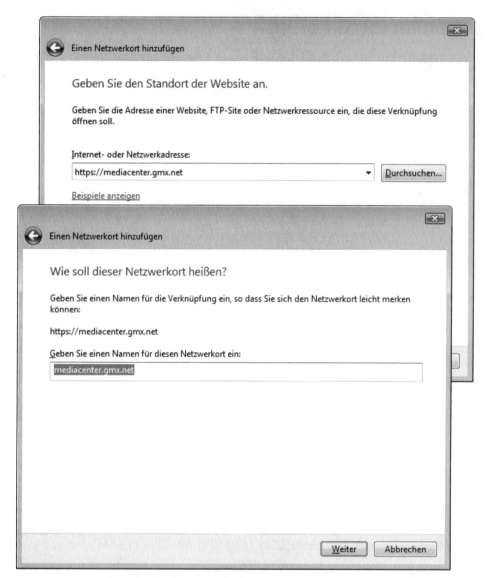

Abbildung 7.25 WebDAV-Verbindung einrichten

TIPP Gibt es Probleme mit dem Einrichten einer Verknüpfung zum WebDAV-Ordner, können Sie den Internet Explorer starten, die Alt -Taste drücken und dann im Menü *Datei* den Befehl *Öffnen* wählen. Tippen Sie im Dialogfeld *Öffnen* die WebDAV-Adresse ein und markieren Sie das Kontrollkästchen *Als Webordner öffnen*. Schließen Sie das Dialogfeld über die *OK*-Schaltfläche und bestätigen Sie die Sicherheitsabfrage. Dann erscheint ein Dialogfeld, in das Sie den Benutzername und das Kennwort für den Zugriff eintragen müssen. Anschließend sollte sich der Inhalt des WebDAV-Ordners in einem Ordnerfenster öffnen und Sie können auf den Inhalt zugreifen. Die Verknüpfung wird automatisch im Navigationsfenster im Zweig *Netzwerk* abgelegt und lässt sich später dort anwählen. Löschen können Sie einen WebDAV-Eintrag über den Befehl *Löschen* im Kontextmenü des Ordnerfensters *Computer*.

Offlinedateien im Kurzüberblick

Beim Arbeiten mit Netzwerkfreigaben ist es hilfreich, wenn die benutzten Dateien auf dem Client zwischengespeichert werden. Dann lässt sich weiterarbeiten, wenn die Netzwerkverbindung kurzzeitig ausgefallen oder temporär nicht mehr verfügbar ist. Da Offlinedateien nicht in allen Windows Vista-Varianten vollständig unterstützt werden und dieses Buch primär Netzwerke im Privatbereich adressiert, wird nachfolgend nur kurz angerissen, wie Sie die Funktion nutzen können.

Was steckt hinter der Funktion *Offlinedateien*?

Beim Arbeiten mit Notebooks oder Rechnern ist es ganz komfortabel, wenn wichtige Dateien als Backup auf dem Netzlaufwerk eines Rechners gesichert werden können. Dies stellt sicher, dass Sie bei Datenverlust auf dem Client jederzeit auf die Sicherungskopien des Servers zurückgreifen können. Oder Sie greifen auf die Dateien von Freigaben anderer Benutzer im Netzwerk zurück.

Ist beim Arbeiten mit dem Notebook oder dem Rechner die Netzwerkverbindung nur zeitweilig vorhanden (z.B. mobiler Betrieb, der Besitzer der Freigabe fährt den Rechner herunter etc.)? Dann ist es hilfreich, wenn Sie trotzdem mit den betreffenden Dateien arbeiten können. Beim mobilen Betrieb eines Notebooks ist es hilfreich, wenn Windows die Dateien mit den Sicherungsdateien auf den Netzwerkfreigaben abgleichen kann.

Die Funktion *Offlinedateien* gibt Ihnen genau diese Möglichkeit, mit im Netzwerk freigegebenen Dateien zu arbeiten, auch wenn die Netzwerkverbindung kurzzeitig ausgefallen oder temporär nicht mehr verfügbar ist. Windows Vista puffert die Dateien offline auf dem Client und gleicht die unterschiedlichen Versionsstände ab, sobald wieder eine Verbindung mit der Freigabe besteht.

Allerdings wird die Funktion *Offlinedateien* nicht in allen Windows Vista-Varianten vollständig unterstützt. Das Anlegen und das Synchronisieren der Offlinedateien ist nur in den auf den Geschäftseinsatz zielenden Windows Vista-Varianten (Business, Ultimate, Enterprise) möglich.

Offlinedateien auf der Freigabe zulassen

Ob Dateien auf einem Client offline verfügbar gemacht werden oder nicht, lässt sich über die erweiterte Netzwerkfreigabe einstellen:

1. Gehen Sie wie in Kapitel 5 im Abschnitt »Ordner mit der erweiterten Freigabe verwalten« vor und rufen Sie die Registerkarte *Freigabe* für den freizugebenden Ordner auf.
2. Wählen Sie dann die Schaltfläche *Erweiterte Freigabe* auf der Registerkarte, bestätigen die Sicherheitsabfrage der Benutzerkontensteuerung und klicken Sie im Dialogfeld *Erweiterte Freigabe* auf die Schaltfläche *Zwischenspeichern*.
3. Im Dialogfeld *Offlineeinstellungen* lässt sich die Verwendung von Offlinedateien über die Option *Dateien oder Programme der Freigabe nicht offline verfügbar machen* sperren. Durch Markieren der beiden anderen Optionen geben Sie vor, ob Daten bzw. Daten automatisch bzw. nach Auswahl durch den Benutzer im Client zwischenzuspeichern sind.

Diese Einstellmöglichkeit steht Ihnen in allen Windows Vista-Varianten, also auch unter Home Premium, zur Verfügung.

Offlinedateien im Client ein- oder ausschalten

Um die Funktionen *Offlinedateien* unter Windows Vista- Business, Enterprise und Ultimate zu aktivieren, reicht in der Regel ein Zugriff auf die Freigabe aus. Sie haben aber die Möglichkeit, die Funktion *Offlinedateien* explizit auf dem Windows Vista-Client ein- und auch wieder auszuschalten:

1. Öffnen Sie das Startmenü, tippen Sie den Begriff »Offline« im Schnellsuchfeld ein und wählen Sie dann den eingeblendeten Befehl *Offlinedateien* per Mausklick an.
2. Klicken Sie im Eigenschaftenfenster auf der Registerkarte *Allgemein* (Abbildung 7.26) auf die Schaltfläche *Offlinedateien aktivieren*.

Sobald Sie die Sicherheitsabfrage der Benutzerkontensteuerung als Administrator bestätigen, wird die Funktion zum Speichern der Offlinedateien eingeschaltet. Zum Abschalten der Funktion *Offlinedateien* verwenden Sie die gleichen Schritte, klicken aber auf die Schaltfläche *Offlinedateien deaktivieren*. Änderungen am Modus der Offlinedateien werden unter Umständen aber erst nach dem erneuten Start des Systems wirksam.

HINWEIS Auf der Registerkarte *Datenträgerverwendung* finden Sie die Schaltfläche *Limits ändern*. Diese zeigt nach Bestätigung der Sicherheitsabfrage der Benutzerkontensteuerung einen Zusatzdialog mit Schiebereglern, über die Sie die Größe des Offlinedateien-Cachespeichers auf dem Systemlaufwerk beeinflussen können. Offlinedateien werden durch Windows Vista im geschützten Systemordner *CSC* (steht für Client Side Cache) im Windows-Laufwerk verwaltet. Wie Sie die Lage dieses Cacheordners verschieben, ist unter *support.microsoft.com/kb/937475/de* in einem Knowledge Base-Artikel beschrieben.

Wenn Sie die Funktion *Offlinedateien* einmal aktiviert haben und sich Dateien im CSC-Cache befinden, zeigt der Client das Symbol des Synchronisierungscenters im Infobereich der Taskleiste an. Dieses Symbol verschwindet auch nicht, wenn Sie die Offlinedateien wieder abschalten oder die Schaltfläche *Temporäre Dateien löschen* auf der Registerkarte *Datenträgerverwaltung* anwählen. Möchten Sie den SCS-Cache komplett löschen (z.B. weil die Datenbank defekt ist oder das Symbol des Synchronisierungscenters aus dem Infobereich der Taskleiste verschwinden soll)? Rufen Sie den Registrierungseditor unter einem Administratorkonto auf und navigieren Sie zum Schlüssel *HKEY_LOCAL_MACHINE\SYSTEM\CurrentControlSet\Services\CSC*. Legen Sie den Unterschlüssel *Parameters* an und tragen Sie in diesem Schlüssel den DWORD-Wert *FormatDatabase* ein. Der Wert ist auf 1 zu setzen. Wenn Sie Windows Vista anschließend neu starten, wird der Inhalt der CSC-Datenbank zurückgesetzt.

Abbildung 7.26 Offlinedateien verwalten

Offlinedateien für Netzfreigaben verfügbar machen

Der Administrator kann bei der Freigabe über das Dialogfeld *Offlineeinstellungen* vorgeben, dass alle Dateien der erteilten Freigabe automatisch auf den Clients offline verfügbar gemacht werden. Aus Leistungsgründen ist standardmäßig aber die Option gewählt, dass die Benutzer auf dem Client die offline zu haltenden Dateien selbst auswählen müssen. Ist dieser Modus eingestellt, müssen Sie Windows Vista mit folgenden Schritten mitteilen, ob ein Laufwerk, ein Ordner oder eine Datei offline gehalten werden soll:

1. Navigieren Sie auf dem Client über den Ordner *Netzwerk* zur gewünschten Netzwerkfreigabe und markieren Sie die gewünschte Ressource (Ordner, Datei).
2. Klicken Sie mit der rechten Maustaste auf das gewünschte Element und wählen Sie den Kontextmenübefehl *Immer offline verfügbar* (Abbildung 7.27, Hintergrund).

Zum Abschalten öffnen Sie das Kontextmenü mit den gleichen Schritten und wählen dann den mit einem Häkchen markierten Kontextmenübefehl erneut an.

TIPP Fehlt bei Ihnen im Kontextmenü einer Netzwerkressource der Befehl *Immer offline verfügbar*? In Windows Vista Home Premium stehen Ihnen Offlinedateien nicht zur Verfügung. Verwenden Sie Windows Vista Business, Enterprise oder Ultimate? Dann ist für diese Freigabe vermutlich die Option *Dateien oder Programme der Freigabe nicht offline verfügbar machen* gesetzt (siehe »Offlinedateien auf der Freigabe zulassen«).

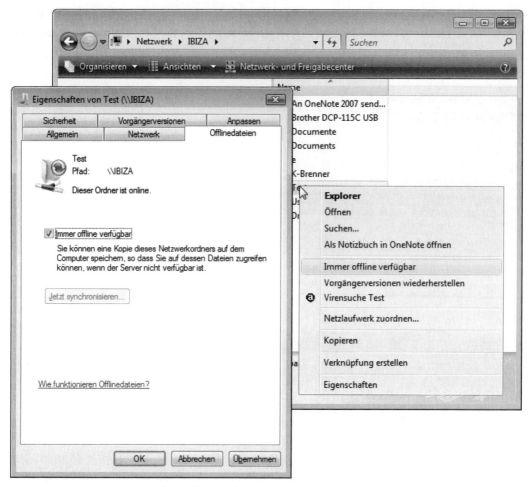

Abbildung 7.27 Dateien und Ordner offline verfügbar machen

Alternativ können Sie im Ordnerfenster des Clients den Kontextmenübefehl *Eigenschaften* der Freigabe wählen (Abbildung 7.27, Hintergrund). Wechseln Sie im Eigenschaftenfenster der Netzwerkressource (Abbildung 7.27, Vordergrund) zur Registerkarte *Offlinedateien* und markieren Sie das Kontrollkästchen *Immer offline verfügbar*.

Sobald Sie auf der Registerkarte *Offlinedateien* auf die *OK*- oder die *Übernehmen*-Schaltfläche klicken bzw. den Kontextmenübefehl *Immer offline verfügbar* wählen, legt Windows Vista eine Kopie der betreffenden Netzwerkressource mit lokalem Cache (CSC) ab. Diese Kopie umfasst entweder die gewählte Datei oder alle Dateien der gewählten Freigabe. Über diesen Vorgang werden Sie durch Statusdialoge und eine QuickInfo informiert. Anschließend zeigt Windows Vista das Symbol des Synchronisierungscenters im Infobereich der Taskleiste als Hinweis auf verfügbare Offlinedateien. Kommt es zu Fehlern beim Bereitstellen der Offlinedateien, zeigt Windows dies ebenfalls in Statusdialogen an.

Nach einer erfolgreichen Bereitstellung bzw. Synchronisation können Sie auch ohne eine bestehende Internetverbindung auf die Netzwerkressourcen zugreifen. Sie brauchen einfach nur den Ordner *Netzwerk* (z.B. über das Startmenü) zu öffnen. Anschließend können Sie zu den gepufferten Offlinedateien navigieren. Alle Dateien und Ordner, deren Offlinedateifunktion eingeschaltet ist, werden im Ordnerfenster mit einem überlagerten Synchronisationssymbol gekennzeichnet (Abbildung 7.28).

Abbildung 7.28 Kennzeichnung von Offlinedateien im Ordnerfenster

Offlinedateien gezielt synchronisieren

Besteht eine Netzwerkverbindung zur Freigabe, synchronisiert Windows Vista automatisch den Offlinecache mit dem Inhalt der Freigabe. Sie können diesen Abgleich aber verhindern, indem Sie die Anbindung zum Server für die Funktion *Offlinedateien* trennen:

1. Öffnen Sie ein Ordnerfenster und navigieren Sie zum Symbol der Netzwerkressource, die über Offlinedateien verfügbar gemacht wurde.
2. Wählen Sie in der Symbolleiste des Ordnerfensters die Schaltfläche *Offlinebetrieb* an (Abbildung 7.28), um die Verbindung zum Server zu kappen.

Anschließend unterbleibt eine Synchronisierung der Änderungen. Um die Verbindung zum Server wieder zuzulassen, gehen Sie genau so vor, wählen aber in der Symbolleiste die dann eingeblendete Schaltfläche *Onlinebetrieb*. Um die Offlinedateien manuell zu synchronisieren, gehen Sie genauso vor, klicken aber in der Symbolleiste auf die *Synchronisieren*-Schaltfläche (Abbildung 7.28) bzw. wählen Sie im Kontextmenü den *Synchronisieren*-Befehl. Weiterhin können Sie natürlich auch das Eigenschaftenfenster der Freigabe aufrufen. Auf der Registerkarte *Offlinedateien* (Abbildung 7.27, Vordergrund) finden Sie die Schaltfläche *Jetzt synchronisieren*, um den Abgleich zu starten.

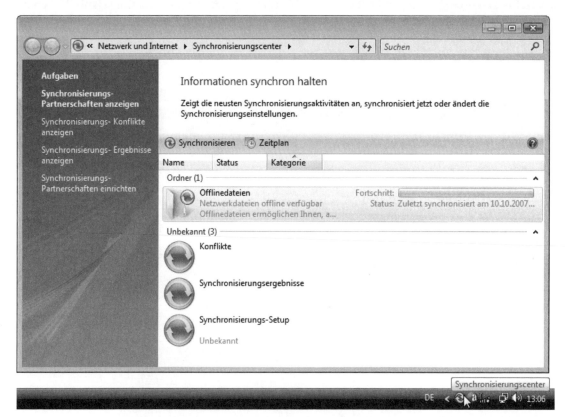

Abbildung 7.29 Den Synchronisationsstatus im Synchronisierungscenter kontrollieren

Die andere Variante besteht darin, das Synchronisierungscenter für den Abgleich zu nutzen. Liegen Offlinedateien vor, blendet Windows Vista das in Abbildung 7.29 gezeigte Symbol im Infobereich der Taskleiste ein. Ein Mausklick öffnet das in Abbildung 7.29 gezeigte Dialogfeld des Synchronisierungscenters. Alternativ können Sie das Synchronisierungscenter über das Startmenü im Zweig *Alle Programme/Zubehör* aufrufen.

Das Synchronisierungscenter bietet Ihnen die Möglichkeit, verschiedene Informationen über die Synchronisierung bzw. über die Offlinedateien abzurufen. Hierzu können Sie die in der rechten Spalte angezeigten Einträge per Doppelklick anwählen. Oder Sie klicken auf die am linken Rand in der Aufgabenleiste angezeigten Befehle.

Der Eintrag *Offlinedateien* zeigt bei Anwahl die Ordnernamen, die lokal zwischengespeichert sind. Der Eintrag *Synchronisierungsergebnisse* öffnet eine Liste, in der Ergebnisse, Fehler und Warnungen aufgeführt werden. Fehler können beispielsweise auftreten, wenn die Synchronisierungspartner nicht mehr verfügbar sind (weil z.B. keine Netzwerkverbindung besteht). Warnungen deuten auf einen potentiell möglichen Fehler hin (z.B. abnehmende Akkuladung bei einem Notebook). Konflikte sind Situationen, wo die Synchronisierung nicht erkennen kann, was abzugleichen ist. Eine Liste der ermittelten Konflikte können Sie über das Symbol *Konflikte* abrufen.

Offlinekopien löschen

Möchten Sie die Kopien von Offlinedateien im lokalen CSC-Speicher löschen? Dann können Sie die folgenden Schritte ausführen:

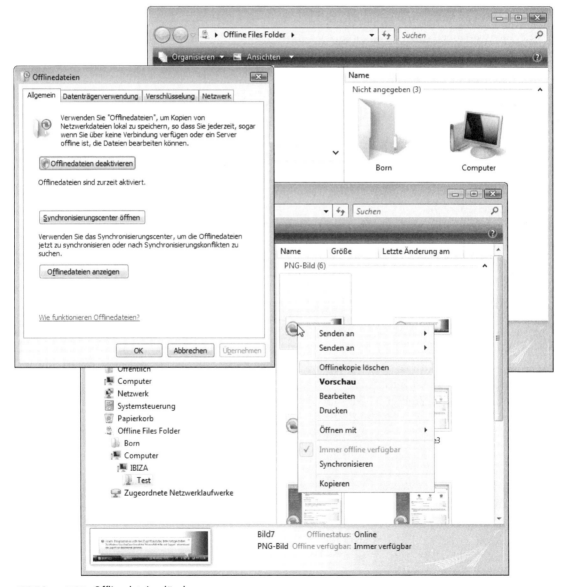

Abbildung 7.30 Offlinedateien löschen

1. Tippen Sie im Schnellsuchfeld den Text »Offline« ein und klicken Sie auf den gefundenen Befehl *Offlinedateien*.
2. Klicken Sie auf der Registerkarte *Allgemein* (Abbildung 7.30, Vordergrund links) des angezeigten Eigenschaftenfensters auf die Schaltfläche *Offlinedateien anzeigen*.
3. Im nun geöffneten Ordnerfenster *Offlinedateien* (Abbildung 7.30, Hintergrund rechts) navigieren Sie zum Ordner der Freigabe, die die zu löschenden Offlinedateien enthält.
4. Klicken Sie im Ordnerfenster die Offlinedatei an, öffnen Sie das Kontextmenü über die rechte Maustaste und wählen Sie darin den Befehl *Offlinekopie löschen* (Abbildung 7.30, Hintergrund rechts unten).

Auf diese Weise können Sie alle Offlinekopien im lokalen Cache löschen und so Speicherplatz freigeben. Weitere Hinweise zum Umgang mit Offlinedateien können Sie der Windows-Hilfe entnehmen.

Medienfreigabe und -streaming im Netzwerk

Der in Windows Vista enthaltene Windows Media Player kann als Medienserver und -client fungieren und Medien innerhalb eines Netzwerks streamen. Dies eröffnet Ihnen beispielsweise die Möglichkeit, Fotos, Musik oder Videos, die auf einem Rechner gespeichert und in der Medienbibliothek des Windows Media Player aufgenommen wurden, zur gemeinsamen Nutzung im Netzwerk freizugeben. Dann können andere Nutzer diese Medienfreigabe von einem zweiten Rechner über eine WLAN- bzw. LAN-Verbindung per Windows Media Player einsehen und die gewünschten Titel wiedergeben. Nachfolgend wird skizziert, wie diese Medienfreigabe funktioniert und was es dabei zu beachten gibt.

Medienbibliothek einrichten

Um Medien innerhalb eines Netzwerks freizugeben und im Windows Media Player auf diese Freigaben zugreifen zu können, müssen Sie diese Medien in der Medienbibliothek eintragen. Für Musikdateien reicht es, wenn Sie die betreffenden Musikdateien kurz wiedergeben. Der Windows Media Player nimmt in der Grundeinstellung alle aus Ordnern der Festplatte (nicht jedoch von CD) abgespielten Musiktitel automatisch in die Medienbibliothek auf. Um auch Videos oder Bilder in die Medienbibliothek eintragen zu lassen, können Sie die Festplatte des Computers nach Mediendateien durchsuchen lassen.

Medienfreigabe und -streaming im Netzwerk

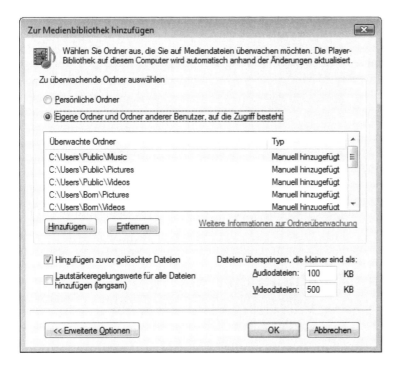

Abbildung 7.31 Dialogfeld *Zur Medienbibliothek hinzufügen*

1. Starten Sie den Windows Media Player, öffnen Sie das Menü der Schaltfläche *Medienbibliothek* und wählen Sie den Befehl *Zur Medienbibliothek hinzufügen*.
2. Im Dialogfeld *Zur Medienbibliothek hinzufügen* (Abbildung 7.31) markieren Sie die Option *Persönliche Ordner*. Alternativ können Sie die Option *Eigene Ordner und Ordner anderer Benutzer, auf die Zugriff besteht* markieren und dann die gewünschten Ordner über die *Hinzufügen*-Schaltfläche auswählen.

Die Schaltfläche *Erweiterte Optionen* ermöglicht den unteren Teil des Dialogfelds ein- oder auszublenden. Schließen Sie das Dialogfeld über die *OK*-Schaltfläche, durchsucht der Windows Media Player die angegebenen Ordner und nimmt die Mediendateien (Foto, Audio- und Videodateien) in die Medienbibliothek auf. Werden Multimediadateien in diese Ordner kopiert, trägt Windows diese automatisch in die Medienbibliothek ein.

Die Medienfreigabe auf dem Server einrichten

Sollen andere Benutzer über das Netzwerk (oder von anderen Benutzerkonten des gleichen Rechners) auf die Medienbibliothek zugreifen können, müssen Sie dies mit den folgenden Schritten zulassen:

Kapitel 7: Internet- und Netzwerkfunktionen verwenden

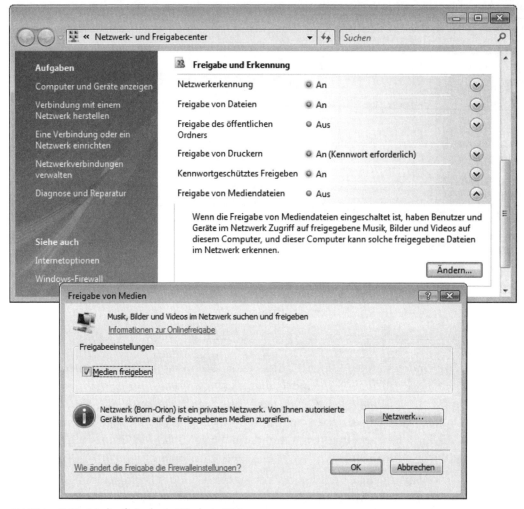

Abbildung 7.32 Medienfreigabe in Windows Vista

1. Öffnen Sie das Ordnerfenster *Netzwerk* und rufen Sie das Netzwerk- und Freigabecenter über die gleichnamige Schaltfläche in der Symbolleiste des Fensters auf.
2. Expandieren Sie im Netzwerk- und Freigabecenter in der Rubrik *Freigabe und Erkennung* den Zweig *Freigabe von Mediendateien* (Abbildung 7.32, Hintergrund).
3. Klicken Sie in der erweiterten Kategorie auf die Schaltfläche *Ändern* und markieren Sie im daraufhin geöffneten Dialogfeld *Freigabe von Medien* (Abbildung 7.32, Vordergrund) das Kontrollkästchen *Medien freigeben*.
4. Anschließend klicken Sie im Dialogfeld auf die *OK*-Schaltfläche und bestätigen den Vorgang über die Sicherheitsabfrage der Benutzerkontensteuerung.

Mit diesen Schritten wird die Medienfreigabe unter Windows Vista eingeschaltet und Sie können von anderen Rechnern im Netzwerk auf diese Medieninhalte zugreifen. Allerdings fehlt noch die Information, wer eigentlich auf diese Medienfreigabe zugreifen darf. Daher ändert

Windows bei eingeschalteter Medienfreigabe den Inhalt des Dialogfelds *Freigabe von Medien* (Abbildung 7.33). In diesem Dialogfeld müssen Sie nun noch die Freigabeeinstellungen anpassen.

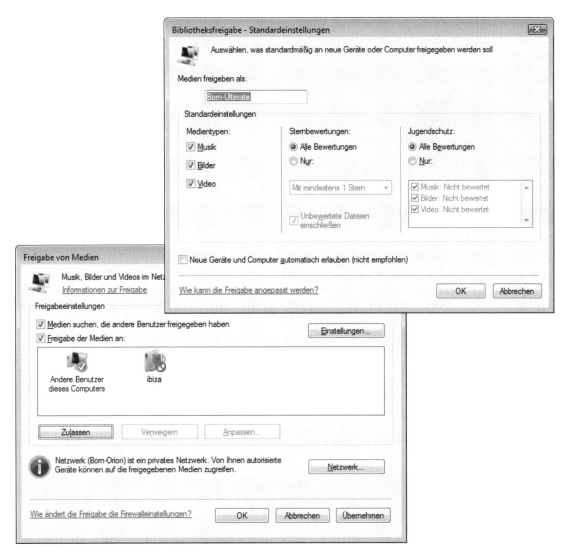

Abbildung 7.33 Optionen für die Medienfreigabe festlegen

5. Stellen Sie sicher, dass das Kontrollkästchen *Freigabe der Medien an* (Abbildung 7.33, unten) in der Gruppe *Freigabeeinstellungen* markiert ist. Weiterhin sollten Sie, sofern angezeigt, das Kontrollkästchen *Medien suchen, die andere Benutzer freigegeben haben* aktivieren.
6. Anschließend markieren Sie die in der Liste aufgeführten Gerätesymbole und klicken auf die Schaltfläche *Zulassen* bzw. *Verweigern*, um den Zugriff dieser Geräte auf die Freigaben zu blocken bzw. zuzulassen.

Bei der ersten Freigabe taucht standardmäßig nur der Eintrag *Andere Benutzer dieses Computers* als Symbol auf. Dieser Eintrag ermöglicht es Benutzern, die unter separaten Benutzerkonten des Rechners angemeldet sind, die Medienfreigabe des aktuellen Benutzerkontos zu nutzen. Die restlichen Einträge (z.B. »Ibiza« in Abbildung 7.33, unten) stehen für Geräte, die Windows im Netzwerk identifiziert hat. Sollen die Benutzer dieser Geräte auf die Medienfreigabe zugreifen dürfen, müssen Sie den Eintrag markieren und dann das Gerät über die *Zulassen*-Schaltfläche freischalten.

HINWEIS   Bei Tests ist mir aufgefallen, dass das Kontrollkästchen *Medien suchen, die andere Benutzer freigegeben haben* beim ersten Einrichten des Netzwerks mit der Freigabe der Medieninhalte ggf. noch nicht eingeblendet wird. Das Kontrollkästchen muss aber markiert sein, damit der Windows Media Player im Client den Zweig mit der freigegebenen Medienbibliothek anzeigen kann. Bei einem fehlenden Kontrollkästchen sollten Sie versuchsweise die Medienfreigabe auf einem zweiten Rechner einrichten und den Zugriff für andere Benutzer freigeben. Zudem können Sie in der Firewall überprüfen, ob die Medienfreigabe über den Windows Media Player freigegeben ist. Weiterhin erfolgt bei der ersten Inbetriebnahme der Medienfreigabe auf den Clients ggf. eine Benachrichtigung in Form einer QuickInfo und eines Symbols im Infobereich der Taskleiste. Dies gibt Ihnen die Möglichkeit, die eigene Medienbibliothek für die gemeinsame Verwendung freizugeben.

Über die Schaltfläche *Einstellungen* des Dialogfelds *Freigabe der Medien* (Abbildung 7.33, unten) öffnen Sie das in Abbildung 7.33, oben, gezeigte Dialogfeld *Bibliotheksfreigabe*. Dort können Sie den Typ der freizugebenden Mediendaten festlegen. Markieren Sie einfach die gewünschten Kontrollkästchen, um Musik, Bilder und Videos freizugeben. Zudem können Sie noch vorgeben, ob Musik nach Bewertungen gefiltert werden soll. Die Optionen der Gruppe *Jugendschutz* ermöglicht Ihnen, Bilder, Musik und Videos in der Medienfreigabe nach Jugendschutzkriterien zu filtern. Weiterhin können Sie im Dialogfeld *Bibliotheksfreigabe* (Abbildung 7.33, oben) eine Bezeichnung für den Medienserver im zugehörigen Textfeld eingeben. Diese Bezeichnung erscheint im Ordnerfenster *Netzwerk* und ermöglicht die leichte Identifizierung des Medienservers.

Zugriff auf die Medienwiedergabe im Client

Der Zugriff auf die im Netzwerk freigegebenen Medienbibliotheken in Windows Vista erfordert den Windows Media Player 11. Vorhandene Medienserver sowie gestartete Windows Media Player werden bei eingeschalteter Geräteerkennung als UPnP-Geräte erkannt und im Ordnerfenster *Netzwerk* angezeigt (Abbildung 7.34):

- Taucht das Symbol eines stilisierten Rechners mit einem grünen Kreis und einem weißen Dreieck im Ordnerfenster *Netzwerk* auf? Dieses Symbol steht für einen auf dem betreffenden Netzwerkrechner gestarteten Windows Media Player. Dessen Name entspricht dem Namen des Netzwerkrechners. Der Windows Media Player kann als Client fungieren, der seinerseits Medieninhalte abrufen kann. Wählen Sie ein solches Symbol per Doppelklick an, erscheint das Dialogfeld *Freigabe von Medien* (Abbildung 7.33, unten). Sie können dann den Zugriff für den gerade angewählten Medienclient auf die eigene Medienfreigabe zulassen.

- Das Symbol eines stilisierten Rechners, dem das Symbol eines Films und einer Musiknote überlagert ist, steht dagegen für den Medienserver. Bei dem Medienserver handelt es sich um den Windows Media Player, der die Medienfreigabe verwaltet und den Zugriff auf die

Medienbibliothek ermöglicht. Der erste Teil des Namens steht für den betreffenden Netzwerkrechner, während der Teil hinter dem Doppelpunkt durch den Benutzer im Dialogfeld *Bibliotheksfreigabe* (Abbildung 7.33, oben) im Textfeld *Medien freigeben als* festgelegt wird.

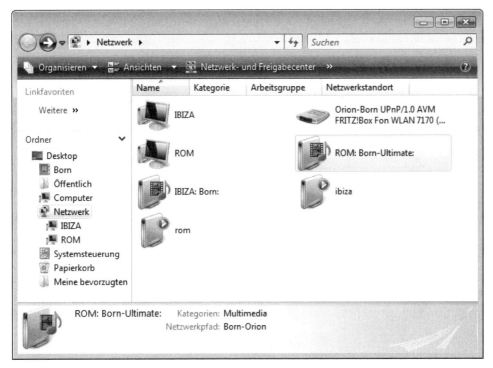

Abbildung 7.34 Anzeige der Medienfreigaben und Clients im Ordnerfenster *Netzwerk*

Wählen Sie im Ordnerfenster *Netzwerk* das Symbol des gewünschten Medienservers per Doppelklick an, startet Windows Vista den Windows Media Player. Wählen Sie in dessen Symbolleiste den Registerreiter *Medienbibliothek*, erscheint in der Navigationsspalte ein weiterer Zweig mit dem Namen der freigegebenen Medienbibliothek (in Abbildung 7.35 ist dies der Zweig »Born-Ultimate in rom«). Sie können dann diesen Zweig expandieren und über die Symbole *Interpret, Album, Musiktitel* die darin enthaltenen Medieninformationen in der mittleren Spalte abrufen. Wählen Sie einen Medientitel in der mittleren Spalte des Windows Media Player per Doppelklick an, startet die Wiedergabe dieses Titels über das Netzwerk.

TIPP Wird der Medienserver mit der Medienfreigabe im Ordnerfenster *Netzwerk* nicht angezeigt? Dann sollten Sie im ersten Schritt überprüfen, ob die Freigabe auf dem als Server fungierenden Rechner überhaupt erteilt wurde. In einem weiteren Schritt sollten Sie die Firewalleinstellungen kontrollieren. Der Windows Media Player sowie der Windows Media Player-Freigabedienst müssen als Ausnahmen in der Firewall auftauchen. Wird die Windows-Firewall verwendet, trägt Windows Vista diese Ausnahmen automatisch beim Einrichten der Freigabe ein.

Haben Sie im Ordnerfenster *Netzwerk* das Symbol eines Medienservers angewählt, dessen Medienfreigaben erscheinen, aber nicht in der Navigationsleiste des Windows Media Players? Öffnen Sie auf dem Client das Dialogfeld *Freigabe von Medien* (siehe oben) und prüfen Sie, ob das Kontrollkästchen *Medien suchen, die andere Benutzer freigegeben haben* markiert ist. Hilft dies nichts, öffnen Sie auf dem Server das Dialogfeld *Freigabe von Medien* und prüfen, ob der Client dort als Gerät zugelassen wurde. Weiterhin muss die Medienbibliothek des Servers natürlich entsprechende Medientitel enthalten.

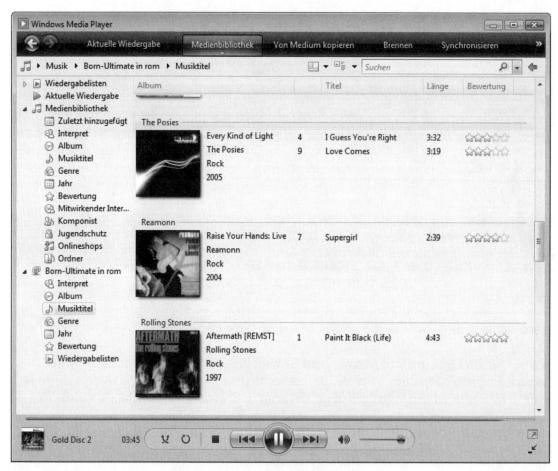

Abbildung 7.35 Freigegebene Medieninhalte über die Medienbibliothek abrufen

Der Windows-Kalender im Netzwerk

Der Windows-Kalender kann zur Terminkoordinierung und Aufgabenplanung durch mehrere Personen benutzt werden. Um Termineinträge abzugleichen, lässt sich der Kalender im Netzwerk oder im Internet veröffentlichen. Andere Personen können dann den betreffenden Kalender abonnieren, um über Terminänderungen informiert zu werden. Nachfolgend wird kurz skizziert, wie sich diese Funktion nutzen lässt.

Einen Kalender veröffentlichen

Haben Sie einen Kalender in Windows-Kalender angelegt und dort Termine eingetragen? Sollen diese Termine durch andere Personen einsehbar sein, müssen Sie den Kalender in einem im Netzwerk freigegebenen Ordner oder auf einem Server im Internet veröffentlichen:

1. Starten Sie den Windows-Kalender über das Startmenü und stellen Sie sicher, dass ein Kalender angelegt und die Termine eingetragen sind. Falls mehrere Kalender parallel geführt werden, markieren Sie den zu veröffentlichenden Kalender in der linken Spalte in der Rubrik *Kalender* der Navigationsleiste.
2. Öffnen Sie im Programmfenster das Menü *Freigabe* und klicken Sie dann auf den Befehl *Veröffentlichen* (Abbildung 7.36, Hintergrund oben).
3. Im Dialogfeld *Kalender veröffentlichen* (Abbildung 7.36, links unten) markieren Sie die Kontrollkästchen der in die Veröffentlichung einzubeziehenden Kalenderdetails und passen Sie ggf. den Veröffentlichungsnamen für den betreffenden Kalender im zugehörigen Textfeld an.
4. Anschließend tragen Sie den Veröffentlichungsort im Textfeld ein. Über die Schaltfläche *Durchsuchen* können Sie ein weiteres Dialogfeld (Abbildung 7.36, rechts unten) öffnen und dann einen Speicherort im Netzwerk, auf einem FTP-Server oder in einem WebDAV-Ordner wählen.
5. Klicken Sie auf die *OK*-Schaltfläche, um die Auswahl zu übernehmen, und wählen Sie dann die Schaltfläche *Veröffentlichen* (Abbildung 7.36, links unten). Das abschließende Dialogfeld (Abbildung 7.36, Hintergrund rechts) beenden Sie über die *Fertig stellen*-Schaltfläche.

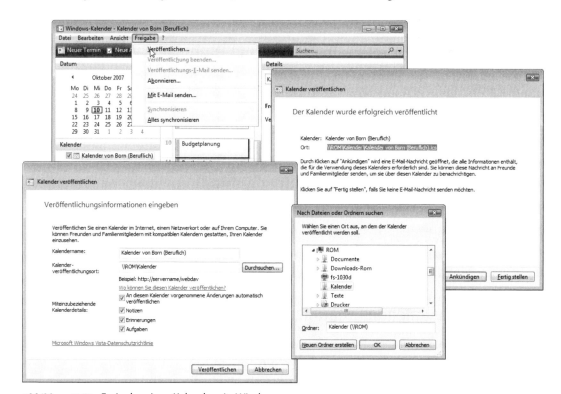

Abbildung 7.36 Freigabe eines Kalenders in Windows

Die Netzwerkfreigaben finden Sie im Auswahldialog (Abbildung 7.36, rechts unten) im Zweig *Netzwerk*. Haben Sie eine Verbindung zu einem FTP-Server oder zu einem WebDAV-Ordner im Internet eingerichtet, finden Sie die betreffenden Einträge im Zweig *Computer*.

Im Abschlussdialog (Abbildung 7.36, Hintergrund rechts) können Sie die Schaltfläche *Ankündigen* verwenden. Dann erzeugt der Windows-Kalender eine E-Mail mit dem Veröffentlichungsort und öffnet das Fenster des E-Mail-Clients. Sie können dann diese E-Mail-Ankündigung an verschiedene Empfänger versenden. Schließen Sie die Veröffentlichung über die *Fertig stellen*-Schaltfläche des Abschlussdialogs ab.

HINWEIS Der Windows-Kalender erzeugt am Veröffentlichungsort eine *.ics*-Datei. Dies ist ein herstellerübergreifend definiertes Textformat, in dem alle Termine aufgeführt sind. Sie können Dateien in diesem Format in vielen Anwendungen importieren und so auf die Kalenderdaten zugreifen.

Veröffentlichung des Kalenders beenden

Solange der Kalender freigegeben wurde, aktualisiert der Windows-Kalender bei entsprechend gesetzten Veröffentlichungsoptionen alle Änderungen an den Kalenderdaten in der *.ics*-Datei. Möchten Sie zu einem bestimmten Zeitpunkt Ihre Kalenderdaten im Netzwerk oder im Internet zurückziehen? Gehen Sie in diesem Fall folgendermaßen vor:

1. Starten Sie den Windows-Kalender über das Startmenü, öffnen Sie das Menü *Freigabe* und wählen Sie den Befehl *Veröffentlichung beenden*.
2. Klicken Sie im daraufhin geöffneten Dialogfeld auf die Schaltfläche *Veröffentlichung aufheben* (Abbildung 7.37).

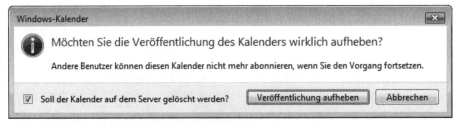

Abbildung 7.37 Veröffentlichung aufheben

Markieren Sie das Kontrollkästchen im Bestätigungsdialog (Abbildung 7.37), wird die Kalenderdatei auf dem Server gelöscht. Ohne markiertes Kontrollkästchen verbleibt die *.ics*-Datei zwar am Veröffentlichungsort, die Aktualisierung der Kalenderdaten unterbleibt aber.

Veröffentlichte Kalender abonnieren

Existiert im Netzwerk, auf dem lokalen Rechner oder im Internet eine *.ics*-Datei eines veröffentlichten Kalenders? Sie können diesen Kalender im Windows-Kalender abonnieren. Dann werden die betreffenden Kalenderdaten dynamisch vom Veröffentlichungsort geholt und im Windows-Kalender neben den lokalen Kalenderdaten angezeigt. Zum Abonnieren gehen Sie in folgenden Schritten vor:

1. Starten Sie den Windows-Kalender, öffnen Sie das Menü *Freigabe* des Anwendungsfensters und klicken Sie auf den Befehl *Abonnieren* (Abbildung 7.38, Hintergrund oben).
2. Im Dialogfeld *Einen Kalender abonnieren* (Abbildung 7.38, links unten) ist der Pfad zum Veröffentlichungsort samt dem Namen der *.ics*-Kalenderdatei einzutragen. Anschließend klicken Sie auf die *Weiter*-Schaltfläche.
3. Im Dialogfeld *Kalenderabonnementeinstellungen* (Abbildung 7.38, rechts unten) legen Sie über das Listenfeld *Aktualisierungsintervall* den gewünschten Wert (z.B. »15 Minuten«, »täglich« etc.) fest und passen den Kalendernamen an.
4. Markieren Sie ggf. noch die angezeigten Kontrollkästchen, um die Erinnerungen und Aufgaben einzubeziehen und klicken Sie dann auf die *Fertig stellen*-Schaltfläche.

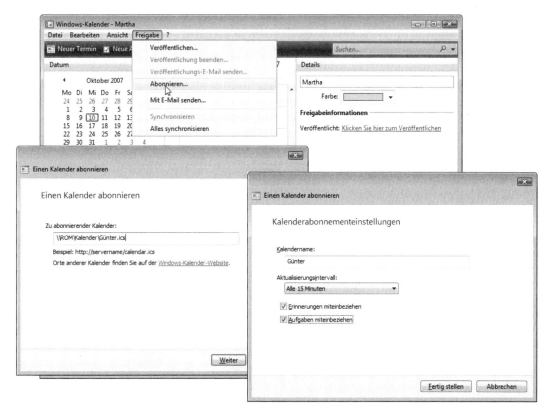

Abbildung 7.38 Abonnieren eines veröffentlichten Kalenders

Im Dialogfeld *Einen Kalender abonnieren* (Abbildung 7.38, links unten) lässt sich die Adresse eines Internetservers oder der Pfad zu einem lokalen Ordner oder einer Netzwerkfreigabe angeben. Leider enthält dieses Dialogfeld keine *Durchsuchen*-Schaltfläche, so dass Sie den Pfad manuell eintragen müssen. Eine im Ordner *Öffentlich* abgelegte *.ics*-Datei findet sich im Pfad *C:\Users\Public*, d.h., der Unterordner *Kalender* mit der Datei *Born.ics* kann z.B. mit dem Pfad *file:///C:\Users\Public\Kalender\Born.ics* importiert werden. Um UNC-Adressen von Netzwerkfreigaben einfacher zu ermitteln, können Sie zu einem Trick greifen. Öffnen Sie das Ordnerfenster *Netzwerk* und navigieren Sie zum gewünschten Freigabeordner mit der *.ics*-Datei. Klicken Sie mit der rechten Maustaste auf das Adressfeld. Dann können Sie die UNC-Pfadangabe im Adressfeld markieren und mittels der Tastenkombination Strg+C in die Zwischenablage übertragen. Anschließend lässt sich dieser Pfad über die Tastenkombination Strg+V in das Textfeld des Dialogfelds *Einen Kalender abonnieren* (Abbildung 7.38, links unten) einfügen und der Name der *.ics*-Datei, getrennt durch ein Backslash-Zeichen (\), anhängen.

Nach dem Schließen des letzten Dialogfeldes wird versucht, die Kalenderdatei zu importieren und unter dem angegebenen Namen im Windows-Kalender in der Navigationsleiste anzuzeigen. Je nach Importvorgaben werden Änderungen in der Kalenderdatei dynamisch aktualisiert. Soll der Kalender direkt mit der veröffentlichten Kopie abgeglichen werden, können Sie im Menü *Freigabe* die Befehle *Synchronisieren* oder *Alles synchronisieren* wählen. Benötigen Sie das Abonnement nicht mehr, klicken Sie den Kalendereintrag in der Navigationsleiste mit der rechten Maustaste an und wählen im Kontextmenü den Befehl *Löschen*.

Remotefunktionen nutzen

In Windows Vista lassen sich verschiedene Funktionen über das Netzwerk verwenden. Neben der Remotedesktopverbindung gehört auch die Windows-Remoteunterstützung dazu. Nachfolgend wird kurz skizziert, wie Sie diese Funktionen einsetzen.

Remotezugriffe im System freigeben

Um Remotefunktionen wie die Windows-Remoteunterstützung zu verwenden, müssen Sie dies im System freigeben. So wird verhindert, dass Dritte unbemerkt über diese Funktionen auf den Rechner Zugriff erhalten.

1. Wählen Sie den Eintrag *Computer* im Startmenü mit der rechten Maustaste an und klicken Sie auf den Kontextmenübefehl *Eigenschaften*.
2. In der Aufgabenleiste des Fensters *System* wählen Sie den Befehl *Remoteeinstellungen* (Abbildung 7.39, Hintergrund links) und bestätigen anschließend die Sicherheitsabfrage der Benutzerkontensteuerung.
3. Auf der Registerkarte *Remote* ist das Kontrollkästchen *Remoteunterstützungsverbindungen mit diesem Computer zulassen* zu markieren (Abbildung 7.39, Hintergrund rechts).
4. Wählen Sie die Schaltfläche *Erweitert* und markieren Sie im nun geöffneten Dialogfeld *Remoteunterstützungseinstellungen* das Kontrollkästchen *Remotesteuern dieses Computers zulassen* (Abbildung 7.39, Vordergrund unten).

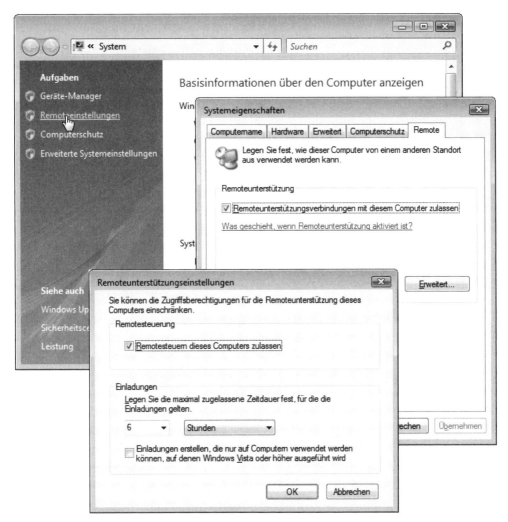

Abbildung 7.39 Remoteunterstützung freigeben

Beachten Sie, dass die bei den Windows Vista-Varianten Ultimate, Business und Enterprise sowie Windows XP Professional vorhandenen Optionen der Gruppe *Remotedesktop* in Windows Vista Home Premium fehlen. Diese Version unterstützt nur ausgehende Remotedesktopverbindungen. Sobald Sie die Einstellungen vorgenommen haben, können Sie sämtliche geöffneten Dialogfelder wieder schließen. Windows Vista erlaubt anschließend sowohl Remoteunterstützungsverbindungen herzustellen als auch die Steuerung des Computers über einen anderen Rechner.

TIPP Gibt es Probleme, die Remotefunktionen über das Netzwerk oder das Internet zu nutzen und erhalten Sie keinen Zugriff auf den betreffenden Netzwerkrechner? Wenn die Remoteunterstützung am betreffenden Rechner zugelassen und dessen Netzwerk- oder Internetadresse bei der Verbindungsaufnahme korrekt angegeben wurde, kann die Firewall die Kontaktaufnahme verhindern. Überprüfen Sie dann, ob die betreffenden Remotefunktionen als Ausnahmen in der Firewall auftauchen und dort auch aktiviert sind.

Die Remotedesktopverbindung einsetzen

Um über das Netzwerk auf den Desktop eines anderen Rechners zuzugreifen, können Sie die Remotedesktopverbindung einsetzen.

Abbildung 7.40 Eigenschaftenfenster der Remotedesktopverbindung

1. Wählen Sie im Startmenü den Befehl *Alle Programme/Zubehör/Remotedesktopverbindung*, um das zugehörige Programm aufzurufen.
2. Sobald das Eigenschaftenfenster (Abbildung 7.40) erscheint, erweitern Sie dessen Darstellung über die Schaltfläche *Optionen*.
3. Bestimmen Sie auf den Registerkarten *Anzeige*, *Lokale Ressourcen*, *Programme*, *Erweitert* und *Leistung* ggf. die Verbindungsoptionen.
4. Geben Sie auf der Registerkarte *Allgemein* den Namen eines im Netzwerk erreichbaren Computers oder dessen IP-Adresse im Feld *Computer* ein.
5. Sobald Sie auf die *Verbinden*-Schaltfläche klicken, erfolgt die Verbindungsaufnahme mit dem Remotedienst des betreffenden Rechners. Sie müssen sich dann in einem Anmeldedialog mit einem Benutzernamen und einem Kennwort anmelden.

Konnte die Anmeldung abgeschlossen werden, können Sie auf dem Windows Vista-Rechner den Desktop des angewählten Rechners einsehen, Programme aufrufen und mit dem Remoterechner arbeiten (Abbildung 7.41). Zum Beenden der Remoteverbindung klicken Sie in der am oberen Desktoprand eingeblendeten Leiste auf die *Schließen*-Schaltfläche.

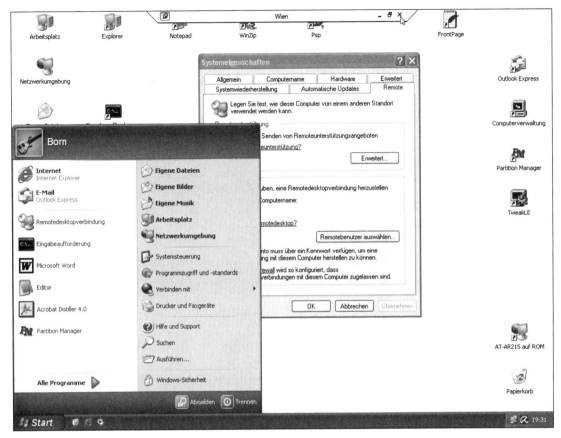

Abbildung 7.41 Anzeige eines Windows XP-Remotedesktops

Beachten Sie, dass zur Aufnahme der Remotedesktopverbindung die Zustimmung des betreffenden Clients erfolgen muss. Ein an diesem Rechner angemeldeter Benutzer wird dabei zwangsweise abgemeldet. Zudem gibt es weitere Einschränkungen. Unter Windows Vista Home Basic und Home Premium werden nur ausgehende Remotedesktopverbindungen zu Rechnern mit Windows XP Professional, Windows 2003 Server, Windows Vista Business und Windows Vista Ultimate unterstützt. Der Zugriff auf Windows Vista Home Premium- oder Home Basic-Desktops ist dagegen nicht möglich (diese Versionen von Vista besitzen keine Optionen, um eine Remotedesktopverbindung freizugeben).

HINWEIS Auf der Webseite *www.radmin.com* gibt es die kostenpflichtige Software Remote Control, die Ihnen ebenfalls die Kontrolle eines Rechners über das Netzwerk ermöglicht. Auf dem Remoterechner muss die kostenpflichtige Server-Variante der Software installiert werden. Es gibt eine 30-Tage-Testversion des Servers, der Client ist dagegen kostenfrei.

Nutzen der Windows-Remoteunterstützung

Eine andere Möglichkeit, den Desktop anderer Benutzer über das Netzwerk oder das Internet einzusehen, stellt unter Windows Vista die Remoteunterstützung dar. Diese gibt Ihnen die Möglichkeit, Unterstützung bei der Lösung einer Aufgabe zu gewähren. Bei Bedarf können Sie sogar den Desktop übernehmen. Auch die Windows-Remoteunterstützung erfordert, dass diese auf dem Remoterechner freigeschaltet wurde (siehe oben). Um die Remoteunterstützung zu nutzen, muss zuerst eine Einladung an den unterstützenden Rechner geschickt werden. Hierzu sind folgende Schritte erforderlich.

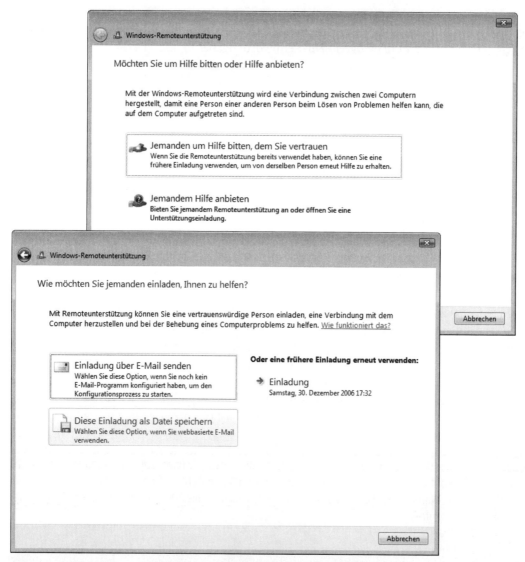

Abbildung 7.42 Einladung für die Windows-Remoteunterstützung aussprechen

1. Rufen Sie auf dem Rechner, der Unterstützung anfordern will, über den Zweig *Alle Programme/Wartung* des Startmenüs das Programm *Windows-Remoteunterstützung* auf.
2. Klicken Sie im Startdialog des Einladungsassistenten (Abbildung 7.42, oben) auf die Option *Jemanden um Hilfe bitten, dem Sie vertrauen*.
3. Um den Zugriff auf den Remoterechner über das lokale Netzwerk zu ermöglichen, wählen Sie im daraufhin geöffneten Dialogfeld (Abbildung 7.42, unten) die Option *Diese Einladung als Datei speichern*.
4. In einem weiteren Dialogfeld (Abbildung 7.43) legen Sie den Pfad zum Speicherort der Einladungsdatei fest. Bei Bedarf können Sie den Zielordner im Netzwerk über die Schaltfläche *Durchsuchen* wählen.
5. Geben Sie ein Kennwort zum Zugriff auf die Einladung ein. Sofern bereits eine Einladung besteht, erscheint nur ein Dialogfeld zur Kennworteingabe.

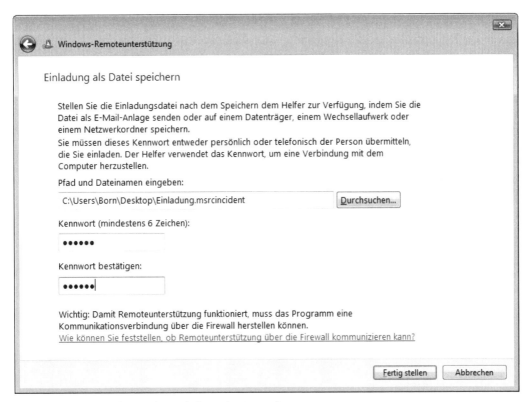

Abbildung 7.43 Speicherort der Einladungsdatei vorgeben

Bei einer Remoteverbindung über das Internet können Sie auch die Option zum Versenden der Einladung per E-Mail wählen. Im Nachrichtenfenster müssen Sie dann den Empfänger eintragen und die Einladungsdatei per E-Mail versenden. Schließen Sie den letzten Dialogschritt über die *Fertig stellen*-Schaltfläche ab, wird die Einladungsdatei erstellt und die Steuerungsleiste der Windows-Remoteunterstützung geöffnet (Abbildung 7.44).

Abbildung 7.44 Steuerleiste zur Remoteunterstützung

Jetzt benötigt der Eingeladene Zugriff auf die Einladungsdatei. Ist diese beispielsweise in einem Freigabeordner innerhalb des Netzwerks abgelegt, kann von einem Netzwerkrechner auf diese Datei zugegriffen werden.

1. Wählt ein Dritter die Einladungsdatei per Doppelklick an, startet Windows Vista das Programm Windows-Remoteunterstützung (Abbildung 7.45).
2. In diesem Dialogfeld muss der Eingeladene das Kennwort zum Zugriff auf die Remoteunterstützung eingeben und dann die *OK*-Schaltfläche anklicken.

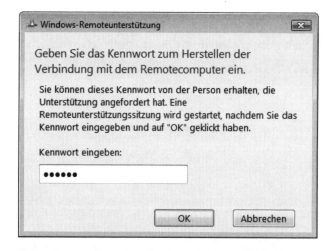

Abbildung 7.45 Kennworteingabe für die Windows-Remoteunterstützung

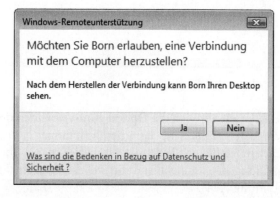

Abbildung 7.46 Hinweis auf die Annahme der Einladung

Auf dem Rechner des Eingeladenen erscheint das Fenster der Windows-Remoteunterstützung und auf dem Desktop des Einladenden wird ein Hinweis auf die Verbindungsaufnahme angezeigt (Abbildung 7.46). Bestätigt der Benutzer dieses Dialogfeld über die *Ja*-Schaltfläche, erscheint der Desktop des Einladenden im Fenster der Windows-Remoteunterstützung auf dem Rechner des Eingeladenen (Abbildung 7.47). Der Eingeladene kann dann den Desktop des Remotecomputers ansehen.

Über die Schaltfläche *Chat* in der Steuerleiste oder mittels Telefon kann dem Nutzer am Remoterechner die gewünschte Hilfestellung geben. Über die Schaltfläche *Datei senden* der Steuerungsleiste können Sie Dateien zum externen Rechner übertragen. Möchten Sie auf den fremden Desktop zugreifen und Programme ausführen, muss der Eingeladene in seiner Steuerungsleiste auf die Schaltfläche *Steuerung anfordern* klicken (Abbildung 7.47, obere Leiste). Der Benutzer auf dem zweiten Rechner muss diese Anforderung in einem Dialogfeld über die *Ja*-Schaltfläche bestätigen. Danach kann der Eingeladene mit dem Desktop des fremden Rechners arbeiten.

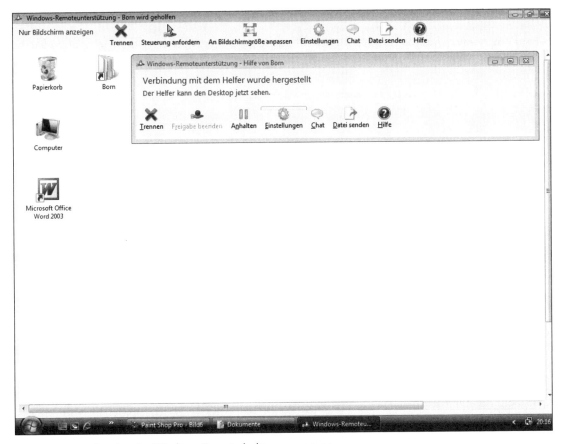

Abbildung 7.47 Anzeige des Windows-Remotedesktopprogramms

Über die Schaltfläche *An Bildschirmgröße anpassen* der Steuerungsleiste können Sie – falls erforderlich – die Größe des Remotedesktops im Anwendungsfenster der Windows-Remoteunterstützung anpassen. Die Schaltfläche *Freigabe beenden* der Steuerleiste ermöglicht beiden Benutzern, die

Übernahme der Desktopsteuerung zu beenden. Mittels der Schaltfläche *Trennen* wird die Verbindung für die Remoteunterstützung nach Bestätigung einer Sicherheitsabfrage beendet.

Arbeiten mit der Windows-Teamarbeit

Die Anwendung Windows-Teamarbeit ermöglicht es mehreren Benutzern innerhalb des Netzwerks zusammen zu arbeiten. Dabei kann eine Konferenz einberufen werden, bei der ein Teilnehmer den Desktop allen anderen Teilnehmern zeigt. Zudem lassen sich Informationen und Dateien austauschen. Das Programm wird über den Zweig *Alle Programme* im Startmenü aufgerufen.

> **HINWEIS** Beim ersten Aufruf der Windows-Teamarbeit erscheint ein Dialogfeld mit der Aufforderung, die Anwendung zunächst zu konfigurieren. Wählen Sie den angezeigten Befehl *Option Ja, diese Aktionen ausführen ...* und bestätigen Sie die Sicherheitsabfrage der Benutzerkontensteuerung. Anschließend ist im Folgedialog ein Anzeigename einzugeben. Im Listenfeld *Einladungen erlauben von* lässt sich vorgeben, ob die Windows-Teamarbeit Einladungen von jedem, von niemandem oder von vertrauenswürdigen Kontakten akzeptieren soll.

Sobald das Fenster der Windows-Teamarbeit erscheint, können Sie über den Arbeitsbereich an einem Meeting teilnehmen oder Einladungen aussprechen. Ab Windows Home Premium lassen sich Meetings einberufen. Hierzu klicken Sie im Startdialog (Abbildung 7.48, oben) auf den betreffenden Befehl. Dann müssen Sie im rechten Teil des Fensters den Namen für das Meeting sowie ein aus acht Buchstaben oder Ziffern bestehendes Kennwort zur Teilnahme festlegen. Sobald Sie auf die Schaltfläche rechts neben dem Kennwortfeld klicken, gelangen Sie in das Meeting-Fenster (Abbildung 7.48, unten).

Die in der rechten Spalte sichtbare Schaltfläche *Andere Benutzer einladen* (Abbildung 7.48, unten) öffnet dann ein Dialogfeld, in dem Sie Meeting-Teilnehmer aus den Windows-Kontakten auswählen und zur Einladung zum Meeting hinzufügen können. Diese Einträge stellen vertrauenswürdige Kontakte dar. Über die Schaltfläche *Weitere einladen* des Dialogfelds können Sie auch Einladungsdateien erstellen und lokal speichern. Diese Einladungsdateien lassen sich auf einer Netzwerkfreigabe ablegen.

Wird die Einladungsdatei vom Eingeladenen per Doppelklick angewählt, erscheint das Fenster der Windows-Teamarbeit mit der Aufforderung, das Kennwort zum Zugriff auf die Einladungsdatei einzugeben. Nach dem Anklicken der Anmeldeschaltfläche tritt die Windows-Teamarbeit dem Meeting bei.

Remotefunktionen nutzen

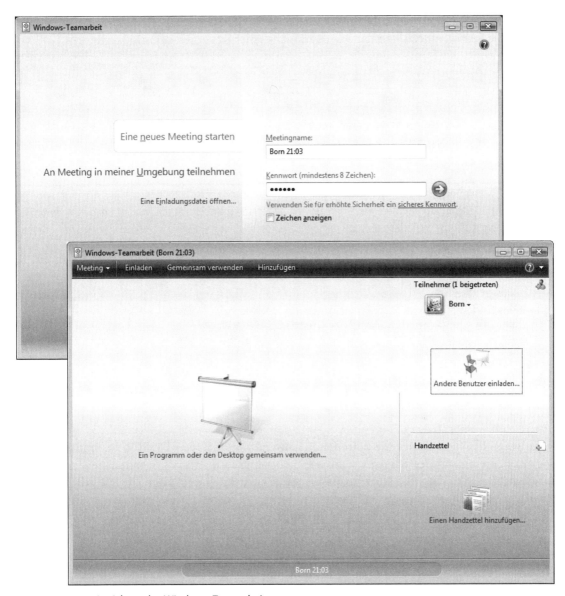

Abbildung 7.48 Ansichten der Windows-Teamarbeit

Ein Meeting findet dabei virtuell im Windows-Teamarbeits-Fenster (Abbildung 7.49) statt und die Teilnehmer sind über das Netzwerk miteinander verbunden. Dabei können im Meeting gemeinsame Programme benutzt werden, um Arbeitsunterlagen und Ergebnisse gemeinsam anzusehen oder auszutauschen. Bei allen Teilnehmern wird im Anwendungsfenster der Windows-Teamarbeit der gleiche Inhalt dargestellt. Gleichzeitig lässt sich sehen, wer alles am Meeting teilnimmt. Über das Symbol *Ein Programm oder den Desktop gemeinsam verwenden* (Abbildung 7.48, unten) öffnen Sie ein Dialogfeld, in dem Sie den Desktop oder ausgewählte Programme zur Verwendung im Meeting freigeben.

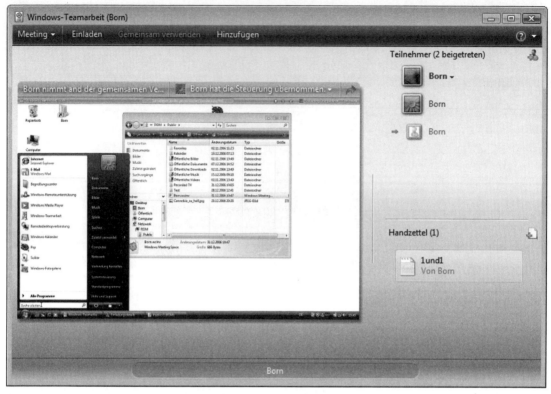

Abbildung 7.49 Meeting in Windows-Teamarbeit

Dann sehen alle Teilnehmer die betreffende Anwendung oder den Desktop (Abbildung 7.49). Die am oberen Rand des Bereichs sichtbare Steuerungsleiste enthält Schaltflächen, mit denen der Besitzer des Desktops die Nutzung und Anzeige zurücknehmen kann. Die Schaltfläche *Einen Handzettel hinzufügen* ermöglicht Ihnen, Handzettel in Form von Dateien zu erstellen und an die anderen Teilnehmer des Meetings zu verteilen.

Details zur Windows-Teamarbeit finden Sie in der Programmhilfe. Beachten Sie auch, dass die Home-Versionen von Windows Vista Einschränkungen aufweisen. So unterstützen zwar alle Windows Vista-Varianten die Teilname an Meetings. Aber nur bei Windows Vista Business oder Ultimate lassen sich nach meinen Tests Einladungen zu Meetings erfolgreich aussprechen.

Kapitel 8

Netzwerkdoktor: Fehlersuche und Netzwerkanalyse

In diesem Kapitel:

Troubleshooting bei Netzwerkproblemen 306
Netzwerküberwachung und -verwaltung 317

Gibt es Probleme mit Ihrem Netzwerk? Lässt sich keine Verbindung zu anderen Rechnern im LAN herstellen oder funktioniert die WLAN-Strecke nicht? Tauchen die Netzwerkrechner nicht im Ordnerfenster *Netzwerk* auf oder lässt der Durchsatz im Netzwerk zu wünschen übrig? Die Liste der Fehlermöglichkeiten ist lang. In diesem Kapitel erhalten Sie einige Hinweise, wie Sie Probleme im Netzwerk analysieren und beheben können.

Troubleshooting bei Netzwerkproblemen

Dieser Abschnitt befasst sich mit der Diagnose von Netzwerkproblemen (LAN und WLAN) und gibt Hilfestellung, was ggf. überprüft werden sollte.

Problemdiagnose bei LAN-Netzwerken

Haben Sie ein kabelgebundenes Netzwerk (LAN) aufgebaut, dieses funktioniert aber nicht? Gibt es plötzlich Probleme mit dem Netzwerk und ein Rechner bekommt keine Verbindung mit dem Netzwerk? Die nachfolgenden Abschnitte skizzieren, wie Sie bestimmte Tests durchführen und Diagnosemöglichkeiten nutzen können.

Überprüfen der Hardware/LAN-Verkabelung

Kommt es bei der Inbetriebnahme eines LANs zu Funktionsstörungen? Haben Sie die Rechner verkabelt, aber Windows kann keine Verbindung zum Netzwerk aufnehmen? Dann sollten Sie folgende Punkte überprüfen.

- Sind alle Cat-5-Netzwerkkabel korrekt in den RJ-45-Buchsen der Netzwerkanschlüsse sowie am Hub, Switch oder Router angeschlossen? Prüfen Sie, ob die jeweiligen RJ-45-Stecker fühlbar in die zugehörigen RJ-45-Buchsen der LAN-Ausgänge eingerastet sind.
- Verwenden Sie Rechner, deren LAN-Ausgänge unterschiedliche Übertragungsgeschwindigkeiten verwenden, achten Sie darauf, dass die Hubs oder Router diese unterschiedlichen Geschwindigkeiten unterstützen und sich automatisch zwischen 10/100 oder 10/100/1000 MBit-Netzwerken umstellen.
- Sehen Sie bei Verwendung eines Hub, Switch oder Routers nach, ob dieser an einer Stromversorgung hängt und ob das betreffende Gerät auch eingeschaltet ist.
- Bei einer Direktverbindung zweier Rechner über ein Cat-5-Kabel ist sicherzustellen, dass hierzu unbedingt ein Crossover-Kabel oder ein Crossover-Adapter verwendet werden muss.

Sind die Netzwerkausgänge funktionsfähig eingebaut und verkabelt, zeigt eine kleine LED-Anzeige (Abbildung 8.1) in der Nähe der RJ-45-Buchse des Netzwerkanschlusses an, ob Daten über das angeschlossene LAN-Kabel übertragen werden. Beim Datentransfer flackert die betreffende Anzeige.

Abbildung 8.1 Netzwerkanschluss mit Statusanzeige

Kommt es zu sporadischen Aussetzern oder häufigen Störungen im Netzwerk, sollten Sie nachsehen, ob das Netzwerkkabel vielleicht beschädigt ist. Manchmal sind die Verbindungen an den RJ-45-Anschlusssteckern unterbrochen. Bei 1 Gigabit-Netzwerken müssen Sie zudem Cat-6-Kabel verwenden. Die bei 10/100-MBit-Netzwerken gebräuchlichen Cat-5-Netzwerkkabel reichen von den elektrischen Spezifikationen nicht aus.

Klären Sie auch ab, ob die LAN-Karte noch funktioniert. In den letzten Jahren hatte ich mehrfach den Fall, dass defekte Netzwerkkarten zu Netzwerkausfällen führten. Meist traten die Defekte im Bereich der elektrischen Ankopplung an die Netzwerkverkabelung auf. Nach dem Öffnen des Rechners und dem Ziehen der Netzwerkkarte konnten verbrannte Bauteile als Fehlerursache identifiziert werden. Um solche Fehler auszuschließen, empfiehlt es sich, eine PCI-LAN-Ersatzkarte bereitzuhalten, die sich bei der Diagnose schnell im Rechner einbauen und konfigurieren lässt.

Weiterhin sollten Sie überprüfen, ob der Netzwerkadapter korrekt durch Windows erkannt wurde und ob funktionsfähige Treiber installiert sind. Lesen Sie in Kapitel 2 im Abschnitt »Gerätestatus im Geräte-Manager überprüfen« nach, was Sie dazu wissen sollten.

Den Status der LAN-Verbindung überwachen und testen

Um herauszufinden, ob Daten zwischen (W)LAN-Adapter und dem Netzwerk ausgetauscht werden, können Sie den Status der Netzwerkverbindung überprüfen:

1. Klicken Sie das Netzwerksymbol im Infobereich der Taskleiste mit der rechten Maustaste an und wählen Sie im Kontextmenü den Befehl *Netzwerk- und Freigabecenter* (Abbildung 8.2). Alternativ dazu können Sie das Netzwerk- und Freigabecenter öffnen, indem Sie im Startmenü mit der rechen Maustaste auf den Eintrag *Netzwerk* klicken und im zugehörigen Kontextmenü den Eintrag *Eigenschaften* wählen.

2. Suchen Sie im Netzwerk- und Freigabecenter den Eintrag für das zu überprüfende Netzwerk und klicken Sie auf den Hyperlink *Status anzeigen* (Abbildung 8.2, Hintergrund).

Im daraufhin eingeblendeten Eigenschaftenfenster *Status von LAN-Verbindung* (Abbildung 8.2, Vordergrund) sehen Sie auf der Registerkarte *Allgemein* in den Rubriken *Gesendet* und *Empfangen*, ob Daten zwischen dem LAN-Ausgang des Rechners und dem Netzwerk übertragen werden. Zeigt eine der beiden Seiten den Wert von 0 Bytes an, bedeutet dies, dass der Netzwerkausgang zwar Daten sendet, aber nichts empfängt.

HINWEIS Die Ursache für ein solches Fehlerbild können abgezogene oder unterbrochene Netzwerkverbindungen oder ein falsches Netzwerkkabel sein. Auch eine Fehlkonfiguration des Netzwerkknotens (Hub, Switch, Router) oder ein nicht funktionierender Netzwerkausgang am Gegenrechner kommen in Betracht. Weiterhin gibt es den Fall, dass der Netzwerkausgang des jeweiligen Rechners fehlerhaft konfiguriert ist. So etwas lässt sich durch Zurücksetzen der Netzwerkverbindung korrigieren. Verwenden Sie einen Router, empfiehlt es sich, den Router für eine Minute stromlos zu setzen, die Rechner herunterzufahren und dann Router sowie Rechner erneut einzuschalten.

Über die Schaltfläche *Details* der Registerkarte *Allgemein* lässt sich ein Dialogfeld öffnen, in dem die Netzwerkverbindungsdetails des Adapters (MAC-Adresse, IPv4- und IPv6-Adresse etc.) angezeigt werden. Dort erkennen Sie auch, ob die IP-Adressen durch einen DHCP-Server zugewiesen wurden und ob die NetBIOS-Übertragung über das TCP/IP-Protokoll eingeschaltet ist.

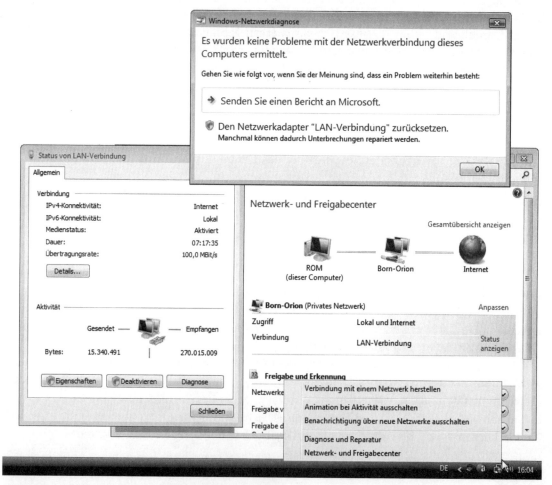

Abbildung 8.2 Status einer Netzwerkverbindung überprüfen

Bei Netzwerkproblemen können Sie versuchsweise auf die Schaltfläche *Diagnose* klicken. Windows führt eine Fehleranalyse durch und macht in einem Dialogfeld Vorschläge zur Behebung des Problems. In Abbildung 8.2, oberes Dialogfeld, konnte kein Problem ermittelt werden. Über den Befehl *Den Netzwerkadapter "LAN-Verbindung" zurücksetzen* können Sie den Netzwerkadapter durch das Betriebssystem neu initialisieren lassen. Dann wird dieser in den Zustand nach dem Systemstart zurückgesetzt.

Lässt sich eine LAN-Verbindung nicht in Betrieb nehmen und kommt es dadurch zu Netzwerkfehlern, können Sie den Adapter über die Schaltfläche *Deaktivieren* abschalten. Dann wird dieser Adapter nicht mehr durch die Netzwerksoftware berücksichtig. Zum erneuten Aktivieren des Adapters öffnen Sie das Fenster *Netzwerkverbindungen* über das Netzwerk- und Freigabecenter. Dann lässt sich das Symbol des betreffenden Adapters mit der rechten Maustaste anwählen und über den Kontextmenübefehl *Aktivieren* wieder in Betrieb nehmen.

Ein deaktivierter LAN-Adapter wird durch einen durchgestrichenen roten Kreis im Netzwerksymbol im Infobereich der Taskleiste angezeigt. Ist das Symbol der LAN-Verbindung mit einem gelben Dreieck und einem Ausrufezeichen markiert? Erscheint eine QuickInfo mit einem Hinweis auf eine eingeschränkte Konvektivität? Dies bedeutet, dass der Rechner über die Netzwerkverbindung entweder keinen Zugriff auf das Internet oder auf das lokale Netzwerk erhält. Die Ursache können abgeschaltete Router, falsch konfigurierte Netzwerkbrücken, abgezogene oder fehlerhafte Netzwerkkabel oder andere fehlerhafte Netzwerkgeräte sein. Manchmal reicht es, eine gewisse Zeit zu warten, bis Windows Vista die Netzwerkkonfiguration korrekt ermittelt hat. Wird das Netzwerk im Netzwerk- und Freigabecenter mit dem Namen »Nicht identifiziertes Netzwerk« angezeigt? In diesem Fall konnte Windows weder eine Internetverbindung finden noch eine Verbindung mit einem Netzwerk konfigurieren, obwohl ein funktionsfähiger (W)LAN-Adapter vorhanden ist. Dann können Sie den Netzwerknamen auch nicht ändern. Arbeiten Sie in diesem Fall die obige Checkliste mit möglichen Fehlerquellen ab. Manchmal dauert es auch nur eine gewisse Zeit, bis Windows Vista die betreffenden Konfigurierungen abgeschlossen hat.

TIPP Sie können Windows Vista anweisen, den Datenverkehr auf der LAN-Verbindung optisch zu signalisieren. Klicken Sie das Symbol der LAN-Verbindung im Infobereich der Taskleiste mit der rechten Maustaste an und wählen Sie den Kontextmenübefehl *Animation bei Aktivität einschalten*. Dann wird das im Infobereich der Taskleiste sichtbare LAN-Verbindungssymbol bei auftretendem Datenverkehr animiert dargestellt.

Wird in der Netzwerkübersicht des Netzwerk- und Freigabecenters eine Verbindung zum Netzwerk oder zum Internet durch ein rotes X als gestört gekennzeichnet? Dann können Sie dieses Kreuz anklicken, um die zugehörige Diagnosefunktion zu starten. Kann eine Verbindung zu Netzwerk hergestellt werden, dauert es meist etwas, bis auch die Internetverbindung über einen Router fehlerfrei angezeigt wird. Unter Umständen meldet daher der Diagnoseassistent, dass das Problem nicht behoben werden kann. In diesem Fall sollten Sie etwas warten und dann den Status der Internetverbindung im Netzwerk- und Freigabecenter überprüfen.

Das WLAN funktioniert nicht

Haben Sie WLAN-Adapter eingesetzt, bekommen aber keinen Zugriff auf ein Ad-hoc-Netzwerk oder einen WLAN-Zugangspunkt? In diesem Fall sollten Sie die folgenden Diagnosepunkte abarbeiten:

- Prüfen Sie, ob der WLAN-Adapter am Rechner eingeschaltet ist (bei Notebooks lässt sich so etwas abschalten) und ob der WLAN-Zugangspunkt bzw. die Gegenstelle aktiv und konfiguriert ist.

- Prüfen Sie, ob die Signalstärke des empfangenen Signals am betreffenden Ort ausreichend ist. Wie Sie die Signalstärke bei einem WLAN-Adapter ermitteln, ist in Kapitel 4 im Abschnitt »Analyse der WLAN-Verbindung« beschrieben.

- Bricht die Verbindung trotz ausreichender Signalstärke häufig ab, prüfen Sie bitte, ob ein Kanalwechsel Abhilfe bringt. In diesem Fall sendet vermutlich eine andere Funkstrecke auf dem betreffenden Kanal und verursacht Interferenzen.

- Können Sie keine Verbindung zum WLAN-Zugangspunkt aufbauen, prüfen Sie zuerst, ob am WLAN-Router eine MAC-Filterliste eingerichtet ist. Tragen Sie ggf. die MAC-Adresse des betreffenden WLAN-Clients in die MAC-Filterliste ein bzw. schalten Sie den Filter ab (siehe Kapitel 3, Abschnitt »MAC-Filterung konfigurieren«). Wie Sie die MAC-Adresse mit *ipconfig* ermitteln, wird weiter unten erläutert.

- Wird die Verbindungsaufnahme mit dem Hinweis auf einen falschen Schlüssel abgewiesen? Prüfen Sie, ob am WLAN-Zugangspunkt und am WLAN-Adapter die gleiche Verschlüsselungsmethode eingestellt und übereinstimmende Schlüssel eingetragen wurden.

Zum Testen können Sie kurzzeitig die Verschlüsselung der WLAN-Verbindung am Zugangspunkt und am Adapter abschalten, das SSID-Broadcasting einschalten und dann testen, ob sich die WLAN-Strecke unter Windows Vista in Betrieb nehmen lässt. Im Erfolgsfall wechseln Sie zur WEP-Verschlüsslung und wenn diese funktioniert, prüfen Sie erneut, ob eine WPA- bzw. WPA2-Verschlüsselung möglich ist (siehe Kapitel 4).

Zugriffsprobleme auf die Rechner des Netzwerks werden bei WLAN-Netzwerken genau wie bei LAN-Netzwerken behandelt.

Das Netzwerk lässt sich nicht einrichten

Haben Sie Probleme, ein Heimnetzwerk einzurichten und gibt es Probleme, weil die Rechner nicht im Ordnerfenster *Netzwerk* auftauchen? Verweigert Windows den Zugriff auf die Freigaben? In diesem Fall sollten Sie die Schritte zur Netzwerkeinrichtung nochmals durchführen:

- Prüfen Sie, ob die Netzwerkadapter korrekt installiert und mit Treibern versehen sind. Die notwendigen Hinweise zur Installation der LAN-Adapter finden Sie in Kapitel 2 im Abschnitt »Installation der Netzwerkkomponenten«.

- Konfigurieren Sie die Netzwerkeinstellungen (Netzwerkname, Arbeitsgruppe etc.) an den einzelnen Clients gemäß den Ausführungen im Abschnitt »Netzwerkeinstellungen konfigurieren« aus Kapitel 2. Richten Sie auch die erforderlichen Benutzerkonten ein und weisen Sie diesen Kennwörter zu.

- Kommt ein Router zum Einsatz, lesen Sie ggf. in Kapitel 3 nach, was bei der Konfiguration dieses Geräts zu beachten ist. Wird dieser zum Zugriff auf das Internet per DSL-Verbindung genutzt, müssen Sie die Internetzugangsdaten im Router eintragen.

- Sollen WLAN-Verbindungen genutzt werden, richten Sie den WLAN-Zugriffspunkt im WLAN-Router gemäß den Ausführungen in Kapitel 3 ein.
- Soll der Rechner per Funkstrecke in das Netzwerk eingebunden werden, richten Sie den WLAN-Adapter gemäß Kapitel 2 ein. Anschließend fügen Sie den Rechner in das WLAN ein. Die entsprechenden Schritte sind in Kapitel 4 beschrieben.
- Im letzten Schritt arbeiten Sie die Anweisungen aus Kapitel 5 ab, um mindestens einen Ordner und oder weitere Geräte auf einem Netzwerkrechner im Netzwerk freizugeben. Anschließend wechseln Sie zu einem anderen Netzwerkrechner und prüfen dort gemäß den Anweisungen aus dem Abschnitt »Zugriff auf Netzwerkfreigaben« in Kapitel 5, ob der betreffende Rechner mit den Freigaben im Ordnerfenster *Netzwerk* sichtbar ist und ob auf die Freigaben zugegriffen werden kann.

Für eilige Leser empfiehlt es sich, die Schritt-für-Schritt-Anleitung von der Internetseite *support.microsoft.com/kb/935530/de* auszudrucken und zur Kontrolle abzuarbeiten. Auf der Webseite *support.microsoft.com/kb/940687/de* finden Sie dagegen eine Kurzanleitung zur Inbetriebnahme eines WLANs. Falls es immer noch Probleme gibt, können Sie noch folgende Punkte prüfen:

- Ist das Ordnerfenster *Netzwerk* leer und werden weder die Rechner im Netzwerk noch der Router angezeigt? Prüfen Sie in diesem Fall im Netzwerk- und Freigabecenter, ob die Geräteerkennung im Netzwerk eingeschaltet ist.
- Überprüfen Sie in der Windows-Firewall (oder in der alternativ verwendeten Firewall), ob das Kernnetzwerk und die Netzwerkerkennung in der Ausnahmeliste auftaucht und als Ausnahme aktiviert ist.
- Überprüfen Sie im Netzwerk- und Freigabecenter auch den Standort des Netzwerks. Zum Zugriff auf Freigaben und Drucker sollte der Netzwerkstandort auf »Privat« gesetzt werden. Eine Übersicht, was sich hinter den einzelnen Netzwerkstandorten verbirgt, finden Sie unter *www.microsoft.com/germany/technet/community/columns/cableguy/cg0906.mspx*.
- Tauchen die Freigaben im Ordnerfenster *Netzwerk* nicht auf, obwohl diese auf den Netzwerkrechnern erteilt und dort im Ordner *Netzwerk* angezeigt werden? In diesem Fall blockiert eine Firewall die Zugriffe auf diese Freigaben. Überprüfen Sie in der Firewall, ob die Datei- und Druckerfreigabe in der Ausnahmeliste aktiviert ist.
- Lässt sich auf Freigaben nicht zugreifen? Dann prüfen Sie die Freigabeeinstellungen auf dem Server und stellen Sie sicher, dass auf Server und Client die gleichen Benutzerkontennamen samt Kennwörter verwendet werden.

Bei Verwendung von Firewalls von Drittherstellern sollten Sie sich mit deren Konfiguration befassen oder die Firewall abschalten. Bei manchen Sicherheitslösungen mit integrierter Firewall können Inkompatibilitäten mit Windows Vista die Ursache für die Probleme im Netzwerk sein. In diesem Fall reicht es häufig nicht, die Firewall abzuschalten. Vielmehr sollten Sie zum Testen die Sicherheitslösung komplett deinstallieren.

> **TIPP** Verwenden Sie einen älteren Router zur Vernetzung der Rechner oder zum Zugriff auf die Breitband-DSL-Verbindung und gibt es Probleme? Manche älteren Router kommen mit dem IPv6-Protokoll von Windows Vista nicht klar. Sie können dann versuchsweise die Bindung des IPv6-Protokolls an den betreffenden, zur Routeranbindung benutzten, LAN-Ausgang aufheben. Dann wird die Kommunikation über IPv4 durchgeführt. Bei manchen Routern gibt es Firmware-Updates, die diese Probleme beheben.
>
> Bei Windows XP-Systemen können Sie vorsorglich auch die unter *support.microsoft.com/kb/922120* aufgeführte Protokollerweiterung installieren. Eine fehlende LLTD-Antwortkomponente sollte zwar die Funktion des Netzwerks nicht behindern. Es gibt aber Hinweise in den Vista-Newsgroups, dass eine fehlende LLTD-Antwortkomponente zumindest die Integration der Windows XP-Rechner in das Netzwerk behindert. Bei WLAN-Verbindungen, die über WPA2 abgesichert sind, sollten Sie beim Einbinden von Windows XP-Rechnern ebenfalls an die Installation des Patches (*support.microsoft.com/?kbid=893357*, siehe Kapitel 4) denken.

Netzwerkdrucker kann nicht installiert werden

Können Sie einen Netzwerkdrucker nicht von den Clients ansprechen oder gibt es Probleme bei der Installation des Netzwerkdruckers? Meist sind Treiberprobleme die Ursache für dieses Verhalten. In Kapitel 5 finden Sie im Abschnitt »Netzwerkdrucker einrichten und verwalten« Hinweise, wie Sie dieses Problem lösen können und was beim Einrichten sonst noch zu beachten ist.

Ein Netzwerksegment kann nicht erreicht werden

Sind in einem Rechner zwei Netzwerkkarten eingebaut, die zwei Teilnetzwerke miteinander verbinden? Können Sie in einem Teilnetzwerk die Rechner des jeweils anderen Netzwerksegments nicht im Ordnerfenster *Netzwerk* sehen? In diesem Fall sollten Sie überprüfen, ob eine Netzwerkbrücke eingerichtet ist und ob die beiden Netzwerkadapter dieser Brücke zugeordnet sind. Über das Netzwerk- und Freigabecenter können Sie die Statusanzeige der Netzwerkbrücke aufrufen. Dort sehen Sie, ob die Brücke Daten zwischen den beiden Netzwerksegmenten überträgt.

WLAN-Verbindung bricht ab

Verwenden Sie eine Drahtlosnetzwerkverbindung zwischen einem Rechner und einem Router oder als Ad-hoc-Netzwerk mit einem anderen Rechner? Treten Verbindungsabbrüche auf dieser Funkstrecke auf, sollten Sie Folgendes überprüfen:

- Verifizieren Sie, dass die Empfangsstärke für das Funksignal genügend hoch ist. Bei tragbaren Geräten können Sie den Empfänger in die Nähe des Senders aufstellen, um die Signalstärke zu optimieren.
- Stellen Sie durch versuchsweisen Kanalwechsel sicher, dass keine anderen Funknetze in der Nähe auf dem gleichen Kanal senden und dadurch Interferenzen verursachen. Wählen Sie immer einen Wert für den neuen Kanal, der um 5 vom alten Kanal abweicht, um genügend Frequenzabstand zu erhalten.
- Stellen Sie sicher, dass keine Störquellen wie DECT-Telefone, andere Funkquellen oder Mikrowellen in der Nähe betrieben werden. Diese können auf ähnlichen Frequenzen senden und so Störungen verursachen.

Bricht die WLAN-Verbindung zusammen, sobald Sie den Deckel Ihres Notebook schließen? Dies ist ein programmiertes Verhalten, da das Notebook dann in den Ruhezustand wechselt und dabei den WLAN-Adapter zum Energiesparen abschaltet.

Netzwerkverbindung bricht im Ruhezustand ab

Stellen Sie fest, dass die Netzwerkverbindung beim unbenutztem Rechner irgendwann unterbrochen wird? Dann kann der eingestellte Energiesparmodus die Ursache sein. Windows versucht dabei Geräte abzuschalten, um Energie zu sparen. Auch beim Wiederaufwachen aus dem Ruhezustand gibt es ggf. das Problem, dass die Netzwerkverbindung nicht wiederhergestellt wird. In diesem Fall sollten Sie den Ruhezustand abschalten. Weiterhin können Sie Windows Vista anweisen, die Netzwerkkarte von den Energiesparoptionen auszunehmen:

1. Rufen Sie das Eigenschaftenfenster des Netzwerkadapters (z. B. über den Geräte-Manager, siehe Kapitel 2) auf.
2. Wechseln Sie zur Registerkarte *Energieverwaltung* (Abbildung 8.3) und passen Sie die Energiesparoptionen des Netzwerkadapters an.

Abbildung 8.3 Energiesparoptionen eines Geräts

Wenn Sie die Markierung des Kontrollkästchens *Der Computer kann das Gerät ausschalten, um Energie zu sparen* löschen, sollte der Adapter auch weiter funktionieren, selbst wenn der Rechner in den Energiesparmodus wechselt.

Verbindungstest mit Ping

Können Sie die Rechner innerhalb des Netzwerks im Ordnerfenster *Netzwerk* nicht erreichen? Um zu prüfen, ob die Rechner wenigstens auf der Ebene des ICP/IP-Protokolls per Netzwerk erreichbar sind, können Sie den *ping*-Befehl im Fenster der Eingabeaufforderung zum Verbindungstest verwenden. Hierzu öffnen Sie das Fenster der Eingabeaufforderung und geben dann den *ping*-Befehl, gefolgt von der Adresse des Rechners im Internet oder im Netzwerk ein. Der Befehl:

ping 192.168.0.2 ⏎

versucht, den Rechner mit der IPv4-Adresse 192.168.0.2 auf der untersten Ebene des IP-Protokolls anzusprechen. Lässt sich der Rechner über diese Adresse erreichen, liefert *ping* eine entsprechende Rückmeldung (Abbildung 8.4).

Wie Sie die IP-Adresse ermitteln, wird im folgenden Abschnitt erläutert. Lässt sich der betreffende Rechner mit *ping* über seine IP-Adresse nicht erreichen, können Sie versuchsweise den NetBIOS-Namen als Parameter angeben. Dies ist der Netzwerkname, den Sie für den Rechner bei der Netzwerkkonfigurierung eingetragen haben. Der Befehl:

ping rom ⏎

spricht beispielsweise den Rechner mit dem Netzwerknamen *rom* im Netzwerk an. Den eigenen Rechner können Sie über den Befehl:

ping localhost ⏎

ping 127.0.0.1 ⏎

ansprechen. Mit *ping www.borncity.de* lässt sich auch eine Internetverbindung zu einem Internetserver überprüfen. Der *ping*-Befehl zeigt Ihnen nicht nur an, wie lange der Anruf zum Server gebraucht hat. In der Antwort liefert *ping* auch gleich die IP-Adresse des betreffenden Webservers mit.

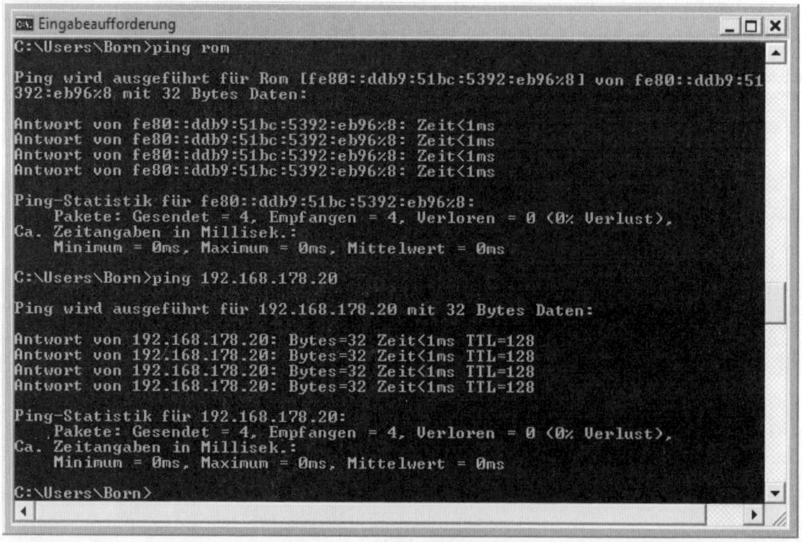

Abbildung 8.4 Eingabeaufforderung mit *ping*-Befehlen

> **HINWEIS**   Die Filterung der von *ping* gesendeten Daten erfolgt über das ICMPv4-Protokoll. In der Windows-Firewall mit erweiterter Sicherheit wird die Freigabe über den Eintrag *Datei- und Druckerfreigabe (Echoanforderung – ICMPv4 eingehend)* vereinbart. Bei einem meiner Windows Vista Ultimate-Testsysteme bin ich noch auf eine Merkwürdigkeit gestoßen: Befehle wie *ping 127.0.0.1* oder *ping localhost* funktionierten einwandfrei. Auch ein *ping* auf andere Rechner im Netzwerk mit deren Netzwerknamen klappte problemlos. Nur beim *ping* auf den eigenen Netzwerknamen (z. B. *ping rom*), konnte keine Namensauflösung erfolgen und es wurden Zeitüberschreitungen gemeldet. Sobald die Windows-Firewall abgeschaltet wurde, ließ sich der *ping*-Befehl auch mit dem NetBIOS-Namen der Maschine absetzen. Falls bei Ihnen also Probleme mit *ping* auftreten, können Sie die Firewall kurzzeitig ausschalten, um einen solchen Fehler auszuschließen. Hinweise zu den Neuerungen der Windows-Firewall von Windows Vista finden Sie übrigens auf der Microsoft-Internetseite *www.microsoft.com/germany/technet/datenbank/articles/600999.mspx*.

Ermitteln der IP-Adressen

Die IP-Adresse eines Netzwerkrechners lässt sich herausfinden, indem Sie auf diesem Rechner die Eingabeaufforderung aufrufen, den Befehl *ipconfig /all* eintippen und mit der ⏎-Taste bestätigen. Der Befehl liefert meist mehrere IP-Adressen zurück, von denen sich eine auf den Netzwerkadapter bezieht (Abbildung 8.5).

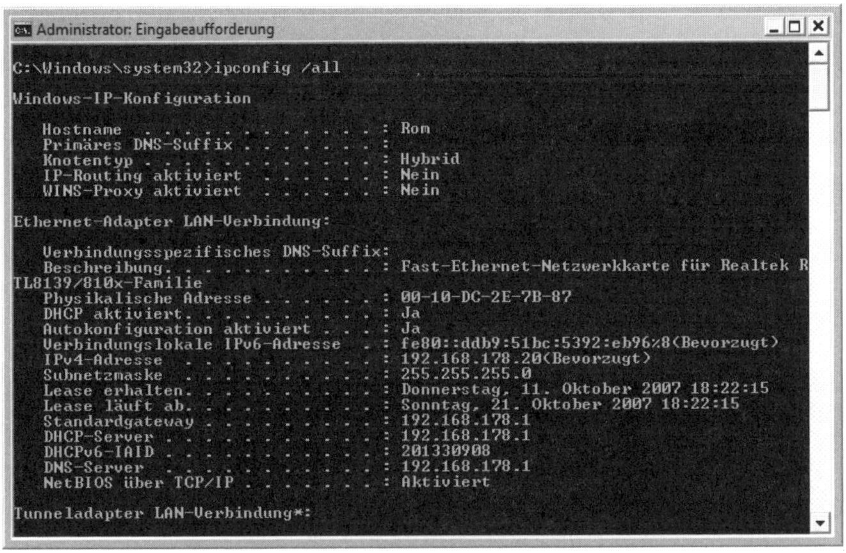

Abbildung 8.5 Ermitteln der IP-Adresse in Windows

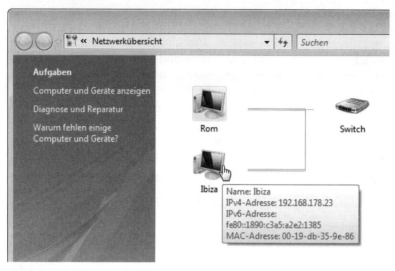

Abbildung 8.6 IP-Adressen in der Netzwerkübersicht abfragen

Der *ipconfig*-Befehl liefert übrigens in der Zeile *Physikalische Adresse* auch die MAC-Adresse. Bei einer funktionierenden Netzwerkübersicht können Sie die IP- und MAC-Adresse auch als QuickInfo abfragen, indem Sie über das Netzwerk- und Freigabecenter die Netzwerkübersicht aufrufen und dann mit der Maus auf das Symbol des Rechners zeigen (Abbildung 8.6).

Netzwerkfreigaben mit dem *net*-Befehl testen

Sind die Rechner über *ping* erreichbar, können Sie auf der Ebene der Eingabeaufforderung weitere Kurztests mit dem *net*-Befehl durchführen. Geben Sie nur *net* ⏎ ein, erscheint eine Hilfeseite mit den verfügbaren Befehlen. Mit der Anweisung:

net share ⏎

listet der Befehl Ihnen alle Freigaben des lokalen Rechners im Fenster der Eingabeaufforderung auf. Neben den administrativen Freigaben des Systems (die mit dem $-Zeichen abgeschlossenen Namen) sehen Sie auch vom Benutzer erteilte Freigaben. Die Anweisung:

net view ⏎

zeigt Ihnen dagegen alle Rechner an, die im Netzwerk gefunden werden. Wird der zu testende Netzwerkrechner aufgeführt, listet die Anwendung

net view \\name ⏎

(z. B. *net view \\Rom* ⏎) die Freigaben an dem mit *\\name* adressierten Netzwerkrechner auf. Um Fehler durch fehlerhafte Benutzernamen oder ein falsches Kennwort aufzudecken, lässt sich anschließend ein Netzlaufwerk mit folgender Anwendung auf einen Buchstaben legen:

net use q: \\zielrechner\Freigabe /user:<Benutzername> * ⏎

Der Befehl mappt die Freigabe *\\zielrechner\Freigabe* auf den Laufwerksbuchstaben *q:*, wobei das im Parameter */user:* angegebene Benutzerkonto verwendet wird. Das Sternchen am Befehlsende bewirkt eine Abfrage des zum Zugriff auf die Freigabe benötigten Kennworts in der Eingabeaufforderung. Die explizite Eingabe des Kennworts schließt Fehler wie gleicher Benutzerkontenname, aber unterschiedliche Kennwörter auf den Netzwerkrechnern aus. Klappt der Befehl, sollten Sie anschließend im Ordnerfenster *Computer* (bzw. *Arbeitsplatz* bei Windows XP) das Netzlaufwerk finden.

Netzwerküberwachung und -verwaltung

Neben der Fehlersuche ist gelegentlich auch die Überwachung des Netzwerks auf Durchsatz oder die zentrale Verwaltung von Freigaben erforderlich. Windows Vista bietet einige Funktionen, mit denen Sie Netzwerkfunktionen analysieren, optimieren und verwalten können.

Die Netzwerkauslastung überwachen

Zur Überwachung der Netzwerkauslastung lässt sich der Netzwerkmonitor einsetzen. Dieser Netzwerkmonitor ist Teil des Windows Task-Managers.

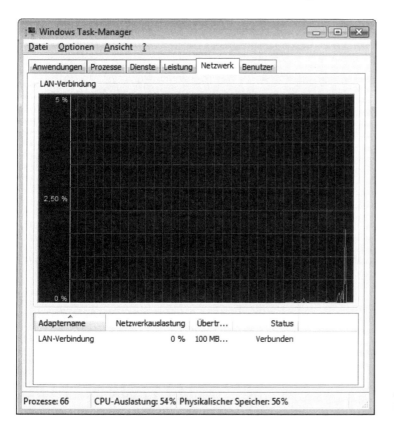

Abbildung 8.7 Messen der Netzwerkauslastung

1. Zum Aufrufen des Programms klicken Sie eine freie Stelle der Taskleiste mit der rechten Maustaste an und wählen den Kontextmenübefehl *Task-Manager*.
2. Sobald das Fenster des Task-Managers erscheint, wechseln Sie zur Registerkarte *Netzwerk*.

Dort zeigt Windows den zeitlichen Verlauf der Netzwerkauslastung in grafischer Form sowie den aktuellen Auslastungswert im Fußbereich an (Abbildung 8.7). Die Alternative besteht darin, die Netzwerkauslastung in grafischer und tabellarischer Form über die Zuverlässigkeits- und Leistungsüberwachung zu verfolgen.

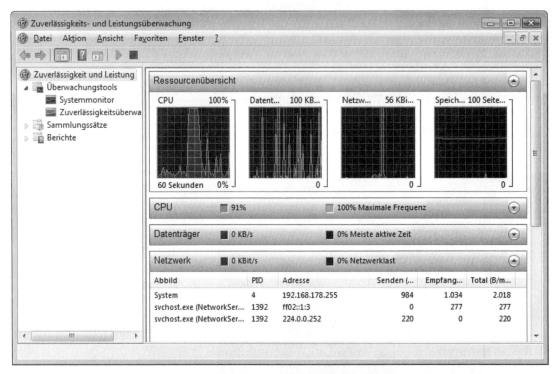

Abbildung 8.8 Netzwerklast in der Zuverlässigkeits- und Leistungsüberwachung

1. Öffnen Sie das Startmenü und tippen Sie den Begriff »Zuverlässigkeit« im Schnellsuchfeld ein.
2. Sobald der Befehl *Zuverlässigkeits- und Leistungsüberwachung* im Startmenü erscheint, klicken Sie diesen mit der rechten Maustaste an und wählen den Kontextmenübefehl *Als Administrator ausführen*.
3. Nachdem Sie die Sicherheitsabfrage der Benutzerkontensteuerung bestätigt haben, können Sie im Fenster der Zuverlässigkeits- und Leistungsüberwachung die Kategorie *Netzwerk* durch Anklicken der Rubik erweitern.

Die Zuverlässigkeits- und Leistungsüberwachung zeigt Ihnen im oberen Teil die grafische Darstellung der Netzwerklast, während im unteren Teil die Übertragungsraten der Netzwerkprozesse aufgelistet werden (Abbildung 8.8).

Netzwerkdaten im Systemmonitor aufzeichnen

Um gezielt auf verschiedene Netzwerkparameter zugreifen und z. B. die Fehlerrate im Netzwerk, die Zahl der Verbindungen, die Auslastung etc. aufzuzeichnen, lässt sich der Systemmonitor verwenden. Dieser ist in der Zuverlässigkeits- und Leistungsüberwachung integriert.

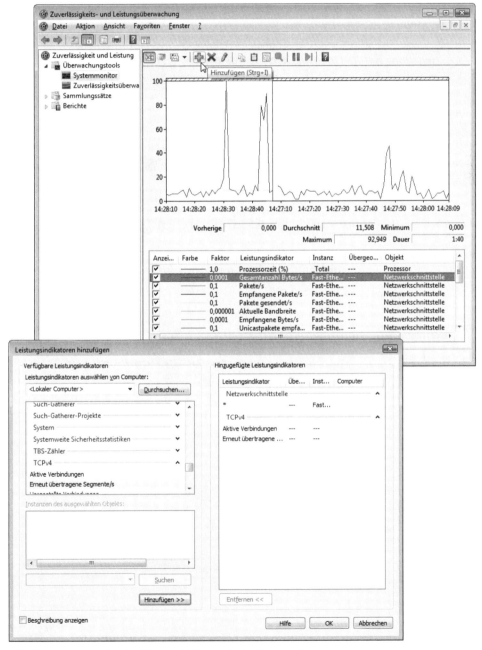

Abbildung 8.9 Anzeige der Netzwerkleistung im Systemmonitor

1. Gehen Sie wie im vorhergehenden Abschnitt vor und rufen Sie die Zuverlässigkeits- und Leistungsüberwachung auf.
2. Wählen Sie in der linken Spalte des Anwendungsfensters der Zuverlässigkeits- und Leistungsüberwachung den Eintrag *Überwachungstools/Systemmonitor* (Abbildung 8.9, oben).
3. Klicken Sie in der Symbolleiste des angezeigten Grafikfensters auf die Schaltfläche *Hinzufügen* und wählen Sie im eingeblendeten Zusatzdialog *Leistungsindikatoren hinzufügen* (Abbildung 8.9, unten) die zu überwachenden Indikatoren aus.

In der linken Spalte des Dialogfeldes *Leistungsindikatoren hinzufügen* (Abbildung 8.9, unten) finden Sie die verschiedenen Kategorien. Klicken Sie auf die am rechten Rand einer Kategorie sichtbare Schaltfläche, wird der Zweig erweitert. Sie können anschließend die gewünschten Indikatoren per Mausklick markieren und über die *Hinzufügen*-Schaltfläche in die Liste *Hinzugefügte Leistungsindikatoren* übertragen. Sobald Sie das Dialogfeld über die *OK*-Schaltfläche schließen, werden die Leistungsindikatoren im Systemmonitor überwacht. Welche Leistungsindikatoren dies sind, wird in der Liste unterhalb der grafischen Darstellung angezeigt. Durch Markieren der Kontrollkästchen lässt sich der zeitliche Verlauf der Werte des jeweiligen Leistungsindikators in grafischer Form im Diagramm einblenden.

Netzwerkfehler mit der Zuverlässigkeitsüberwachung aufdecken

Die Zuverlässigkeits- und Leistungsüberwachung ermöglicht Ihnen ggf. auch Probleme mit Netzwerkanwendungen und Geräten aufzudecken. Windows Vista überwacht alle Vorgänge und trägt kritische Fehler von Anwendungen oder von Treibern (Hardware) in der Ereignisverwaltung ein.

Starten Sie die Zuverlässigkeits- und Leistungsüberwachung (siehe die vorhergehenden Seiten), können Sie in der linken Spalte des Anwendungsfensters den Eintrag *Zuverlässigkeitsüberwachung* wählen. Dann werden die vom System erkannten Fehler in Form eines Diagramms im zeitlichen Verlauf angezeigt. Klicken Sie auf die Marke eines Fehlerereignisses, listet Windows die Ursache auf. In Abbildung 8.10 lässt sich zum Beispiel erkennen, dass der WlanNetService sporadisch ausfällt (Ursache war im konkreten Beispiel, dass ein WLAN-USB-Stick häufiger abgezogen wurde).

Netzwerküberwachung und -verwaltung

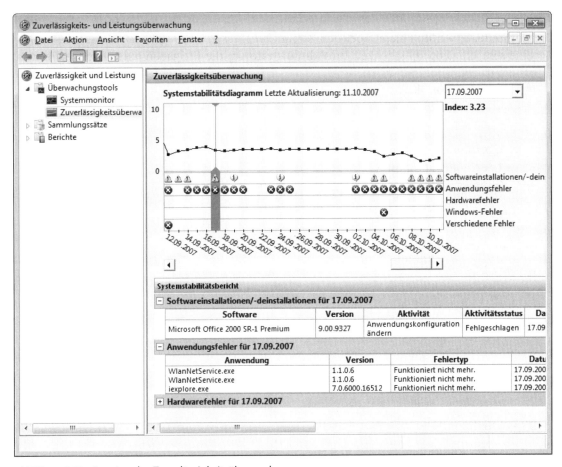

Abbildung 8.10 Anzeige der Zuverlässigkeitsüberwachung

Die Netzwerkgeschwindigkeit optimieren

Lässt bei Ihnen die Übertragungsrate im Netzwerk stark zu wünschen übrig? Gibt es Probleme, bestimmte Internetseiten abzurufen oder kann ein E-Mail-Client nicht auf die E-Mail-Server des Providers zugreifen? In Windows Vista ist nicht nur das IPV6-Protokoll neu hinzugekommen. Das Betriebssystem nutzt standardmäßig auch eine Autotuning-Funktion, um die Übertragung über die TCP/IP-Schicht (TCP window resizing) zu optimieren. Dies führt aber dazu, dass ältere Netzwerkkomponenten wie Router, VPN-Endpunkte, Firewalls etc. nicht mehr korrekt funktionieren. In manchen Fällen sinkt einfach die Übertragungsrate, in anderen Fällen kommt überhaupt keine Kommunikation mehr zustande. E-Mails können dann ggf. nicht mehr vom Server abgeholt werden, Webseiten werden sehr langsam oder überhaupt nicht mehr abgerufen, Zugriffe auf das Netzwerk funktionieren nur sehr langsam etc. In diesem Fall können Sie testen, ob das Abschalten der AutoTuning-Option Abhilfe schafft.

1. Öffnen Sie das Fenster der Eingabeaufforderung im Administratormodus (z. B. indem Sie im Startmenü im Zweig *Alle Programme/Zubehör* den Eintrag *Eingabeaufforderung* mit der rechten Maustaste anwählen und den Kontextmenübefehl *Als Administrator ausführen* wählen).
2. Anschließend tippen Sie die nachfolgend angegebenen *netsh*-Befehle ein und schließen diese über die ⏎-Taste ab.
3. Danach müssen Sie Windows Vista neu starten und dann testen, ob die Maßnahme Abhilfe gebracht hat.

Um die Autotuning-Funktion des IPv6-Protokolls abzuschalten, geben Sie an der Eingabeaufforderung den folgenden Befehl ein:

netsh interface tcp set global autotuninglevel=disabled

Die Einstellungen lassen sich mit diesem Befehl abrufen:

netsh interface tcp show global

Verwenden Sie den folgenden Befehl, um das Autotuning wieder auf die Voreinstellungen zurückzusetzen:

netsh interface tcp set global autotuninglevel=normal

Dies empfiehlt sich, falls das Deaktivieren nichts am Fehlerbild geändert hat.

HINWEIS Kommt es sporadisch zu einem Leistungsabfall bei der Netzwerkübertragungsleistung, kann noch eine andere Ursache vorliegen. Um eine stockende Medienwiedergabe im Windows Media Player zu vermeiden, wurde Windows Vista so optimiert, dass dieser Prozess die höchste Priorität erhält. Insbesondere bei Verwendung von 1 Gbyte-Netzwerken kann dies aber dazu führen, dass der Datendurchsatz im Netzwerk beim Abspielen von Mediendateien sinkt. Interessierte Leser finden auf der Webseite *blogs.technet.com/markrussinovich/archive/2007/08/27/1833290.aspx* entsprechende Hintergrundinformationen.

Die Netzwerkfunktionen der Computerverwaltung nutzen

Über die Computerverwaltung von Windows stehen Ihnen auch verschiedene Funktionen zur Verwaltung des Netzwerks zur Verfügung. Sie können sich eine Übersicht über die freigegebenen Ordner, die am System angemeldeten Netzwerkbenutzer und die belegten Ressourcen verschaffen. Nachfolgend werden die Netzwerkfunktionen der Computerverwaltung kurz vorgestellt.

Aufrufen der Netzwerkfunktionen in der Computerverwaltung

Um auf die Netzwerkfunktionen der Computerverwaltung zugreifen zu können, müssen Sie diese mit administrativen Berechtigungen aufrufen:

1. Öffnen Sie das Startmenü und tippen Sie im Schnellsuchfeld den Begriff »Computer« ein.
2. Sobald der Link *Computerverwaltung* im Startmenü eingeblendet wird, wählen Sie diesen mit der rechten Maustaste an und klicken auf den Kontextmenübefehl *Als Administrator ausführen*.
3. Bestätigen Sie die Sicherheitsabfrage der Benutzerkontensteuerung (ggf. unter Eingabe eines Administratorenkontenkennworts).

4. Anschließend navigieren Sie in der linken Spalte der Computerverwaltung zum Zweig *Computerverwaltung/System/Freigegebene Ordner*.

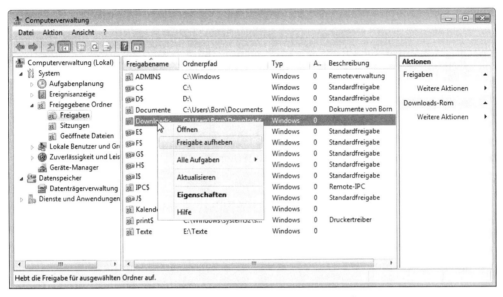

Abbildung 8.11 Computerverwaltung mit dem Zweig *Freigegebene Ordner*

Bei Anwahl des Eintrags *Freigegebene Ordner* blendet die Computerverwaltung die Unterordner *Freigaben*, *Sitzungen* und *Geöffnete Dateien* in der rechten Spalte ein (Abbildung 8.11). Klicken Sie auf einen der Untereinträge *Freigaben*, *Sitzungen* oder *Geöffnete Dateien*, blendet die Computerverwaltung die betreffenden Daten im rechten Fenster ein:

- Über den Zweig *Freigaben* werden alle auf dem lokalen Computer freigegebenen Ressourcen angezeigt.
- Der Zweig *Sitzungen* zeigt, welche Netzwerkbenutzer gerade mit freigegebenen Ressourcen des eigenen Computers arbeiten.
- Der Zweig *Geöffnete Dateien* listet alle über das Netzwerk geöffnete Dateien sowie deren Besitzer auf.

Über den Zweig *Freigegebene Ordner* erhalten Sie also einen schnellen Überblick über die auf dem lokalen System benutzten Netzwerkressourcen.

HINWEIS Bei den im Namen mit einem Dollarzeichen abgeschlossenen Einträgen im Zweig *Freigaben* handelt es sich um so genannte administrative Freigaben. Diese werden automatisch durch das System vorgenommen. Im Ordnerfenster *Netzwerk* blendet Windows diese administrativen Freigaben aus. Der Zugriff auf solche Freigaben ist nur für das System zulässig. Geben Sie in der Adressleiste eines Ordnerfensters etwas Ähnliches wie *\\Rom\C$* ein, stellt Windows zwar eine Verbindung mit dieser administrativen Freigabe her. Gleichzeitig erscheint aber ein Dialogfeld, in dem Sie nach einem Benutzernamen und einem Kennwort gefragt werden. Der Zugriff auf die administrative Freigabe wird aber abgelehnt, auch wenn Sie den Namen eines Administratorenkontos samt Kennwort eingeben.

Freigaben zentral verwalten und beenden

Die Computerverwaltung bietet über den Zweig *Computerverwaltung/System/Freigegebene Ordner* eine sehr effiziente Möglichkeit für Administratoren, die Freigaben eines Rechners zentral einzusehen und zu verwalten. Gehen Sie wie auf der vorherigen Seite beschrieben vor, und rufen Sie die Computerverwaltung im Administratorenmodus auf. Sobald Sie den Zweig *Freigegebene Ordner* anwählen, können Sie die Freigaben im rechten Teil des Ordnerfensters mit der rechten Maustaste anklicken.

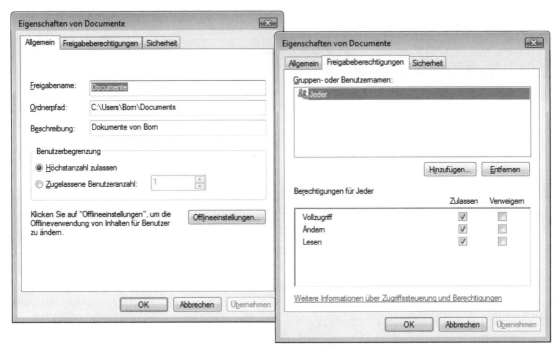

Abbildung 8.12 Eigenschaften einer Freigabe einsehen und anpassen

- Der Kontextmenübefehl *Öffnen* oder ein Doppelklick auf das Freigabesymbol öffnet den zugehörigen Ordner in einem Ordnerfenster.
- Der Kontextmenübefehl *Eigenschaften* öffnet das in Abbildung 8.12 gezeigte Eigenschaftenfenster, auf dessen Registerkarte *Allgemein* Sie den Freigabenamen, die Zahl der zulässigen Benutzer sowie den Pfad zum Freigabeordner einsehen können. Auf der Registerkarte *Freigabeberechtigungen* können Sie die zugelassenen Benutzerkonten sowie die Zugriffsberechtigungen einsehen und bei Bedarf auch anpassen.
- Über den Kontextmenübefehl *Freigabe aufheben* (Abbildung 8.11) können Sie die angewählte Freigabe beenden.

Insbesondere das Beenden von Freigaben lässt sich über die Computerverwaltung sehr effizient vornehmen, speziell wenn Windows Vista im Freigabeassistent Fehler beim Aufheben einer Freigabe meldet.

Netzwerküberwachung und -verwaltung

HINWEIS Heben Sie administrative Freigaben auf, tauchen diese spätestens beim nächsten Systemstart wieder im betreffenden Zweig auf. Windows verwendet diese Freigaben intern zur Netzwerkverwaltung.

Netzwerksitzungen kontrollieren

Über die Computerverwaltung können Sie die Sitzungen auf der betreffenden Maschine kontrollieren und diese ggf. trennen. Sitzungen sind dabei Zugriffe, die durch Benutzer anderer Maschinen auf dem jeweiligen Rechner stattfinden. Zur Kontrolle bzw. zum Trennen gehen Sie folgendermaßen vor:

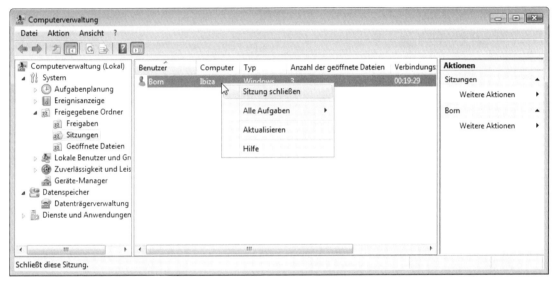

Abbildung 8.13 Sitzungen schließen

1. Klicken Sie in der Computerverwaltung im Zweig *Freigegebene Ordner* auf den Untereintrag *Sitzungen*. Windows zeigt jetzt im rechten Fenster die aktuellen Sitzungen an (Abbildung 8.13).
2. Klicken Sie mit der rechten Maustaste auf das Symbol einer Sitzung oder im linken Fenster auf den Eintrag *Sitzungen*, lässt sich im Kontextmenü der Befehl *Sitzung schließen* bzw. *Alle Sitzungen trennen* wählen.

Der Zweig *Sitzungen* zeigt Ihnen dabei nicht nur die Anzahl der Sitzung an, sondern auch die Maschine und den Benutzer, der diese Sitzung eröffnet hat. Zudem sehen Sie, wie viele Dateien in der betreffenden Sitzung geöffnet sind. Mit dem Befehl zum Trennen der Sitzung(en) beendet Windows dann den Zugriff des Benutzers auf die Arbeitsstation. Falls der Benutzer jedoch Daten geladen hat, wird beim beispielsweise beim Speichern der Daten sofort eine neue Sitzung aufgebaut. Diese Änderung wird aber nur angezeigt, wenn Sie die Anzeige der Computerverwaltung (z. B. durch Drücken der Funktionstaste F 5) aktualisieren.

Geöffnete Dateien überwachen

Möchten Sie wissen, welche Dateien über das Netzwerk auf dem lokalen Computer geöffnet wurden? Die Computerverwaltung ermöglicht Ihnen, sich einen Überblick über die auf der jeweiligen Station geöffneten Dateien zu verschaffen und ggf. den Zugriff sogar zwangsweise zu trennen. Hierzu gehen Sie folgendermaßen vor:

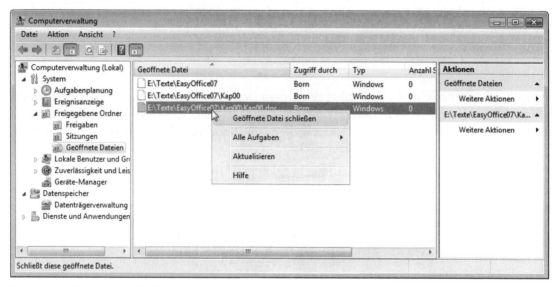

Abbildung 8.14 Dateien schließen

1. Klicken Sie in der Computerverwaltung im Zweig *Freigegebene Ordner* auf den Untereintrag *Geöffnete Dateien*. Windows zeigt jetzt im rechten Fenster die aktuell geöffneten Dateien, den Benutzer, den Modus sowie weitere Kenndaten an.

2. Um eine Datei zu schließen, klicken Sie diese mit der rechten Maustaste an und wählen im Kontextmenü den Befehl *Geöffnete Datei schließen*.

Windows unterbricht die betreffende Verbindung und schließt die zugehörige Datei. Der Anwender, der die Datei geöffnet hat, kann diese jedoch bei Änderungen jederzeit auf das Medium der Arbeitsstation zurückspeichern.

Arbeiten mit festen IP-Adressen

In Kapitel 4 wurde es bereits erwähnt: Zur Kommunikation innerhalb eines Netzwerks oder mit dem Internet benötigt der Rechner IP-Adressen. Die IP-Adressen für das Netzwerk können dabei dynamisch durch einen DHCP-Server (z. B. des Routers) zugewiesen oder intern über APIPA zwischen den Windows-Stationen im Netzwerk ausgehandelt werden. Falls es Probleme im Netzwerk gibt, ist es zumindest zum Testen hilfreich, wenn die Arbeitsstationen eine feste IP-Adresse besitzen. Bei kleineren Netzwerken mit zwei oder drei Rechnern ist das Zuweisen eindeutiger IP-Adressen kein Problem. Wie Sie feste IP-Adressen zuweisen, können Sie in Kapitel 4 nachlesen. Nachfolgend finden Sie noch eine kurze Einführung, was sich hinter IPv4- und IPv6-Adressen verbirgt.

Grundwissen zu IPv4-Adressen

Um Verwechslungen beim Zugriff auf die Rechner des Internet zu vermeiden, wird jeder Rechner in einem TCP/IP-Netzwerk weltweit durch eine eindeutige IP-Adresse gekennzeichnet. Dabei kann eine IP-Adresse nach dem IP-Version 4-Standard oder nach dem neuen IP-Version 6-Standard aufgebaut sein. Bei den älteren IPv4-Adressen handelt es sich um eine 32-Bit-Zahl, die im Format:

172.16.94.97

angegeben wird. Die vier durch Punkte getrennten Dezimalzahlen (auch als Oktett bezeichnet) können Werte im Bereich zwischen 0 und 255 enthalten (d.h., jede Zahl beschreibt ein Byte). Eine IP-Adresse enthält zwei Informationen, die zur Adressierung des Knotens relevant sind: die Netzwerk-ID und die Host-ID.

Hierbei wird eine recht intelligente Strategie zur Identifizierung des Teilnehmers benutzt, um ggf. auch die vielen hunderttausend Netzwerkknoten einzubinden. Die Rechner werden in lokalen Netzen zusammengefasst, die sich über die Netzwerk-ID adressieren lassen. Durch den Anteil der Netzwerk-ID in der IP-Adresse »weiß« man also sofort, in welchem Netzwerk der jeweilige Knoten enthalten ist. Innerhalb des Netzwerks müssen die einzelnen Knoten nochmals eindeutig identifizierbar sein. Hierzu dient die Host-ID (d. h., diese muss im Netzwerk eindeutig sein, die gleiche Host-ID kann aber in anderen Netzwerken, die eine abweichende Netzwerk-ID aufweisen, vorkommen). Die Kombination Netzwerk-ID/Host-ID stellt sicher, dass die Netzwerksektionen und darin die einzelnen Stationen schnell und effizient erreicht werden können.

Um Probleme, die bei einer festen Aufteilung der Bits zwischen Netzwerk-ID und Host-ID entstehen, zu vermeiden, wurde ein variabler Ansatz zur Aufteilung der IP-Adresse in Netzwerk- und Host-ID gewählt. Die Netze werden nach ihrer Größe den drei IP-Klassen A, B, C zugeordnet. Diese drei Klassen reflektieren die Größe der jeweiligen Netzwerke (d.h. die Zahl der möglichen Hosts im Netzwerk). Der erste Wert der IP-Adresse legt die IP-Adressklasse fest. Die folgende Tabelle listet die möglichen IP-Klassen auf.

Klasse	w-Wert	Netzwerk-ID	Host-ID	Netzwerke	Hosts im Netz
A	1–126	w	x,y,z	126	16.777.214
B	128–191	w,x	y,z	16.384	65.534
C	192–223	w,x,y	z	2.097.151	254

Tabelle 8.1 IP-Adressklassen

Bei der Vergabe der IP-Adressen überlegt man sich, wie viele Host-Computer wohl im Netzwerk benutzt werden.

- *Klasse A:* Ein Klasse A-Netzwerk kann über 16 Millionen Einzelrechner aufnehmen. Im Adressraum kann es dann aber maximal 126 solcher Netzwerke geben. In diesem Fall darf das erste Oktett Werte zwischen 1 und 126 beinhalten. Die restlichen Oktetts bezeichnen dann die Host-ID.

- *Klasse B:* Ein Netzwerk dieser Klasse wird durch Werte zwischen 126 und 191 im ersten Oktett definiert. Ist dieses Kriterium erfüllt, wird auch das zweite Oktett zur Netzwerk-ID hinzugenommen. Die beiden verbleibenden Oktetts definieren dann die Host-ID.

- *Klasse C:* Dieses Netzwerk kann nur bis zu 254 Hosts umfassen, da lediglich das letzte Oktett der IP-Adresse für die Host-ID verwendbar ist. Diese Klasse wird durch Werte zwischen 192 und 223 im ersten Oktett identifiziert. In diesem Fall werden auch die beiden folgenden Oktetts zur Netzwerk-ID hinzugenommen. Dies ermöglicht bis zu 16.384 unterschiedliche Netze.

Sobald das Netzwerk mit dem Internet verbunden ist, muss die IP-Adresse für das Netzwerk über eine Registrierungsbehörde registriert sein. Zurzeit wird diese Registrierung über die InterNIC Registration Services gemäß den obigen Kriterien für die Klassen A, B, C verwaltet.

Die häufig in LANs anzutreffenden (lokalen) IP-Adressen in der Form 192.168.178.x bezeichnen also ein Klasse-C-Netzwerk. Daher sind die ersten drei Oktetts festgeschrieben. Das letzte Oktett ist dagegen zur Vergabe der Host-IDs frei. Beim Betrieb eines lokalen Netzwerks handelt es sich um private IP-Adressen, die nicht beim InterNIC-Registrierungsservice beantragt werden müssen.

Allerdings gibt es den Fall, dass ein solches Netzwerk über ein Modem etc. mit dem Internet verbunden wird. Um jetzt nicht jedes private IP-Netzwerk mit Internet-Zugang bei InterNIC registrieren zu müssen, sieht der RFC-1597-Standard private IP-Adressbereiche (10.0.0.0 bis 10.255.255.255 (Class A), 172.16.0.0 bis 172.31.255.255 (Class B) und 192.168.0.0 bis 192.168.255.255 (Class C)) vor.

HINWEIS Der Oktett-Wert 127 ist für interne Prüfschleifentests und die Interprozesskommunikation auf dem lokalen Computer reserviert. Die Adressen ab 224 sind für spezielle Protokolle reserviert. Die IP-Adressen 0 und 255 sind für Broadcasting vorgesehen und werden von allen Computern erkannt. Sie können diese Adressen daher nicht einem Computer zuweisen.

Bleibt noch die Frage, wofür die Subnet-Mask auf der Registerkarte *IP-Adresse* benötigt wird. Wächst ein Netzwerk stark an, reicht die vorgesehene Anzahl an Host-IDs nicht mehr zur Adressierung der Arbeitsstation aus. Außerdem ist es unwirtschaftlich, die gesamten TCP/IP-Pakete über das gesamte Netzwerk zu schicken. Meist werden die Rechner innerhalb des lokalen Netzwerks miteinander kommunizieren. Daher werden solche Netzwerke in mehrere Subnetze unterteilt. Ein Router schottet dann das Subnetz gegenüber den anderen »übergeordneten« Netzen ab. Nur wenn ein Datenpaket einen Host in einem anderen Netz adressiert, wird dieses über den Router weitergeleitet. Alle anderen Nachrichten gehen nur an die lokalen Rechner des Subnetzes. Der Router benötigt jedoch ein Kriterium, um zu erkennen, welche Pakete lokal verteilt und welche global weitergeleitet werden müssen. Genau für diesen Zweck ist die Subnet-Mask vorhanden. Diese Subnet-Adresse wird ebenfalls wie eine IP-Adresse als 32-Bit-Zahl mit vier Oktetts und dazwischen gestellten Punkten angegeben.

Der Wert einer Subnet-Mask wird auf einfache Weise ermittelt: Die Bits, die mit der Netzwerk-ID in der IP-Adresse korrespondieren, werden in der Subnet-Mask auf 1 gesetzt. Die mit der

Host-ID korrespondierenden Bits werden auf 0 gesetzt. Dann wird das Bitmuster in die Oktettdarstellung umgesetzt. Bei einer IP-Adresse der Klasse B ergibt dies die Subnet-Mask 255.255.0.0 (da die Netzwerk-ID und die Host-ID jeweils zwei Byte umfassen). Ein Netzwerk der Klasse A verwendet die Subnet-Mask 255.0.0.0 und beim Netzwerk der Klasse C gilt die Subnet-Mask 255.255.255.0.

Zusätzlich lässt sich die Subnet-Mask nutzen, um eine zugewiesene Netzwerk-ID unter verschiedenen lokalen Netzwerken weiter zu segmentieren. Dann wird das dritte Oktett der IP-Adresse als Subnet-ID benutzt. Alle IP-Adressen innerhalb des lokalen Netzwerks müssen aber die gleiche Subnet-Mask aufweisen.

Änderungen beim IPv6-Standard

Die IPv4-Adressierung ermöglicht es, etwas über vier Milliarden IP-Adressen an Geräte im Internet zu vergeben. Da dies in absehbarer Zeit zu Engpässen führt (speziell, wenn auch intelligenten Geräten wie Sensoren, Elektrogeräten, Handys etc. IP-Adressen zugewiesen werden sollen), wurde das Internet Protocol Version 6 (IPv6), auch IPnG, Internet Protocol Next Generation genannt, standardisiert. Die IPv6-Adressen umfassen 128 Bit (16 Byte) und ermöglichen 2^{128} Adressen = rund 340 Sextillionen (statt 2^{32} Adressen = rund 4,3 Milliarden bei IPv4).

IPv6-Adressen werden in einer geänderten Notation geschrieben. Die Adresse wird in acht Blöcke mit einer Länge von jeweils 16 Bit unterteilt, wobei die 16-Bit-Werte im Hexadezimalsystem anzugeben und durch Doppelpunkte zu trennen sind. Eine gültige IPv6-Adresse könnte dann folgendermaßen geschrieben werden:

2004:0db8:85a3:08d3:1319:8a2e:0371:7311

Umfassen eine oder mehrere aufeinanderfolgende der 16-Bit-Gruppen den Wert 0000, darf die Gruppe in der IPv6-Adressangabe entfallen. An dieser Stelle stehen dann zwei aufeinanderfolgende Doppelpunkte. Allerdings darf nur eine solche Stelle mit zwei aufeinanderfolgenden Doppelpunkten in der IPv6-Adresse auftreten. Die Adresse *2004:0db8:0000:0000:0000:0000:1428:5711* kann also zu *2004:0db8::1428:5711* abgekürzt werden. Die weggelassenen Null-Gruppen lassen sich eindeutig identifizieren, da es immer acht Gruppen sein müssen. Eine Angabe der Art *2004::111e::cadd* ist dagegen unzulässig, da nicht erkennbar ist, wie viele Gruppen an den einzelnen Stellen mit den zwei Doppelpunkten weggelassen wurden. Enthält eine IPv6 jedoch mehrere führende Gruppen, deren Wert 0 ist, dürfen diese ausgelassen werden. Die Adressangabe *::* steht für die IPv6-Adresse *0:0:0:0:0:0:0:0*, die Angabe *::1* für die Adresse *0:0:0:0:0:0:0:1*.

Die ersten vier Byte der IPv6-Adresse dienen üblicherweise der Netzadressierung, die letzten 64 Bit werden zur Host-Adressierung verwendet. Die Subnet-Maske aus IPv4 gibt es bei der IPv6-Adressierung nicht mehr. Adressbereiche werden durch ein /-Zeichen, gefolgt von der Anzahl der Bits gekennzeichnet. Die Angabe *2004:0db8:85a3:08d3::/64* besagt, dass die ersten 64 Bit das Subnetz spezifizieren und die restlichen 64 Bit zur Adressierung innerhalb des Subnetzes frei vergeben werden können (*2004:0db8:85a3:08d3:1319:8a2e:0370:7344* wäre also eine IPv6-Adresse aus dem Subnetz *2004:0db8:85a3:08d3*). Die Angabe *::* spezifiziert die undefinierte IPv6-Adresse *0:0:0:0:0:0:0:0*. Die Adresse des eigenen Standorts (localhost) lässt sich mit *::1* angeben.

Soll eine IPv6-Adresse in einer URL angegeben werden, ist sie in eckige Klammern einzuschließen (z. B. *http://[2001:0db8:85a3:08d3:1319:8a2e:0370:7344]*). Dies ist erforderlich, um Portangaben (z. B. *http://[2001:0db8:85a3:08d3:1319:8a2e:0370:7344]8080*) in einer solchen Adresse zu erkennen.

HINWEIS Eine recht gute Beschreibung der IPv6-Adressierung findet sich in Wikipedia auf der Webseite *de.wikipedia.org/wiki/IPv6*. Änderungen durch das IPv6-Protokoll in Windows Vista beschreibt die Webseite *www.microsoft.com/technet/community/columns/cableguy/cg1005.mspx*.

Anhang A

Telefonieren über das Internet

In diesem Anhang:
Einführung in die Internettelefonie 332

Seitdem fast alle Internet-Provider VoIP anbieten, telefonieren immer mehr Menschen über das Internet. Nachfolgend finden Sie einen kurzen Überblick, was sich hinter dieser Technik verbirgt und welche Voraussetzungen gegeben sein müssen.

Einführung in die Internettelefonie

Das Telefonieren über das Internet, auch als VoIP-Telefonie (Voice over IP) bezeichnet, ist ein Trend, der zukünftig von immer mehr Menschen genutzt werden wird. Der Vorteil besteht darin, dass auch Fern- und Auslandsgespräche sehr kostengünstig geführt werden können. Telefonate zwischen den Kunden eines IP-Telefonieanbieters sind sogar kostenlos. Nachfolgend möchte ich kurz skizzieren, was sich hinter dieser Technik verbirgt, was man benötigt und wie man IP-Telefonanrufe tätigen kann.

Was steckt hinter dem Begriff IP-Telefonie?

Der Begriff IP-Telefonie steht für eine Technik, bei der das Internet als Übertragungsmedium für Telefongespräche genutzt wird. Telefonate lassen sich dabei von einem Endgerät (Telefon oder Computer) vornehmen. Statt jedoch die gängigen Telefonleitungen der Telefongesellschaft zu nutzen, wird eine bestehende Internetverbindung zum Telefonieren verwendet. Die Sprachdaten werden dabei durch geeignete Hard- und Software in Datenpakete zerlegt und dann über die Internetverbindung zum Provider und danach zum angerufenen Teilnehmer übertragen.

Das funktioniert nicht nur zu anderen Teilnehmern im Internet. Über eine Vermittlungsstelle (Gateway) des Anbieters kann das Gespräch auf jede beliebige Nummer im Festnetz oder auf dem Handy (Inland oder Ausland) vermittelt werden. Für den Benutzer eines Internettelefonanschlusses ändert sich praktisch nichts. Er wählt einfach die Telefonnummer des gewünschten Teilnehmers. Handelt es sich um die Nummer eines anderen Internet-Telefonanschlusses, wird das Gespräch zu diesem Anschluss geleitet. Bei Anwahl einer Telefonnummer im Festnetz oder in einem Mobilfunknetz leitet der Provider das Gespräch über das Gateway in diese Netze weiter. Das Gleiche passiert natürlich auch, wenn der Besitzer eines Handys oder eines Festnetztelefons die Telefonnummer eines Internet-Telefonanschlusses anwählt. Die Telefongesellschaften stellen dann den Anruf zu dem Gateway durch, dem die angewählte Internet-Telefonnummer zugewiesen ist. Anschließend wird das Gespräch per Internet an den Internet-Telefonanschluss des Teilnehmers weitervermittelt.

Der Clou bei der Internettelefonie: Telefongespräche, die Kunden eines Providers zwischen zwei Internet-Telefonanschlüssen führen, sind in der Regel kostenlos. Einige Anbieter von VoIP schalten ihre Netze zusammen. Dann sind auch kostenlose Gespräche zu Teilnehmern in den Partnernetzen möglich. Dieser Ansatz ist insbesondere bei Gesprächen nach Übersee unschlagbar günstig. Muss ein Anruf über das Gateway zu einem Festnetz- oder Mobilfunkanschluss weitergeleitet werden, fallen allerdings Gesprächsgebühren an. Diese liegen aber in der Regel sehr günstig (z.B. Gespräche ins Festnetz für 1 Cent/Minute).

> **TIPP**   Wichtig ist allerdings, dass Sie über einen DSL-Volumentarif oder besser eine DSL-Flatrate verfügen, damit nicht zusätzliche Kosten für die DSL-Verbindung auflaufen. Viele DSL-Provider bieten auch Verträge mit einer Telefonie-Flatrate für Gespräche ins Festnetz an. Erkundigen Sie sich ggf. beim Anbieter Ihres DSL-Anschlusses bzw. auf dessen Webseiten (1&1: *www.1und1.de*, Freenet: *www.freenet.de* etc.) nach den Konditionen für das Telefonieren per Internet. Auf der Internetseite *www.dsl-magazin.de/voip/tarifrechner* können Sie einen VoIP-Tarifrechner des DSL-Magazins nutzen, der die Verbindungskosten in Fremdnetze für verschiedene Provider anzeigt.

Die Nutzung der IP-Telefonie kann sowohl für Privatanwender als auch für Firmen Vorteile bringen:

- Privatpersonen oder Firmen, die ggf. nur einen analogen Telefonanschluss bei einer Telefongesellschaft besitzen, erhalten bei vielen Providern automatisch bis zu vier neue Telefonnummern für den Internettelefonanschluss zugewiesen. Mit der entsprechenden Hardwareausstattung können also mehrere Personen gleichzeitig telefonieren, ohne dass sofort die Telefonleitung bzw. der Telefonanschluss belegt ist.

- In Firmen bietet Internettelefonie den großen Vorteil, dass nur ein Breitband-Internetzugang benötigt ist. Die vorhandene Netzwerkinfrastruktur kann mit genutzt werden, d.h., es müssen keine teuren Telefonanlagen oder zusätzliche Telefonkabel installiert werden. Die Telefonfunktion kann sogar direkt über die Computer der Mitarbeiter realisiert werden.

Neben der technischen Möglichkeit, direkt per Computer zu telefonieren und die vorhandene Netzwerkinfrastruktur zu nutzen, spielt natürlich der oben genannte Kostenvorteil ebenfalls eine große Rolle. Gerade für Vieltelefonierer kann eine Flatrate ins deutsche Festnetz eine sehr interessante Option sein.

> **HINWEIS**   Trotz der vielen Vorteile, die VoIP bietet, sollten auch einige Probleme nicht verschwiegen werden. Zwischenzeitlich werben einige DSL-Anbieter damit, dass kein Festnetzanschluss mehr notwendig ist. Alles kann über einen DSL-Anschluss abgewickelt werden. Die Kündigung eines Festnetzanschlusses will jedoch gut überlegt sein. Um eine halbwegs vernünftige Sprachqualität zu erhalten, muss die DSL-Verbindung und die Hardware auf VoIP abgestimmt sein. Auf meiner 1-MBit-DSL-Verbindung ist bei Internettelefonaten über den Rechner bereits eine deutliche Verzögerung des gesprochenen Worts zu bemerken. Auch bei Anrufen vom Festnetz zu Firmen, die intern mit IP-Telefonie arbeiten, machte sich eine verminderte Klangqualität mit deutlich hörbarem Hall negativ bemerkbar. Die Verwendung spezieller VoIP-fähiger Router kann hier eventuell eine Verbesserung bringen. Negativ ist auch, dass die Kosten für Telefonate in Handy-Netze bei manchen Providern doch sehr hoch sind. Dann kann die Verwendung einer Vorwahlnummer eines Call-by-Call-Anbieters wesentlich günstiger sein. Diese Call-by-Call-Angebote lassen sich aber nur vom Festnetz der nationalen Telefongesellschaft (z.B. Deutsche Telekom) nutzen. Auch der Ausfall eines Internet-Knotens, des Gateways beim Provider etc. führen dazu, dass keine VoIP-Telefonie mehr möglich ist. Dann ist man auf Handy oder Festnetz angewiesen. Persönlich nutze ich daher in meinem Büro VoIP nur für Ferngespräche und weiche, wegen der besseren Sprachqualität, doch häufiger auf Call-by-Call-Anbieter aus. Hinweise zum Thema Internettelefonie samt Erfahrungsberichten finden Sie auf der Internetseite *www.voip-information.de*.

Was braucht man für die IP-Telefonie?

Zur Nutzung von IP-Telefonie sollten Sie über einen genügend schnellen DSL-Internet-Breitbandzugang (1 oder 2 GBit/s) mit Pauschaltarif (Flatrate) verfügen. Die Anbindung der Geräte kann über einen VoIP-fähigen Router (Anschluss normaler Telefone) oder über LAN bzw. WLAN (beim Telefonieren über die Rechner) erfolgen. Weiterhin benötigen Sie einen Anbieter, der IP-Telefonie anbietet. Zwischenzeitlich haben praktisch alle DSL-Provider diese Funktion im Angebot. Alternativ können Sie natürlich einen DSL-Provider für den Internetzugang und einen zweiten Anbieter (z.B. Skype) für die VoIP-Telefonie nutzen.

IP-Telefonie, direkt über den Rechner

Um IP-Telefonie zu testen, reicht eigentlich ein Rechner mit DSL-Zugang und ein Provider, der die IP-Telefonie anbietet. Sie müssen dann auf den Zugangsseiten des Providers die Funktionen für die IP-Telefonie freischalten. Dort werden Ihnen dann auch die IP-Telefonnummern sowie die Zugangscodes (Benutzerkennung und Passwort) zugewiesen.

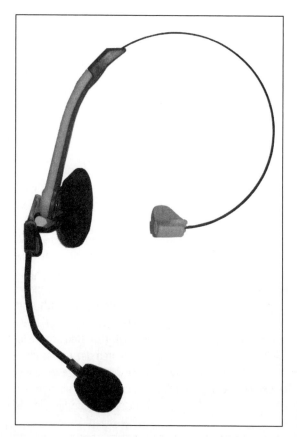

Abbildung A.1 Headset zum Telefonieren über Internet

Anschließend können Sie direkt am Computer VoIP-Telefonate über den DSL-Anschluss führen. Sie brauchen dann nur noch ein Telefonprogramm und eine geeignete Hardware, um (z.B. über WLAN per Notebook oder über Netzwerk an verschiedenen Rechnern) Telefongespräche per Internet zu führen:

- Im einfachsten Fall verwenden Sie ein Headset (Kopfhörer und Mikrofon, Abbildung A.1), welches an die Soundkarte (oder an einem USB-Anschluss) des Rechners anzuschließen ist. Diese Lösung ist äußerst preiswert und hat den Vorteil, dass die Hände beim Telefonieren frei bleiben. Daher ist dieser Ansatz in Callcentern und in Büros sehr beliebt.
- Alternativ können Sie ein USB-Handset (Abbildung A.2, Anbieter z.B. Pearl, *www.pearl.de*) für ca. 20 Euro einsetzen, welches wie ein Telefon genutzt werden kann. Es ist lediglich eine USB-Verbindung zum Rechner erforderlich.

Abbildung A.2 USB-Telefon-Handset

In beiden Fällen übernimmt dann das Telefonprogramm das Wählen und den Verbindungsaufbau. Lautsprecher und Mikrofon des Headsets oder des Handsets dienen lediglich dazu, das Gespräch führen zu können.

Telefonprogramme gibt es von verschiedenen Herstellern. Der Anbieter Skype stellt unter *www.skype.com/intl/de/* das für die Skype-Nutzung benötigte Programm kostenlos zum Download zur Verfügung. Für andere IP-Telefonanbieter lässt sich das Programm Nero SIPPS verwenden. Allerdings scheint die Firma Ahead (bzw. Nero) die Weiterentwicklung des Programms zwischenzeitlich eingestellt zu haben. Sie können aber über Suchmaschinen die Download-Adressen für ältere Versionen ermitteln. Modifizierte Varianten oder Alternativen lassen sich teilweise auf den Webseiten der Anbieter von Internettelefonie kostenlos herunterladen.

Sobald Sie das Telefonprogramm starten, wird ein kleines Symbol im Infobereich der Taskleiste eingeblendet. Über dieses Symbol lässt sich das Programmfenster einblenden. Die Abbildung A.3 zeigt das Programmfenster von 1&1 SoftPhone – eine SIPPS-Variante, die vom Anbieter 1&1 kostenlos für seine Kunden bereitgestellt wird. Nach dem Programmstart lässt sich die Telefonnummer des gewünschten Teilnehmers per Maus oder über die Tastatur des Rechners eingeben. Alternativ kann ein Telefonbuch geführt werden, aus dem sich die Rufnummer des Teilnehmers übernehmen lässt.

Danach genügt ein Mausklick auf die Verbindungstaste des Fensters, um den Anruf zu tätigen. Das Programm stellt über den Internetzugang eine Internetverbindung zum Telefonanbieter her. Dieser leitet das Gespräch dann über das Internet bzw. bei Bedarf über eine Vermittlungsstelle zum angerufenen Teilnehmer.

Abbildung A.3 1&1 Softphone zur IP-Telefonie

IP-Telefonie über einen VoIP-Router

Wer keinen Computer zum Telefonieren über das Internet verwenden bzw. hochfahren möchte, kann auch auf Router zurückgreifen, die VoIP direkt unterstützen. Die von der Firma AVM angebotenen WLAN-Router wie die FRITZ!Box Fon bzw. FRITZ!Box Fon WLAN ermöglichen, je nach Modellvariante, zwei analoge Telefone oder eine ISDN-Anlage anzuschließen. Dann lässt sich der vorhandene Telefonanschluss über ein Zusatzkabel mit der FRITZ!Box verbinden.

- Bei einem über das Festnetz eintreffenden Anruf leitet die FRITZ!Box dieses an die angeschlossenen Telefone weiter. Das Gleiche passiert, falls ein Anruf über das Internet zu Ihrer VoIP-Telefonnummer hereinkommt.

- Um selbst ein Gespräch zu führen, lässt sich über eine Taste am Telefon wählen, ob die Verbindung per Festnetzanschluss erfolgen soll oder über VoIP und Internet zu führen ist.

Für die Gespräche über Internet ist lediglich sicherzustellen, dass die VoIP-Zugangsdaten und die beim Anbieter zugewiesenen Rufnummern in den Konfigurationsseiten der FRITZ!Box eingetragen sind. Sie brauchen also keinen Computer hochzufahren, um über das Internet zu telefonieren.

HINWEIS Neben der FRITZ!Box Fon gibt es auch noch spezielle VoIP-Telefone (*www.telefon.de*), VoIP-fähige Telefonanlagen (z.B. *www.auerswald.de*) und Speziallösungen wie Asterisk. Auf der Internetseite *www.voip-information.de* finden Sie neben vielen Informationen zum Thema auch eine gute Übersicht über Hard- und Softwarelösungen zur VoIP-Telefonie.

Abbildung A.4 FRITZ!Box Fon WLAN

Anhang B

Media Center Extender

In diesem Anhang:

Media Center Extender, was ist das? 340
Xbox 360 als Media Center Extender einbinden 340

Die Xbox 360 kann in einem Netzwerk mit Windows Vista-Rechnern als Media Center Extender fungieren. Nachfolgend wird kurz erläutert, was sich hinter dem Konzept der Media Center Extender verbirgt und wie Sie diese Geräte unter Windows Vista nutzen können.

Media Center Extender, was ist das?

Media Center Extender sind Geräte, die über ein Netzwerk Medieninhalte von einem Server abrufen und lokal wiedergeben können. Windows Vista besitzt die Möglichkeit, diese Media Center Extender über ein Netzwerk einzubinden. Dies ermöglicht, dass ein Windows Vista-Rechner als Server fungiert und Medieninhalte über das Netzwerk an die Media Center Extender überträgt. Diese arbeiten als Client, der die Medieninhalte wie Bilder, Musik oder Videos abruft und lokal wiedergibt. Windows Vista betrachtet jedes Media Center Extender-Gerät quasi als eigenen Nutzer und legt ein Benutzerkonto (*MCX1*, *MCX2* etc.) für die Geräte an. Anschließend steht auf dem Media Center Extender-Gerät fast die gesamte Funktionalität des Windows Vista Media Center zur Verfügung. Der Benutzer kann am Media Center Extender Bilder, Musik und Videos abrufen.

Der Media Center Extender übernimmt quasi die Rolle, die bei einem Windows Vista-System der Windows Media Player als Client beim Zugriff auf die Medienfreigabe hat. Allerdings wird nicht der Windows Media Player, sondern die Windows Media Center-Funktionalität im Client bereitgestellt. Der Vorteil besteht darin, dass nicht unbedingt ein Windows-Rechner zur Wiedergabe von Multimediainhalten erforderlich ist. Auch andere Geräte mit Media Center Extender-Funktionalität sind zur Wiedergabe verwendbar. Die Spielekonsole Xbox 360 ist ein solcher Media Center Extender, der bereits auf Windows Vista abgestimmt ist und über ein Netzwerk eingebunden werden kann. Dabei ist sowohl eine Verbindung über ein LAN-Netzwerk als auch eine Drahtlosverbindung über ein WLAN möglich.

HINWEIS Um Videos über das Netzwerk übertragen und im Media Center Extender ohne Ruckeln abspielen zu können, muss aber eine genügend schnelle Netzwerkverbindung vorhanden sein. Sie benötigen daher ein 100 MBit/s-Netzwerk, falls Sie ein LAN verwenden. Bei einer Funkübertragung per WLAN sollten Sie darauf achten, dass eine Übertragungsrate von 54 Mbit/Sekunde unterstützt wird. Der 802.11g-Standard liefert zwar diese Bruttodatenrate. Wegen der Störanfälligkeit (z.B. gegenüber Sendern wie DECT-Telefonen) kann es ggf. erforderlich sein, WLAN-Komponenten nach dem in Deutschland weniger verbreiteten 802.11a-Standard zu verwenden. Dieser Standard stellt zwar ebenfalls nur eine Bruttobandbreite von 54 MBit/s bereit, sendet aber auf einer Frequenz von 5 GHz (siehe *de.wikipedia.org/wiki/IEEE_802.11a*).

Xbox 360 als Media Center Extender einbinden

Das Einbinden der Spielekonsole Xbox 360 als Media Center Extender in ein Netzwerk mit Windows Vista erfordert mehrere Schritte. Zuerst müssen Sie die Xbox 360 über ein Netzwerkkabel (oder den WLAN-Adapter) mit dem Windows Vista-Rechner verbinden. Sobald die Xbox 360 zusätzlich an ein TV-Gerät angeschlossen und eingeschaltet ist, müssen Sie die Konfigurierung im so genannten Dashboard vornehmen:

- Der Zugang zum Netzwerk lässt sich im Dashboard im Bereich *System* überprüfen. Hierzu ist im Bereich *System* der Eintrag *Netzwerkeinstellungen* und dann *Media Connection testen* zu wählen.
- Bei einer WLAN-Verbindung sind an der Xbox 360 zusätzlich die betreffenden Netzwerkeinstellungen einzutragen. Dazu gehören auch die zu verwendenden WLAN-Protokolle und die WPA-Schlüssel zur Absicherung.
- Um die Media Center-Funktionalität in der Xbox 360 freizugeben, selektieren Sie im Dashboard den Bereich *Medien* und dann den Eintrag *Media Center*. Daraufhin überprüft das Gerät den LAN-Zugang zum lokalen Netzwerk.

Die Xbox 360 liefert Ihnen bei einer erfolgreichen Konfigurierung mit Zugriff auf das Netzwerk auch einen achtstelligen Media Center-Zugriffscode, den Sie sich notieren müssen. Nur mit diesem Code lässt sich der Media Center Extender unter Windows Vista einbinden. Details zur Einrichtung sind der Xbox 360-Dokumentation zu entnehmen.

Unter Windows Vista erfolgt die Einrichtung des Extenders im Windows Media Center. Hierzu müssen Sie das Windows Media Center über das Startmenü aufrufen. Danach sind folgende Schritte auszuführen:

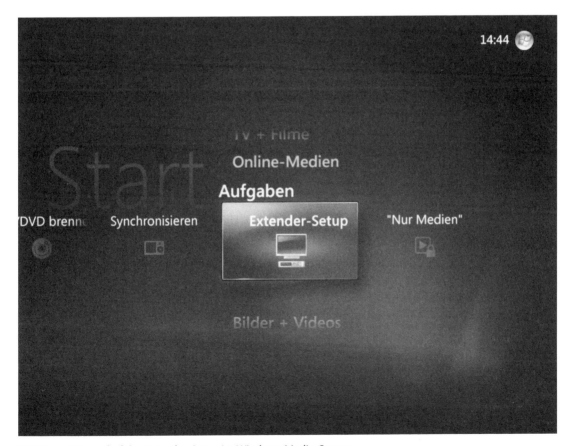

Abbildung B.1 Aufruf des Extender-Setup im Windows Media Center

- Führen Sie in der Startseite des Windows Media Centers einen Bildlauf zum Bereich *Aufgaben* durch und wählen Sie dann den Befehl *Extender-Setup* (Abbildung B.1).
- Auf der Seite *Extender-Setup* wählen Sie die *Weiter*-Schaltfläche und tragen anschließend auf der Folgeseite den achtstelligen Zugangscode der Xbox 360 ein (Abbildung B.2).

Abbildung B.2 Setup-Schlüssel für den Media Center Extender eingeben

- Über die *Weiter*-Schaltfläche werden Sie durch die Folgeseiten geführt, in denen die Firewalleinstellungen an den Media Center Extender angepasst, Energieeinstellungen festgelegt und die Anzeige der Medienordner im Extender zugelassen werden kann (Abbildung B.3, unten). Die Anzeige der freigegebenen Medienordner muss nach dem Anklicken der *Weiter*-Schaltfläche über die Benutzerkontensteuerung bestätigt werden.

Anschließend konfiguriert das Media Extender-Setup den Vista-Rechner zur Medienfreigabe. Die einzelnen Schritte werden in einer Seite (Abbildung B.3, oben) angezeigt. Verläuft die Konfigurierung erfolgreich und wird ein Media Center Extender gefunden, bindet der Setup-Assistent dieses Gerät in Windows Vista ein. Anschließend lässt sich ein Netzwerkleistungstest durchführen. Dieser überprüft, ob die Übertragungsleistung des Netzwerks für die Wiedergabe von Videos im Media Center Extender ausreicht. Sobald die Seite mit der Schaltfläche *Fertig stellen* erscheint, können Sie mit einem Klick darauf das Setup abschließen.

Um den Zugriff des Media Center Extenders auf die freigegebenen Medien zuzulassen, öffnen Sie im Windows Media Player das Menü der Registerkarte *Medienbibliothek* und wählen darin den Befehl *Medienfreigabe* aus. Es erscheint das in Kapitel 7 beschriebene Dialogfeld *Freigabe an Medien*, in dem Sie den Media Center Extender als Gerät zulassen müssen. Ist die Xbox 360 erfolgreich konfiguriert und im Netzwerk erreichbar, taucht deren Name als Gerät im Dialogfeld auf. Dann kann der Zugriff dieses Geräts auf die Medienfreigaben zugelassen werden.

Abbildung B.3 Dialogfelder beim Media Extender-Setup

Anschließend kann auf der Xbox 360 auf die Medieninhalte, die im Windows Vista-Rechner im Windows Media Center verfügbar sind, zugegriffen werden. Wenn Sie bei eingeschalteter Xbox

360 im Dashboard den Eintrag *Media Center* wählen, sollte auf dem Bildschirm der Xbox 360 die Darstellung des Windows Media Centers erscheinen. Sie können dann genauso wie unter Windows Vista die Medieninhalte (Fotos, Musik, Videos) abrufen.

HINWEIS Stellen Sie beim Einbinden eines Media Center Extender sicher, dass die beiden Geräte sich im gleichen Subnetz befinden und dass der Netzwerkstandort auf »Privat« eingestellt ist. Detailliertere Hinweise zum Einrichten des Media Center Extender liefert die Windows-Hilfe, wenn Sie nach den Begriffen »Media Center Extender« suchen.

Anhang C

Windows Home Server

In diesem Anhang:

Windows Home Server im Überblick	346
Windows Home Server-Installation	349
Windows Home Server verwalten und nutzen	352

Mit dem Windows Home Server bietet Microsoft eine Lösung, um Dateien und Medieninhalte zentral im Netzwerk zu verwalten. Auf die Freigaben des Servers kann dann über das Netzwerk von den Windows-Clients zugegriffen werden. Auf den folgenden Seiten wird das Konzept des Windows Home Server und dessen Installation kurz skizziert. Zudem wird die Verwaltung und Nutzung des Medien-Servers angerissen.

Windows Home Server im Überblick

Beim Windows Home Server handelt es sich um die erste, von Microsoft für den Heimbereich konzipierte, Serverlösung, mit der sich Daten komfortabel in einem Netzwerk verwalten, sichern und verteilen lassen. Nachfolgend erhalten Sie einen kurzen Überblick, was sich hinter dem Konzept des Windows Home Server verbirgt und welche Anforderungen an die Hard- und Software gestellt werden.

Was steckt hinter dem Windows Home Server?

Das Konzept der in diesem Buch vorgestellten Arbeitsgruppen-Netzwerke basiert darauf, dass jeder Anwender seine Inhalte auf seinem Computer in einem speziellen Verzeichnis speichert. Bei Bedarf kann er diese Inhalte oder auch Geräte wie Drucker zur gemeinsamen Nutzung im Netzwerk freigeben. Da aber die Computer der einzelnen Nutzer nicht immer in Betrieb sind, können andere Anwender (z.B. Familienmitglieder) nicht oder nur umständlich (nachdem die benötigten Rechner zusätzlich eingeschaltet wurden) auf die benötigten Inhalte zugreifen. Zudem kann es aufwändig werden, den Ort, an dem die freigegebenen Dateien liegen, zu finden (im schlechtesten Fall muss auf mehreren Rechnern nachgesehen werden, wo die Freigaben liegen). Der Windows Home Server schafft Abhilfe, indem die von den Anwendern gemeinsam genutzten Inhalte an einer zentralen Stelle gespeichert werden. So können Dritte über ein LAN oder per WLAN auf die freigegebenen Daten zugreifen.

Windows Home Server ist dabei als Hard- und Softwarelösung konzipiert, um die Daten innerhalb eines Heimnetzwerks auf einfache Weise zu speichern, zu verwalten und zu sichern. Auf dem als Server fungierenden Rechner läuft eine abgewandelte Version des Windows Small Business Server 2003, die für den einfachen Einsatz in Heimnetzwerken optimiert wurde. Daher fehlen u.a. der Mail-Server der Windows Server 2003-Ausgabe. Weiterhin wurden spezielle Funktionen (Home Server-Konsole) zur vereinfachten Administration für Privatanwender integriert. Der Windows Home Server stellt folgende Funktionen bereit:

- Es lassen sich Ordner mit Daten (z.B. Medieninhalte wie Bilder, Musik und Videos) sowie am Server angeschlossene Drucker bzw. Geräte zur gemeinsamen Nutzung im Netzwerk freigeben. Dann können Benutzer von anderen Windows-Rechnern über das Heimnetzwerk oder sogar über das Internet auf diese Freigaben zugreifen.

- Weiterhin können Multimediainhalte wie beispielsweise Bilder, Musik und Videos über das Heimnetzwerk für andere Windows-Rechner oder für Media Center Extender (z.B. Xbox 360) bereitgestellt werden. Die Daten werden dabei als Streams übertragen, lassen sich also mit entsprechenden Media Playern wiedergeben.

- Eine integrierte Firewall gewährleistet den sicheren Verbindungsaufbau zum Server und zu den im Heimnetzwerk eingebundenen Computern über das Internet. Funktionen zur täglichen Datensicherung für bis zu zehn Netzwerk-Rechner schützen diese vor Datenverlust. Bei Bedarf lassen sich einzelne Dateien oder der Inhalt kompletter Laufwerke aus diesen Sicherungssätzen wiederherstellen. Bei entsprechender Hardwareausstattung (RAID) ermöglicht Windows Home Server die identische Speicherung wichtiger Dateien auf verschiedene Festplatten.
- Assistenten ermöglichen auch unerfahrenen Anwendern die Administration des Servers und der Freigaben über diverse Dialogfelder. Jedem Anwender werden dabei Zugriffsrechte auf die Freigaben des Servers im Netzwerk zugewiesen. Zusätzlich lässt sich der Softwareumfang durch kostenlose oder kommerziell angebotene Add-Ins erweitern.

Zur Administration stellt Windows Home Server verschiedene Funktionen zum Remotezugriff über das Netzwerk zur Verfügung. Dies ermöglicht es, dass der als Server fungierende Rechner ohne Tastatur, Maus oder Bildschirm betrieben werden kann. Über eine auf den Clients zu installierende Software, als Windows Home Server-Konsole bezeichnet, haben Administratoren die Möglichkeit, sich über das Netzwerk am Server anzumelden und diesen zu administrieren.

Abbildung C.1 Windows Home Server von Hewlett-Packard

Um die optimale Leistung des Servers zu erreichen, wird Windows Home Server bevorzugt als Komplettlösung, bestehend aus Hard- und Software, von Microsoft-Hardware-Partnern angeboten. Diese Lösungen umfassen dann einen preiswerten Rechner, auf dem der Serverteil von Windows Home Server bereits vorinstalliert ist.

Wer schon einen Rechner besitzt, kann auch das reine Softwarepakete mit der Systembuilder-Version (SB-Version) des Windows Home Server erwerben. Dann muss der Server aus dem Windows Home Server-Paket auf dem betreffenden Rechner installiert werden.

In beiden Fällen ist aber die Client-Software zur Verwaltung des Servers auf den gewünschten Client-Computern vom Nutzer zu installieren.

HINWEIS Da Windows Home Server auf dem Windows Small Business Server 2003 aufsetzt, handelt es sich um ein voll funktionsfähiges Betriebssystem. Sie können dort, wie unter anderen Windows-Versionen, zusätzliche Geräte samt Treiber installieren und vorhandene Betriebssystemanwendungen wie Internet Explorer, E-Mail etc. nutzen. Allerdings ist der Windows Home Server nicht primär als Desktop-System gedacht. Diese Funktionen sollten also nur im Notfall verwendet werden.

Der Vorteil von Windows Home Server gegenüber einem Windows XP- oder Windows Vista-Rechner besteht darin, dass die Verwaltung stark vereinfacht wurde und ein Remotezugriff auf den Server sowie dessen Freigaben über das Netzwerk sowie über das Internet möglich ist. Zudem sind die gegenüber Windows Vista stark reduzierten Hardwareanforderungen zu nennen.

Hardware- und Softwareanforderungen für Windows Home Server

Um den Serverteil von Windows Home Server installieren zu können, muss der als Server fungierende Rechner bestimmte Hardwareanforderungen erfüllen. Da der Server keine aufwändige Benutzeroberfläche enthält, kommt der Server mit wesentlich weniger Hardwareressourcen als zum Beispiel Windows Vista aus.

Komponente	Minimale Anforderungen
CPU	1 GHz Pentium oder schnellere Prozessoren von Intel bzw. AMD
RAM	512 Mbyte oder mehr
Festplatte	70 Gbyte oder mehr (als IDE, ATA, SATA oder SCSI-Festplatte)
DVD	DVD-Laufwerk zur Installation
Netzwerk	100 MBit/s Netzwerkanschluss

Tabelle C.1 Minimale Hardwareanforderungen an den Server

Der Rechner muss eine Hauptplatine mit einem ACPI-fähigen BIOS aufweisen und kompatibel zu Windows Server 2003 sein. Maus, Tastatur und Monitor sind eigentlich nur für die erste Inbetriebnahme erforderlich. Hier können Sie ggf. die betreffenden Komponenten von einem der Client-Rechner verwenden.

Der Server ist über ein LAN-Kabel an einen (W)LAN-Router anzubinden. Dieser stellt dann die Verbindung zu den anderen Rechnern des Heimnetzwerks über Netzwerkkabel oder WLAN-Adapter her. Über diesen Router kann auch die Internetanbindung über einen Breitbandanschluss erfolgen. Eine direkte Anbindung des Servers über WLAN-Strecken an den Router wird dagegen nicht unterstützt. Als Clients können Sie Rechner verwenden, auf denen eine der verfügbaren Windows Vista-Varianten oder Windows XP Home Edition bzw. Professional mit Service Pack 2 oder eine Windows XP Media Center Edition 2005 mit Service Pack 2 installiert ist.

Windows Home Server-Installation

Die Installation von Windows Home Server umfasst, je nach verwendeter Lösung, das Aufsetzen des als Server fungierenden Rechners sowie die Installation der Client-Software. Nachfolgend finden Sie noch einige Hinweise, was dabei zu beachten ist.

Installation des Server-Teils

Sofern Sie keinen Windows Home Server von einem Microsoft-Hardware-Partner mit vorinstallierter Serversoftware erwerben, ist diese Installation separat auf einem vorhandenen Rechner durchzuführen. Erfüllt dieser die oben angegebenen Hardwareanforderungen, benötigen Sie zur Installation die Server Installations-DVD aus dem Windows Home Server-Paket:

1. Legen Sie die Installations-DVD in das DVD-Laufwerk ein und booten Sie den betreffenden Rechner. Drücken Sie nach Aufforderung eine Taste auf der Tastatur, um das System von der Installations-DVD zu starten.
2. Nachdem das Mini-Betriebssystem mit der grafischen Benutzeroberfläche zur Durchführung der Installation von der DVD geladen wurde, bestätigen Sie den Willkommen-Dialog mit der *Weiter*-Schaltfläche.
3. Sofern die Festplatten keine besonderen Treiber benötigen und im Installationsdialog auftauchen, können Sie das Dialogfeld zum Laden solcher Treiber über die *Weiter*-Schaltfläche übergehen.
4. Wählen Sie anschließend im Dialogfeld mit der Frage nach dem Installationstyp die Option zur Neuinstallation über das betreffende Listenfeld.
5. In mehreren Dialogschritten müssen Sie die Regions- und Tastatureinstellungen vorgeben, die Lizenzbedingungen anerkennen und den Lizenzschlüssel von der DVD-Hülle eingeben.
6. Wenn das Dialogfeld zur Auswahl der Festplatte während der Installation erscheint, müssen Sie mehrfach bestätigen, dass die Installation auf dem betreffenden Medium auszuführen ist.

ACHTUNG Als Besonderheit ist bei der Installation zu beachten, dass Windows Home Server die komplette Festplatte benötigt. Sie können die Festplatte also nicht (wie bei Windows XP und Vista) in mehrere Partitionen aufteilen und dann das Server-Betriebssystem auf einer solchen freien Partition installieren. Setup weist Sie auf diesen Umstand in mehreren Dialogfeldern hin und fordert Sie ausdrücklich zur Bestätigung auf, dass alle Daten auf der Festplatte beim Formatieren des Datenträgers überschrieben werden dürfen.

Anschließend formatiert das Setup-Programm die Festplatte, kopiert die benötigten Dateien von der DVD auf den Datenträger und richtet den Server ein. Dieser Vorgang erfordert mehrere Neustarts und dauert eine geraume Zeit. Achten Sie bei diesen Neustarts darauf, dass der Rechner nicht von der DVD bootet, da sonst der Installationsvorgang von vorne beginnt. Während der Installation werden Ihnen verschiedene Informationen zu den Windows Home Server-Funktionen angezeigt.

Wenn die Installation abgeschlossen ist, taucht der Server unter dem Netzwerknamen *Server* im Netzwerk auf. Das eingerichtete Administratorkonto besitzt den Namen *Administrator* und kein Kennwort. Sie müssen noch zum Abschluss der Installation ein Kennwort für das Administratorkonto eingeben. Das Kennwort wird dabei automatisch in einem Dialogfeld abgefragt. Dieses Kennwort benötigen Sie, um sich später über den Anmeldedialog des Windows Home Servers oder über den Windows Home Server-Connector mit dem Server zu verbinden und diesen zu konfigurieren.

Installation des Windows Home Server-Connector

Um zur Konfigurierung nicht jedes Mal eine Maus, eine Tastatur und einen Bildschirm an den Server anschließen zu müssen, kann auch eine Client-Software auf den verschiedenen Windows-Rechnern des Heimnetzwerks installiert werden. Dieser Windows Home Server-Connector muss von der entsprechenden DVD installiert werden.

1. Starten Sie Windows auf dem betreffenden Client-Rechner und melden Sie sich unter einem Administratorkonto an. Dies ist auch unter Windows Vista erforderlich, da das Setup nicht unter einem Standard-Benutzerkonto ausgeführt werden kann.
2. Anschließend legen Sie die DVD mit dem Windows Home Server-Connector-Setup-Programm in das DVD-Laufwerk ein und starten das Programm *Setup.exe*. Bestätigen Sie ggf. die unter Windows Vista erscheinende Sicherheitsnachfrage der Benutzerkontensteuerung.
3. Sobald das Dialogfeld des Installationsassistenten (Abbildung C.2, oben) erscheint, durchlaufen Sie die einzelnen Schritte durch Anklicken der *Weiter*-Schaltfläche.
4. Wenn die Dateien installiert sind, sucht der Setup-Assistent den Windows Home Server und fragt das Anmeldekennwort ab (Abbildung C.2, unten). Geben Sie das Kennwort, welches zur Anmeldung am Administratorenkonto des Servers benötigt wird, im Kennwortfeld ein.

Kann die Anmeldung am Server vorgenommen werden, richtet der Assistent den Windows Home Server-Connector auf dem Client ein. Dabei wird ein Ordnersymbol zum Zugriff auf die freigegebenen Ordner auf dem Desktop angelegt. Zudem finden Sie das Symbol des Windows Home Server-Connector im Infobereich der Taskleiste. Klicken Sie dieses Symbol mit der rechten Maustaste an, öffnet sich ein Kontextmenü (Abbildung C.3), über welches Sie auf die Funktionen des Programms zugreifen können. Über den Kontextmenübefehl *Windows Home Server-Konsole* können Sie auf dem Client nach Eingabe des Zugangskennworts ein Konsolefenster mit den Verwaltungsfunktionen des Windows Home Server öffnen.

Windows Home Server-Installation

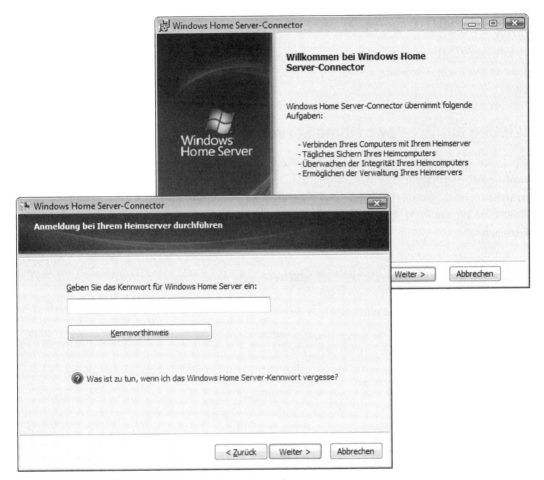

Abbildung C.2 Installation des Windows Home Server-Connectors

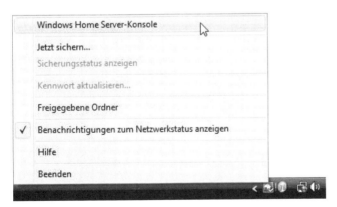

Abbildung C.3 Kontextmenü der Windows Home Server-Konsole

Windows Home Server verwalten und nutzen

In den folgenden Abschnitten finden Sie noch einige Hinweise, wie sich der Windows Home Server über die Server-Konsole verwalten lässt und wie Sie den Server auf den Clients nutzen können.

Anmeldung am Windows Home Server

Wenn Sie den Server neu starten, erscheint nach dem Hochfahren der Anmeldedialog. Zur Anmeldung am Benutzerkonto müssen Sie die Tastenkombination [Strg]+[Alt]+[Entf] drücken. Dann erscheint ein Dialog, in dem als Benutzername bereits *Administrator* eingetragen ist. Sie müssen das für dieses Konto beim Setup vergebene Kennwort eintippen und können sich am Server anmelden.

Ist die Anmeldung erfolgreich, erscheint der Desktop von Windows Home Server (Abbildung C.4) mit der Taskleiste und der Schaltfläche *Start*.

- Über die Schaltfläche *Start* können Sie wie bei anderen Windows-Versionen das Startmenü öffnen und Anwendungen aufrufen.

- Sie finden im Startmenü Einträge, um das Fenster der Eingabeaufforderung, den Windows-Explorer oder die Windows Home Server-Konsole zu öffnen. Zudem gibt es Symbole, um direkt auf das Fenster *Arbeitsplatz*, den Ordner für Drucker und Faxgeräte sowie das Dialogfeld *Ausführen* zuzugreifen.

- Über den Befehl *Alle Programme* stehen Ihnen die Zweige des Startmenüs zur Verfügung, über deren Programmgruppen *Zubehör, Autostart, Administratortools* Sie auf die unter Windows Home Server installieren Anwendungen zugreifen können.

Auf dem Desktop finden Sie neben dem Symbol des Papierkorbs weitere drei Verknüpfungen. Über diese drei Desktop-Symbole können Sie den Geräte-Manager zur Verwaltung der installierten Geräte bzw. Treiber öffnen, auf das Ordnerfenster mit den auf dem Server freigegebenen Ordnern zugreifen oder die Home Server-Konsole aufrufen.

Die Home Server-Konsole (Abbildung C.5) ist die zentrale Funktion, über die Sie die Konfigurierung des Servers vornehmen. In der Symbolleiste des Konsolefensters finden Sie Schaltflächen, um die Konfigurationsfunktionen des Servers abzurufen. Nach Anwahl der betreffenden Schaltfläche erscheint eine Seite, auf der die Optionen der jeweiligen Funktion abrufbar sind.

Windows Home Server verwalten und nutzen

Abbildung C.4 Desktop von Windows Home Server

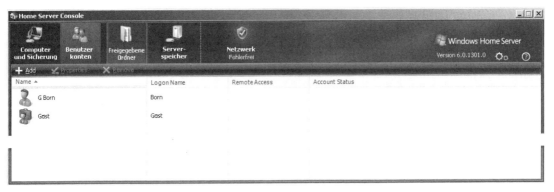

Abbildung C.5 Fenster der Home Server-Konsole

- *Computer und Sicherung:* Über diese Schaltfläche erreichen Sie die Seite, über die Sie bis zu zehn Client-Computer einrichten können, die durch den Server zu sichern sind. Oberhalb der Clientliste finden Sie Schaltflächen, um die Sicherungsoptionen zu konfigurieren, ein Backup durchzuführen oder die Sicherungen anzusehen.

- *Benutzerkonten:* Wählen Sie diese Schaltfläche, gelangen Sie zur Seite, auf der Sie Benutzerkonten neu einrichten oder bestehende Benutzerkonten verwalten können. Jedem Benutzerkonto muss ein Benutzername sowie ein Benutzerkennwort zugewiesen werden. Der Windows Home Server verlangt dabei, dass dieses Kennwort mindestens fünf Buchstaben und/ oder Ziffern umfasst. Neue Benutzerkonten lassen sich über Schaltflächen oberhalb der Benutzerkontenliste anlegen. Achten Sie bei der Konfigurierung über mehrere Clients darauf, dass immer die gleichen Benutzerkontennamen und Kennwörter benutzt werden. Dies vereinfacht die Administration des Servers. Wählen Sie ein bestehendes Benutzerkonto in der Liste an, können Sie dieses über eine Schaltfläche löschen oder die Konteneigenschaften in einem Zusatzdialog anpassen. Eine eigene Registerkarte ermöglicht dem Administrator über Optionsfelder die Zugriffsrechte des Benutzers auf die freigegebenen Ordner zwischen Schreiben und Lesen, nur Lesen und kein Zugriff zuzuweisen. Dabei wird für jeden Benutzer ein persönlicher Ordner freigegeben. Zudem finden Sie noch die Ordner *Öffentlich*, *Software* sowie die Medienordner *Musik*, *Bilder* und *Videos*.

- *Freigegebene Ordner:* Über diese Schaltfläche wird die Liste der freigegebenen Ordner des Servers aufgerufen. Die Liste zeigt Ihnen, welche Ordner freigegeben sind und wie viel Speicherplatz die Ordner belegen. Zudem wird der Ordnerstatus angezeigt. Über Schaltflächen oberhalb der Freigabeliste lassen sich neue Ordner zur Freigabe hinzufügen, Freigaben ansehen, Freigabeeinstellungen einsehen bzw. anpassen und das Ordnerfenster der Freigabe öffnen. Die Freigabe des Benutzerordners lässt sich auch wieder löschen.

- *Serverspeicher:* Wählen Sie diese Schaltfläche in der Home Server-Konsole an, erscheint eine Seite, in der die verfügbaren Festplatten samt der Kapazität, dem Installationsort (z.B. interne ATA-Platte) und dem Gerätestatus aufgelistet werden. Wählen Sie bei mehreren Festplatten einen Eintrag an, erscheint im rechten Teil der Seite eine grafische Darstellung mit der freien Kapazität. In weiteren Zeilen werden die von freigegebenen Ordnern, der Datensicherung und dem Betriebssystem belegten Kapazitäten aufgeführt.

Die Schaltfläche *Netzwerk* in der Konsole zeigt den Status des Netzwerks an. Der Wert »Fehlerfrei« signalisiert, dass mit dem Server alles in Ordnung ist.

Zugriff auf die Freigaben

Möchten Sie von den Windows-Clients über das Netzwerk auf die Freigaben des Windows Home Server zugreifen? Dies funktioniert wie in Kapitel 5 beschrieben:

1. Öffnen Sie auf dem Windows-Client das Ordnerfenster *Netzwerk* (bzw. *Netzwerkumgebung* in Windows XP).
2. Sobald die im Netzwerk vorhandenen Geräte aufgelistet werden, wählen Sie den Eintrag *Server* per Doppelklick an (Abbildung C.6, Hintergrund).
3. Da Windows Home Server eine Authentifizierung verlangt, müssen Sie im angezeigten Dialogfeld (Abbildung C.6, Vordergrund) den Benutzerkontennamen sowie das zugehörige Kennwort eingeben.

Beachten Sie, dass es sich hier nicht um das Administratorkonto und dessen Kennwort handelt. Vielmehr muss ein Benutzername eingegeben werden, welches über die Home Server-Konsole explizit eingerichtet wurde. Auch das Kennwort muss zu diesem Konto passen. Bei korrekter Anmeldung öffnet Windows dann das Ordnerfenster mit den Freigaben, in dem Sie die Medienordner *Bilder*, *Musik*, *Video* sowie weitere Ordner wie *Öffentlich*, *Software* und ggf. den Benutzerordner (z.B. *Born*) sehen. Sie können einen Ordner per Doppelklick anwählen und erhalten bei entsprechender Zugriffsberechtigung dessen Inhalt angezeigt. Anschließend können Sie gemäß den vom Administrator vergebenen Zugriffsberechtigungen lesend und/oder schreibend auf diese Ordner zugreifen.

Im Ordner *Software* finden Sie die Dateien der Restore-CD und für das Home Server-Connector-Setup. Im Ordner *Benutzer* lassen sich die individuellen Benutzerordner, die den auf dem Server eingerichteten Benutzerkonten zugeordnet sind, ansprechen. Der Ordner *Öffentlich* kann Dateien aufnehmen, auf die alle Benutzer zugreifen dürfen.

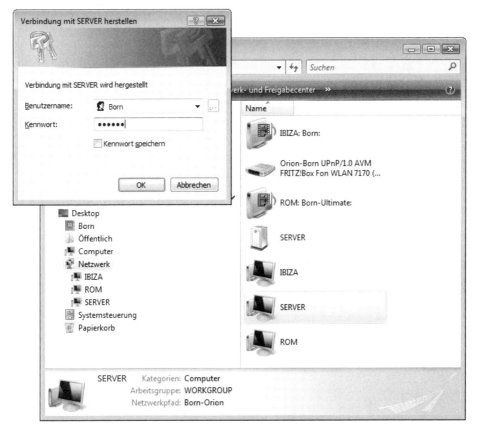

Abbildung C.6 Zugriff auf die Freigaben des Windows Home Server

> **HINWEIS** Es sprengt den Ansatz dieses Buches, die Funktionen des Windows Home Server detailliert zu beschreiben. Sobald Sie das Programm oder die Client-Software installieren, werden auch Hilfedateien eingerichtet. Dort finden Sie detaillierte Informationen zur Verwaltung von Windows Home Server über die Home Server-Konsole oder über den Windows Home Server-Connector.

Stichwortverzeichnis

.ics-Datei 292
10Base2 22
10Base5 22
10BaseT 22
802.11g++ aktivieren 93

A

Ad-Aware 241
Ad-hoc-Netzwerk 31
ADSL 72
ADSL2+ 72
APIPA 143
Arbeitsgruppe
    Name ändern 61
Arbeitsgruppen
    Computer anzeigen 180
Arbeitsgruppennetzwerk 18
Ausgeblendete Updates anzeigen 212
Avast 238
AVM Stick & Surf aktivieren 93

B

Benutzerkonten
    für das Netzwerk konfigurieren 64
    pflegen 66
Benutzerkonto
    einrichten 69
    einrichten (Vista) 66
    Kennwort ändern 68
    Kennwort zuweisen 68–69
BlindScanner 183
Breitbandanschluss 72
Brenner 17
Brenner im Netzwerk freigeben 174

C

Clients 19
Computerbeschreibung 182
Computername 63
    ändern (Windows XP) 63

Computersicherheitsstatus überprüfen 206
Computerverwaltung 322
    aufrufen 322
    geöffnete Dateien überwachen 326
Crossover-Netzwerkkabel 140
CSC 278

D

DHCP-Server
    einschalten 101
DHCP-Serveradresse
    festlegen 100
Druckeigenschaften verwenden 199
Drucker
    Freigabe 177
    Freigaben zulassen 134
    freigeben 175
    im Netzwerk installieren 189
    löschen 198
    Treiber löschen 198
    über FRITZ!Box 193
Druckerfreigabe
    einschalten 134
Druckerinstallation
    Netzwerkdruckertreiber 189
DSL 72
    Zwangstrennung verschieben 85
DSL-Anschluss herstellen 73
DSL-Router
    Firewall konfigurieren 86
DSL-Verbindung
    über USB-Modem einrichten 74
DSL-Zugang
    konfigurieren 83

E

Eingeschränkte Konnektivität 59
eingeschränkte Konvektivität 309
Einwahlverbindung
    anpassen 152
Einwählverbindung
    einrichten 149

Energiesparmodus 313
Erweiterte Freigabe
 für Order 170
Expertenansicht aktivieren (FRITZ!Box 86

F

Fast-Ethernet 25
Fehlersuche
 LAN
  Hardware prüfen 306
  LAN-Verbindung testen 307
  Netzwerkdrucker nicht installierbar 312
  Netzwerkeinrichtung 310
  Netzwerksegment nicht erreichbar 312
  Netzwerkverbindung bricht ab 313
  WLAN-Verbindung bricht zusammen 312
  WLAN-Zugang nicht möglich 309
Felersuche
 Verbindung mit Ping testen 314
FileZilla 275
Firewall 217
 Datei- und Druckerfreigabe zulassen 224
 Grundlagen 217
 Kernnetzwerk 224
 konfigurieren 222
 Netzwerkerkennung 224
 Programm freigeben 218
 überprüfen 219
 von Drittherstellern 237
Firewallverbindungstool 235
FormatDatabase 278
Freigabe
 anpassen/aufheben 163
 Einschränkungen und Probleme 167
 im Netzwerk unter Windows XP 176
 Laufwerk 173
 Ordner Öffentlich 158
Freigabe-Assistent
 abschalten 169
Freigaben
 erkennen 163
 Kennwortschutz erzwingen 135
 kontrollieren 162
 zentral verwalten/beenden 324
 Zugriff in Windows Vista 178
 zulassen 132
FRITZ!Box
 DSL-Zugang konfigurieren 83
 Expertenansicht einschalten 86
 IP-Adresse anpassen 100

FRITZ!DSL Protect 88
FTP-Server
 Anmeldung vornehmen 272
FTP-Verbindung
 einrichten 272
FTP-Verbindung einrichten 270
FTP-Verbindungen 269

H

Hardware-Assistent (Windows XP) 50
Heimnetzwerk
 Komponenten 31
Hub 23

I

IEEE 802.11a 27
IEEE 802.11b 26
IEEE 802.11g 26
IEEE 802.11h 27
IEEE 802.11n 27
Installation
 von Gerätetreibern 38
Internet Explorer
 FTP-Client 269
 Sicherheitseinstellungen 241
Internetverbindung
 auf-/abbauen 153
 gemeinsam nutzen 121
IP-Adresse
 Festlegung 327
 Host-ID 327
 Netzwerk-ID 327
 Subnet-Mask 328
IP-Adressen
 ermitteln 315
 vergeben 143
IP-Adressklassen 327
IP-Einstellung
 setzen 144
IP-Telefonie 332
 Hard- und Software 334
IPv4-Adressen
 Grundlagen 327, 329

J

Jugendschutz 86

K

Kennwort
    ändern 68
Kennwortgeschütztes Freigeben
    zulassen 135
Kennwortrücksetzdiskette 249

L

LAN 20
    Nachteile 32
    Übertragungsgeschwindigkeiten 25
    Vorteile 32
LAN-Anschluss 27
LAN-Verbindung
    Animation bei Aktivität 309
    testen 307
Laufwerk
    Freigabe 173
    im Netzwerk freigeben (Windows XP) 176
LLTD-Protokoll 126
Local Area Network (LAN) 20

M

MAC-Adresse 97
    ermitteln 99, 316
MBSA 208
Medienbibliothek
    einrichten 284
Medienfreigabe
    einrichten 285
    Grundlagen 284
    im Client abrufen 288
Microsoft Baseline Security Analyzer 208
Microsoft Home Server 20
Modus 93

N

net-Befehl 316
Netstumbler 125
Netwerk
    Benutzerkonten richtig konfigurieren 64
Netywerkkarte 28
Netzlaufwerk
    einrichten 184
    trennen 188
Netzlaufwerke
    zugreifen 187

Netzwerk
    alternative private IP-Adressen 145
    Anschlüsse 22
    Arbeitsgruppe ändern (Windows XP) 63
    Dateien austauschen 17
    Einstellungen anpassen 128
    Freigabe-Assistent abschalten 169
    Geräte gemeinsam nutzen 16
    Hardware installieren 36
    in Windows XP einrichten 135
    Internetzugang nutzen 16
    Kabel 22
    kein Zugriff unter Windows 9.x 34
    Konfiguration anzeigen 125
    Laufwerk freigeben (Windows XP) 176
    Laufwerksfreigabe 173
    Laufwerkszuordnung 186
    Medienfreigabe einrichten 285
    Medieninhalte verteilen 18
    nach Computern suchen 181
    Ordner freigeben 158
    Ordner freigeben (Windows XP) 176
    scannen 183
    Sicherheitsrisiken 204
    Sitzungen kontrollieren 325
    Software 33
    Standorttyp (privat/öffentlich) 60
    Status überprüfen 129
    UPnP-Geräte einblenden 182
    Verbindungstest 316
    Verkabelung 37
Netzwerk- und Freigabecenter 57
    als Desktop-Verknüpfung 125
Netzwerkauslastung 317
Netzwerkbrücke
    löschen 141
Netzwerkbrücke nutzen 140
Netzwerkdienste 34
Netzwerkdrucker
    in Windows XP einrichten 191
    Problembehebung bei Installation 195
Netzwerke
    Standorte zusammenführen 142
Netzwerkerkennung
    verwalten 130
Netzwerkfehler 320
Netzwerkfreigaben
    nutzen 178
    testen 316
Netzwerkgeschwindigkeit
    optimieren 321
Netzwerkmonitor 317

Netzwerkname
    ändern 59
    lässt sich nicht ändern 59
Netzwerkplanung
    Vor-/Nachteile WLAN/LAN 31
Netzwerkprotokolle 34
Netzwerksicherheit 60
Netzwerksymbol
    fehlt in Taskleiste (Windows XP) 79
Netzwerkvarianten 18
Netzwerkverbindungsfreigabe 147
nicht identifiziertes Netzwerk 309

O

Offlinedatei-Cache
    zurücksetzen 278
Offlinedateien 171, 277, 279
    anzeigen 284
    Cachegröße ändern 278
    einschalten 278
    Grundlagen 277
    Kopien löschen 283
    synchronisieren 281
    zulassen 277
Oleco 150
Ordner
    erweiterte Freigabe 170
    freigeben 158
    im Netzwerk freigeben (Windows XP) 176
Outlook ExpressMail
    Sicherheitseinstellungen 242

P

Patchkabel 23
PowerLAN 20
Programm
    durch Windows-Firewall kommunizieren
        lassen 222
PSK 115

R

Rechner
    Direktverbindung 140
Remotedesktop
    nutzen 296
Remotezugriffe
    freigeben 294

Router 23
    DSL-Zugang konfigurieren 83
    IP-Adresse ermitteln (Windows Vista) 80
    IP-Adresse ermitteln (Windows XP) 78
    Konfiguration per Kennwort schützen 81
    über UPnP konfigurieren 88
    vorbereiten 37
    Zugriff auf die Konfigurierung 77

S

Scannen
    im Netzwerk 183
Scanner 17
Server 19
Server-Netzwerke 19
Sicherheitseinstellungen 206
Smartsurfer 150
SSID 91
Standorttyp
    Privat/Öffentlich 60
Störerhaftung 32
Switch 23
Systemmonitor
    Netzwerkdaten anzeigen 319

T

Tarifmanager 150
Telefonieren
    per Internet 332
Thickwire-Ethernet 22
Thinwire-Ethernet 22
TKIP 96
Treiber 33
    aktualisieren/entfernen 47
    kompatible suchen 40
    Rollback 48
    suchen 39
    überprüfen 47
Treiberinstallation
    für USB-Geräte 44
Twisted Pair-Ethernet 22

U

UNC 179, 184
Update
    ausblenden 212
    deinstallieren 213
    wieder einzublenden 212

Stichwortverzeichnis

Updateverlauf anzeigen 213
UPnP 81, 182
URI 77

V

Verbindungsschicht-Topologieerkennung 126
verfügbar machen 279
Virenschutz 238
Virtual Private Network 246
Voice-over-IP-Telefonie 332
VoIP 332
VoIP-Tarifrechner 333
VPN-Client
 einrichten (Windows Vista) 258
 Verbindungseinstellungen überprüfen 265
VPN-Server
 auf Freigaben zugreifen 264
 Benutzerkonten zulassen 247
 einrichten 246
 einrichten (Windows Vista) 246
 einrichten (Windows XP) 252
 Einstellungen kontrollieren 251
VPN-Verbindung
 aufbauen (Windows Vista) 261
 trennen 264
VPN-Verbindungen 246

W

WebDAV
 nutzen 275
WebDAV-Verbindung
 einrichten 272
WEP-Verschlüsselung 96
WiFi-Allianz 27
Windows
 Treiberinstallation 38
Windows 9.x
 kein Netzwerkzugriff 34
Windows 98
 Problem 34
Windows Defender 238
Windows Home Server
 Anmeldung 352
 Hardware- und Softwareanforderungen 348
 installieren 349
 Serversoftware installieren 349
 Überblick 346
 Zugriff auf Freigaben 354

Windows Home Server-Connector
 installieren 350
Windows Home Server-Konsole 347, 352
Windows Live OneCare
 Firewall 233
Windows Mail
 Sicherheitseinstellungen 242
Windows Media Player
 Medienbibliothek einrichten 284
Windows Millenium
 Problem 34
Windows Server 2003 20
Windows Server 2008 20
Windows Update
 Benachrichtigung 210
 Einstellungen anpassen 213
Windows Update (Windows Vista) 210
Windows Update (Windows XP) 215
Windows Vista
 Firewall überprüfen 219
 VPN-Client einrichten 258
Windows XP
 Geräte-Manager 54
 Netzwerkname/Arbeitsgruppe festlegen 63
 Problemebehebung bei der
  Treiberinstallation 52
 Programm für Firewall freigeben 232
 Treiberinstallation 49
 WPA2-Unterstützung nachrüsten 97
Windows-Firewall
 konfigurieren 222
 Neuerungen 315
 Wissen zu Einstellungen 224
Windows-Firewall (Windows XP) 230
Windows-Firewall mit erweiterter Sicherheit 226
Windows-Kalender
 veröffentlichen 291
 Veröffentlichten Kalender abonnieren 292
 Veröffentlichung beenden 292
Windows-Remoteunterstützung 298
Windows-Sicherheitscenter 206
 Benachrichtungsmethode ändern 207
Wireless Local Area Network (WLAN) 20
Wireless Multimedia 93
WLAN 20
 Adapter 29
 Adaptereigenschaften 105
 Ad-Ho-Funknetzwerk 118
 Analyse 124
 automatisch verbinden 110
 Direktkommunikation der Stationen 93
 Funkkanal auswählen 91

WLAN *(Fortsetzung)*
  Hotspot finden und nutzen 114
  Kanalbelegung ermitteln 124
  Komponenten 29
  MAC-Filterung 97
  Nachteile 32
  Name des Funknetzwerks 91
  Patch 111
  Profil für Verbindung entfernen 105
  Profiltypen 105
  Router 30
  Sendeleistung 93
  Signalstärke ermitteln 124
  SSID-Broadcasting einschalten 92
  Standards 26
  Störerhaftung 95
  Verbindung absichern 94
  Verbindung aufbauen/trennen 113
  Verbindung bei unterdrückter SSID 110
  Verbindung geblockt 98
  Verbindung trennen 115
  Verbindung trennen (Windows XP) 117
  Verbindungsoptionen anpassen 111
  Vorteile 32
WMM aktivieren 93
Zugang in Windows XP einrichten 115
Zugang konfigurieren (Windows Vista) 104
Zugang manuell einrichten 109
WLAN aktivieren 91
WLAN/LAN
  Vor- und Nachteile 31
WLAN-Adapter
  Autokonfigurierung zurücksetzen 108
WLAN-Profile
  exportieren/importieren 109
WLAN-Router
  DHCP-Serveradresse festlegen 100
  konfigurieren 90
Workgroup-Netzwerk 19
WPA2-Verschlüsselung 97
WPA-Verschlüsselung 96

Z

ZoneAlarm 237
Zuverlässigkeits- und Leistungsüberwachung 320
Zuverlässigkeitsüberwachung 320

Wissen aus erster Hand

Windows Vista unterscheidet sich nicht nur in seiner Optik deutlich von früheren Windows-Versionen, sondern erfordert auch ein Umdenken in seiner Nutzung. Grundlegend veränderte Sicherheitskonzepte, verstärkte Medienintegration und eine durchgängige, leistungsstarke Suchfunktionalität sind nur ein kleiner Ausschnitt von Neuerungen, die für jeden Vista-Nutzer bedeutsam sind.

Tobias Weltner und Eric Tierling haben sich zusammengetan, um Ihnen ein Nachschlagewerk an die Hand zu geben, mit dem Sie schnell und sicher die ganze Power von Windows Vista beherrschen werden. Alle Windows Vista-Versionen werden hier auf über 1500 Seiten ausführlich behandelt. Und dank der eBook-Version auf der Begleit-CD, lässt sich das ganze Vista-Wissen auch bequem mitnehmen.

Autor	Eric Tierling, Tobias Weltner
Umfang	1564 Seiten, 1 CD
Reihe	Das Handbuch
Preis	49,90 Euro [D]
ISBN	978-3-86645-111-7

http://www.microsoft.com/germany/mspress

Microsoft Press-Titel erhalten Sie im Buchhandel.

(**Wissen aus erster Hand**)

Läuft Ihnen auch die Zeit davon? Zu viele E-Mails, drängende Abgabetermine, Meetingstress? Das muss nicht sein. Denn das Werkzeug zur Bewältigung Ihrer Zeitprobleme haben Sie bereits: Microsoft Office Outlook. Das hochkarätige Autorenteam unter Leitung von Lothar Seiwert zeigt Ihnen, wie Sie mit System und einfachen Techniken wieder aus der Stressfalle herausfinden und mehr Zeit für die wirklich wichtigen Dinge des Lebens gewinnen.

Autor	Seiwert, Wöltje, Obermayr
Umfang	240 Seiten
Reihe	Einzeltitel
Preis	19,90 Euro [D]
ISBN	978-3-86645-417-0

http://www.microsoft.com/germany/mspress

Microsoft Press-Titel erhalten Sie im Buchhandel.

Wissen aus erster Hand

Sie können PowerPoint bedienen, aber Ihre Folien gefallen Ihnen nicht? Sie stehen vor der Frage: Wie schaffe ich es, mit meinen Folien Aufmerksamkeit zu erregen, Informationen auf einen Blick zu transportieren, die Präsentation professionell zu gestalten? Kurz: Wie erstelle ich eine gelungene Power-Point-Präsentation? Dieses Buch liefert Ihnen Antworten in Form von zahllosen Ideen – grundlegende PowerPoint-Kenntnisse vorausgesetzt. Auf der CD finden Sie alle Beispiele aus dem Buch sowie Vorlagen, die Sie in Ihren Präsentationen sofort einsetzen können.

Autor	Schiecke, Becker, Walter
Umfang	256 Seiten, 1 CD
Reihe	Einzeltitel
Preis	19,90 Euro [D]
ISBN	3-86063-587-5

Microsoft Press-Titel erhalten Sie im Buchhandel, PC-Fachhandel und in den Fachabteilungen der Warenhäuser

Wissen aus erster Hand

Sie können die verschiedenen Office-Programme bedienen, aber Ihre Ergebnisse gefallen Ihnen nicht? Sie wollen professionellere Berichte, Dokumente, Präsentation oder Publikationen erstellen? Dieses Buch erläutert Ihnen im ersten Teil, was gut und schön ist, und liefert Ihnen Regeln und Rezepte, Ihre Dokumente entsprechend zu gestalten. Im zweiten Teil des Buchs finden Sie 150 Anleitungen im bewährten Frage-Antwort-Stil, die Sie sofort praktisch umsetzen können. Reinhold Scheck setzt sich seit vielen Jahren intensiv - z.T. auch leidvoll - mit diesen Fragen auseinander und bietet Ihnen seine Erkenntnisse in leicht verdaulichen Häppchen an. Natürlich finden Sie auf der beiliegenden CD wertvolle Musterlösungen, anpassbare Beispiele, Listen und Arbeitshilfen.

Autor	Reinhold Scheck
Umfang	404 Seiten, 1 CD
Reihe	Einzeltitel
Preis	24,90 Euro [D]
ISBN	978-3-86645-580-1

http://www.microsoft.com/germany/mspress

Microsoft Press-Titel erhalten Sie im Buchhandel.

(**Wissen aus erster Hand**)

Diagramme lassen sich in Excel 2007 sehr leicht erstellen – warum ein umfangreiches Fachbuch dazu? Blättern Sie es einfach durch, dann wissen Sie Bescheid! Reinhold Scheck, ein ausgewiesener Diagrammexperte, nimmt Sie mit auf eine außergewöhnliche Tour durch die Möglichkeiten von Excel 2007:

– So gelingt der Umstieg von früheren Excel-Versionen
– Unentbehrliche Design- und Kommunikationsgrundlagen
– Grafische Objekte: das Salz in der Diagrammsuppe
– Wann ist welcher Diagrammtyp sinnvoll und was hat er zu bieten?
– Dynamische Diagramme durch Steuerelemente und bedingte Formatierung
– Präsentationslösungen mit Schwung und Pfiff

Autor	Reinhold Scheck
Umfang	691 Seiten, 1 CD
Reihe	Fachbibliothek
Preis	49,90 Euro [D]
ISBN	978-3-86645-416-3

http://www.microsoft.com/germany/mspress

Microsoft Press-Titel erhalten Sie im Buchhandel.

Wissen aus erster Hand

Mit diesem Buch können Sie ohne Vorwissen sofort loslegen und Ihre Fototräume am PC direkt mit Windows Vista realisieren. Übertragen Sie Fotos von der Speicherkarte Ihrer Digitalkamera und verwalten Sie große Bildersammlungen gekonnt, so dass Sie alle Lieblingsbilder mit nur einem Mausklick sofort wieder finden. Betrachten Sie die Bilder in einer effektvollen Fotoshow und bringen Sie Ihre Lieblingsbilder selbst in bester Qualität zu Papier.

Autor	Dominik Reuscher
Umfang	128 Seiten
Reihe	Einzeltitel
Preis	9,90 Euro [D]
ISBN	978-3-86645-541-2

http://www.microsoft.com/germany/mspress

Microsoft Press

Microsoft Press-Titel erhalten Sie im Buchhandel.